PSYCHOLOGIE GÉNÉRALE
SELON LA MÉTHODE CRITIQUE

BIBLIOTHÈQUE DES TEXTES PHILOSOPHIQUES

Fondateur : Henri GOUHIER Directeur : Jean-François COURTINE

P. NATORP

PSYCHOLOGIE GÉNÉRALE

SELON LA MÉTHODE CRITIQUE

Premier livre :
Objet et méthode de la psychologie

Traduit de l'allemand
par

Éric DUFOUR et **Julien SERVOIS**

Ouvrage publié avec le concours du Goethe-Institut Inter Nationes dans le cadre du programme franco-allemand de coopération avec la Maison des sciences de l'homme

PARIS
LIBRAIRIE PHILOSOPHIQUE J. VRIN
6, Place de la Sorbonne, Ve

2007

Titre original :
N. Natorp, *Allgemeine Psychologie nach kritischer Methode. Erstes Buch. Objekt und Methode der Psychologie*
© J.C.B. Mohr, Tübingen, 1912

Imprimé en France
ISSN 0249-7972
ISBN 978-2-7116-1961-0

www.vrin.fr

NOTICE DES TRADUCTEURS

La particularité de Natorp (1854-1924), au sein du néokantisme de Marbourg dont il est avec Hermann Cohen et Ernst Cassirer l'un des principaux représentants, n'est pas seulement d'avoir développé une *pédagogie sociale* sur laquelle il a publié un grand nombre de textes, mais aussi d'avoir soutenu que l'*Erkenntnistheorie* ne se réduit nullement à une *logique* et intègre une *psychologie*.

Qu'on ne croie pas que la distinction entre logique et psychologie coïncide exactement avec la distinction entre théorie de la connaissance scientifique et théorie de la connaissance ordinaire. Il est certes vrai que la psychologie prend en compte, d'une part, la connaissance ordinaire et, d'autre part, le *sujet* auquel elle confère un statut (de sorte qu'il est irréductible au *sujet de la science* [1]) – deux dimensions dont la logique fait nécessairement abstraction. Cependant, la psychologie ne trouve pas moins son point de départ dans le *factum der Wissenschaft* – exactement comme la logique. L'objectivation scientifique est susceptible aussi, selon Natorp, d'une analyse psychologique. Si l'analyse logique consiste, en partant du fait, à exhiber ses conditions de possibilité c'est-à-dire les éléments *a priori* qui en fondent la validité objective, l'analyse psychologique, en revanche, doit considérer les résultats scientifiques comme de pures liaisons de contenus de conscience *indépendamment de toute prétention à la vérité*.

Natorp commence très tôt à développer son investigation psychologique, puisque, si sa thèse d'habilitation sur Descartes (*La Philosophie de*

1. Sur la réduction cohénienne du sujet à l'unité des méthodes qui collaborent dans la détermination de l'objet scientifique, voir H. Cohen, *La Théorie kantienne de l'expérience*, trad. fr. E. Dufour et J. Servois, Paris, Le Cerf, 2001, p. 576 *sq*.

Descartes du point de vue de la théorie de la connaissance[1]) date de 1881, il publie dès 1887 son premier texte systématique sur ce sujet : c'est l'article « Fondation objective et fondation subjective de la connaissance[2] ». Il s'agit moins ici d'assurer la place de la psychologie que plutôt de fonder la légitimité d'une logique. La *visée première* de l'auteur est celle de défendre cette logique contre toute forme de psychologisme – ce qui conduit Natorp, *secondairement*, à faire droit à l'idée d'une fondation psychologique de la connaissance : car, en assurant au sujet un statut et précisément un statut *transcendantal*, on évite – comme dirait Kant – toute querelle de frontière entre les disciplines.

Mais ce qui était seulement accessoire et subordonné devient immédiatement un champ d'investigation autonome. Car la « reconstruction[3] » – dont il est déjà question dans l'article de 1887 ! –, comprise d'une manière complètement objectiviste, réduit la subjectivité à un *indéterminé pur*[4] dont on ne peut rien dire. Au fond, puisque l'interrogation psychologique restait secondaire, la subjectivité ne pouvait y trouver qu'un statut purement négatif.

Le premier livre que publie Natorp après sa thèse, c'est son *Introduction à la psychologie selon la méthode critique* (1888)[5]. Outre la *Psychologie générale*, selon M. Ferrari « l'ouvrage le plus pénétrant et le plus problématique de Natorp »[6], publié en 1912 et dont nous proposons la traduction, Natorp a écrit d'autres textes (des articles, deux opuscules et des parties de livres) sur cette question. En voici la liste exhaustive :

- Recension des *Grundtatsachen des Seelenlebens* [*Faits fondamentaux de la vie de l'âme*] de T. Lipps dans les *Göttingische gelehrte Anzeigen*, 1885, p. 190-230 ;
- Recension de la *Tonpsychologie [Psychologie du son]* de C. Stumpf dans les *Göttingische gelehrte Anzeigen*, 1886, p. 145-173 et 1890, p. 781-807 ;
- Recension de *Der Begriff der Wahrnehmung* de W. Enoch dans les *Philosophische Monatshefte*, vol. 28, 1891, p. 75-85 ;

1. Elle est publiée en 1882 (Marbourg, N.G. Elwert) sous le titre *Descartes' Erkenntnistheorie. Eine Studie zur Vorgeschichte des Kriticismus [La théorie de la connaissance de Descartes. Une étude sur la préhistoire du criticisme]*.

2. Trad. fr. Thomas, dans *Néokantismes et théorie de la connaissance*, Paris, Vrin, 2000, p. 117-140.

3. *Ibid.*, p. 137.

4. *Ibid.* (Natorp la qualifie encore de « chaos »).

5. P. Natorp, *Einleitung in die Psychologie nach kritischer Methode*, Freiburg, 1888, J.C.B. Mohr.

6. M. Ferrari, *Retours à Kant*, trad. fr. T. Loisel, Paris, Le Cerf, 2001.

– « Zu der Vorfragen der Psychologie » [« Contribution aux questions préalables de la psychologie »], dans *Philosophische Monatshefte*, vol. 29, 1893, p. 581-611 ;
– *Pädagogische Psychologie in Leitsätzen gehalten für Lehrer [Psychologie pédagogique. Résumé pour les enseignants]*, Marbourg, 1901 ;
– *Philosophische Propädeutik. Allgemeine Einleitung in die Philosophie und Anfangsgründe der Logik, Ethik und Psychologie in Leitsätzen zu akademischen Vorlesungen [Propédeutique philosophique. Introduction générale à la philosophie et principes de la logique, de l'éthique et de la psychologie. Résumé pour un enseignement]*, Marbourg, 1903 ;
– *Allgemeine Psychologie in Leitsätzen zu akademischen Vorlesungen [Psychologie générale. Résumé pour un enseignement]*, Marburg, 1904, 2e éd. 1910 ;
– *Philosophie. Ihr Problem und ihre Probleme [La philosophie. Son problème et ses problèmes], Göttingen, 1911* ;
– « Das akademische Erbe H. Cohens. Psychologie und Philosophie » [« L'héritage de H. Cohen. Psychologie et philosophie »], *Frankfurter Zeitung*, n° 283, 1912 ;
– « Philosophie und Psychologie », *Logos*, vol. 4, 1913, p. 176-202 ;
– Compte-rendu des *Idées directrices pour une phénoménologie pure* de E. Husserl, *Die Geisteswissenschaften*, 1913 [1] ;
– *Philosophische Systematik [Systématique philosophique]* (Hambourg, F. Meiner, 1958, rééd., 2000), 4e partie, p. 383-396.

Qu'est-ce qui distingue le livre de 1912 de celui de 1888 ? A bien des égards, la *Psychologie générale* se présente comme une *réédition* de l'*Introduction à la psychologie* de 1888 :

1) Identité de thèse, car l'idée d'une psychologie comme reconstruction est le fil directeur des deux ouvrages.

2) Identité de structure, car la *Psychologie générale* reprend l'articulation générale de l'*Introduction* (même si cette articulation n'apparaît pas dans le sommaire) : les chapitres 1-4 sont consacrés à la définition de l'objet ou de la tâche de la psychologie, les chapitres 5-10 à la méthode. Enfin et surtout, des passages entiers de l'*Introduction* sont repris tels quels dans la *Psychologie générale*.

Le tableau de correspondance entre les parties des deux ouvrages est le suivant :

1. Trad. fr. J. Servois, *Philosophie*, n° 74 (2002), p. 15-39 ; trad. fr. A. Mazzu, *Recherches husserliennes*, n° 15 (2001), p. 3-30.

PLAN DE L'*INTRODUCTION À LA PSYCHOLOGIE*

PSYCHOLOGIE GÉNÉRALE	INTRODUCTION À LA PSYCHOLOGIE
Chap. 1	§ 2 et § 3
Chap. 2	§ 4 et § 6 (n° 5)
Chap. 3	§ 5
Chap. 5	§ 8
Chap. 6	§ 9
Chap. 7	§ 10, § 11, § 12
Chap. 8	§ 13, § 14
Chap. 10 (§ 12-14)	§ 7

Les passages qui n'ont aucune contrepartie dans l'*Introduction* se répartissent en deux groupes :

1) Le chapitre 9 qui présente les réponses aux objections formulées depuis 1888 contre la méthode de reconstruction, et les chapitres 11 et 12, qui sont des compte-rendus critiques des principales théories psychologiques ayant vu le jour entre 1888 et 1912. Ajoutons à cette liste la fin du chapitre 2 qui constitue une défense du moi pur contre les attaques de Husserl.

2) Le chapitre 4 et la majeure partie du chapitre 10 qui présentent, par rapport à l'*Introduction*, des innovations conceptuelles, justifiant sans doute, aux yeux de Natorp, la publication d'un nouveau livre et non la réédition de son ouvrage de jeunesse. Le chapitre 4 expose le concept de subjectivité comme processus de subjectivation, et le chapitre 10 introduit l'idée d'une psychologie génétique, distincte d'une simple phénoménologie. Ces deux innovations sont solidaires d'un changement radical concernant la signification psychologique du temps. Natorp revient entièrement sur la thèse qu'il soutenait en 1888, selon laquelle le temps est la forme originaire de liaison des contenus de conscience. Cette thèse entrait immédiatement en contradiction avec une autre : le temps comme forme d'objectivation. Faut-il concevoir la succession originaire des contenus comme prétemporelle ? Faut-il, à l'instar de Kant, penser un cours du temps (forme du sens interne) distinct de l'ordre du temps ? Le monisme de Natorp ne pouvait accorder une légitimité à la dualité du sens interne et du sens externe. Le chapitre 10 conçoit donc le temps comme « dérivé » de la continuité atemporelle de la conscience et cette dérivation est une auto-objectivation du subjectif ultime.

De plus, si l'*Introduction* constituait une œuvre achevée, la *Psychologie générale* se présente comme le premier volume d'une série de trois. C'est pourquoi Natorp caractérise lui-même ce premier volume non pas comme une fondation de la psychologie, mais comme une « fondation de la fondation » (Avant-propos) ! Les deux autres volumes, annoncés dans l'Avant-propos et le chapitre 10, devaient porter d'une part sur la phénoménologie (ou la psychologie ontique) des catégories fondamentales du psychique, d'autre part sur l'étude génétique de la constitution et du développement des unités égologiques. Ces volumes n'ont jamais été écrits : Natorp, en effet, s'engage dès 1914 dans une voie radicalement nouvelle[1] qui semble rompre avec les présupposés et la méthode du néokantisme de Marbourg, où il rédige les premières esquisses de ce qui deviendra la « logique générale[2] », puis la « systématique philosophique ». Toute la question est de savoir pourquoi Natorp abandonne son projet psychologique : s'agit-il d'un simple désintérêt de Natorp pour l'application d'une fondation qui lui semblait achevée (Natorp a toujours été plus soucieux de retourner à la fondation et à l'origine de la psychologie que de se consacrer laborieusement aux développements minutieux des applications), ou bien cette fondation ne rendait-elle pas intrinsèquement impossible toute constitution d'une psychologie scientifique (c'est une chose de définir le concept de « reconstruction », ç'en est une autre d'en développer les conséquences, puisque les seuls exemples mettant en œuvre cette reconstruction relèvent en fait de la direction objectivante de la connaissance) ?

L'intérêt de cette *Psychologie générale* réside donc moins dans le contenu des thèses psychologiques (dans l'élaboration des concepts de sensation, de représentation, de temporalité, etc.) que dans la question méthodologique préjudicielle : à quelle condition une psychologie est-elle possible à titre de science ? Natorp pose en effet cette question dans toute sa radicalité, puisque, d'une part, il rejette toute espèce de naturalisation de la conscience et veut saisir le « subjectif comme tel » (ce qui disqualifie à ces yeux méthodologiquement l'ensemble de la psychologie expérimentale de son époque), et que, d'autre part, il refuse d'emblée de fonder la science de la subjectivité sur quelque forme d'auto-donation que ce soit (ce qui le conduit à rejeter aussi bien l'idée d'une donation du moi dans une réflexion originaire que le concept d'un sens interne).

Sur ce dernier point, Husserl, que Natorp connaissait et avec lequel il entretenait une correspondance dans laquelle on voit l'estime réciproque que chacun avait pour les travaux de l'autre, est un interlocuteur privilégié.

Rappelons que le débat entre les deux philosophes se situe tout d'abord sur le terrain de la logique. Husserl, dans les *Prolégomènes*, reprend explicitement les arguments, développés par Natorp dans « Fondation objective et fondation subjective » et dans *Sozialpädagogik [Pédagogie sociale]* (Stuttgart, 1899), concernant l'établissement d'une logique pure

1. Voir M. Ferrari, *Retours à Kant*, *op. cit.*, p. 168-170, et E. Dufour, *Les Néokantiens*, Paris, Vrin, 2003, p. 164-172.

2. Voir la trad. fr. de la deuxième version de la « Logique générale », *Néokantismes et théorie de la connaissance*, *op. cit.*, 149-196, et la notice du traducteur (p. 141-147).

face au psychologisme, d'une part, et, d'autre part, à sa réduction à une science normative. Natorp écrivit un compte-rendu de ce premier tome des *Recherches logiques* dans lequel, en conclusion, il parle du « malaise logique[1] » sur lequel nous laisse ce livre, dans la mesure où il semble s'achever sur la célèbre aporie platonicienne : comment les unités idéales de signification peuvent-elles être « pour nous » ? La solution de ce malaise, ajoute Natorp, doit nécessairement conduire Husserl à s'engager fermement dans la voie d'une fondation de cette psychologie non-empirique déjà frayée par l'*Introduction*.

Par ailleurs, Husserl a attentivement lu l'*Introduction à la psychologie* et en fait la critique dans la cinquième *Recherche logique*. Cette critique porte sur deux points : d'une part, sur le caractère indistinct de la relation au moi ou consciosité et, d'autre part, sur la légitimité de l'hypothèse d'un moi pur. La réponse à ces deux critiques, dans la *Psychologie générale*, s'intègre dans la révision globale des thèses de l'*Introduction*.

En premier lieu, Natorp maintient avec fermeté la thèse selon laquelle la relation au moi ne constitue pas un élément particulier du contenu de conscience. C'est en ce sens que la consciosité doit être dite indistincte. Cependant, le moi pur ne constitue ni une entité métaphysique qui flotterait au-dessus de mes vécus, ni une subjectivité transcendantalement constituante : la relation au moi, indistincte si on la considère pour elle-même, n'existe pas en dehors des liaisons différenciées du contenu qui l'*expriment*.

En second lieu, il est absolument nécessaire, pour Natorp, de maintenir l'idée d'un moi pur distinct des moi empiriques, sauf à revenir aux thèses étrangement humiennes de Husserl qui semblent résoudre le moi dans le faisceau des contenus. En outre, Husserl ne dit-il pas, dans la réédition des *Recherches logiques*[2], qu'il a appris à connaître la nécessité du moi pur, de sorte qu'il revient sur sa critique de Natorp ?

Lorsque, en 1912, son père lui offre un exemplaire de la *Psychologie générale*, Husserl en lit les cinquante première pages avant de l'abandonner, y voyant une simple réédition de l'*Introduction*. C'est en 1918 qu'il étudie systématiquement cette œuvre en l'annotant scrupuleuse-

1. P. Natorp, « Zur Frage der logischen Methode. Mit Beziehung auf Edmund Husserls *Prolegoma zur reinen Logik* », *Kant Studien* n° 6 (1901), p. 282 ; trad. fr. R. Brisart, *Recherches husserliennes*, n° 13 (2000), p. 3-18.

2. E. Husserl, *Recherches logiques*, 2, trad. fr. H. Elie, A.L. Kelkel et R. Schérer, Paris, P.U.F., 1961, p. 163-164.

ment[1]. Doit-on, du coup et comme le fait Iso Kern, attribuer l'instauration par Husserl d'une phénoménologie génétique, à partir des années 20, à l'influence de la reconstruction natorpienne[2] ?

Ce qui pose en définitive le problème de savoir ce qu'est la reconstruction natorpienne. En effet, elle part du principe qu'il n'y a pas de connaissance immédiate de la subjectivité, et que celle-ci ne peut être atteinte qu'indirectement, à travers ses propres objectivations. Du coup, on pourra sans doute dire que sa mise en œuvre est absolument impossible et que la subjectivité reste indicible et ineffable – comme l'ont d'ailleurs soutenu de nombreux commentateurs. Car la reconstruction, censée conduire au dévoilement du phénomène pur, n'est-elle pas nécessairement une construction qui, s'ajoutant simplement aux constructions scientifiques, reste prisonnière de leur visée objectivante? Cela posé, on peut aussi défendre une tout autre thèse : la reconstruction ne consiste-t-elle pas à faire apparaître *obliquement* la subjectivité, à titre de flux et d'acte permettant le passage d'une étape d'objectivation à une autre ? La subjectivité, chez Natorp, n'est-elle pas, comme il l'est d'ailleurs dit explicitement, la genèse de l'objectivité – genèse qui disparaît nécessairement dans les figures fixes que revêt l'objet dans les diverses constructions objectivantes. En somme, l'objet de la psychologie, c'est moins le phénomène pur (l'indéterminé) comme fondement indicible de toute connaissance que la connaissance objective tout entière comprise dans sa dimension génétique.

Nous traduisons le texte de l'édition allemand : *Allgemeine Psychologie*, Tübingen, 1912, J.C.B. Mohr (P. Siebeck). La pagination de l'édition allemande est indiquée en marge.

Les chapitres 1, 3, 5, 8, 10 et 11 ont été traduits par E. Dufour. Les chapitres 2, 4, 6, 7, 9 et 12 ont été traduits par J. Servois.

1. Voir sur ce point I. Kern, *Husserl und Kant. Eine Untersuchung über Husserls Verhältnis zu Kant und zum Neukantianismus*, Den Haag, M. Nijhoff, 1964, p. 350, note 4.

2. *Ibid.*, p. 353.

PAUL NATORP

PSYCHOLOGIE GÉNÉRALE

SELON LA MÉTHODE CRITIQUE

Ψυχῆς πείρατα ἰὼν οὐκ ἂν ἐξεύροιο, πᾶσαν
ἐπιπορευόμενος ὁδόν· οὕτω βαθὺν λόγον ἔχει.

Héraclite, D.-K. 45.

AVANT-PROPOS

|Ce livre ne prétend pas fonder et enseigner uniquement une psychologie, mais une «*psychologie générale*». Il ne prétend pas introduire immédiatement à la *recherche* psychologique, mais en clarifier les *fondements logiques*. III

Ce n'est pas une particularité de cette science, mais une caractéristique commune à toutes les sciences de l'expérience que de commencer à bâtir son édifice sur des fondements logiques qui ne sont ni suffisamment examinés, ni suffisamment établis, et de ne se rappeler qu'au moment où cet édifice commence à vaciller et menace même de s'écrouler qu'il exige des fondements conceptuels posés d'une manière solide et profonde. Il est vrai que la recherche empirique suppose toujours une bonne part de logique. On doit bien pouvoir sentir à tout moment, dans la poursuite du travail de l'empirie, le besoin de concepts déterminés d'une manière précise et clair, qu'il faut progressivement fixer d'une manière rigoureuse. Partant, il est possible qu'une science satisfasse ce besoin, en ce qui concerne la direction de la spécification, et porte même la construction logique à un haut degré de clarté et de finesse sur ce point, mais que, plus on s'approche des fondements, plus elle omette de conférer une rigueur et une certitude à ses concepts directeurs. Que, de fait, ce soit le cas de la psychologie, c'est ce que trahit le fait suivant : ces derniers temps, des chercheurs qui ne sont pas les moindres ont senti, d'une manière toujours plus urgente, le besoin d'une *révision des fondements*, et ils ont déjà très souvent opposé à cette science dans sa totalité, telle qu'elle a été entreprise jusqu'ici, une critique qui l'atteint profondément.

Voilà ce que j'ai appelé, dans un travail précédent, les « *questions préliminaires* » de la psychologie [1]. Quelqu'un m'a objecté qu'il s'agirait, au contraire, de questions qui ne peuvent surgir qu'après coup. Voilà précisément quelque chose qui montre le caractère incertain de la situation : faut-il repousser la question des fondements jusqu'à ce que l'édifice – devrait-on dire – soit achevé ? Mais il n'est jamais achevé ! Par conséquent, faut-il repousser la question jusqu'à ce que la construction soit interrompue ou bien que l'édifice s'écroule ? De même : on retrouve dans tous
IV les cas, ici comme dans | toute science, la distinction établie par Aristote entre « *ce qui est premier en soi* » et « *ce qui est premier pour nous* » à savoir l'empirique. Et, ici comme partout, l'objet de la *philosophie* est en tout cas le πρῶτον, qui n'est pas simplement (d'une manière comparative) premier, mais ce qui est absolument premier dans chaque domaine de la connaissance, ce qui est l'ἀρχή logique, le « commencement » logique, quoique non empirique, de la science – ce commencement qu'on nomme, d'une manière plus juste, « origine ». « Pour nous », c'est-à-dire du point de vue de l'expérience, dans lequel toute « notre » connaissance trouve son commencement sans pour autant y trouver son origine, toutes les questions philosophiques ne peuvent venir « qu'après coup » – mais ceci ne change rien au fait qu'elles précèdent « en soi », qu'elles sont les questions du véritable « commencement » : elles sont les questions du *principe*, ou bien, ce qui ne signifie rien d'autre, les questions de l'« *a priori* ». Notre psychologie prétend toutefois être une psychologie philosophique, elle prétend, si l'on trouve que cette qualification est plus claire, être une *philosophie de la psychologie* – elle ne prétend donc pas être une psychologie, au sens où l'on entend par ce mot un examen empirique et rien d'autre. Néanmoins, puisque, en général, la philosophie a en commun avec la recherche empirique le *domaine du problème*, puisqu'elle le traite uniquement dans sa *direction* centrale et non pas périphérique, notre « psychologie générale » doit précisément bien s'attribuer un tel titre, puisqu'elle travaille dans le *champ problématique* de la psychologie, sans collaborer, du moins d'une manière immédiate, à sa *construction*, car elle s'occupe essentiellement d'examiner les *fondements* – elle s'occupe de les consolider si elle peut et de les transformer si elle le doit. Elle cherche précisément le *logos* de la *psyché*. C'est pourquoi elle a bien, elle aussi, le droit de s'appeler « psychologie », mais seulement « psychologie générale » – générale au sens de ce

1. Voir l'article « Zu den Vorfragen der Psychologie », *Philosophische Monatshefte*, vol. 29, 1893, p. 581-611.

qui est fondamental. Depuis Kant, on appelle voie critique la voie qui permet de fonder une science examinant ses propres fondements logiques, étant donné que cette voie résout la crise liée à la différence entre ce qui est science et ce qui ne l'est pas. Par conséquent, la « psychologie générale » coïncide avec la psychologie effectuée « *selon la méthode critique* ».

Cependant, la nécessité d'une telle fondation « critique » de la psychologie est sommée de résoudre tout d'abord la question générale de l'*objet* et de la *méthode* d'une telle psychologie. La preuve incontestable de ce que la psychologie a jusqu'ici souffert d'une absence de fondement se trouve précisément dans le fait qu'elle n'a fourni aucune réponse, encore moins sur cette question nécessaire et universelle que sur les autres questions. Au moment où, presque avant d'avoir atteint l'âge d'homme, | j'ai observé ce v
fait remarquable qui m'a incité à entreprendre cette recherche portant sur la question de l'objet et de la méthode de la psychologie, mes scrupules, qui paraissaient étranges aux yeux des autres, ne suscitaient que peu d'attention. Néanmoins, cette question, précisément, a été soulevée depuis, d'une manière répétée et en un sens toujours plus radical, par quelques-uns des représentants les plus pointus et les plus reconnus de la psychologie expérimentale. Qu'on ne se soucie pas particulièrement d'une simple « introduction [1] » à la psychologie, entendue d'une manière excessivement restrictive, et écrite par un auteur qui, surtout, n'a pas effectué de recherches empiriques dans ce domaine, ce n'est guère étonnant. Il est plus étonnant que mon petit livre de 1888, après avoir été attaqué il y a longtemps, soit toujours recherché, et qu'on m'ait adressé, à de multiples reprises, le souhait qu'il soit réédité. Il me répugne toutefois de l'éditer à nouveau dans sa configuration initiale, et de n'y apporter que des changements de détail. Il fallait faire suivre le *programme* par le *développement* – mais celui-ci nécessite une longue préparation. En effet, étant donné la manière dont la tâche de la psychologie s'était manifestée à moi, il fallait préalablement assurer d'une manière suffisante les fondements de la logique, de l'éthique, de l'esthétique et de la philosophie de la religion, avant qu'il soit possible de tenter la fondation de la psychologie. Cependant, le long délai qui résulte de cette décision a profité à bien des égards à mon travail. L'intérêt, qui a beaucoup grandi entre-temps, pour les questions philosophiques en général, mais aussi pour la question psychologique, en prenant en compte dans sa totalité le lien que cette

1. Natorp fait ici allusion au livre de 1888, *Einleitung in die Psychologie [Introduction à la psychologie]*, Freiburg, 1888 [N.d.T.].

question entretient avec les questions philosophiques d'ordre systématique, laisse espérer un tout autre intérêt pour ce nouveau livre que celui suscité par l'*Introduction à la psychologie*. Pourtant, après une aussi longue période, la partie de la fondation qui correspond à l'ancienne *Introduction*, à savoir précisément la recherche de l'objet et de la méthode de la psychologie, fut elle aussi, d'une manière naturelle, posée et développée de façon toute nouvelle. Car, bien que l'essentiel des thèses antérieures soit demeuré, même les prises de position ultimes, se sont, pour moi, éclaircies, fortifiées et approfondies d'une manière essentielle, au sein de cette poursuite de l'examen des questions fondamentales. En même temps, le travail des psychologues dominants, qui continue précisément à progresser en direction de la fondation principielle, suscite beaucoup des discussions qui peuvent être plus fécondes que n'ont coutume de l'être les
VI discussions critiques entre philosophes, parce que, d'un côté, | on est d'abord dans les commencements, de sorte que le danger d'un durcissement dogmatique est beaucoup moins grand, alors que, de l'autre côté, on a déjà au moins atteint un accord sur la *direction* générale par laquelle seul le fondement peut être garanti. En effet, ce n'est pas simplement dans la manière de poser en général le problème, dans l'exigence consistant à mettre en évidence, d'une manière pure, la *subjectivité comme telle*, mais aussi dans une série de thèses touchant des points précis, que des chercheurs comme Lipps, Husserl, Münsterberg et Bergson s'accordent d'une manière essentielle avec les thèses que j'ai soutenues en 1888, et se distinguent d'une manière prononcée de toute la psychologie prédominante, dont la direction est *objectiviste*. Partant, les discussions critiques, auxquelles principalement (mais pas seulement) sont consacrés les deux derniers chapitres du premier livre, espèrent bien susciter un intérêt particulier chez les autres chercheurs.

A cause de l'importance primordiale de ces questions qui sont, parmi les questions générales de la psychologie, les plus générales, il m'a toutefois semblé approprié de publier séparément, dans ce volume, la recherche qui s'y rapporte, en tant qu'elle est tout à fait autonome et spécifique. Ce volume prend complètement la place de mon *Introduction à la psychologie selon la méthode critique*, et peut du moins en être considéré comme la version remaniée, bien qu'il ne reprenne littéralement qu'un très petit nombre de raisonnements qui y figuraient, et que, dans cette mesure, il n'a pu en emprunter sans modification les formulations que d'une manière exceptionnelle. Afin de faciliter l'effort du lecteur attentif, j'ai également ajouté dans ce volume un index[1], élaboré avec un soin particulier, qui renvoie, pour chaque question particulière, aux recherches fondamentales qu'on ne trouvera pas, la plupart du temps, en un seul endroit.

Ainsi le lecteur ne pourra-t-il, il est vrai, trouver à nouveau dans ce premier volume que la *fondation de la fondation* de la psychologie. Néanmoins, l'accomplissement ultérieur de cette psychologie est désormais préparé, dans la mesure où je peux en prévoir avec certitude la partie la plus importante pour l'année prochaine. D'après la disposition que je confère à la psychologie (chap. 10), sa fondation doit pour ainsi dire s'étendre dans deux dimensions : il lui faut, d'un côté, à titre de «*phénoménologie générale*» de la conscience, en développer la consistance en général, dans son espèce, au sein d'une construction systématique, et, de l'autre côté, | fournir l'armature logique fondamentale de la gradation VII
étagée des *unités du vécus*. La première recherche concerne la construction logique de la psychologie dans son aspect *ontique*, la seconde sa construction logique dans son aspect *génétique*. La première est encore plus fondamentale que la seconde et doit pouvoir être donnée dans une totalité achevée – ce qui ne peut être exigé, au même degré, de la seconde. Le second volume doit fournir la phénoménologie dans son intégralité – bien que je ne puisse pas encore aujourd'hui embrasser la systématique des unités du vécu.

Marbourg, octobre 1912
L'auteur

1. Nous avons conservé cet index qui est à la fois un *index rerum et nominum* [N.d. T.].

ORIENTATION HISTORIQUE DU PROBLÈME PSYCHOLOGIQUE

§ 1. *Dessein de l'orientation psychologique*

La partie fondatrice de la psychologie générale doit accomplir les deux tâches, étroitement liées en elle, que seule l'abstraction peut séparer, à savoir établir : 1) le concept de *psychique* entendu comme ce que la psychologie doit examiner, 2) le concept de cet *examen psychologique*, son but et sa voie. Quel est le sens de la *psyché*, dont le *logos* est cherché, et quel est le sens de ce *logos* ?

Pour le dire brièvement, on peut respectivement qualifier ces deux questions de question portant sur l'*objet* et de question portant sur la *méthode* de la psychologie. Par « objet », on entend ici : « ce qu'elle étudie » c'est-à-dire le problème – ce qui, dans la psychologie, est la question et non pas la réponse. Qu'on prenne le mot simplement en son sens grammatical, celui de l'« objet » de cet examen qu'est la psychologie : la question de savoir quel est son « objet » est celle de savoir ce que requiert un examen et une détermination qui s'annoncent sous le titre de « psychologie ». Il n'y a que lorsque ceci est devenu clair qu'apparaît quelque chose d'assuré pour la « marche » de cet examen, pour la « méthode ». Oui, c'est par la détermination précise de ce qu'il faut chercher que la voie de la recherche, dans sa direction générale, est déjà indiquée – mais déterminer cette voie dans ses méandres, cela reste encore une tâche différente.

Il ne serait possible de donner une réponse philosophiquement radicale aux deux questions étroitement liées qu'en rapport au *système* de la

philosophie. Or cette prétention suprême est ici exclue. Il est d'autant plus nécessaire de faire le détour qui, portant sur l'*orientation historique*, conduit d'abord à la décision systématique. Car il est vrai que c'est sur la
2 liaison systématique des problèmes philosophiques que la résolution, | en fin de compte, s'appuiera nécessairement. La présentation de faits historiques ne peut rien apporter au concept qu'on cherche – mais c'est relativement à l'étoffe des faits historiques que doit nécessairement s'accomplir un travail critique, pour lequel il n'y a pas d'autre critère que l'unité systématique de la philosophie. Cependant, il se pourrait que ce travail critique ait déjà été en grande partie accompli dans l'histoire. La critique même pourrait alors être donnée jusqu'à un certain point dans la forme de la présentation historique. Et si l'on peut alors aussi, pour finir, se risquer à accomplir encore un pas essentiel au-delà de ce qui est donné historiquement, même ce pas sera accompli de la manière la plus facile s'il s'avère être la conséquence d'une succession de pas déjà accomplis.

§ 2. *Le monisme naïf.*

Toute réflexion naïve sur les questions fondamentales de la connaissance se dirige avant tout sans hésitation sur l'*objet*, comme s'il était donné. On sait peut-être tout à fait bien – mais ce n'est pas pour autant que ce savoir a suscité en nous un doute qui réveille – que c'est pourtant nous, les *sujets*, qui percevons, représentons et pensons les objets, et que ceux-ci sont des objets de la *conscience* ; on ne demande pas encore quelle est la conséquence tout à fait générale qui en résulte pour l'objectivité affirmée de notre connaissance. Ou bien la subjectivité est peut-être déjà explicitement considérée comme le moyen évidemment nécessaire permettant de saisir l'objectivité. Cependant, à titre de tel moyen, cette subjectivité même est encore complètement considérée à la manière d'un objet, comme une partie du monde objectif et non comme son présupposé fondamental – comme si cet instrument, dont on a besoin pour voir, on l'observait à son tour, afin d'examiner sa constitution, de connaître le fondement de son manque éventuel et de pouvoir corriger ainsi l'erreur qu'il a introduite dans notre conception des objets. Il se peut qu'apparaisse même déjà dans le mot problématique « *psyché* » un certain pressentiment de la caractéristique, hautement problématique, de la conscience – comme lorsque Héraclite, dans la proposition qui figure en exergue de ce livre, exprime naïvement l'étonnement causé par l'abîme insondable de l'âme, dont on ne peut pas déterminer les limites bien qu'on puisse en parcourir toutes les voies, tellement son logos est profond [1]. C'est à titre de tâche tout à fait propre de la connaissance, qui est fondamentalement distincte de toutes les questions portant sur les objets et les précède, que la subjectivité a encore pendant longtemps été manquée.

| On cherche précisément et on croit connaître ce qui « est » – et, en 3
particulier, à titre de philosophe, ce qui « est » originairement. Cette exigence d'un être originaire implique toutefois ceci : à savoir que ce qui est doit être *un* dans son fondement ultime, le plus caché, et renfermer dans cette unité *tout* d'une manière indistincte. Il doit être un en tout, tout en un, donc au-delà de toute contradiction et, partant, n'être pas par exemple matière, par opposition à la forme ou au mouvement ou à la force, ou bien l'un de ceux-ci par opposition à la forme, car il doit être une matière formée, en mouvement, douée de force, une forme incarnée dans la matière, un mouvement ou une force qui se présente dans la matière. De même, il doit être, non pas un corps sans vie, par opposition à tout ce qui est vivant, ou bien quelque chose de vivant par opposition à tout ce qui est inerte, mais un corps vivant, une vie corporelle. Et ainsi doit-il être, non pas un corps dépourvu d'âme, une âme sans corps, mais un corps animé, une âme incarnée. Ce qui répugne au monisme naïf de toute philosophie originaire, c'est donc avant tout l'*isolement* du psychique.

On trouve indubitablement là-dedans un pressentiment juste : le psychique, en dernière instance, ne supporte effectivement aucun isolement. Cependant, il est pourtant nécessaire de l'isoler pour l'analyse, s'il doit en général être connu dans le caractère, problématique, qui lui est propre. C'est néanmoins devant une telle séparation que recule le monisme de la philosophie originaire, si on le comprend dans sa concrétude absolue : voilà la raison pour laquelle ce n'est précisément pas le problème de la conscience ou de la *subjectivité* comme telle qui est d'abord découvert dans la philosophie.

§ 3. *Les philosophes de la nature et Aristote.*

C'est une conception à peine différente de celle naïvement moniste qu'on trouve dans la philosophie originaire des Grecs, celle de ceux qu'on appelle les philosophes de la nature jusqu'à l'époque de Socrate. Dans cette conception, ce qui est caractéristique est l'hylozoïsme, qui n'est manifestement pas favorable à une théorie de l'âme séparée de la théorie du

1. Référence au fragment D.-K. 45.

corps. Cependant, même après que, particulièrement depuis Platon, toutes ces séparations conceptuelles – la matière contre la forme, le mouvement, la force, la vie contre ce qui est dénué de vie, l'âme contre le corps – sont fortement apparues, et que, ainsi, le problème particulier du psychique a été déjà suffisamment effleuré, le premier fondateur d'une psychologie à titre de science philosophique autonome, Aristote, ne trouve néanmoins rien de
4 plus significatif à souligner que | l'inséparabilité effective de ces deux éléments, en maintenant certes leur séparation conceptuelle dans toute sa rigueur mais sans l'approfondir davantage – et, plus précisément, leur inséparabilité dans le domaine de l'être naturel, celui que l'homme peut saisir : mais c'est au-delà de ce domaine de l'être, après qu'il a été complètement mesuré, que, à titre de fin ultime, la métaphysique peut risquer quelques pas prudents avec lesquels il s'agit plus de proposer des questions et des conjectures que d'apporter des solutions.

C'est pourquoi, si l'on fait abstraction ici de cette ultime perspective métaphysique, l'*âme* semble, chez Aristote et à peine autrement que chez les philosophes de la nature qui précèdent, être complètement introduite dans le domaine de ce qui est naturel. Elle est certes absolument pensée comme fonction – pour reprendre le terme même d'Aristote, comme « énergie », c'est-à-dire qu'elle est saisie en acte –, mais précisément seulement comme animation du corps. Partant, son concept ne se distingue encore d'une manière rigoureuse nullement de celui de la *vie,* car il se confond au contraire complètement avec celui-ci en une unité. L'examen portant « sur l'âme » (Περὶ ψυχῆς, *De anima* ; le mot « psychologie » est un concept moderne) englobe les présupposés fondamentaux communs à toutes les sciences de la nature vivante, donc tout autant les lois de la vie végétale que celles de la vie animale et humaine ; les fonctions (qui s'étendent aussi aux plantes) de la respiration, de la nutrition, de la reproduction, du mouvement aussi bien que celles (propres à la bête) de la sensation, du sentiment, du désir, et celles (spécifiques à l'homme) de la pensée rationnelle et du vouloir. Une délimitation précise et une récapitulation conceptuelle de telles fonctions vitales de l'organisme, auxquelles le critère de la consciosité[1] est commun et propre, face à celles à propos desquelles on peut du moins faire abstraction d'une conscience accompa-

1. Nous choisissons de traduire *Bewusstheit* par « consciosité », terme classique de la psychologie de l'époque, plutôt que par « avoir conscience » : cette dernière traduction se réfère à l'interprétation husserlienne de la *Bewusstheit* natorpienne (voir Husserl, *Recherches logiques*, trad. fr. H. Elie, A. L. Kelkel et R. Schérer, Paris, P.U.F., 1961, tome 2, 2e partie, p. 383) [N.d. T.].

gnatrice, voilà ce qui manque complètement. Au contraire, Aristote a, avec une clarté suffisante, reconnu et exprimé l'affinité et le fondement de l'appartenance à cette classe si différente de manifestations vitales. Le point de vue unificateur est celui de l'organisation, et certes de l'organisation se développant à partir de dispositions données. Aristote est celui qui a découvert le concept d'« organique » avec le critère essentiel de l'aptitude au développement. C'est toutefois avec une ingénuité absolument admirable, vu l'état de la connaissance et de la réflexion théorique à cette époque, mais qu'on ne comprend pourtant précisément que de ce point de
vue, qu'il cherche | l'organisation jusque dans les fonctions spirituelles de 5
nos sens, c'est-à-dire les fonctions de la conscience dans le corps. Le corps est organisé, jusque dans toutes les fonctions physiologiques de la vie qui s'accomplissent sans conscience, la conservation de la vie, la reproduction de la vie, tout comme dans toutes les fonctions aujourd'hui distinguées à titre de fonctions psychiques, c'est-à-dire les apports de la conscience. C'est en particulier le développement de la conscience qui est envisagé d'une manière totalement unitaire avec celui des organes corporels, pour autant qu'il lui est lié, de fait, de la manière la plus étroite. Même les fonctions conscientes sont des fonctions du corps, donc la psychologie une science de la nature, autant selon l'objet que selon la méthode; il est explicitement souligné, dès le commencement de l'examen de l'âme, que, dans cette science comme dans toutes les sciences de la nature, il faut dériver les principes explicatifs des phénomènes, sans les tirer d'on ne sait quelle introspection immédiate. Néanmoins, à l'intérieur du cadre étendu des sciences de la nature, la psychologie est la science fondamentale de la nature vivante, organisée. En utilisant un langage moderne, on appellerait cette science *biologie générale*.

La fameuse définition aristotélicienne de l'âme, à titre d'« entéléchie (de premier degré) du corps qui a la vie en puissance » (ἐντελέχεια ἡ πρώτη σώματος δύναμει ζωὴν ἔχοντος), a essentiellement cette signification : le corps apte à exercer les fonctions de la vie, pour ainsi dire achevé c'est-à-dire organisé et développé en vue de celles-ci, voilà le corps animé. Dans le concept d'aptitude à la vie sont réunies toutes les conditions d'une vie effective qui sont nécessairement données dans l'organisme corporel même, afin que, naturellement si les conditions externes s'ajoutant nécessairement sont remplies, celui-ci puisse effectivement vivre; c'est ensuite de cette aptitude à la vie du corps, entendue d'une telle manière, qu'est en outre distinguée la vitalité effective de celui-ci, que constitue l'âme à titre d'animation du corps, de même que l'acte (ou l'« énergie ») est distingué de la puissance. Le *credo* des matérialistes : pas de force sans

matière, pas de matière sans force, trouverait une correspondance totale dans le rapport entre l'âme et le corps selon Aristote. Il est vrai qu'Aristote, à la toute fin, introduit encore une énergie de la pensée qui est pure et exempte de matière, et dont l'admission devrait être proprement exclue par sa définition de l'âme; mais son empirisme censé le pousse à reconnaître
6 que même la pensée la plus pure, en tout cas chez l'homme, | est liée de la manière la plus étroite à l'activité de l'imagination et, par celle-ci, au fonctionnement des organes corporels. Ainsi, ce qui disparaît à nouveau de soi-même, c'est bien cet écart, dicté par des considérations métaphysiques ultimes, par rapport à une fondation de la psychologie accomplie par ailleurs d'une manière purement naturaliste – et l'on peut ici, où seule importe la conception fondamentale de la *psyché* et de la psychologie, en faire bel et bien abstraction.

§ 4. *La psychologie naturaliste à l'époque moderne.*

Par conséquent, le naturalisme en psychologie, du point de vue historique, est, non pas une conquête tardive du matérialisme moderne ou même antique, c'est-à-dire surtout du matérialisme épicurien, mais la position qui est de toutes la plus originaire vis-à-vis du problème de la *psyché*. Il a certes pu, au moyen de l'influence d'Aristote se perpétuant au cours du millénaire, s'affirmer non sans être critiqué, mais il a souvent été contesté par des conceptions développées à partir d'autres perspectives (dont on parlera bientôt). Néanmoins, il s'est toujours maintenu, du moins dans sa direction fondamentale, mais c'est du sein de la conception de la nature moderne, du reste progressivement renforcée dans son combat continué contre Aristote, qu'est née une nouvelle psychologie naturaliste, qui est le plus profondément apparentée à l'ancienne, bien que travaillant avec un appareil conceptuel essentiellement différent. Ce n'est plus sur le fondement de la présupposition naïvement dogmatique de l'omnitotalité de l'« étant », mais c'est sur une assise qui a fait ses preuves et a été renforcée par le progrès victorieux de la science même comme par le travail critique, forant profondément, de la théorie de la connaissance de Descartes à Kant, l'assise de l'unité de la connaissance théorique – une unité fondée sur sa méthode, cette méthode dont, pour le dire brièvement, la causalité est une expression englobante –, que croît d'une manière lente, mais d'autant plus constante et apte à surmonter les obstacles, le fier édifice de la psychologie naturaliste moderne.

Il n'y a pour ainsi dire personne – parmi tous ceux qui, depuis le XVIIe siècle, ont promu d'une manière sérieuse la recherche psychologique, aussi

différents qu'aient d'ailleurs pu être leurs apports – qui en général a pensé examiner les phénomènes qu'on appelle psychiques autrement que, à tout le moins, selon une analogie physique, selon les méthodes générales de la science de la nature, et en particulier selon le point de vue directeur suprême qu'est la *causalité* empirique. C'est toutefois ainsi que s'ordonne le domaine du psychique, car même | si on fait abstraction de toute position 7
explicite relative à la question (laissée complètement de côté) portant sur le rapport du physique et du psychique à titre de question « métaphysique » dépassant l'empirie, ce domaine est de fait absolument introduit dans la « nature » et subordonné à elle. Et si ce naturalisme ne peut certes plus apparaître avec la même assurance naïve que chez les Anciens, lorsque des considérations et des distinctions conceptuelles plus fines, plus rigoureusement acérées, deviennent nécessaires avec le temps, afin de l'assurer contre les objections s'élevant toujours plus sérieusement, il n'en reste pas moins que ce naturalisme se maintient, avant tout dans le travail de la recherche psychologique même. Il reste maître du champ de bataille, s'appuyant sur la preuve la plus forte qu'il puisse donner, la preuve qu'est le fait. Un chemin dans lequel il y a une avancée manifeste, où l'on s'approche du but, doit déjà, du moins dans sa direction fondamentale, être le bon chemin – malgré les doutes qui, avant qu'on emprunte ce chemin, ont régné d'une manière légitime contre celui-ci et ont pu être continuellement entretenus par une réflexion logique abstraite. C'est à tout le moins un aspect de la vérité, et en définitive l'aspect le plus important, que la science doit avoir atteint, dès qu'elle peut se glorifier de ce qu'elle a fait avancer d'une manière effective et considérable la connaissance de la chose, qu'elle a promu des conceptions auxquelles même celui qui doute du point de vue théorique, quoique avec des réserves et des protestations, ne peut toutefois pas ne pas donner un quelconque degré d'assentiment.

§ 5. *Le problème de la psychologie comme problème de la subjectivité.*

Cependant, les doutes persistent et veulent être dissous d'une quelconque façon. Si la recherche psychologique particulière selon la méthode scientifique n'a pas besoin de se laisser distraire par ces doutes, étant donné que son droit est suffisamment garanti pour elle-même par le progrès heureux de la connaissance, la philosophie ne peut en aucune façon passer à côté de ceux-ci sans y prêter attention. Car elle s'interroge sur l'unité de la connaissance humaine à titre de tout indivisible, et non pas simplement sur l'existence, suffisante d'un point de vue pratique, d'une science certes particulière mais très importante, et, de plus, elle ne peut pas

se contenter de la simple justification critique d'une espèce spécifique de connaissance (la connaissance qui est théorique et causale). Ces doutes concernent, non pas simplement la manière dont on procède dans la recherche psychologique, mais tout son problème; ils posent la question existentielle au concept de psychologie dans sa totalité, que ce soit à titre de
8 branche | de la science de la nature, ou à titre de science qui est certes indépendante et à côté de celle-ci, mais qui pourtant appartient à l'espèce générale qu'est la science de la nature, de sorte qu'il faut la traiter avec la même méthode que celle-ci. Les doutes concernent en général le concept de *psychique*, à titre d'objet d'un examen qui procède à la manière de la science de la nature même s'il n'appartient pas entièrement à celle-ci.

Le fondement clair, effectivement manifeste du doute est celui-ci: « nature » signifie *objectivité*; la nature, ce n'est qu'une expression concise pour l'ensemble de ce qui en général est un objet – et, il est vrai, pour une connaissance simplement théorique de processus déterminés temporellement. Les outils spirituels et les méthodes pour cette nature sont donc identiques à ceux de la position théorique d'objet en général. Au contraire, la *psyché* prétend, face à tout objet, signifier ce pour quoi seulement quelque chose est objet, mais qui n'est pas lui-même à son tour objet – donc : absolument pas un objet ou bien en tout cas pas au sens où, pour cette *psyché*, la nature et tout ce qui appartient à la nature sont un objet. Le psychique signifie, pour le dire avec d'autres mots et en un mot : le *subjectif* pur à titre de subjectif. Les schèmes conceptuels par lesquels l'objet comme tel est pensé, particulièrement l'objet d'une espèce particulière, l'objet de la nature, peuvent-ils en général être appliqués à celui-ci? Telle est la question la plus sérieuse qui, même dans cette formulation tout à fait provisoire exigeant de manière pressante une détermination plus précise, se donne à connaître comme la question existentielle de la psychologie naturaliste (et jusqu'ici il n'y en a pas d'autre).

§ 6. *Découverte du psychique à titre de subjectif. Protagoras.*

Du point de vue historique, le nouveau problème de la subjectivité n'apparaît, à vrai dire d'une manière comparative, que tardivement, et cela à partir du fondement qu'on a déjà souligné. Et il est même aussitôt compris d'une manière qui diffère de sa signification entière et révolutionnaire. Déjà, la conscience naturelle, dirigée sans scrupule sur l'objet, ne peut certes rester longtemps à l'étape naïve selon laquelle elle croyait que tout ce que nous pensons percevoir, et en outre tout ce que simplement

nous représentons ou pensons «est» en soi absolument tel que nous le percevons, le représentons et le pensons. Elle apprend bientôt suffisamment à distinguer les perceptions, représentations et pensées qui sont conformes à l'objet, donc objectivement vraies, de celles qui pour ainsi manquent leur objet, c'est-à-dire prétendent lui être conformes mais ne le sont pas. Elle apprend à distinguer | la vérité et l'apparence, ce qui en soi 9
«est» ainsi, et ce qui ne se présente ainsi, n'«apparaît» ainsi que pour «nous», les hommes, dans nos perceptions, représentations ou pensées. Néanmoins, elle ne parvient pas aussi immédiatement à également chercher le fondement de cette apparence et de ce qui n'est pas en général dans le rapport de l'objet à quelque chose d'autre, à savoir la subjectivité, et surtout à faire maintenant de celle-ci l'objet d'une recherche indépendante. Car l'intérêt de la connaissance est jusqu'ici attaché exclusivement à l'objet. Ce qui ne peut pas être correctement établi comme objectif est rejeté, du moins provisoirement mis de côté: voilà quelque chose qui n'intéresse pas et sur quoi on ne s'interroge pas davantage, ou bien on cherche à la rigueur pour chaque cas particulier à exhiber, à propos de l'apparence trompeuse, des causes particulières qui sont à nouveau objectives. La simple distinction entre vérité et apparence ou phénomène (deux concepts entre lesquels on ne fait de prime abord aucune distinction), qui s'impose à la moindre tentative d'examen de la connaissance, est donc loin d'être la découverte de la subjectivité à titre de problème spécifique. Toujours est-il qu'elle désigne, au sein d'une manière de penser qui procède d'ailleurs d'une manière encore complètement objective, le point duquel la découverte de ce problème pouvait partir et, en fin de compte, devait nécessairement partir. Elle prend certes déjà effectivement en compte la subjectivité, mais seulement du point de vue de l'objectivité, et dans le meilleur des cas comme son négatif.

C'est un tournant beaucoup plus décisif vers la subjectivité qui au contraire apparaît lorsque Protagoras entre en scène et explique que «*l'homme*» est la mesure des choses, c'est-à-dire le sujet pour l'objet. «*Nous*», les sujets, ne connaissons en général en aucun cas ce que les choses en elles-mêmes sont ou ne sont pas, mais seulement ce qu'elles sont ou ne sont pas pour nous, nous qui à chaque fois sommes ceux qui perçoivent ou se représentent ou jugent, c'est-à-dire pour le dire brièvement à chaque fois le sujet. Oui, il n'y a en général aucun «être» (οὐσία) ou «vrai» (ἀληθές) que du moins nous pourrions atteindre et qui serait l'«être des choses» ou la «vérité des choses» elles-mêmes, car ce que nous croyons formuler ou connaître sous ce nom, c'est toujours seulement un « être pour nous [1] », pour le sujet [présent] à chaque fois.

C'est ainsi que, pour la première fois (du moins en Occident), la subjectivité même est, comme telle (et bien qu'une telle dénomination manque encore), introduite dans le domaine de la réflexion philosophique.
10 | Mais le tournant [vers la subjectivité], n'étant pas complet, est encore pour l'instant éloigné. Car l'intérêt pour la subjectivité comme telle est toujours largement minoré par l'intérêt pour la cognoscibilité de l'objet. Ce qu'est la « mesure » pour les choses, donc pour l'objet, ce que nous connaissons de l'objet en vertu de notre subjectivité, voilà la question qui reste prédominante. Celle-ci apparaît donc sans comparaison comme plus importante que celle qui consiste à savoir ce qu'est proprement la subjectivité. Même lorsque, à la manière justement de Protagoras, c'est au sein de ce radicalisme originaire – dans lequel se trouve en général le meilleur gain des tentatives philosophiques les plus anciennes des Grecs – qu'on pense la subjectivité dans son opposition la plus brusque, la plus abstraite et donc absolument exclusive à l'objectivité, on en reste au fond à la négation simple et absolue de la cognoscibilité d'une pure objectivité – mais ce n'est pas pour autant qu'on substitue au problème de la connaissance objective, qui apparaît dénué de valeur, le problème de la connaissance de la subjectivité à titre de problème nouveau et central. C'est que, cette subjectivité, on croit la posséder – car comment ne nous posséderions pas nous-mêmes ? Par conséquent, elle semble en général n'être pas un problème. Ainsi la subjectivité est-elle certes découverte, mais on n'en a pas encore proprement pris possession, on ne l'a pas encore élevée au rang d'objet d'une recherche scientifique spécifique, dirigée sur elle d'une manière exclusive et suscitée par elle.

§ 7. *Premiers éléments pour une caractéristique positive de la consciosité.*

Même Platon ne fait pas le pas décisif qui mène à la psychologie, bien que, de plus d'un côté, bien plus que n'importe quel autre philosophe de l'Antiquité, il y était préparé. C'est à lui qu'on doit avant tout la présentation et la critique pénétrantes de la découverte de Protagoras, dans le dialogue *Théétète*. C'est précisément celui-ci qui montre que Platon lui-

1. ἡμῶν τὴν οὐσίαν, Platon, *Théétète*, 160 b, τῆς ἐμῆς οὐσίας ou bien ἡμετέρα οὲσία, *Phédon*, 76 e ; *cf.* αὐτῆς τῆς ψυχῆς, 92 d. Voir sur ce point chap. IV, § 14.

même est peut-être plus proche du tournant décisif que n'importe quel autre philosophe de l'Antiquité classique. Cependant, ici comme en général, c'est seulement en rapport à autre chose, c'est-à-dire d'une manière critique, en liaison avec des recherches dirigées sur la fondation de la logique et de l'éthique, que Platon jette quelques regards plus profonds sur le domaine de la subjectivité. Sur la question de savoir quelles profondeurs atteignent ces regards, il y a encore beaucoup à dire ; ici, il faut en rester à l'apport négatif, selon lequel lui aussi n'a pas pleinement reconnu la subjectivité à titre de problème absolument spécifique et il est vrai fondamental de la philosophie.

Ceci est au fond également tout à fait compréhensible. Car, précisément, si le problème de la conscience est, de tous les problèmes philosophiques, | le plus profond et en même temps le plus englobant en ce 11
qui concerne les contenus, donc à chaque fois le problème *ultime* de l'ordre systématique, il ne pourra alors être envisagé qu'après tous les autres dans sa signification totale et radicale. Il fallait d'abord que soit posé le fondement de la logique, de l'éthique et même aussi de l'esthétique et de la philosophie de la religion, avant que le problème de la « conscience » puisse être posé dans sa profondeur et son étendue – et c'est seulement dans la mesure où ces conditions préliminaires étaient remplies qu'on pouvait y répondre scientifiquement. Ce qui toutefois était la mission spécifique de Platon, c'était d'abord de poser le fondement de toutes les disciplines essentielles de la philosophie. Ce faisant, il devait nécessairement tomber aussi, dans presque chacune des questions particulières qui parmi les questions philosophiques radicales l'occupaient, sur le problème de la conscience – et il tomba effectivement dessus. Néanmoins, il ne doit pas et il ne peut pas, dans cette recherche, entrer encore plus profondément dans ce problème qui possède une conformation tout à fait propre, parce qu'il y avait encore trop de pas préparatoires à faire. Même la maison de la philosophie n'est pas construite en partant du toit, mais des fondements.

D'une manière tout à fait incompréhensible, Aristote se révèle opposé à l'impulsion significative initiée par Protagoras et aux éléments en vue d'une psychologie découverts par Platon, qui sont encore incomparablement plus profonds. Ainsi lui est-il possible de construire sa psychologie en un sens objectif et naturaliste – absolument comme si rien n'était arrivé. Cependant, même les orientations de la philosophie antique qui se sont attachées d'une manière consciente à Protagoras et ont finalement confirmé l'essentiel de ses idées, celle des Cyrénaïques et ensuite des Sceptiques (les Académiciens tardifs comme les Pyrrhoniens), se montrent exclusivement intéressées par leurs conséquences critiques négatives sur la logique, la physique et l'éthique, lorsqu'elles contribuent quelque peu à la psychologie à titre de science de la subjectivité au mieux en passant, en liaison avec des examens qui relèvent de la critique de la connaissance.

§ 8. *Les néoplatoniciens : Augustin.*

Cependant, après Platon, même une psychologie d'un objectivisme aussi rigide que celle d'Aristote ne pouvait plus complètement passer à côté
12 de la spécificité de la conscience sans la voir. | Déjà Platon, puis, plus clairement et dans une connexion visible avec lui, les néoplatoniciens remarquent du moins la différence entre la conscience et le fait d'avoir des représentations sans en avoir conscience[1]. La conscience « accompagnatrice » (le mot est : παρακολυθεῖν) est décrite comme un acte de réflexion (ἀνακαμπτούσης τῆς διανοίας, « au moment où la pensée revient sur elle-même »), mais il est vrai à la manière d'un acte particulier qui s'ajoute pour ainsi dire ultérieurement à l'acte de sentir, de représenter, etc. – une conception qui ne fait que trahir trop clairement encore le point de départ univoque dans l'événement objectif, mais qui n'en prouve pas moins qu'on est attentif à la spécificité de la conscience et qu'on en cherche quelque chose comme une définition ou du moins une expression caractéristique.

C'est une influence puissante sur la poursuite du développement de la réflexion psychologique que devait avoir le tournant décisif vers la vie intérieure de l'âme qui, préparé de nombreux côtés dans l'Antiquité tardive, fut à nouveau et plus fortement suscité par la pénétration de la pensée religieuse orientale, et fut pleinement déployé par le christianisme, particulièrement depuis qu'il était poussé à se fonder philosophiquement. C'est surtout chez Augustin, qui fut tout autant un philosophe néoplatonicien qu'un chrétien paulinien, que se réunissent les impulsions du côté philosophique et du côté religieux. Ainsi n'est-il pas étonnant de tomber précisément chez lui sur la proposition que Descartes mettra ensuite en évidence : à savoir que nous sommes certains d'une manière plus immédiate et plus intime de l'être propre, spirituel, de la simple conscience, que de n'importe quelle existence d'objets extérieurs. Car même si nous doutions de l'existence des choses à l'extérieur de nous, ce doute lui aussi, à titre de modification de notre conscience, nous rendrait indubitablement

1. Siebeck, *Geschichte der Psychologie [Histoire de la psychologie]*, I, 2, p. 33 *sq.*, et *Zeitschrift für Philosophie und philosophische Kritik*, LXXX, p. 213 *sq.*

certain de l'existence psychique[1] – un tournant critique du concept de conscience qui certes, comme tel, ne relève pas de la psychologie et, même chez Augustin, ne conduit pas à celle-ci, mais permet pourtant de reconnaître avec quel degré de précision Augustin a déjà donné vie au concept de conscience de soi à titre de ce qui est commun à tout ce que nous vivons intérieurement et à son fondement, et ainsi à titre de présupposé également de tout ce que nous distinguons de nous, les sujets, comme objectif, et que nous nous op-posons à nous – du moins pour ceux qui se trouvent sur les sommets de la réflexion philosophique atteinte jusqu'ici.

§ 9. *Descartes et ses successeurs immédiats.*

C'est toutefois la même considération qui, chez Descartes, devient le point de départ de | toute la philosophie moderne portant sur ce qui « est », 13
c'est-à-dire de la science philosophique fondamentale (*prima philosophia*) ou de la métaphysique, pour reprendre l'expression usuelle. C'est en vertu de cette considération que Descartes expose et oppose pour la première fois avec une précision conceptuelle totale, avec un radicalisme qui sonne d'une manière tout à fait antique, d'un côté la *conscience* avec tout son contenu – l'expression qu'il utilise à ce propos est *cogitatio*, pensée, toutefois définie dans sa signification la plus étendue comme contenu de la conscience et, partant, englobant par exemple le vouloir, l'imagination, la sensation[2] –, et, de l'autre côté, l'existence *corporelle* dont le signe distinctif général est l'étendue (*extensio*). Et cette distinction est explicitement établie au sens où même toute connaissance de l'existence corporelle appartient, à titre de conscience rapportée à un sujet pensant, au monde intérieur de la *cogitatio*, et prouve l'existence de ce sujet pensant bien plus immédiatement et certainement que celle de l'objet pensé. C'est ainsi que, pour la première fois, est accomplie d'une manière claire et complètement générale la *séparation* du concept de conscience.

Il était tentant, à partir de là, de se donner pour tâche une psychologie qui présenterait dans sa spécificité et cette autonomie clairement reconnues

1. Voir Leder, *Untersuchungen über Augustins Erkenntnistheorie [Recherches sur la théorie de la connaissance d'Augustin]*, Marbourg, 1901, p. 66 *sq.*, p. 76 *sq.*

2. R. Descartes, *Principes*, I, 9 : *cogitationis nomine intelligo illa omnia quae nobis consciis in nobis fiunt, quatenus eorum in nobis conscientia est. Atque ita modo intelligere, velle, imaginari, sed etiam sentire idem est hic quod cogitare etc.* [« par le mot de "penser", j'entends tout ce qui se fait en nous de telle sorte que nous l'apercevons immédiatement par nous-mêmes ; c'est pourquoi non seulement entendre, vouloir, imaginer, mais aussi sentir est la même chose ici que penser », AT IX-2, p. 6 ; N.d. T.].

la consistance de la conscience – *le « tout ce qui se fait en nous de telle sorte que nous en avons conscience »* – d'une manière complètement indépendante de tout présupposé portant sur une existence extérieure à la conscience, voire en général de toute question secondaire portant sur une telle existence. Ce qui est remarquable, c'est que même Descartes n'a néanmoins pas posé une telle tâche. Car son intérêt philosophique, malgré ce point de vue fondamental, est précisément tourné d'une manière prédominante vers l'objet, la nature – et, par delà cette nature, à la limite vers la divinité à propos de laquelle il se contente d'ailleurs, à la manière d'Aristote, d'en établir en général le concept et (comme il croit) d'en prouver l'existence. Il est connu que « Dieu », chez Descartes, ne sert proprement que de garant ultime pour la certitude de l'être naturel. En ce qui concerne toutefois l'âme humaine, il est vrai qu'il souligne, à cause
14 d'une influence de l'intérêt religieux qui continue de s'exercer, | la rigoureuse indépendance de son essence ultime vis-à-vis du corps et sa « distinction » face à celui-ci. Descartes s'éloigne à peine d'Aristote, puisque celui-ci n'a pas non plus contesté, dans une considération ultime, qu'il y ait une fonction de l'âme pensante absolument indépendante du corps. En revanche, chez Descartes, toute l'existence empirique de l'âme n'en demeure pas moins strictement, après l'insondable décret de son créateur, liée au corps – pensée dans une complétude avec lui comme jamais auparavant, c'est-à-dire dans une relation biunivoque, comme diraient les mathématiciens modernes, à savoir une relation d'une espèce telle qu'aucune distinction ou modification donnée du côté de la vie intérieure subjective ne puisse être admise sans que lui corresponde une distinction ou une modification déterminée du corps, et inversement. Il en résulte, chez Spinoza, l'« expression » exacte et réciproque des modifications de la substance au fond unique dans ses deux attributs, la pensée et l'étendue. Et il en va d'une manière analogue, malgré toutes les différences qui surgissent, chez Malebranche et Leibniz. C'est ainsi que tout ce par quoi Descartes et ceux de ses successeurs qui, plus ou moins liés à lui, ont contribué à l'examen de la vie spirituelle, demeure, malgré la connaissance claire de la différence radicale entre la vie spirituelle et l'événement naturel, absolument dans la voie générale de la psychologie naturaliste. L'enchaînement causal des événements reste l'intérêt qui partout prédomine ; mais il est bien nécessaire, précisément à cause de la rigidité complète des présupposés du dualisme de Descartes comme aussi de la représentation spinoziste de la « substance », qu'il se présente d'une manière pure et ininterrompue du côté de l'« étendue » ; ce qui est spécifique aux données de la conscience intéresse à la rigueur à titre d'indice de tels éléments objectifs, c'est-à-dire

de liaisons causales qui, si elles étaient purement connues, se présenteraient nécessairement sans aucune restriction comme des liaisons naturelles, c'est-à-dire passant par la médiation de l'espace et en fin de compte mécaniques – et c'est pour cette raison qu'elles sont d'une manière tout à fait indubitable posées hypothétiquement comme telles. Partant, ce n'est pas la psychologie de la subjectivité pure, mais plutôt encore la psychologie unilatéralement objectiviste, la psychologie des sciences de la nature (comme celle, aujourd'hui, de Siegmund Exner), | qui devait reconnaître dans les constructions d'un Descartes ou d'un Spinoza ce qui l'annonce.

§ 10. *La psychologie du sensualisme.*

Cependant, l'objectivisme naturel continue encore plus à s'affirmer. Il s'affirme même là où c'est à présent effectivement le psychique, pris selon une apparence superficielle à titre de pur subjectif, qui devient l'objet de la recherche : dans la psychologie anglaise de Locke. Ce penseur qui nie instinctivement tout philosopher radical conserve apparemment sans le modifier le dualisme cartésien. Il l'affaiblit toutefois aussitôt par la référence naïve (qui provient de Gassendi, c'est-à-dire des épicuriens) à l'idée selon laquelle on n'a pourtant aucune raison d'affirmer que la matière ne peut pas penser. A ceci correspond complètement le fait que, dans la psychologie – à laquelle il porte d'ailleurs un véritable intérêt, pour autant qu'il y parvient ou bien lui fraye la voie grâce à suffisamment d'observation réfléchie et de compréhension saine de ce qui est exact et fécond, et qui constitue même proprement toute sa philosophie –, Locke conserve pourtant absolument la voie objectiviste à laquelle il se vit renvoyé tout aussi bien par Hobbes que par Descartes. Ainsi reste-t-il, dans sa manière de penser en psychologie, en grande partie encore plus près d'Aristote que de Descartes. Cependant, même Berkeley, qui se libère du matérialisme et parvient à un immatérialisme aride, posant que *esse = percepi*, s'élève, mu par le développement de l'intérêt métaphysique, non pas jusqu'à une psychologie de la pure subjectivité, mais seulement jusqu'à un nouveau traitement du problème ontologique. Hume, toutefois, écartant résolument la question de la substance qui règne dans la philosophie depuis Descartes et entreprenant de mettre en œuvre un phénoménalisme absolument pur, semblait donc, par là, réaliser plus que ses prédécesseurs les conditions préliminaires permettant l'avènement d'une psychologie de la pure subjectivité – mais même lui, pour qui la psychologie doit, comme pour tous ceux qu'on a cités jusqu'ici, rester une recherche des causes, ne peut absolument pas faire autre chose que demeurer, d'une manière essentielle,

dans le naturalisme. Pour lui, les ressorts des processus psychiques se présentent absolument comme un mécanisme d'associations qui, au moindre examen, se révèle être une imitation manifeste mais ratée du mécanisme naturel tel que Descartes et Newton l'avaient établi pour le monde corporel. Le gain le plus important de sa prise de position principielle, concernant la relation [entre les deux domaines] qui est ici en question, se trouve proprement dans cette contradiction interne évidente
16 qui devait nécessairement rendre impossible | d'en rester durablement à cette position : Hume prétend avoir démasqué la causalité à titre d'apparence trompeuse, mais il explique ensuite cette apparence par … la causalité des associations. Voilà ce qu'il n'aurait pas pu faire s'il avait saisi quelque chose dont il semblait qu'il avait pris jusqu'ici la bonne voie pour le comprendre : à savoir que la causalité est précisément, avec la substantialité, l'instrument décisif pour comprendre le monde objectif. Peut-elle ensuite être en même temps le moyen approprié pour parvenir à la connaissance de la subjectivité de l'apparaître ?

§ 11. *La psychologie moderne. Theodor Lipps.*

Ainsi, le *Traité de la nature humaine*, de Hume, est resté le modèle, admiré à raison, de toute la psychologie qui suit, certes subjectiviste quand à l'intention, mais demeurant en vérité tout à fait objectiviste, tout autant des nombreux représentants de la psychologie anglaise de l'association que de leurs successeurs continentaux, jusqu'à par exemple aujourd'hui son représentant le plus renommé, Theodor Lipps. On substitue (depuis Beneke) au mécanisme plus grossier des associations celui plus subtil des dispositions – un tournant qui, dans le meilleur des cas, pourrait être comparé à celui, effectué dans la science de la nature, qui conduit de la conception cartésienne du mouvement jusqu'à celle moderne de l'énergie, mais on ne modifie ni ne corrige absolument pas l'erreur du procédé qui est ici en question. On sent (ou plutôt on en a la conscience la plus exacte) qu'il faut en finir avec le naturalisme, mais on reste encore pourtant si totalement dominé par les schèmes spirituels de la connaissance de la nature qu'on continue toujours, sans en général y voir un obstacle, sans en général prendre sérieusement en considération une autre possibilité, à penser le subjectif, le psychique, avec les mêmes catégories – à titre de processus, de modifications dans le temps qui, comme telles, ont nécessairement leurs causes déterminantes et à leur tour temporelles –, alors que ces catégories sont les moyens qui permettent de penser l'objectivité, c'est-à-dire la nature.

C'est pourtant du moins relativement au résultat qu'on aurait dû s'apercevoir de l'absurdité d'un tel procédé. Car le psychique devient ainsi immanquablement un *deuxième monde objectif* et précisément une seconde « nature », dont le rapport à ce qu'on appelle proprement la nature, à savoir la nature spatiale, devient tout à fait insaisissable, et offre seulement une occasion trop compréhensible aux disputes interminables et stériles qui ont plus que tout contribué à | discréditer la philosophie auprès 17
des sciences rigoureuses. On établit, pour cette seconde nature, un système de lois, en imitant complètement les lois de la nature, voire directement à titre de lois de la nature de la conscience – mais il est vrai avec un visage moins satisfaisant, moins avantageux que les lois véritables de la science de la nature, qui déterminent d'une manière adéquate. On pourrait au mieux se les rendre compréhensibles comme des suppositions de connexions causales, qui sont provisoires et même tout à fait provisoires, qu'il faudrait interpréter plus rigoureusement et plus purement comme des connexions qui relèvent de la légalité naturelle au sens habituel du terme, c'est-à-dire comme des connexions qui ont lieu entre des processus spatiaux (par exemple comme des échanges chimiques qui ont lieu entre des processus nerveux), et qui auraient complètement joué leur rôle à partir du moment où elles auraient permis de les présenter d'une manière satisfaisante. Ces associations, aperceptions, dispositions, et tout le reste de ce que cette psychologie utilise comme concepts instrumentaux, ne sont rien d'autre que des « qualités occultes » d'une espèce douteuse, si l'on ne peut pas les comprendre comme de simples déterminations de problèmes qu'il faut résoudre – problèmes auxquels, d'un point de vue scientifique, on ne peut apporter de solution autrement qu'à travers des lois exactes de la nature, rapportées au temps et à l'espace, insérées dans l'enchaînement causal unique (en tout son sens) de ce qui arrive dans le temps et l'espace.

Il y a bien besoin d'une explication particulière pour rendre compte d'un tel aveuglement perdurant pendant les siècles, qui est précisément celui des chercheurs qui ont travaillé de la manière la plus intensive en psychologie et qui sont les mieux placés pour avoir une connaissance intime de la spécificité du problème de la subjectivité, face à une vérité simple, qui pourtant était déjà connue depuis tellement longtemps par ceux qui sont plus éclairés et qui a souvent et explicitement été formulée. On peut comprendre relativement facilement cet aveuglement pendant l'époque qui précède, à partir du courant général de la pensée philosophique du XVIIe siècle et encore d'une grande partie du XVIIIe siècle, à savoir à partir du caractère unilatéral prédominant alors d'un *intellectualisme* rigide. Le simple « entendement » connaît seulement – et peut seulement connaître –

ce qui est et arrive, et de telles connexions logiques, qui ne se rapportent qu'à ce qui est et arrive, n'arrivent pas mais « sont ». Même le devoir devient alors un simple cas particulier de l'être temporellement déterminé, une expression simplement différente du « fait » selon lequel tel ou tel individu singulier ou bien telle ou telle communauté donnée « veut » ainsi ou bien autrement, – c'est-à-dire, d'un tel point de vue, se sent poussée ainsi d'une manière nécessaire, à partir de telle ou telle déterminité causale. | Ou
18 bien alors on conçoit ce qui ne doit pas être sous la forme d'une incompatibilité logique avec les présupposés, à nouveau logiquement fondés, donc pensés eux-mêmes comme étant, même si c'est en un sens particulier. Ainsi l'éthique est-elle d'une manière tout à fait conséquente naturalisée (comme c'est typiquement le cas déjà chez Hobbes), ou bien à la rigueur logicisée (comme dans l'école de Cambridge). Et ce n'est pas mieux en ce qui concerne l'esthétique et la philosophie de la religion. On opère par là une grandiose unification des problèmes – mais au prix de leur caractéristique spécifique –, qui donne à l'impulsion philosophique une satisfaction apparente. Cependant, par cette apparence trompeuse d'un monisme qui serait fondé d'une manière suprêmement critique, l'intellectualisme ne fait que devancer d'une autre manière ceux qui lui succèderont, lorsqu'ils pensent pouvoir résoudre à partir de la base unitaire de la psychologie les problèmes de la logique et de la théorie de la connaissance, de l'éthique, de l'esthétique, de la philosophie de la religion, et, ainsi, faire droit à la découverte – qu'ils estiment très fort – de *la priorité de la conscience*. Ainsi le psychologisme croit-il s'être énormément éloigné de tout naturalisme ; il croit l'avoir définitivement déraciné en étant persuadé de fonder sur le sol unitaire de la conscience l'unité de l'« étant » dans toutes ses différentes directions, pas simplement l'« être » de la nature, mais aussi celui des mœurs et de l'art, voire de la religion. Il ne remarque pas que, pour fonder la nature dans la conscience, il a d'abord naturalisé la conscience.

§ 12. *Platon et Kant. Psychologie selon la méthode critique.*

Ce qui précède éclaire d'une manière éclatante toute l'histoire du problème psychologique que l'on vient d'exposer. Socrate et Platon ont, avec le droit le plus grand, affirmé à côté et au-dessus de l'être-nature un *être du devoir* (sous le nom de bien) au sens le plus rigoureux à titre d'*être objectif*. Il leur a certes semblé, avec un droit non moins grand, fonder les mœurs, si elles sont quelque chose, comme un monde propre à l'homme ; mais ils élevèrent ainsi en vérité l'« *humanité* », selon la signification

morale de ce nom éminent, au rang d'une *Idée* purement objective, et même de l'Idée suprême parmi les Idées, qui proprement n'est que l'Idée de l'Idée même : l'Idée de bien, qui est immédiatement mise au fondement. Ils n'étaient toutefois pas éloignés de penser qu'il fallait ainsi faire descendre l'Idée elle-même dans l'« humain » au sens de ce qui est *subjectif*. (Ainsi le cynisme pouvait-il, au mieux, renverser la thèse de Socrate.) | Et il n'en va **19**
pas autrement avec l'Idée de beau, que Platon, précisément à partir de la direction fondamentale objectiviste de sa pensée, ne fait que trop rapprocher de celle de bien. Dès lors, c'est toujours dans la trinité platonicienne, « le vrai, le bien et le beau », qu'est pensé l'être suprême et suprêmement objectif de la divinité. Ainsi, la psychologie n'est pas, il est vrai, mise en place d'une manière immédiate, mais elle reçoit, d'une manière médiate, la seule *fondation* assurée, [c'est-à-dire] avant tout la fondation générale suffisante. Car c'est d'abord à titre d'envers de l'*objectivité* pleine, entière, à savoir de cette objectivité triple, trinitaire, du vrai, du bien et du beau, que la « conscience » elle aussi, dans son aspect subjectif, peut à présent trouver une caractéristique profonde et universelle qui soit satisfaisante. C'est cette voie qu'a manqué le sensualisme – et il était condamné à la manquer, étant donné que son principe même l'a poussé sur la voie du naturalisme qui précisément l'empêchait de se libérer de l'erreur fondamentale de l'intellectualisme.

Au contraire, c'est sur cette fondation platonicienne que Kant a définitivement bâti le fondement sur lequel à présent même une psychologie nouvelle doit nécessairement être construite – et bien que lui-même n'ait pas poussé son système jusqu'à cet achèvement véritable et n'ait même jamais clairement indiqué cette tâche. Avant tout, l'apport incommensurable de Kant consiste dans le fait que, en reprenant complètement la direction de Platon et en la poursuivant dans sa voie d'une manière conséquente, il a compris le devoir moral comme une *manière de poser un objet* qui est absolument particulière, nullement réductible à l'« être » de la théorie, et qui n'est pas simplement tout aussi fondamentale, mais plus fondamentale face à l'« expérience » ou la « nature » ; néanmoins il a reconnu comme troisième manière de poser un objet, occupant d'une certaine façon une position supérieure, au-dessus de la manière théorique et de la manière éthique, la manière esthétique de poser un objet qui, bien qu'il faille peut-être la fonder en la rapportant aux deux autres, conquiert en tout cas désormais sa pleine indépendance et une égale prétention à l'objectivité à côté des deux autres. C'est néanmoins ainsi que même le concept originaire de la psychologie, le concept de *conscience*, s'est énormément approfondi. Celle-ci est désormais, non plus simplement une conscience

seulement théorique (telle qu'elle se donne déjà à connaître par sa désignation dans la *cogitatio* de Descartes, le *percepi* de Berkeley), mais une conscience originairement voire plus originairement éthique, puis esthétique et, enfin, religieuse. Par là, il devient toutefois complètement impossible d'annexer la conscience à la nature comme le fait Aristote, ou
20 bien, | comme c'est le cas chez la plupart des psychologues modernes, même si on admet qu'elle se trouve à côté d'elle et, peut-être, qu'elle l'englobe, de la traiter avec les mêmes concepts opératoires qu'elle, donc de la présenter comme une autre *nature*. A titre de deuxième « monde » qui fait face à celui de la connaissance théorique (la « nature » ou l'« expérience » au sens kantien), on trouve bien désormais, au contraire, le monde des mœurs et, à titre de troisième monde, celui de l'art – et peut-être encore à titre de *supra*-monde, au-delà de ces trois mondes, celui de la religion. Cependant, le monde intérieur de la conscience ne peut plus être, du point de vue logique, placé au-dessus, à côté ou au-dessous de ces trois ou quatre mondes, mais il présente, relativement à ceux-ci dans leur ensemble, relativement à la *position d'objet de toute espèce et de tout degré*, pour ainsi dire leur *envers*, précisément leur *face interne*, à savoir la *concentration ultime de ceux-ci dans la conscience qui vit*. Cette ultime concentration, voilà ce que le concept de psychique, à titre de concept de conscience, doit, non pas simplement reconnaître comme étant pré-donné, mais en général d'abord poser et développer dans sa teneur pleine, concrète; elle n'est, comme on peut l'anticiper avant la psychologie ou bien en posant simplement le concept de psychologie, rien d'autre qu'un mot problématique qui, à vrai dire, comme cela vaut pour toute question scientifique rigoureusement formulée, prédétermine déjà la réponse au sens où elle établit les conditions que celle-ci doit satisfaire. Néanmoins, la concentration dont il est ici question ne peut plus maintenant être simplement conceptuelle : du point de vue conceptuel, c'est par la fondation objective de la logique, de l'éthique, de l'esthétique et de la philosophie de la religion – si celle-ci était achevée – que tout ce qui peut être atteint sera atteint. Même une quelconque union de tous ces domaines au moyen d'un rapport suprême, mais qui resterait derechef un rapport suprême simplement conceptuel (en posant que ceci en général soit encore une tâche compréhensible), resterait encore *abstraite*; au contraire, dans le concept significatif de conscience entendu comme le *vécu* immédiat, c'est une unité absolument concrète qui est exigée et pensée.

Telle était la tâche qui attendait depuis les temps originaires, mais qui jusqu'à aujourd'hui a à peine été saisie quelque part dans toute sa clarté et formulée d'une manière claire : arriver à présenter la *totalité du vécu*, pour

autant que ce soit possible scientifiquement, rétablir pour la réflexion cette *unité originaire de la conscience*, dans laquelle rien n'est distingué d'autre chose, dans laquelle il n'y a plus un être à côté du devoir ou bien celui-ci à côté de celui-là, plus de déterminations théoriques à côté de | détermina- 21
tions éthiques, esthétiques ou bien relevant de la philosophie de la religion, ou bien celles-ci à côté de celles-là – car ces divisions qui, comme toutes les divisions semblables et quel que soit le rapport qu'elles entretiennent les unes avec les autres (qu'on les mette dessous, à côté ou dessus), reposent sur l'*abstraction*, doivent être reconduites à la *concrétion originaire*, à l'*originarité concrète* de la « conscience ». C'est cette prétention d'universalité, propre à la conscience, que doit soutenir la psychologie qui se révèle la seule possible à partir du travail critique de Kant, mais qui est aussi exigée d'une manière contraignante, à titre de tâche ultime de la philosophie. Cependant, pour celle-ci, la position du fondement passait d'abord par la fondation assurée, non pas psychologique, mais conforme au problème proprement philosophique, c'est-à-dire purement objective, de la logique, de l'éthique, de l'esthétique, de la philosophie de la religion – fondation qui doit d'abord créer les présupposés pour l'autre fondation, à savoir celle subjective, que la psychologie doit fournir.

D'une manière latente, la position de cette tâche se trouvait dans le concept de « psyché » véritablement déjà depuis Platon, que surtout les néoplatoniciens ont, sur ce point, bien compris. Que toutefois cette tâche ne pouvait pas, non seulement jusqu'ici être accomplie, mais même être ne serait-ce que posée à titre de tâche dans une pleine clarté, voilà qui est désormais bien en quelque sorte expliqué par le cours historique, même si celui-ci n'est ici que très brièvement présenté. Il fallait nécessairement, pour cela, précisément d'abord que la possibilité soit ouverte par la critique objective de la connaissance théorique, éthique, esthétique et religieuse, telle qu'elle a été exigée et préparée depuis Platon, mais seulement fournie d'une manière suffisante par Kant, en ce qui concerne la position du problème, la disposition générale, la méthode, brièvement le travail essentiel de fondation. Néanmoins, après que, entre-temps, la philosophie critique a considérablement continué à se développer dans toutes ses ramifications particulières comme dans le tout de sa construction systématique, cette ultime tâche de la philosophie – dans l'unique sens qui soit compatible avec les principes de la critique objective – peut elle aussi désormais être posée et sa solution envisagée avec l'espoir d'un résultat pur.

CHAPITRE II

LA CONSCIENCE, LA CONSCIOSITÉ ET LE MOI

§ 1. *La conscience comme problème.*

| L'orientation historique a produit le résultat suivant : le problème 22
spécifique qui, pour sa résolution, a besoin d'une science particulière, la psychologie, est le problème de la conscience ou de la subjectivité comme telle. Tout ce qui, en quelque sens que ce soit, est objet ou prétend à une validité objective, précisément en tant qu'objet ou par rapport à sa prétention de validité objective, relève d'autres sciences : des sciences de la nature ou de la culture (ces dernières en effet sont toutes, sans exception, objectivantes) et, finalement, des sciences philosophiques qui ont à démontrer les fondements ultimes, et également objectifs, des sciences de la nature et de la culture : la logique, l'éthique, l'esthétique et la philosophie de la religion. Seule la subjectivité demeure à titre de problème qui échappe à l'horizon des sciences objectivantes et de leur fondation dans des lois également objectives. Ce problème est cependant impérieusement posé par l'ensemble de ces sciences ; en effet, tout ce qui est objet l'est nécessairement pour un sujet ou une conscience ; en toute objectivité connue ou admise réside le rapport inverse à la subjectivité ; c'est pour le sujet que doit valoir l'objet ; c'est face au subjectif et en opposition à lui, mais, par là même, dans une indéfectible relation à lui, que doit valoir l'objectif. Le concept d'objectivité lui-même ne peut être définitivement déterminé sans que celui de subjectivité ne le soit. Il est donc nécessaire de reconnaître que le problème de la subjectivité et celui de l'objectivité sont entièrement sur le même plan ; et nous pouvons du moins comprendre l'erreur – qui

désormais ne nous menace plus – consistant à établir un rapport de subordination réel du second problème au premier. En effet, toute connaissance d'objet est, en tant que connaissance, une espèce particulière – et certes, une espèce privilégiée – de conscience; la conscience doit cependant, précisément du point de vue de la conscience, apparaître comme ce qui est premier. L'exigence et l'impérativité avec laquelle l'objectif s'oppose au
23 subjectif n'empêchent point qu'il est | *son* opposé, et le subjectif ce à partir de quoi il s'oppose. Dès que l'on admet la justesse de cette réflexion, le point de vue naïf selon lequel l'objet est non seulement le terme le plus immédiat, mais aussi le terme unique, est définitivement évincé. Un retour pur et simple à ce point de vue est désormais impossible à celui qui n'a pas pris la décision d'ignorer tout bonnement l'un des résultats les plus importants et indubitables de la réflexion philosophique parvenue à un état de plus grande maturité.

Pour le dire autrement et d'une façon qui semblera sans doute suffisante à beaucoup : le vécu immédiat du sujet est dans tous les cas quelque chose; il veut être apprécié comme quelque chose d'absolument spécifique, avant toute question dirigée sur les objets qui doivent exister ou valoir « en eux-mêmes » indépendamment de la subjectivité du vécu. « Ma » sensation, « ma » représentation, « ma » pensée, « mon » sentiment, « mon » désir, « ma » volonté sont quelque chose, abstraction faite de la question de ce que l'objet peut bien être indépendamment du fait que – et de la modalité selon laquelle – « je » le sens, me le représente, le pense, le ressens, le désire, le veux. Une fois qu'il a été découvert comme quelque chose de spécifique, le vécu immédiat de la conscience n'exige pas simplement d'être reconnu en sa pleine indépendance – cette indépendance est à chaque fois un problème – il exige en outre d'être apprécié à titre de *factum* absolument premier, absolument originaire, que toute énonciation d'objets présuppose tacitement; ce *factum* est en tout cas réellement au fondement même s'il se dérobe entièrement à la réflexion ou ne s'offre à elle qu'en dernière instance. La subjectivité, une fois reconnue, menace donc d'engloutir entièrement l'objectivité, puisque tout ce qui est pourtant objectivement représenté, pensé, connu, est à chaque fois, en tant que représenté, pensé, connu, un contenu de conscience. Il semble d'autant plus délicat de garantir à l'objectivité une signification propre et indépendante, opposée à la subjectivité, que la subjectivité de la conscience en général a tout d'abord été reconnue dans son droit propre, face aux intérêts supérieurs de l'objectivité.

L'intérêt de la psychologie se lie donc de la façon la plus interne aux problèmes fondamentaux de toute philosophie. Cependant, notre tâche n'est pas ici d'apporter une réponse à ces problèmes; ce qui bien plutôt nous

intéresse est le simple fait que l'opposition conceptuelle existe indubitablement et originairement, le fait que la conscience, la subjectivité comme telle, est quelque chose qu'il faut à chaque fois questionner à nouveau, quelque chose qu'il faut reconnaître à titre de problème spécifique, même si pour la résolution de ce problème | nous pouvons prendre en considération 24
l'objectivité, les objectivités de tout ordre et de tout degré.

§ 2. *Les moments du fait de la conscience.*

Il s'agit désormais d'obtenir un peu plus de clarté sur le contenu de ce problème, sur le sens complet de la question de la subjectivité. Ces éclaircissements si nécessaires peuvent être amorcés par la réflexion sur ce que le terme de « conscience », dans lequel se rassemblent les questions fondamentales de la psychologie, recèle en lui de teneur problématique.

L'infinitif « être-conscient » (*Bewusstsein*) contient en lui-même, sous une forme en quelque sorte condensée, le sens général de l'énoncé : « il y a – pour moi ou quiconque – conscience de quelque chose ». Sur la base de cette description plus complète du fait de la conscience, le problème se divise tout d'abord clairement en deux questions : [premièrement,] quel est le sens du fait d'être-conscient, c'est-à-dire quelle est en général la signification de l'énoncé selon lequel *il y a* (pour moi ou quiconque) conscience de quelque chose ? et, deuxièmement, *qu'est ce que* ce dont en général il y a conscience et *de quelle façon* y en a-t-il conscience ? Il existe quelque trait qui caractérise en général ce dont il y a conscience, dans la mesure où il y en a conscience, trait qui le distingue soit de quelque chose dont en général nul n'a conscience, soit, si cette dernière supposition s'avère inadmissible (comme nous pouvons dès à présent le prévoir), de ce par quoi nous caractérisons quelque chose (dont toutefois quelqu'un a conscience) non pas en tant qu'il y a conscience de ce quelque chose mais en tant que ce quelque chose est objet; l'objectivité a en effet été d'ores et déjà fermement posée comme l'opposé et la contrepartie de la subjectivité. Nous pouvons facilement distinguer ces deux questions, celle qui porte sur l'existence (*Dass*) et celle qui porte sur la quiddité (*Was*), comme la question formelle et la question matérielle de la conscience. Nous traitons dans ce chapitre de la première.

Cependant, cette première question en recèle encore une autre, celle du moi (ou du « tu » ou du « il ») qui a conscience de quelque chose. Il serait par conséquent nécessaire de distinguer par abstraction, en tout et pour tout, trois moments qui sont cependant étroitement unis dans l'expression « être-conscient » : 1) le quelque chose dont il y a conscience; 2) celui qui a conscience ou qui prend conscience de quelque chose; 3) la relation entre les deux : le fait que quelqu'un a conscience de quelque chose. Pour abréger la désignation, je nomme le premier terme *contenu*, le second *moi*, le troisième *consciosité*.

Le contenu de la conscience ou contenu de conscience : il s'agit là naturellement d'une expression imagée. La conscience n'est pas un
25 récipient ou | un réservoir qui contient une matière. Il y a certes une bonne raison à l'emploi de cette image : il est, semble-t-il, propre à toute conscience d'être à chaque fois l'ensemble d'un divers, la réunion d'un divers en une unité. Nous devons cependant tout d'abord faire entièrement abstraction de cette propriété ; pour l'enquête tout à fait provisoire que nous entreprenons ici, il est encore entièrement indifférent de savoir si ce dont il y a conscience est un singulier absolu ou une pluralité rassemblée en une unité. Nous empruntons simplement la désignation de « contenu » à l'usage courant qui est fait de ce terme dans la psychologie, et nous ne comprenons par là jusqu'à présent absolument rien d'autre que ce dont il y a conscience pour quelqu'un, ce dont quelqu'un, qui que ce soit, a conscience, quoi que ce puisse être. De nombreux philosophes posent une distinction radicale entre le « contenu » et l'« objet » de la conscience. Nous prendrons position sur ce point, mais, pour le moment, nous n'avons aucun scrupule à considérer l'objet – puisqu'il existe une certaine connaissance ou représentation de celui-ci, bref un certain type de conscience – comme un « contenu ». Il serait en soi possible d'utiliser justement le terme d'« objet » pour ce que nous voulons désigner, si l'on nous permettait de comprendre ce terme d'une façon simplement grammaticale : comme ce dont il y a conscience, comme ce qui peut constituer le génitif objectif de l'expression « être conscient ». Toutefois, étant donné qu'une autre conception est apparue et a connu une certaine audience, celle qui sépare entièrement l'« objet » du « contenu » en appelant l'objet « transsubjectif » et le contenu « subjectif », et étant donné qu'en général l'« objet » (*Gegenstand*), en tant qu'« objet » (*Objekt*), sert à caractériser l'opposé de la subjectivité, l'utilisation de ce terme ne faciliterait pas la compréhension : aussi préférons-nous ne pas l'employer. Cependant, selon cette conception qui sépare l'objet du contenu, on refuse – et ce refus est compréhensible – d'accorder au terme de « contenu » (contenu de conscience) toute l'extension de signification dans laquelle nous le prenons. Par conséquent, chaque fois que nous aurons à prendre en compte cette conception possible, nous choisirons d'éviter l'expression de « contenu » (même si son utilisation peut être gênante) et de parler simplement de ce dont quelqu'un a conscience ou de ce dont il prend

conscience. Dans tous les cas où nous parlons ici de « contenu », je demande de ne comprendre rien d'autre que ce qui a été mentionné.

Pour ce qui est du deuxième moment de la conscience, celui qui a ou | prend conscience de quelque chose, il est d'usage en philosophie **26** d'employer le terme « moi ». On peut également sans inconvénient utiliser le terme de « sujet » à condition qu'on le réduise purement et simplement à son sens grammatical. Car à ce terme, tout autant qu'à l'expression « moi », s'attache toute une série de représentations et de réflexions particulières dont il faut faire entièrement abstraction ici, à savoir l'idée d'un quelque chose permanent existant pour lui-même (chose, *res*) qui pourrait devenir conscient de ceci ou cela mais qui continuerait d'exister en lui-même sans aucune conscience effective ; l'idée du moi comme d'une substance ou d'un être, support permanent de la conscience ou de la possibilité de la conscience, cette dernière étant son attribut (sa propriété essentielle) ou son mode (son état passager). Ce qui dans ces représentations peut être fondé sera examiné en son lieu ; nous pouvons et nous devons tout d'abord faire entièrement abstraction de tout cela, car nous ne devons pour le moment absolument rien supposer ni introduire des présuppositions particulières en vue de quelque chose comme d'une théorie de la conscience, mais il s'agit uniquement ici d'obtenir de la clarté sur le problème que pose à la psychologie le *factum* de la conscience. Comme simple formulation du problème, le terme « conscience » ne contient pas immédiatement un moi en tant que substance existant pour soi, indépendamment de l'acte de la conscience, mais uniquement en tant que terme du rapport donné dans cet acte même – de même que, d'autre part, la conscience ne contient pas le « contenu » à titre d'objet déjà là, indépendamment de la conscience qu'il y a de lui, mais celui-ci est uniquement l'autre terme du rapport, corrélatif du premier, dans l'acte de la conscience lui-même.

Le troisième moment est la relation entre ces deux termes : ce dont il y a conscience et celui qui a conscience de cela. Une telle relation semble en effet signifier la conscience en tant que celle-ci, précisément, est exprimée verbalement dans la proposition : il y a conscience pour moi de quelque chose ou j'ai conscience de quelque chose. Il y a pour moi conscience de quelque chose signifie : quelque chose se rapporte à mon moi dans l'acte de la conscience. J'ai conscience de quelque chose signifie : le moi se rapporte dans l'acte de la conscience à quelque chose, à ce dont il y a conscience ; et l'« acte » de la conscience signifie uniquement pour l'un et l'autre terme ce rapport du moi au quelque chose et du quelque chose au moi – rapport qu'il faut comprendre comme constamment réciproque.

27 | C'est précisément l'infinitif « être-conscient » qui est apte par lui-même à désigner cette relation purement comme telle, considérée simplement dans son existence en général. Cependant la signification infinitive de l'expression tend à s'effacer devant les multiples usages que l'on en fait; de même que pour l'infinitif « être », la substantification de l'expression lui a fait perdre beaucoup de la force caractéristique de l'infinitif et de son caractère verbal originaire[1]; il n'est pas rare de rencontrer, même dans des ouvrages philosophiques, le barbarisme de la forme plurielle : « les consciences »; par quoi l'on entend les divers « moi » ou sujets avec leurs contenus de conscience, mais nullement les divers actes ou événements de la conscience comme l'exige la signification infinitive du terme. Il m'a paru conséquent d'utiliser l'expression « conscience » pour la totalité du sens de l'énoncé « j'ai conscience de quelque chose », c'est-à-dire pour l'énoncé qui contient les trois moments (le moi, le quelque chose dont il y a conscience et leur relation) et de réserver au moment abstrait de cette relation le *substantivum abstractum* « consciosité » – terme plus rare, en usage dans le langage technique de la psychologie. Cependant, il n'existe jusqu'à présent aucun accord sur cette terminologie et presque tous les psychologues, que ce soit sur le fondement d'une position particulière ou non, emploient différemment ces deux termes. Je ne parlerai donc en règle général que : premièrement, du contenu de conscience ou de ce dont il y a conscience, deuxièmement du moi, troisièmement, de la relation entre les deux – relation que je nommerai parfois pour être bref « consciosité ».

§ 3. *La consciosité : un terme ultime et irréductible.*

Si on demande ce qu'est le moi, la question est déjà résolue – il n'est rien d'autre que l'autre terme du rapport au quelque chose dont il y a conscience, dans cette relation qui est précisément, pour les deux termes, signifiée par la conscience. Si l'on demande en outre ce qu'est cette relation, l'unique réponse est : quelque chose d'ultime qui, précisément comme tel, ne peut ni ne doit être davantage expliqué ou réduit. Toute relation a lieu dans et par la conscience – la relation en général est un caractère de la conscience, son caractère fondamental. Comment pourrait-il y avoir une espèce particulière du genre relation qui distinguerait l'être-

1. Il faut distinguer ici le substantif *conscience* (*das Bewusstsein*) de ce que Natorp appelle son sens originaire de verbe : le fait d'être-conscient (*das Bewust-sein*) [N.d.T.].

conscient des autres relations ? Relier signifie distinguer et en même temps unir en une conscience, c'est-à-dire en *une* conscience. Lorsque donc on explique la notion de conscience en la caractérisant comme une relation, on ne dit | rien de nouveau, on rappelle simplement qu'en toute conscience se 28
produit une distinction et, en même temps, une unification – mais il est impossible d'exiger en outre que l'on indique un caractère distinctif de la relation qui a lieu dans et par la conscience.

D'une façon générale, il est, semble-t-il, impossible d'énoncer quoi que ce soit d'autre à propos de la conscience ; elle n'est susceptible que d'une description tautologique mais elle ne peut être comparée à un terme plus connu, dérivée d'un terme plus originaire ou expliquée par un terme plus clair. On a certes à cette fin produit depuis longtemps des descriptions analogiques, mais celles-ci élucident systématiquement le cas général par quelque cas particulier, comme lorsqu'on dit qu'en toute conscience a lieu une relation semblable à celle de la périphérie au centre. La comparaison est juste d'un point de vue, mais non selon tous. Le centre du cercle s'insère, avec les points de la périphérie, dans un ordre d'objets, le rapport du centre à ces points est du même genre que celui des points au centre (c'est un rapport spatial). Tel n'est pas le cas que nous envisageons ici. Le moi, conçu comme l'ultime centre commun de la relation au contenu dont il a conscience, ne s'oppose pas au contenu comme à un terme qui lui est homogène mais comme à un terme qui est lui est absolument incomparable. Même si la relation entre le moi et le contenu est une relation réciproque (puisqu'avec la relation du moi au quelque chose est toujours également donnée celle du quelque chose au moi), le moi n'a pas une relation au contenu semblable à celle du contenu au moi. Le contenu n'est précisément pas conscient du moi comme le moi est conscient du contenu. Le moi apparaît au contraire en lui même, comme distinct de tout autre, en ce que, précisément, il est ce qui a conscience de l'autre alors que nul autre n'a conscience de lui. Autrement dit : il ne peut lui-même devenir contenu (quelque chose dont il y a conscience), et il n'est aucunement homogène à ce qui peut devenir un contenu de conscience quelconque (quelque chose dont il y a conscience). C'est précisément pourquoi le moi ne peut être davantage décrit : si ce par quoi on tente de décrire le moi, ou la relation au moi, peut bien être emprunté au contenu de conscience, ce n'est pourtant pas le moi lui-même et la relation au moi qui sont atteints par cette description – le moi est au contraire présupposé par elle.

Autrement dit : toute « représentation » que nous voudrions avoir du moi le transformerait en « objet » (« objet » pris dans sa signification la plus générale de ce qui s'oppose au moi) – mais l'on cesse | de le penser comme 29 moi dès qu'on le pense comme objet. Le fait d'être moi signifie, non pas être objet, mais être, face à tout objet, ce par rapport à quoi seulement il y a quelque chose comme un objet. Et ce qui vaut de la relation au moi vaut pleinement de la relation correspondante. Le fait d'être-conscient signifie le fait d'être-objet pour un moi : ce fait d'être-objet lui-même ne peut à son tour être transformé en objet.

§ 4. *Le moi n'est pas un objet.*

Cela résonne certes comme un paradoxe : le moi et la relation au moi ne doivent en aucun sens se laisser transformer en objet, c'est-à-dire qu'il ne peut y avoir aucune conscience du moi lui-même. Comment peut-on dès lors tenir sur le moi un propos sensé, affirmer par exemple la certitude de son existence ou de son événement en général, s'il n'existe aucune conscience de lui et si, par conséquent, nous ne pouvons nullement savoir ce dont nous affirmons l'existence? En réalité, nous n'attribuons pas du tout au moi l'existence, l'événement, la factualité au sens où ces expressions sont comprises dans les autres énoncés. La conscience est certainement le présupposé de chaque énoncé, quel que soit son contenu, et même lorsque c'est l'existence ou la factualité qui est énoncée. Si donc on la considère dans son sens vrai et ultime, la conscience se laisse tout aussi peu ranger, à titre de cas particulier, sous le concept de fait ou d'existence que sous le concept de relation. Dans mon *Introduction à la psychologie*, je parlais sans encore assez de scrupules du « fait » de la conscience et, en outre, du « phénomène » de la conscience. Pour le moins, cette façon de parler ne préserve pas suffisamment du contresens qui consiste à poser le « fait » ou le « phénomène » comme un concept générique au sein duquel la conscience, à titre d'espèce particulière, se distingue des autres faits ou phénomènes par quelque différence spécifique. L'absolue originarité de la conscience exclut toute particularisation de ce type. Hobbes a dit un jour – et cette affirmation en elle même et dans son intention profonde est sans aucun doute exacte : de toutes les apparitions (phénomènes), la plus extraordinaire (et la plus originaire) est l'apparaître (le *phainesthai*) lui-même. Cependant, l'apparaître ne peut être qualifié d'apparaissant (de phénomène), tout du moins pas dans le même sens que celui qui vaut pour ce dont l'apparaître est énoncé – lui-même précisément, l'apparaître, n'apparaît pas à son tour. Apparaître signifie ici désormais : être conscient pour quelqu'un, comme étant différent de lui, de celui qui a conscience, car il est pour lui (au sens large du terme) un objet (un opposé). Qu'est ce que désormais celui qui a conscience? Si on l'oppose à nouveau lui-même à

lui-même, | on en fait à son tour un objet, on transforme donc sa nature, on le 30
renverse bel et bien en son contraire – on le pose lui-même du côté opposé,
du côté du quelque chose dont il y a conscience. Cela est sans doute
inévitable si l'on veut en général parler de lui et en faire l'objet (le thème)
d'une réflexion propre. Nous n'exigeons donc nullement (de nous même
ou de quiconque) de s'interdire systématiquement cette objectivation du
moi. Il faut simplement savoir que ce n'est plus dès lors tout à fait le moi lui-
même que l'on a sous les yeux, mais comme son reflet dans un miroir, sa
réflexion, son représentant dans son opposé : le contenu ou l'objet, le
quelque chose dont il y a conscience. De même que la rétine ne peut se voir
elle-même, mais voit simplement son reflet dans un miroir, de même la
conscience ne peut être consciente d'elle-même au sens propre du terme,
mais uniquement par sa réflexion dans le contenu. Le sens propre serait tout
simplement le suivant : le moi est en même temps objet pour lui-même, il
est en même temps le connaissant et le connu, il est simultanément sujet et
objet d'un seul et même acte de connaissance – ou bien encore : en tant qu'il
est le même numériquement et quant au contenu, et cependant opposé à lui
même, il n'est pas lui-même. Certains philosophes prétendent certes soute-
nir avec le plus grand sérieux une thèse semblable, mais à l'encontre de
toute évidence. Il est impossible de concevoir un acte, comme la représen-
tation, la connaissance, ou en général la conscience, de telle sorte que le
sujet et l'objet de cet acte soient identiques à tout point de vue, numéri-
quement et quant au contenu. Comme nous l'avons dit, la conscience est
une relation et, comme telle, elle ne peut se contenter d'un terme mais en
requiert deux. Lorsque nous affirmons avoir conscience de nous-mêmes,
nous redoublons artificiellement ce qui doit être en soi absolument un ; nous
faisons artificiellement de nous-mêmes un objet, ce qui signifie que ce dont
nous avons conscience dans cet acte n'est plus le moi originaire, celui qui a
conscience, car le moi est précisément sujet (c'est-à-dire celui qui a
conscience de quelque chose). Je conclus donc que l'objet de l'acte que
nous nommons conscience de soi ne doit pas être le moi originaire mais un
moi dérivé. Lorsque, comme l'on dit justement, je me pose face à moi-
même, je me déplace en quelque sorte à l'extérieur de moi-même afin de
prendre une vue sur moi comme sur un objet, afin de me prendre en quelque
considération ou diriger sur moi un acte quelconque de connaissance. Mais
cela n'est possible qu'improprement, par | une fiction. Cependant, le sujet 31
n'est pas pour autant une chose fictive. Je suis dans tous les cas celui qui
examine. C'est donc l'objet qui doit être un quelque chose fictif, c'est-à-
dire non pas le moi originaire mais quelque chose d'autre, un « contenu »
qui représente simplement le moi. La comparaison de la réflexion dans le

miroir, en usage depuis l'antiquité, est en fait entièrement pertinente : le contenu que l'on considère ici n'est plus l'original, mais son reflet. Lorsque je dis : je me vois moi-même dans le miroir, je pense manifestement : je vois mon reflet, car lui seul est dans le miroir et non l'original. Quel est donc le miroir dans lequel le moi se reflète ? Manifestement le contenu, le quelque chose dont il y a conscience. Cela apparaît clairement dans le résultat : tout ce par quoi on tente de décrire le moi comme un objet donné est manifestement renfermé dans le contenu. On ne décrit pas simplement (comme nous l'avons déjà dit) le général par le particulier, l'originaire par le dérivé mais, d'une façon générale, on ne décrit pas le fait d'être-conscient lui-même (qui est toujours déjà présupposé), mais seulement la manière dont le contenu se présente dans la conscience. Cherche-t-on à prendre au mot une telle description, il apparaît immédiatement que, premièrement, c'est seulement par un cas particulier de la conscience que l'on élucide le cas général, deuxièmement, que ce que l'on a décrit n'est pas le fait d'être-conscient lui-même, mais un élément rejeté dans le contenu. En particulier, on ne se débarrasse jamais des métaphores spatiales, bien que tout le monde s'accorde sur le fait que la relation du moi au contenu de conscience n'est nullement une relation spatiale et que la spatialité est un caractère du seul contenu.

Si nous employons à nouveau le terme d'« objet », en raison de sa conception plus facile, ce qui vient d'être dit reçoit la formulation suivante : le moi, dans son originarité, ne se laisse pas transformer en objet, puisqu'il est au contraire, face à tout objet, ce pour qui seulement il y a quelque chose comme un objet. Le moi lui-même (originairement, bien que ce soit possible sur un mode dérivé, fictif) ne peut, pour aucun autre, être objet – seul l'autre peut être objet pour lui. Le moi ne peut pas non plus, contrairement à ce que l'on croit, être objet pour lui-même, car on cesse de le concevoir comme moi dès qu'on le conçoit comme objet. La même chose vaut de la consciosité. Le fait d'être-conscient signifie le fait d'être-objet pour un moi – ce fait d'être-objet ne se laisse pas à son tour transformer en objet, ou alors au prix d'une transposition qui n'exprime plus l'essence immédiate de la chose.

32 | § 5. *Le moi n'est pas le problème de la psychologie mais le fondement du problème.*

Tout cela confirme finalement l'absolue originarité du *vécu* (*Erleben*). Le vécu est plus originaire que tout concept. Précisément, on s'éloigne de cette ultime immédiateté et originarité dès qu'on saisit le vécu lui-même sous un concept, c'est-à-dire dès qu'on le coordonne à un autre terme logiquement de même niveau que lui et qu'on le subordonne à un troisième terme logiquement supérieur. On se tient alors déjà, sans le remarquer, dans le domaine de son opposé : le quelque chose dont il y a conscience. On croit opposer le vécu lui-même à lui-même, mais cette opération, si on doit la comprendre en propre, est en elle-même contradictoire : en tant qu'opposé, il serait déjà objet alors que toute sa nature consiste au contraire à être, à la différence de tout objet, ce pour quoi seul il y a quelque chose comme un objet.

Il résulte de cela la conséquence certes paradoxale (comme on l'a déjà remarqué) selon laquelle le moi originaire, le moi pur, le moi de la consciosité, pris dans sa signification propre, n'est ni un fait, ni un existant, ni un phénomène. Mais le paradoxe cesse dès que l'on comprend que le moi est le *fondement* de tout fait, de toute existence, de tout être-donné, de tout apparaître ; c'est l'unique raison pour laquelle il n'est pas lui-même *un* fait, *une* existence, *un* donné, *quelque chose* qui apparaît. Au contraire, il est de son essence de pouvoir en dernière instance fonder tout cela (au sens subjectif de la fondation), et si l'on se donne la liberté de comprendre aussi comme « fait » ce qui fonde toute factualité, comme « existence » ce qui fonde toute existence, comme « donné » le fondement de toute donnéité, comme « apparition » le fondement de tout apparaître, alors on peut – de façon apparente et formelle – subsumer la conscience sous ces concepts. Mais il ne s'agit plus alors d'une subsomption au sens habituel du terme : la conscience n'est pas logiquement coordonnée à d'autre faits, existants, donnés ou apparaissants, et ces derniers ne sont pas subordonnés avec la conscience à un concept supérieur, c'est-à-dire plus général, car la conscience les précède tous – non à titre de concept générique ou de *fondement conceptuel*, mais à titre d'ultime *fondement d'être* (*Seinsgrund*).

Tout cela conduit, pour notre projet immédiat, à une conséquence claire, quoique simplement négative : l'égoïté pure, de même que la relation pure au moi, *ne sont pas un problème* pour la | psychologie, précisément parce qu'elles sont le fondement ou le présupposé de tout problème psychologique. C'est seulement par l'égoïté pure que la psychologie existe ne serait-ce qu'à titre de problème, mais cette égoïté ne peut pas, pour cette raison, être un problème pour la psychologie. En effet, le fait qu'un problème existe signifie qu'il y a un fondement sûr, en lui-même non problématique, grâce auquel seulement le problème en général existe, mais grâce auquel également il est susceptible d'une solution. C'est donc à titre de fondement du problème et non à titre de problème que la consciosité en général ou la relation-moi est au fondement de la psychologie, qu'elle est proprement à poser « à son fondement », à supposer.

§ 6. *Le contenu est l'unique problème. Discussion avec Husserl.*

L'objet de la recherche psychologique est au contraire le suivant : comment se présente à chaque fois, à un et même moi, ce dont il y a conscience. L'objet de la recherche est par conséquent le contenu de conscience : c'est-à-dire, précisément, ce dont il y a conscience à titre de « contenu », ou encore – il est important d'y insister désormais – à titre d'*ensemble*, comme du divers d'une part distingué (ou tout du moins susceptible de distinction) et, d'autre part, se rassemblant (ou pouvant être rassemblé) en une *unité*.

C'est en suivant une telle ligne de pensée qu'E. Husserl (*Recherches logiques*, II) a crû rectifier ma position sur le moi et la consciosité. Tout homme sage accueillera avec reconnaissance une amélioration convaincante de ses propres positions – j'accepterais d'autant plus volontiers une telle amélioration qu'elle provient de ce philosophe dont j'ai croisé à de multiples reprises les conceptions tant phénoménologiques que méthodologiques en général [1]. La thèse, en elle-même très pertinente, qu'il soutient par rapport à ma position dans le but de la rectifier, je l'ai déjà moi-même clairement exposée dans ma première esquisse d'une méthodologie de la psychologie (dans l'*Introduction à la psychologie* de 1888), sans toutefois la mettre suffisamment au premier plan et sans produire des explications suffisamment lumineuses. J'ai affirmé précisément dans l'*Introduction* (p. 30[2]) que la « liaison », c'est-à-dire l'unité dans laquelle le contenu se
34 présente en chaque acte de la conscience, | est l'expression exacte de la consciosité elle-même, et que c'est dans cette liaison que la consciosité reçoit sa valeur déterminée, positive. Je n'ai nullement affirmé par là que la

1. On comparera en particulier les pensées directrices des *Recherches logiques*, I, avec ma *Pédagogie sociale [Sozialpädagogik]* (Stuttgart, F. Fromann, 1898, 1re ed.), § 4, et déjà avec ma dissertation de 1887 « Sur la fondation objective et subjective de la connaissance », *Philosophische Monatshefte*, vol. 23, p. 257 *sq.*, [trad. fr. Thomas, *Néokantismes et théorie de la connaissance*, Paris, Vrin, 2000, N.d. T.]. Voir *supra* chap. XI.

2. *Einleitung in die Psychologie*, Freiburg, 1888, § 6. Natorp affirme deux choses : 1) Il s'agit de trouver un caractère qui est propre à tout contenu de conscience en tant qu'il est contenu de *conscience*, et qui, de plus, peut devenir l'objet d'une recherche spécifique : « un tel caractère est la liaison dans laquelle les éléments du contenu, qu'on peut isoler *in abstracto*, se présentent en chaque conscience réelle » (p. 23) – cette liaison étant considérée indépendamment de toute prétention à une validité objective ; 2) La liaison des contenus est l'expression *in concreto* de la relation au moi, de la consciosité (p. 30) [N.d. T.].

liaison a lieu grâce à la relation commune des parties constitutives du contenu à un seul et même moi. Au contraire, le moi n'est à chaque fois un et le même que pour une pluralité de parties constitutives du contenu, pour autant que ces parties se tiennent dans la liaison qui leur est propre (dans *une* conscience). La liaison est la relation à un et même moi, et la relation à un et même moi est la liaison – expliquer l'une par l'autre c'est expliquer le même par le même (p. 31).

Telle est cependant l'unique signification (pour autant qu'elle doive emporter la conviction) de la correction que Husserl prétend apporter à ma position. Il fait valoir d'une part – j'avais moi-même insisté sur ce point – qu'à la relation du vécu à la conscience vivante ne correspond aucune « situation phénoménologique » particulière (p. 331 ; dans ma terminologie, cette relation n'est pas elle-même un « contenu » de conscience)[1]. Seule lui correspond, précisément « phénoménologiquement », la « complexion réelle » des vécus[2]. Il fait valoir d'autre part que l'être-objet (pour un moi) peut à son tour être objet d'autres actes (mais la question que je posais était de savoir si l'être-objet pouvait être objet du même acte, de l'acte qui consiste à prendre conscience d'un contenu). Il existe des actes qui se dirigent sur la propriété des actes dans lesquels quelque chose apparaît (p. 342 *sq.*)[3]. Par ailleurs, la relation du moi au contenu de conscience n'est nullement indistincte, car il est certain que les façons dont les contenus s'insèrent dans l'unité du vécu (c'est bien cela et cela seulement que signifie pour Husserl la relation au moi) diffèrent les unes des autres. Cette thèse qui porte sur la relation au moi dans sa signification concrète, « phénoménologique » au sens de Husserl, je ne l'ai nullement contestée (je l'ai même soulignée). Cela vaut par conséquent aussi pour les « actes », si l'on entend par ce terme (en suivant Husserl) les unifications concrètes (ou insertions dans l'unité du vécu – unifications que j'ai moi-même, à l'occasion, caractérisées comme « actes »[4]). Pour ce qui est de cette signification concrète de « l'acte », il est certes tout à fait exact de dire

1. E. Husserl, *Recherches logiques*, trad. fr., *op. cit.*, p. 152 [N.d. T.].

2. *Ibid.* : « nous limitons le moi purement psychique à son contenu phénoménologique, il se réduit à l'unité de conscience, donc à la complexion réelle de vécus que nous (c'est-à-dire chacun pour son moi) trouvons en partie donnée avec évidence en nous » [N.d. T.].

3. Il s'agit de la discussion qui commence au § 10 des *Recherches logiques* (p. 167 *sq.*, voir en particulier p. 173, 180) [N.d. T.].

4. E. Husserl, *Recherches logiques*, p. 358 [trad. fr., p. 182] : Husserl remarque lui-même que lorsque je nie les actes particuliers (l'acte d'entendre, etc.), j'entends le terme « acte » en son sens littéral d'activité psychique (cf. *supra* chap. III).

qu'un acte peut lui-même être objet d'un autre acte, ou que des liaisons, des assemblages de contenus peuvent à nouveau s'insérer dans d'autres relations ou assemblages, | que des relations peuvent à leur tour entrer en
35 relation. Ce qu'il est également absolument nécessaire de comprendre, c'est que Husserl, par cette considération, conformément à l'intention qui guide intégralement sa « phénoménologie », investit immédiatement le champ de la « situation phénoménologique », c'est-à-dire ce que j'appelle le contenu de conscience, ce que précisément je revendique comme l'unique domaine de recherche de la psychologie. Par conséquent, il n'est nullement question en premier lieu pour Husserl du moi pur, du moi de la consciosité en général, celui-là seul sur lequel porte ma thèse.

Il est cependant difficile d'accorder que la relation au moi, du point de vue de sa signification ultime et absolument originaire, puisse être entièrement équivalente à l'assemblage des moments de contenu. Autrement dit, il est difficile d'expliquer en général la proposition « j'ai conscience de quelque chose » comme signifiant simplement : ce quelque chose s'insère à titre de partie constitutive dans une totalité déterminée de moments de contenu. Il est difficile d'expliquer la proposition « j'ai conscience de *a* » comme signifiant : *a* est une partie constitutive de cette totalité *S*(*a*, *b*, *c*, ...) qui constitue précisément le moi. Ce n'est certainement pas ce que l'on vise dans l'énoncé (« j'ai conscience de quelque chose »), car nous affirmons par là avoir conscience non pas simplement de parties constitutives singulières du contenu (*a*, *b*, *c* etc.) mais aussi de ces totalités *S*(*a*, *b*, *c*). Ces totalités ne peuvent être nommées parties constitutives d'elles-mêmes que par un tour très artificiel : une totalité *S*(*a*, *b*) est au contraire partie constitutive d'une autre, *S*(*a*, *b*, *c*), qui est à son tour partie d'une troisième, *S*(*a*, *b*, *c*, *d*), etc. Si l'on suit Husserl, on devrait pouvoir dire : la totalité de contenus a conscience du contenu singulier mais il n'y a pas en général conscience de cette totalité (si l'on se borne à cette totalité et si l'on ne pose pas la question de sa subordination à une totalité supérieure). Il ne fait pourtant aucun doute que nous faisons toujours la supposition du fait d'être-conscient, du fait d'être-conscient-pour-quelqu'un, que nous supposons par conséquent le moi comme ce qui a conscience du contenu, qu'il s'agisse d'un contenu singulier ou d'une multiplicité liée – c'est pour cette raison précisément que le moi n'est pas lui-même un contenu (ni un contenu singulier ni une pluralité liée).

On pourrait sans doute essayer de soutenir (et dans certaines formulations, Husserl semble penser ainsi) que le moi est l'*unité* des contenus liés et non *les contenus* eux-mêmes, même si ces derniers sont pris *dans* leur unification. La distinction entre contenu et moi deviendrait la

distinction, logiquement fondée, entre la pluralité qui se tient dans la liaison et la liaison de cette pluralité en tant qu'unité dans laquelle la pluralité s'unifie (en tant que fait d'être-lié). | Le moi ne serait donc pas identique 36
aux parties constitutives du contenu, qu'il s'agisse de parties singulières ou de leur ensemble (les parties prises une à une puis sommées) mais il serait identique à l'unité qui (à chaque fois) est propre à ces parties. Cependant, la forme de la liaison (pour prendre le terme aristotélicien), en tant qu'elle se présente dans le divers, appartient sans nul doute à ce dont j'ai conscience donc au contenu, tout autant que la matière, le divers lui-même, tandis que le moi qui a conscience des deux, du divers comme de son unité, du divers *dans* l'unité et de l'unité *dans* le divers, ne peut pas coïncider avec « l'unité de connexion du contenu » – même si seule cette unité peut correspondre au moi à titre de « situation phénoménologique » et donc peut (et doit) en tenir lieu dans les recherches psychologiques, car c'est dans cette unité seulement (comme j'y ai déjà longuement insisté) que le moi peut être saisi concrètement. Il est cependant nécessaire de supposer le moi abstraitement, indépendamment de cette unité. A quel titre le moi doit-il être présupposé ? La réponse ne peut être que la suivante : non pas comme une unité de connexion à chaque fois différente, mais comme *l'*unité en tant qu'ultime fondement d'être de l'unification et, partant, en tant que possibilité d'unité, bref en tant que fondement d'unité en général. Nous aboutissons à une distinction semblable à celle de l'Idée platonicienne et de ses participants. L'Idée n'apparaît pas en tant que telle, mais il ne faut pas moins la supposer – et cette supposition est nécessaire – puisque, sans la supposition de l'Idée, le phénomène lui-même ne serait pas fondé et ne pourrait par conséquent pas avoir de validité (grâce à la participation).

Que la conscience ultime et dominante ne puisse être elle-même indiquée dans une « situation psychologique » spécifique, cela ne peut plus constituer une objection solide si l'on considère ce qui suit. Si le vécu lui-même devait être vécu (comme « contenu ») pour pouvoir être reconnu comme *factum*, la même chose vaudrait, et avec la même nécessité, du vécu du vécu et, à nouveau, du vécu de ce dernier vécu et ceci à l'infini. La régression à l'infini est toutefois inacceptable ici. Car, s'il est certain qu'un vécu défini peut être à son tour la partie constitutive d'un autre vécu défini, ce processus ne peut cependant pas se poursuivre à l'infini si le vécu, ainsi que l'objection l'exige, doit tout du moins être effectif. | Néanmoins, dans 37
l'hypothèse évoquée, la régression à l'infini serait non seulement possible mais aussi absolument nécessaire. Voilà le point que tous ceux qui ont élevé des objections à l'encontre de cet argument de la régression à l'infini (Husserl y compris) n'ont pas pris en considération – c'est pourquoi il n'est

pas touché par ces objections. Il n'a cependant pas besoin de ce détour artificiel par l'expérience de pensée de la régression à l'infini pour être établi – et nous n'accordons par conséquent aucune importance particulière à cette expérience.

§ 7. *Le moi comme immédiat, comme le concret suprême.*

Ce que signifie la distinction entre l'unité abstraite et l'unité concrète, entre l'unité pure et celle qui se présente dans le contenu, ou encore la distinction entre l'unité comme Idée et l'unité comme phénomène (comme « situation phénoménologique »), cela doit rester inaccessible à celui qui considère les phénomènes de la conscience pour ainsi dire d'une manière statique, c'est-à-dire à celui qui n'admet comme donné à chaque fois qu'une totalité de contenus délimitée d'une façon déterminée, alors que, dans la vie effective de la conscience, il n'existe pas de telles unités fixes de connexion mais tout y est en flux : ce qui est un tout achevé pour tel acte de conscience arbitrairement délimité peut être une partie constitutive pour un autre acte, ce qui est partie constitutive peut à son tour être un tout. Et ces « actes » eux-mêmes, dans la conscience vivante, ne sont nullement séparés les uns des autres d'une façon rigide et fixe, mais ils coulent intégralement les uns dans les autres, de sorte que ces totalités de contenus délimitées de façon déterminée ne sont jamais qu'arbitraires et n'existent que pour la réflexion. Si donc le moi était entièrement pris dans ce flux, nous perdrions par là même – d'une façon tout autre que pour Hume qui réduisait le moi à un « faisceau » de représentations – cette identité qui caractérise justement le moi face au contenu changeant et justifie la comparaison avec le centre. Le centre peut précisément rester identique, non pas simplement face à toute la diversité des points d'une périphérie en repos, mais aussi par rapport à tous les changements de ces points et aussi par rapport à leurs modes particuliers de connexion (par exemple la courbure de la périphérie) – même si l'on conçoit la périphérie non pas comme fixe mais comme se dilatant progressivement vers l'extérieur et se resserrant selon une contraction croissante en fonction d'un rayon variable, infiniment mobile, et peut-être même une infinité de fois infiniment mobile, c'est-à-dire mobile dans un nombre infini de dimensions. La comparaison, même si ce n'est qu'une comparaison, suffit cependant à rendre intuitionnable le fait
38 suivant : | il n'est aucunement besoin d'une « situation phénoménologique » particulière pour que l'on puisse affirmer une telle unité de relation [au moi]. Il n'est pas nécessaire que cette unité se présente – et, d'une façon générale, elle ne le peut pas – dans quelque connexion déli-

mitée donnée que ce soit mais, selon son expression théorique, elle se présente dans la consistance de la *loi* par laquelle toutes les connexions, à l'infini, sont déterminées ou déterminables en général, par conséquent sans être données, c'est-à-dire *a priori*.

Il peut sembler téméraire de prétendre que cette « consistance » (naturellement non spatiale et non temporelle) de l'*Idée* d'unité exprime désormais sa signification concrète dans l'immédiateté et l'originarité absolue du *vécu*. En effet, cette unité idéale ou légale est par là même au plus haut point abstraite, tandis que le vécu est absolument concret – il est le plus concret, le concret *originaire*. Mais peut-être en est-il ici comme ailleurs : les extrêmes coïncident. Ils coïncident dans le moment de la *continuité*. En tout cas, il est certain que toute délimitation conceptuelle est abolie dans l'immédiateté du vécu et que la corrélativité systématique de ce que le concept maintient l'un en dehors de l'autre, du logiquement discret, est conçue comme originairement et irrémédiablement consistante – mais, dans la loi, tout isolement des positions singulières est également supprimé, elles sont à nouveau insérées dans la continuité originaire de laquelle elles ont été détachées par abstraction, pour la réflexion progressant sans relâche de point fixe en point fixe. Cela veut dire que la loi *veut* signifier proprement le concret ultime, même si ce concret ne trouve en elle qu'une expression abstraite. La loi signifie le concret au sens où elle exige la concrétion, et elle n'est abstraite que dans la mesure où elle s'en tient à cette exigence, mais elle n'accomplit pas le sens de cette exigence. Si désormais le concept de vécu contient en lui-même l'identité effective du moi vivant, non pas certes à titre de présupposé arbitraire, mais à titre de *factum* absolu, bien plus, à titre de *fieri*, de *facere*, à titre de « faire » (acte) – le *se faire*[1] de Bergson –, c'est-à-dire si l'on veut bien entendre dans le concept de vécu cette identité – une identité qui ne s'épuise pas dans la complexion à chaque fois délimitée du contenu, mais qui dépasse, tout du moins dans sa possibilité, chacune de ces délimitations, qui donc n'est posée par aucune d'entre elles, mais les précède toutes et, pour cette raison précisément, les transcende sans limite –, alors cette supposition, comme nous le voyons maintenant, est reconnue dans son droit le plus profond et le plus intérieur. C'est en effet précisément en ce sens que | le fait d'être-conscient, en tant qu'unité du **39**
rapport, est fondé dans l'*Idée* de cette unité, laquelle est par conséquent certes une supposition, mais une supposition qu'il est absolument nécessaire de faire s'il doit y avoir une conscience en général – il faut la supposer

1. En français dans le texte [N.d. T.].

non pas tant à titre de concept (même s'il ne nous est pas impossible d'en forger aussi une espèce de concept) qu'à titre de vécu originaire : au titre *du* vécu originaire. Il n'y a pas simplement les phénomènes, il y a aussi l'apparaître lui-même, même si ce dernier – naturellement – n'apparaît pas à son tour. Et il y a – cela signifie la même chose sous une autre forme – ce moi originaire qui ne se dévoile pas dans les complexions de contenu se délimitant mutuellement et se modifiant sans cesse dans cette délimitation, ce moi qui, au contraire, illimité en lui-même et persistant en lui-même (au sens où l'Idée persiste), transcende toutes ces complexions et n'apparaît donc pas à son tour en elles : le moi qui, en tant que fondement de l'apparaître (au même titre que l'Idée est fondement), « rend seulement possible » tous les phénomènes. Ce moi est donc bien envisagé à titre de fondement réel et non à titre de simple fondement conceptuel.

Le résultat que nous avons par là même conquis en vue de la détermination de la tâche de la psychologie n'est pas de peu d'importance : la liberté sans borne d'introduire des relations de contenu et des relations entre ces relations au-delà de toutes les délimitations arbitraires qui sont certes indispensables à la considération analytique sans être jamais comme telles définitives mais toujours franchissables et nécessairement à franchir. Nous pouvons déjà voir ici que c'est précisément en se libérant des chaînes qui entravent son mouvement que l'*empirie* psychologique devient susceptible d'un développement omnilatéral. En s'émancipant des bornes que lui impose la simple statique des faits de conscience donnés, elle se déploie en une libre dynamique. Elle surmonte les discrétions fixes, les repos artificiels nécessaires à l'examen, et se jette dans le flot tout-puissant du devenir et de la continuité. La raison en est que la relation au moi, en devenant concrète et actuelle, est aussi omnienglobante qu'elle l'était auparavant, quand elle était prise en un sens simplement abstrait, c'est-à-dire dans sa simple puissance. C'est précisément parce que la relation au moi n'apparaît pas par elle-même, n'est pas vécue par elle-même, qu'elle s'avère être l'expression pleine et concrète de l'apparaître, du vécu lui-même en son immédiateté et originarité absolues.

CHAPITRE III

« ACTIVITÉS » DE LA CONSCIENCE

| § 1. *Le contenu de conscience, problème exclusif de la psychologie.* 40

En ce qui concerne la clarification du problème de la psychologie, nous sommes jusqu'ici parvenus aux résultats suivants : 1) du point de vue positif, nous avons l'assurance que le fondement du problème se trouve dans l'unité ultime, absolument englobante de la conscience ; 2) du point de vue négatif, nous avons établi que ce fondement du problème lui-même n'est pas le problème, l'objet de la recherche psychologique. Celle-ci reste exclusivement dirigée sur ce qui est conscient pour quelqu'un, sur le contenu de conscience.

Le moi de la conscience pure ne peut même pas proprement être appelé un « *datum* » de la psychologie. Un *datum* signifie un problème, mais le moi pur n'est précisément pas un problème. Il est principe, mais un principe n'est jamais « donné », car, plus radicalement, [il est à ce titre] d'autant plus loin de tout donné. « Donné » signifie en outre « donné à quelqu'un », ce qui toutefois veut dire : ce qui est conscient pour quelqu'un. Le fait d'être-conscient est donc déjà présupposé dans le concept de donné. Mais on ne peut pas dire que la pure consciosité est « donnée », précisément au sens où elle est le présupposé de toute donnéité – de même que l'apparaître lui-même n'est pas un phénomène.

Ce qui, en revanche, est un problème, et au sens d'un problème « donné », c'est-à-dire proposé à la recherche[1], c'est l'unité relative de la conscience, c'est-à-dire la manière particulière dont, à chaque fois (à savoir pour chaque nouvel examen psychologique, et du point de vue toujours particulier de celui-ci), le contenu de la conscience se présente dans une unité. Ce qui donc, pour la psychologie, est un problème, c'est chaque unité déterminée de la conscience – et non pas cette unité ultime qui précède tout et qui précisément du coup précède tout ce qui peut et doit nécessairement être un problème pour la psychologie. L'unité relative appartient toutefois elle-même au contenu, étant donné que la « forme », c'est-à-dire la manière dont s'effectue la réunion n'appartient pas moins que la « matière », que les éléments qu'il faut lier, au contenu, littéralement à la teneur interne de la
41 conscience, | voire est le constituant essentiel d'une telle teneur. Car « contenu » signifie : un divers dans une unité, une matière dans une forme.

§ 2. *La supposition d'activités de la conscience.*

Si l'on a pu s'élever contre cette thèse qui soutient que la psychologie n'a affaire qu'au contenu de la conscience, c'est qu'on avait précisément à l'esprit la distinction entre forme et matière, et qu'on l'a seulement mal comprise en assimilant le « contenu » à la matière seule, sans la forme[2] – ou bien on a effectivement pensé à cette unité ultime, englobante, que la psychologie doit reconnaître et poser au sommet, mais relativement à laquelle on ne peut rien rechercher de plus ou obtenir davantage de déterminations, car, précisément à titre de fondement ultime du problème de la psychologie, elle ne peut elle-même former un problème pour celle-ci.

On a néanmoins cru la trouver à titre de *datum* et, ainsi, pouvoir en faire aussi le problème. Elle devait, par opposition au contenu de la conscience, se présenter dans une espèce d'*activité*, dans laquelle la conscience consiste toujours à titre de conscience concrète. Il est vrai que l'abstraction vide de la conscience, la simple expression générale de l'apparaître ou du fait d'être-conscient-pour-quelqu'un en général, n'est pas un problème pour la psychologie. Mais ce qui se présente très clairement, c'est ce en quoi le fait d'être-conscient consiste à titre de concret, à savoir le fait d'être actif et il est vrai d'agir à chaque fois d'une manière déterminée. Dans toute conscience concrète, dans la sensation, la représentation, la pensée, le

1. Jeu de mot intraduisible sur *gegeben – aufgegeben* [N.d. T.].

2. C'est le cas de Volkelt : voir *Philosophische Monatshefte*, vol. 28, p. 586 *sq.*, particulièrement p. 590.

sentiment, le désir, le vouloir, brièvement dans toute modification de la conscience, nous avons – ou du moins nous croyons pouvoir trouver –, outre la conscience de ce qui est senti, représenté, pensé, ressenti, désiré, voulu, encore une conscience du fait de sentir, de représenter, de penser, de ressentir, de désirer, de vouloir à titre d'acte qui est nôtre, et c'est ainsi que la consciosité et le moi conscient reçoivent leur détermination concrète. Le moi ou la consciosité, ce n'est *in abstracto* rien d'autre que de l'action c'est-à-dire une activité en général; mais concrètement, c'est-à-dire dans chaque conscience actuelle, le moi est précisément à chaque fois saisi dans une activité déterminée: percevant, représentant, pensant, etc. La consciosité, en tant que concrète, consiste du coup dans une activité qui est déterminée plus précisément comme telle et telle. Ce qu'est, en général, une activité de la conscience, et en quoi consiste ici la dimension active, voilà ce qu'on ne peut pas demander ou bien vouloir expliquer en général, car cela ne conduit à rien; mais c'est ce qu'on trouve d'une manière indubitable dans de tels exemples | d'activités ou d'actes de la conscience 42
tels ceux qu'on a nommés.

Ainsi la distinction entre l'*acte* et le *contenu* de la conscience est-elle souvent admise. Elle est souvent introduite sans aucune préparation ou justification particulière, comme quelque chose qui va de soi, qui est incontestable. Il est vrai que quelques-uns des meilleurs psychologues modernes, comme Lipps et Husserl, n'utilisent plus le concept d'activités psychiques au sens de donnéités immédiates; s'ils parlent en général d'activités, celles-ci sont introduites à la limite, uniquement au sens de présupposés théoriques, à titre de causes, de forces ou d'énergies psychiques, pour présenter les enchaînements légaux des événements psychiques (ainsi est-ce le cas surtout chez Lipps, *Faits fondamentaux [Grundtatsachen]*, chap. 2) – ce qui n'est pas encore ici en question.

Ce qui devient compréhensible, c'est l'affirmation d'activités comme *data* originaires de la psychologie, à partir de l'effort assurément fondé consistant à maintenir dans toute sa rigueur la subjectivité de la conscience, et à garantir la psychologie contre le danger de l'objectivisme qui menace toujours, en dernière analyse, de devenir naturalisme. On a bien vu ou bien on pressentait obscurément que le « contenu », dans chaque cas, exige une objectivation; que, même s'il se distingue à titre de phénomène de l'objet de cet objet même, il lui est pourtant toujours rapporté, et est toujours présentation de l'objet à n'importe quelle étape et dans n'importe quelle direction de l'objectivation. Le phénomène est précisément toujours phénomène de l'objet, on peut même dire qu'il est l'objet tel qu'il se présente à un sujet, toujours sous des conditions données. Si la subjectivité

ne doit donc pas se dissoudre dans l'objectivité et y disparaître, il est nécessaire (conclut-on) de la saisir dans quelque chose d'autre que le phénomène (donc le contenu). Et c'est ce quelque chose d'autre qu'on croit ensuite trouver dans les activités de la conscience. Par exemple, le son entendu doit dans tous les cas, à titre de phénomène, être rapporté à son objet – dans ce cas à un processus déterminé dans la nature extérieure : les vibrations de l'air et leur transmission aux nerfs auditifs, et finalement un processus quelconque dans l'organe central. Ce son signifie, en tant qu'il est psychiquement donné, non pas à vrai dire ce processus naturel, mais sa présentation pour celui qui entend – il ne signifie toutefois pas simplement ce processus externe, mais également précisément ceci : que et comment, dans quel « phénomène » un processus externe tel et tel se présente à un sujet organisé de telle et telle manière et se trouvant dans telles et telles
43 conditions, | voilà finalement une question qui relève de la science de la nature, laquelle inclut non seulement l'acoustique physique, mais tout aussi bien l'acoustique physiologique. Le seul domaine dans lequel la science de la nature n'est pas compétente, c'est celui du fait d'être-conscient lui-même, c'est-à-dire l'activité, dans ce cas le fait d'entendre; partant, cette activité est (conclut-on) nécessairement ici le problème caractéristique pour la psychologie. La psychologie n'a plus rien à voir avec le contenu, par exemple le son entendu, et elle ne peut justement pas plus établir, relativement au surgissement de ce phénomène conditionné de telle et telle manière du côté de la nature (c'est-à-dire du point de vue physique et physiologique), l'activité psychique qui y est liée. Le phénomène rapporté au processus naturel, dans notre cas le son entendu, n'appartient donc tout au plus à la psychologie qu'à titre de point de départ, de commencement – mais ce n'est pas le phénomène en lui-même, dans sa teneur propre de phénomène, puisqu'on le rapporte, précisément à titre de phénomène, à l'objet qui y apparaît (le processus naturel). L'apparaître lui-même, au contraire, l'unique élément qui est, dans le fait qu'est le phénomène, élément psychique, peut concrètement être saisi dans l'activité déterminée de la conscience, dans ce cas le sentir et plus particulièrement le fait d'entendre. S'il n'y avait pas ici quelque chose de spécifique, il n'y aurait alors aucun problème relevant proprement de la psychologie, car il n'y aurait ici de problème que pour la science de la nature.

§ 3. *L'illusion dans la supposition des activités de la conscience.*

C'est, sous une forme plus ou moins confuse, cette façon de se représenter les choses qui est admise, ouvertement ou implicitement, par les exposés psychologiques courants. Tout ce qui a été établi dans le chapitre précédent permet que, sur ce point, tout s'éclaircisse pour nous rapidement.

Il faut certes maintenir abstraitement la différence entre l'existence du contenu et son rapport au moi. Mais il s'est avéré que ce rapport ne peut pas être objectivé et traité dans un examen à part, que ce soit dans son aspect général ou bien d'une manière spécifique. La spécification se trouve précisément uniquement dans le contenu. C'est dans l'existence du contenu que se trouve toujours déjà, pour chaque [être] sentant, représentant, etc., toujours le renvoi ineffable au moi qui s'oppose, sans quoi ce contenu n'existerait précisément pas pour lui et ne serait pas un contenu pour sa conscience. Cependant, ce renvoi, à son tour, ne se pose pas devant nous ni ne s'oppose à nous, que ce soit à titre de consciosité en général ou à titre d'une quelconque spécification de la consciosité; par exemple, nous avons une sensation (ou bien en général une consciosité), non pas de notre sentir,
| mais seulement du contenu de la sensation, par exemple la couleur rouge **44**
ou le son sol dièse.

Si l'on me demande d'être attentif à la question de savoir si j'ai par exemple une sensation déterminée d'un son, je ne dois faire attention à rien d'autre que précisément au son que je dois entendre, et je l'entendrai alors peut-être effectivement. Quant à celui qui, en outre, entend le fait d'entendre, ou bien sent d'une manière qui serait différente et ne me serait pas donnée, ou bien est conscient de lui-même, je pourrais peut-être l'envier pour cette espèce de sensation ou de conscience différente, mais je ne pourrais pas rivaliser avec lui. « Le son résonne en moi » et « j'entends le son » : il ne s'agit pas pour moi de deux faits, qui seraient ou bien successifs ou bien simultanés, car il s'agit d'un unique fait, dans lequel je peux à la rigueur, par l'abstraction, distinguer les deux moments qu'on connaît : l'existence du contenu et son appartenance à « moi » c'est-à-dire à la teneur complète de ma conscience présente (prise maintenant en considération). Il n'y a toutefois aucun de ces deux moments qu'on pourrait effectivement séparer de l'autre; ils sont, dans l'acte de la conscience effective, absolument inséparables et ils sont donnés ensemble d'une manière indissociable. Je peux bien exprimer leur relation, comme toute relation entre deux choses, d'une manière double, à partir de l'un ou l'autre : je peux dire, la première fois, à propos du contenu, par exemple du son entendu, qu'il entretient une relation avec moi telle qu'il résonne en moi, et je peux dire, la deuxième fois, à propos de moi, que j'ai une relation telle au son que je l'entends. Cependant, il s'agit de faits aussi peu différents que quand je dis que A est en face de B et que B est en face de A. Cette comparaison souvent

utilisée du fait d'être face à face est du reste (comme on l'a déjà remarqué une fois) absolument inexacte. En ce qui concerne le fait d'être, spatialement, face à face, je peux toujours examiner chacun des deux éléments qui se font face, A et B, également en eux-mêmes et relativement aux divers autres rapports spatiaux, alors que, dans le cas qui nous intéresse, en revanche, je peux certes bien examiner le son en lui-même ou en relation aux autres objets (contenus de la conscience) qui lui sont coordonnés, sans prendre pour autant nécessairement en considération son rapport au moi, mais je ne peux pas me prendre moi-même en considération dans le fait d'entendre sans penser en même temps au son entendu, car si je mets de côté celui-ci, il ne reste, du fait auquel je pense, du fait d'entendre ce son, plus rien qui puisse être examiné ou recherché, ou bien sur quoi on puisse
45 produire une quelconque assertion. | Si, pour moi, le son disparaît, c'est aussi le fait d'entendre le son qui disparaît, et ou bien c'est un autre contenu qui surgit, pour lequel vaut quelque chose d'analogue, ou bien, si tout contenu disparaît pour moi, disparaît alors aussi la conscience et le moi et il ne reste plus rien.

§ 4. *Supplément à propos des « activités »*.

On peut conclure de ce qui précède : ma conscience, par exemple le fait d'entendre, n'existe ou ne surgit que dans la mesure où le contenu, par exemple le son, existe pour moi; son existence pour moi, voilà la conscience que j'en ai. Quant à celui qui prétend encore attraper sa conscience autrement que dans l'existence d'un contenu pour lui, non seulement je ne peux pas rivaliser avec lui, mais (précisément pour cette raison) je ne peux nullement m'expliquer ce qu'il a bien pu vivre. C'est pourquoi, dans ma psychologie, il me faut bien nécessairement refuser la distinction entre la conscience du contenu et le fait d'être conscient du fait d'être-conscient – et je ne peux nullement m'empêcher, d'après ma psychologie, de supposer que celui qui opère une telle distinction tombe dans une illusion, car, n'ayant effectivement en tête rien d'autre que le rapport, nécessairement donné il est vrai avec chaque contenu, au moi, il commet l'erreur souvent dénoncée qui consiste à vouloir objectiver jusqu'à ce rapport en lui-même.

Il est seulement nécessaire d'indiquer brièvement que celui qui affirme qu'on est conscient du fait d'être conscient devrait conséquemment affirmer également qu'on est conscient de la conscience du fait d'être conscient – comme quelques philosophes sont même allés jusqu'à le faire sans prévention. Néanmoins, par là, on tombe dans une métaphysique dénuée de tout sol, dans les labyrinthes de laquelle l'empiriste psychologue, auquel nous voudrions ici seulement avoir affaire, voudra aussi peu que nous s'égarer.

Les activités dont il est question ici ne sont donc en tout cas rien de donné. Si l'on voulait cependant même renoncer à leur donation et les introduire simplement à titre de présupposés théoriques, je crains qu'on ne puisse pas, par là, échapper au danger qu'on voulait éviter : celui d'une objectivation fausse de la subjectivité même et comme telle. On fait alors précisément du fait même d'être-conscient quelque chose d'objectif en soi, une deuxième « nature » qu'on entreprend de présenter c'est-à-dire de *construire* d'après le modèle de la première, en vérité la seule nature, dans un système d'actes ou de processus temporellement déterminés, à coté desquels on trouve leurs causes, forces, énergies, et ensuite bien aussi des substances – et | on pourra difficilement contester à ces actes, outre le **46**
rapport temporel, également le rapport spatial, car je suis pourtant, moi celui qui sent, dans la mesure où je sens c'est-à-dire où j'entends, où je vois, où je touche, assurément dans l'espace, je reçois des impressions dans l'espace, etc. Ainsi ne parvient-on néanmoins, d'une manière inévitable, à rien d'autre qu'à une simple répétition, une expression simplement différente de cette même « nature » à laquelle on a voulu se soustraire, à savoir la nature à laquelle les phénomènes – ceux de la conscience, il n'y en a pas d'autres – doivent, à titre de phénomènes de leur objet, être rapportés : la nature spatiale. Cependant, cette question, comme on l'a déjà dit, n'a pas encore véritablement à surgir, car, ici, la question est d'abord celle du psychique comme problème, et pas encore celle de la méthode pour traiter scientifiquement ce problème.

§ 5. *Le sens en lequel des « activités » peuvent être admises : une espèce d'insertion dans l'unité de la conscience.*

On échappera de la manière la plus sûre à tout danger d'une telle objectivation fausse si on résume rigoureusement la question de la psychologie ainsi : comment le contenu se présente-t-il dans l'unité de chaque conscience particulière ? Cette unité sera toujours également d'une quelconque manière conditionnée du point de vue objectif, mais, en tant qu'elle est vécue, elle se trouve en tout cas avant tout du côté subjectif, dans un être-conscient, de sorte qu'on en reste rigoureusement au côté subjectif du vécu, donc au problème propre de la psychologie, aussi longtemps qu'on s'en tient rigoureusement à cette unité. C'est dans l'unité du vécu qu'on trouve en même temps la pleine reconnaissance de ce qui est le seul

sens admissible des « activités » psychiques : la manière déterminée dont les éléments du contenu, qu'on peut isoler *in abstracto* (à titre de « matière »), s'insèrent à chaque fois dans l'unité du contenu (à titre de « forme »). Je n'entends pas le fait que j'entends, j'entends seulement le son ; mais c'est précisément moi qui entends le son, c'est-à-dire qu'il existe pour moi, il est une partie de ma conscience (actuelle, prise en considération maintenant), et il s'ordonne ainsi dans l'unité concrète de ce vécu qui est mien; il n'y a que cela qui constitue le côté « subjectif » du fait en question. Par là toutefois, on ne se dédit absolument pas ; car il n'a pas été dit que c'est l'existence du son qui est tout simplement identique avec le fait que j'entends le son, mais son existence pour moi. L'existence pour moi, par opposition avec l'existence pour un autre ou avec l'existence objective, est néanmoins précisément caractérisée par le type déterminé d'insertion dans le contexte ou l'unité de mon vécu. Voilà ce qui n'est pourtant
47 nullement exprimé d'une manière évidente par le mot « activité ». | Car le sens compréhensible de cette manière de parler est pourtant bien celui-ci : c'est d'une relation déterminée du moi au contenu qu'il s'agit dans les « activités » présupposées. Voilà toutefois précisément ce que je ne peux pas reconnaître pour exact, ni en général, au sens où l'on trouverait dans tout acte de la conscience cette dualité, l'activité de la conscience et le contenu, ni au sens spécifique selon lequel la différence caractéristique des actes de la conscience pourrait toujours être établie dans son double visage, d'une part, à titre de différence du contenu et, d'autre part, à titre d'activité de la conscience, c'est-à-dire à titre d'espèce particulière du rapport du moi au contenu. En revanche, ce qui n'est nullement contesté, c'est qu'il y ait des espèces différentes et il est vrai fondamentalement différentes d'insertion des parties du contenu, à chaque fois particulières, dans l'unité du vécu ; ce qui est affirmé, c'est seulement que cette différence dans l'espèce d'insertion, étant donné qu'elle concerne pourtant précisément le contenu et rien d'autre, doit toujours pouvoir être exhibée relativement au contenu et seulement à lui – que, donc, cette différence ne se présente pas d'une manière dédoublée, à savoir comme différence entre ce dont, à chaque fois, on a conscience et la manière d'être conscient du contenu. Le fait d'être-conscient ne peut précisément jamais, du point de vue concret, être mis en évidence autrement que relativement au contenu et à la manière dont s'articule celui-ci. L'articulation est précisément celle du contenu, tel qu'il est dans la conscience, à savoir à titre de diversité dans l'unité ; de sorte qu'elle ne peut être précisément mise en évidence que relativement à celle-ci.

Bien que ceci doive désormais être éclairci par l'examen général, il apparaît pourtant n'être pas superflu, afin peut-être de dissiper tout doute sur cette question, de le confirmer au niveau du particulier par une courte induction. En cela, il faut évidemment, en ce qui concerne la dimension particulière des configurations de la conscience, en partie anticiper sur ce qui sera dit ultérieurement, étant donné que, ici, rien n'a encore été présupposé quant à ces configurations. Pourtant, l'argumentation peut sans difficulté être conduite d'une manière telle qu'elle n'ait nullement besoin de s'appuyer sur des conceptions particulières, psychologiques et discutables – ou bien : les précisions encore nécessaires ou déterminations plus précises de telles conceptions (qui ne concernent pas le noyau de ce qu'il faut ici prouver) restent l'objet d'un examen ultérieur.

§ 6. *Confirmation de la thèse pour les contenus sensibles élémentaires.*

S'il s'agit avant tout de la « matière » ultime de la conscience, de ce qu'on appelle les sensations, il faudrait que leur concept puisse faire abstraction | de toute « forme », donc de toute espèce distincte d'insertion **48** dans le contexte de la conscience – il faudrait donc en général ne pas parler, à leur propos, de quelconques espèces différentes de consciosité. En vérité, il ne viendra pas facilement à l'esprit de quiconque de distinguer la conscience de deux couleurs ou sons différents, simplement comme tels, selon l'espèce, à titre du fait d'être-conscient, et non pas selon le contenu. Que même les différentes classes de sensations, par exemple les sensations visuelles ou bien celles auditives, soient suffisamment distinguées par leur contenu et n'aient pas en outre besoin d'être distinguées par une quelconque particularité du fait d'être-conscient du contenu, on devra bien l'accorder à la moindre réflexion. Que, pour nous, le fait d'entendre relève il est vrai d'une autre « disposition » que celui de voir, c'est certain ; mais cette différence ne concerne manifestement plus le contenu pur de la sensation, car elle dépend de divers éléments accompagnateurs en partie difficilement compréhensibles, de complexions entre des sensations de différentes classes ou bien entre ces sensations et des éléments qui relèvent du sentiment ou de l'aspiration (*Streben*). Que, en général, la conscience d'un contenu qualitativement différent ne soit pas, en outre, encore une conscience qualitativement différente, une telle affirmation, aussi longtemps qu'il s'agit de contenus singuliers (sensations), ne pourra pas être contestée à partir du principe général énoncé.

Beaucoup de psychologues sont plutôt enclins à distinguer des degrés ou des étapes de la consciosité déjà à partir des sensations, sans que leur

admission doive être identique à celle de différences d'intensité dans ce dont nous avons conscience, donc dans ce cas dans ce qui est senti. Mais il devrait être clair qu'une telle distinction, en tout cas pour autant qu'il s'agit de sensations, a en ce qui concerne les intensités aussi peu de fondement qu'en ce qui concerne les qualités. Le fait d'entendre le son fort n'est pas en outre aussi un entendre qui serait encore plus fort, le fait de voir la lumière plus intense n'est pas en outre un voir qui serait plus intense. Lorsque j'entends le « même » son, c'est-à-dire un son qui a la même hauteur et le même timbre, une fois doucement, une fois fortement, ce n'est précisément plus le même contenu de sensation auquel c'est seulement mon audition qui donne un accent plus faible ou plus fort, car ce sont pour ma sensation des contenus différents, par exemple le son do joué doucement et le même son retentissant fortement; à cette différence de contenu, la différence d'intensité de ma sensation ne s'ajoute pas comme quelque chose d'autre; il en va tout à fait de même pour le rouge plus clair et pour le rouge plus
49 foncé. Quant à ce qui peut susciter l'apparence | selon laquelle, à côté de l'accroissement au niveau du contenu, il était encore question d'un accroissement au niveau de l'activité sensitive, c'est bien à nouveau (si on ne pense pas à quelque chose de physiologique) le surgissement d'éléments accompagnateurs – par exemple l'accroissement de l'intensité de la sensation parallèlement à celle des sentiments de plaisir ou de déplaisir ou bien des aspirations. Cependant, la question ne porte pas sur le surgissement de tels éléments, mais sur la sensation même, d'un côté sur son contenu et, de l'autre, sur l'« acte » du sentir, qui est précisément rapporté à ce contenu et à rien d'autre. Ici, toutefois, il est tout à fait certain qu'on ne peut pas établir un accroissement de l'intensité de l'acte (par exemple celui d'entendre) à côté de l'accroissement de l'intensité du contenu (de ce qui est entendu). Quelque chose de correspondant devra bien aussi nécessairement être admis pour toutes les autres configurations de la conscience dans lesquelles il est question de différences d'intensité.

On parle également de conscience claire et de conscience obscure. Néanmoins, il en va, pour les degrés de clarté de la conscience, difficilement autrement que pour les degrés d'intensité, indépendamment de la manière dont ceux-ci peuvent d'ailleurs se rapporter à ceux-là. Dans un cas, j'ai conscience de quelque chose de clair et, dans l'autre, de quelque chose de moins clair – par exemple, dans la conscience éveillée, j'ai conscience de beaucoup d'éléments clairement liés et distingués, alors que, dans la conscience qui rêve (en général), j'ai conscience de moins d'éléments, et leur liaison et distinction sont plus lâches, plus faibles. Il ne s'agit ici que de distinctions qui peuvent être établies relativement au contenu – le fait d'être-conscient du contenu, celui d'avoir-conscience du contenu[1], n'est dans tous ces cas, à titre de conscience, au niveau de son espèce, pas différent.

§ 7. *Confirmation pour les liaisons du contenu.*

Si nous passons désormais aux liaisons, avant tout les compositions et groupements les plus simples et les plus évidents, simples et externes, des contenus singuliers, qui par là du reste ne doivent nullement modifier leur nature, il y a certainement une différence : 1) si deux contenus ou plus en général entrent en liaison, ou bien restent isolés, et 2) si par exemple, dans telle ou telle autre liaison, un contenu singulier A entre dans une liaison déterminée, plus étroite, simplement avec un deuxième contenu, B, ou bien avec celui-ci et un troisième élément, un quatrième, et ainsi de suite ; et si de telles séries ou de tel groupes sont derechef isolés ou unis à d'autres, et ainsi de suite. Cependant, la liaison ou l'absence de liaison doit toujours être établie relativement au contenu, et relativement au contenu précisément au sens où nous en avons conscience, et pas en outre relativement au fait d'être-conscient du contenu.

A la liaison externe appartient avant tout la liaison temporelle et spatiale – ce qui veut dire : la liaison est peut-être toujours (question ici sans intérêt) temporelle et spatiale. Il y a certainement une différence | si je suis 50
conscient ou non d'une succession dans la donation de deux éléments du contenu ; une différence, si je me représente un contenu qui est un et le même (à savoir semblable dans tout autre rapport) comme donné dans un moment temporel ou un autre, et, d'une manière correspondante, dans un lieu ou un autre, dans un rapport spatial ou un autre – on peut également dire que c'est une différence dans la manière dont j'ai conscience d'un contenu. Mais aussi certainement que l'ordre temporel et spatial en général appartient au contenu et n'est rien d'autre qu'un ordre ou une connexion des parties constituantes du contenu, la différence dans la manière dont procède la conscience et dans la façon dont le contenu se présente dans la conscience, voilà qui forme *une* différence et n'en constitue pas deux.

§ 8. *Sentiment et aspiration.*

A présent, il y a toutefois également des types de liaison qui ne peuvent pas être décrits d'une manière aussi externe à titre simplement de compo-

1. Jeu de mot intraduisible sur *Bewusst-sein* et *Bewusst-haben* [N.d.T.].

sitions. Et surtout, ici, la spécificité incomparable, à peine descriptible, de la liaison, se manifeste comme quelque chose qui est propre à la conscience. Voilà qui vaut particulièrement pour ces moments qui sont désignés sous le nom de « sentiment » et d'« aspiration ». Ceux-ci semblent déjà être caractérisés, non plus du tout par la particularité d'un « contenu » – lorsqu'on entend précisément par là les parties constituantes de compositions externes –, mais exclusivement par un rapport propre du moi ou sujet à son contenu (compris en ce sens plus étroit) : par une manière propre dont le sujet est « disposé » par rapport à lui.

Mais si l'on reconnaît (comme il est naturel) que le sentiment et l'aspiration ne se dissolvent pas dans une représentation, à titre de composition externe de sensations, et si, aussi limités que puissent être même leur rapport à la représentation ainsi que les liaisons et séparations qu'ils effectuent dans celle-ci, il y a pourtant en tout cas ici un rapport – rapport qui s'enracine plus profondément peut-être que tout autre chose dans le vécu originaire – plus interne entre les éléments de la représentation, qu'on peut qualifier, d'après son caractère le plus général, de « tendance », cet élément fondamental du sentiment et de l'aspiration, difficilement compréhensible, est pourtant compris, en tant que j'en ai conscience, en tant que je le vis, dans le « contenu » de la conscience (selon le sens que nous donnons à ce terme, non contesté d'ailleurs par l'usage qu'en fait la terminologie psychologique générale). Une fois qu'on a toutefois présupposé ce sens élargi du contenu de conscience, il n'y a pas non plus ici deux élément à
51 distinguer, | à savoir le fait d'avoir conscience du contenu et la spécificité du fait d'être-conscient même. Les moments du sentiment et de l'aspiration appartiennent essentiellement, eux aussi, à la teneur pleine, concrète de la conscience. Ils peuvent (comme il a été dit) caractériser la conscience d'une manière encore plus interne et véritable que n'importe quoi d'autre – et voilà qui n'est pas contradictoire (et d'ailleurs on ne s'y est pas opposé). Mais cela ne change rien au fait que, tout comme le simple contenu représentatif, ils sont précisément vécus à titre de moments du contenu dans la conscience, mais seulement à titre de moments du contenu qui sont différents et possèdent leur spécificité.

C'est bien néanmoins dans ce moment fondamental de la tendance (relativement auquel il s'est avéré que même ce qu'on nomme sentiment est au fondement à titre de noyau ultime) qu'il faut chercher le fondement général de la conscience d'activité et, partant, aussi celui de l'idée d'une signification véritable des activités de la conscience. La simple représentation serait passive; la représentation n'apparaît comme un agir propre, et non pas simplement comme un événement qui nous échoie, que dans la mesure où, précisément, le moment de la tendance, dont on a certes fait abstraction dans le concept psychologique de représentation, va pourtant toujours effectivement de paire avec elle. Cependant, la question n'est pas maintenant de savoir s'il y a en général quelque chose comme une activité à titre de contenu de la conscience (et à côté d'un autre contenu) – nier ceci serait évidemment absurde, étant donné que le présupposé de l'activité, qui s'étend si extraordinairement à toutes les langues et pour ainsi dire se trouve dans toute assertion, doit pourtant bien se fonder sur un quelconque moment très fondamental de la conscience. Mais la question était de savoir si le fait d'être-conscient même (indépendamment du contenu) est donné comme activité, ou bien s'il est seulement donné dans son contenu, contenu qui peut par exemple être aspiration ou activité.

D'ailleurs, si la liaison en général, et de l'autre côté la séparation qui il est vrai va toujours de pair avec elle (car A et B ne se lient qu'en se séparant l'un de l'autre), sont, conformément à ce que nous affirmons, l'expression concrète de la consciosité, il serait du coup tout à fait légitime, étant donné que la liaison et de même la séparation ne s'expriment dans rien de plus interne que le moment de la tendance, pour ainsi dire à titre d'attirance et de répulsion, d'affirmer que la consciosité s'exprime d'une manière concrète de préférence dans ce moment. Aussi comprend-on bien que des psychologues comme Wundt, Lipps et beaucoup d'autres cherchent effectivement à saisir le rapport au moi de préférence dans le moment du sentiment et de l'aspiration. | Quoiqu'il en soit de la justesse de telles assertions, il n'y 52
aurait, du moins du point de vue de notre présent examen, aucune objection qui surgirait si on les admettait – et, de même, aucune objection à l'encontre de nos affirmations ne surgirait si on ne les admettait pas. Les moments du sentiment et de l'aspiration n'appartiendraient pas moins, du coup, au contenu, ils ne doivent nullement du coup signifier quelque chose qui serait à côté du contenu et avant lui, conformément à quoi seulement le contenu (comme s'il était d'ailleurs susceptible d'exister pour lui-même) s'attribue au moi ou à la conscience. Même si on limitait (contre notre terminologie) le concept de « contenu » au contenu représentatif, la conception qu'on a précisément décrite ne serait pour cette raison pas tenable. Car les moments du sentiment et de l'aspiration existent seulement dans une complexion inextricable avec la représentation et, il est vrai, dans la mesure où elle signifie liaison (et corrélativement séparation); de même que, inversement, cette représentation n'existe pas sans ces moments. On ne peut pas non plus dire que ce sont les moments du sentiment et de l'aspiration qui réalisent la liaison et la séparation – car ils ne font que s'unir avec les liaisons et les séparations dans la représentation, qui, de l'autre côté, peuvent il est vrai

être présentées en faisant totalement abstraction des moments du sentiment et de l'aspiration. Que, en particulier, le moi concret, dans la mesure où on entend par là par exemple mon moi par opposition à tout autre, se fonde, certes pas seulement, mais du moins principalement de nouveau dans les moments du sentiment et de l'aspiration, voilà qui est absolument indubitable. Néanmoins, le moi particulier concret n'est lui-même nullement un simple *datum*; il est lui-même d'abord constitué par le tout formé par la connexion du vécu, dont la présentation dans la constitution qui est la sienne sera d'abord la tâche de la psychologie – et, selon toute apparence, nullement la tâche première ou la prochaine, et peut-être pas non plus la tâche ultime. On ne peut là-dessus, en ce qui concerne le tout premier commencement de la psychologie, rien anticiper ni même poser au fondement comme donné, excepté si l'on entend (avec nous) par donné le problème. Mais, par cette proposition, rien de plus n'est dit que la chose suivante : à savoir que, dans le problème de la conscience et plus spécifiquement de la conscience particulière, le problème du sentiment et de l'aspiration est contenu comme une partie particulièrement importante du problème. Notre question, toutefois, porte ici d'abord sur le sens du fait d'être-conscient. Chercher ce sens dans l'« activité », voilà peut-être ce qui a été suscité par le moment de la tendance qu'on trouve dans tout sentiment et toute aspiration.
53 Il est possible que toute la | mythologie des activités de la conscience en provienne : étant donné qu'il y a souvent ou toujours dans la conscience aussi une aspiration, celle-ci apparaît elle-même comme un agir ou bien son sujet apparaît comme agissant. Cependant, ces conceptions ne sont ainsi nullement justifiées, même à titre de *data* originaires de la conscience.

§ 9. *Conscience présentative et conscience représentative.*

Il reste encore la différence qui est peut-être, parmi toutes les différences, la plus radicale, et qui est bien, de la manière la plus claire, qualifiée de différence entre conscience présentative et conscience représentative – et, d'une manière moins claire, de différence entre la perception et l'aperception. En ce qui concerne le simple fait d'avoir-présent un contenu, on sera plutôt tenté d'admettre que le moi se rapporte au contenu comme pour ainsi dire un spectateur, c'est-à-dire en ne faisant que recevoir, percevoir. Ce n'est pas le cas pour une conscience qui n'en reste pas au présent immédiat, mais se souvient de ce qui n'est plus présent – donc surtout qui ne reste pas liée à l'ici et au maintenant, mais représente un quelque chose éloigné spatialement et temporellement, non pas comme un quelque chose présent, car elle le représente d'une manière déterminée comme non présent, bien qu'il puisse être présent. Le terme « représenter » signifie ici quelque chose de tout autre que la présentation. Celle-ci signifie pour ainsi dire placer devant soi, ou bien avoir devant soi ; dans un tel sens, quelque chose ne représente toujours que soi-même, et jamais quelque chose d'autre. Au contraire, dans la représentation, quelque chose représente autre chose, c'est-à-dire le remplace, prend sa place à titre de suppléant. Du coup, ce qui importe alors apparemment n'est pas seulement le donné, mais notre appréhension qui, dans tout cas semblable, introduit quelque chose qui n'est pas donné dans le donné. Cette différence est apparue si radicale aux yeux de nombreux psychologues qu'ils n'ont pas pu se décider à englober les deux termes différenciés sous la qualification unique de « contenu de la conscience », mais réservent à ce qui seul est présent [le mot] « contenu », appelant ce qui est simplement représenté « objet ».

Cependant, aussi profonde que puisse être cette différence même, elle ne change rien au fait que nous avons conscience des deux, le présenté et le représenté, et qu'ils sont en un sens élargi des contenus de conscience. Il faut avant tout que, dans la représentation, le représentant soit en tout cas présent. Néanmoins, même le rapport du représentant (disons A) à ce qui est « visé » c'est-à-dire représenté (disons X) doit être présent à la conscience ; car il n'est pas à son tour représenté par quelque chose d'autre, mais on en a immédiatement conscience, à titre de rapport même. Comment toutefois le rapport (de A à X) pourrait-il être présent sans qu'on ait conscience de l'autre terme (X), donc sans qu'il soit présent à la conscience ? | Mais (aussi difficile que ce soit à comprendre) ce n'est pas *à* 54
titre de présent (A), mais *à titre de non-présent*, par exemple de passé. On doit pourtant admettre qu'il y a une conscience de la succession du temps ; néanmoins, dans cette conscience, il peut au mieux y avoir un point temporel à titre de présent, mais tous les autres points, qui sont nécessairement non-présents, sont nécessairement présents à la conscience en un sens quelconque, étant donné qu'il n'y aurait pas sans cela précisément une succession de points temporels différents (qui s'excluent) dont nous avons (à chaque fois « maintenant ») conscience. C'est donc néanmoins cette succession même, et pas simplement un point absolument singulier, qui est présente à notre conscience d'une manière déterminée, c'est-à-dire qu'il y a un avoir-présent *(Gegenwärtighaben)* du non-présent à titre de non-présent.

§ 10. *Relation de la présentation et de la représentation.*

Ceci est assurément quelque chose de tout à fait singulier, si l'on veut de merveilleux, c'est-à-dire qui n'est comparable à rien d'autre dans la conscience; c'est en même temps quelque chose qui, en vérité, s'étend à toute conscience. Car, comme on l'a déjà dit, il n'y a pas en général de conscience sans tendance. Cependant, il y a nécessairement dans toute tendance le rapport du présent à un non-présent; on n'aspire qu'à ce qu'on n'a pas. Il est tout aussi certain que, inversement, il y a toujours dans le rapport conscient à un non-présent quelque chose de la tendance. C'est un rapport à un X qu'il faut déterminer. Cet X doit être présent, la représentation aspire pour ainsi dire à l'introduire dans le présent (devant la conscience). Comme on dit justement, il est « intentionné » (*intendiert*) c'est-à-dire qu'il se trouve dans la tendance (*Tendenz*). Même dans le verbe « rapporter » (*beziehen*), il y a l'impulsion (*Zug*) dans laquelle la tension (cela s'appelle proprement « tendance », *intentio*) donc un moment de l'aspiration s'exprime d'une manière qu'on ne saurait méconnaître. Et c'est pour cette raison que même la représentation ou aperception, largement plus que la moindre présentation apparemment passive, apparaît comme acte, faire, action (chez Kant : fonction, spontanéité), par opposition à la simple réceptivité de la perception.

Il faut toutefois souligner que, aussi profonde et aussi indélébile que soit, du point de vue purement conceptuel, la différence entre conscience présentative et conscience représentative, il apparaît néanmoins qu'elle disparaît complètement dans la vie effective de la conscience. Aussitôt que
55 je fais d'un contenu, que je pose comme présent, un objet, | m'y rapportant en posant des questions et en apportant des réponses, en émettant des jugements à son propos, je prends manifestement mon point de vue pour ainsi dire à l'extérieur de lui; partant, il n'est désormais en même temps plus présent pour moi, il n'est plus mon vécu immédiat, mais il se trouve en face de moi. Je me « rapporte » à lui, c'est-à-dire qu'il ne m'est présent que d'une manière représentative. Oui, aussitôt que je prends conscience, relativement à ce qui est placé devant moi présentement, par exemple relativement à une image d'une figure géométrique que j'ai devant les yeux, de n'importe quels rapports particuliers, je prends mon point de vue par exemple dans un point de la figure, et je rapporte à celui-ci les autres points, comme se trouvant en dehors de lui, donc comme n'étant pas présents pour moi au même sens, bien qu'il a pourtant été admis que toute la figure m'était présente. Ainsi ai-je à présent d'autant plus la conscience que je suis celui qui d'abord établit ce « rapport » lorsque j'accomplis dans ma

conscience le passage qui mène d'un point A à un point B, etc. Il s'agit ici manifestement de cette spécificité de la conscience, que Kant (et, après lui, particulièrement Trendelenburg) a caractérisé au moyen du concept de mouvement dans la conscience[1] et reconduit complètement à la « spontanéité ». La conscience procède ainsi avec une liberté presque sans limite ; de même que je peux aller de A jusqu'à B, je peux par exemple aller aussi de B à A, ou de B à C, ou de C à D, etc. ; je peux changer continuellement le point de départ, la direction, l'étendue du rapport, de sorte que continuellement ce qui était présent devient du simple représenté et ce qui était représenté devient à nouveau du présenté, et il est vrai intentionnellement à titre de résultat de mon action. Quelle que soit la façon dont on peut encore interpréter d'une manière plus précise cette manière de parler, reste que, en tout cas, elle est bien fondée, dans la mesure où, par tout changement de rapport de ce type – dans lequel je prend en considération l'image présente de ma représentation –, l'identité de cet objet de ma représentation, examiné de manières si différentes, peut être maintenue dans la conscience. L'objet doit certes renfermer en lui la possibilité de tous ces rapports, il doit renfermer en lui ces rapports mêmes, précisément au sens où nous disons que ceux-ci subsistent en soi, dans la chose ; l'objet doit peut-être seulement consister dans la diversité totale bien qu'illimitée de ces rapports mêmes ; mais c'est pourtant seulement dans la conscience qui établit des rapports que ces rapports sont réalisés ; même l'idée selon laquelle ils subsistent par eux-mêmes inclut au fond le présupposé d'une conscience englobante (« transcendantale ») relativement à laquelle ils subsistent, | c'est-à-dire **56**
l'idée selon laquelle ils se présenteraient dans leur totalité à une telle conscience pensée comme se subordonnant tout, en prétendant se présenter à cette conscience qui est nôtre il est vrai seulement successivement, l'un après l'autre. Il semble donc que tout rapport, comme tel, ne puisse advenir que dans la conscience, il semble même que le rapport soit pour celle-ci si essentiel que, même inversement (comme on l'a déjà dit dans un autre contexte), toute conscience véritable est rapport – ce qui signifie toutefois : *ce n'est pas la présentation, mais la représentation qui est originaire, et la présentation est seulement abstraite à partir de la conscience représentative, à titre de moment renfermé en elle*. Car le rapport à un X présuppose il est vrai toujours un A ; le rapport suppose un point à partir duquel je rapporte et auquel je rapporte – point qui, à titre de point de départ et fondement assuré du rapport, n'est pas lui-même simplement un but (les

1. E. Kant, *Critique de la raison pure*, B, p. 155, Remarque au paragraphe 24.

psychologues modernes diraient qu'il n'est pas « visé », presque au sens ancien, où viser signifie aimer), mais est « donné ». Cependant, en vérité, c'est seulement pour la représentation que ce qui est présent à la conscience semble se résoudre par l'abstraction en fondement ; c'est seulement pour la reconstruction théorique que ce présent précède, alors que, en soi, dans la vie effective de la conscience, c'est au contraire le rapport qui est le premier, l'immédiat auquel appartient toujours et presque essentiellement l'autre terme du rapport, le X.

Si cette conception est juste – et établir qu'elle l'est sera une des tâches principales de ce travail –, il en résulte qu'il n'est pas exact – ou du moins qu'il est imprécis – d'établir une distinction entre *conscience présentative* et *représentative*. Si la conscience coïncide avec le rapport et si le rapport renferme à ce titre (rapport d'un A à un X) d'une manière aussi nécessaire les deux dimensions, présentation et représentation (c'est-à-dire représentation à titre de A et à titre de X), il n'y a pas de conscience présentative à côté de la conscience représentative, mais seulement, dans toute conscience, des *moments* présentatifs à côté de *moments* représentatifs.

Si l'on entend par la conscience « active » en général la conscience tissant des rapports (on a de préférence coutume de qualifier le rapport d'« acte »), il s'ensuivrait de notre présupposé qu'il n'y a pas en général de conscience autre qu'active. Le moi, à titre de moi qui tisse des rapports, est toujours actif, il n'est jamais un spectateur simplement passif – car même le fait de voir est un acte et non pas une simple attitude passive. La pure passivité serait la mort, de sorte que le fait d'être vivant, l'« activité » de la conscience dans ce sens précis, voilà ce qu'on ne conteste pas, car on exclut tout résidu lié à l'idée d'une conscience inactive. Mais c'est précisément
57 ainsi que disparaît : | 1) la distinction entre l'attitude active et passive du moi, la conscience présentative et la conscience représentative ; 2) la dissociation de l'activité et du contenu (qui aurait bien pour conséquence la dissociation du contenu et de l'activité). C'est au contenu, a-t-on dit, qu'appartiennent d'une manière aussi essentielle la forme et la matière. De même que c'est à la matière que correspond la conscience présentative (le « positif », le sensible de la conscience a depuis toujours été admis comme ce qui est donné, ce qui est présent ici et maintenant), c'est à la forme que correspond la conscience représentative – car forme signifie rapport. Ou bien elle veut dire liaison, assemblage ; mais les liaisons, les assemblages de la conscience sont précisément des rapports. Partant, en comprenant la conscience essentiellement comme liaison, unité du divers, nous y incluons le moment du rapport ; nous le posons, suivant l'exigence scientifique, à titre de moment fondamental de la conscience. Le divers exempt de liaison,

de rapport, la matière de la conscience, qui est toujours présente, voilà qui est alors rabaissé à la signification d'une simple quoique nécessaire abstraction. Des moments de la conscience, qui relèvent du contenu, peuvent être examinés en faisant abstraction de la liaison, du rapport et ainsi de la conscience. Mais c'est la raison pour laquelle ils n'existent pas dans la vie effective de la conscience (c'est-à-dire qu'ils sont originairement et proprement en général non conscients) en dehors de tout rapport, car ils existent seulement dans celui-ci, à titre de fondements du rapport. Là où rien n'est l'objet d'une perception, il n'y a rien qui puisse être l'objet d'une aperception – mais il ne pourrait de même pas y avoir de perception pour une conscience là où il n'y aurait pas d'aperception. Si la perception ne parvient pas à la conscience, alors c'est, précisément pour la conscience, tout comme si elle n'existait pas. Qu'elle soit « dans » la conscience, cela peut seulement en tout cas signifier qu'elle peut être l'objet d'une aperception – mais ce « peut » n'est, comme toute simple possibilité, qu'une supposition de la théorie et non pas un *datum* indépendant. Aussi la « perception » en général est-elle, non pas conscience, mais simplement possibilité de conscience, c'est-à-dire supposition d'une théorie reconstructive. Ce n'est donc pas non plus une « attitude » propre, distinctive, du moi par rapport au contenu qui lui est « donné ». Une « attitude » du moi, c'est ainsi qu'on pourrait à la limite seulement appeler l'acte d'aperception. Mais alors toute conscience, à titre de conscience actuelle et non de simple puissance, consiste précisément dans cette attitude du moi vis-à-vis de son contenu. C'est précisément la raison pour laquelle il n'y a également à proprement parler de contenu de conscience que dans l'aperception. Ainsi la dissociation de l'acte et du contenu se trouve-t-elle à nouveau dénuée de signification. Tous deux signifient, à la limite avec une petite nuance ici inessentielle, le même état de chose : la conscience à titre de rapport. | Cette 58
conscience n'existe pas deux fois, une fois à titre de « forme » dans le contenu, et une autre dans l'acte de rapporter, car l'« acte » de rapporter est aussi identique avec le fait d'être-conscient du rapport (c'est-à-dire avec la conscience dont le contenu est le rapport, le fait par exemple que A soit rapporté à X) que l'« acte » du sentir (si l'on veut parler en général d'un tel acte) est identique avec la conscience dont le contenu est ce qui est senti (par exemple le rouge ou bien le son do). Mais il est alors tout à fait légitime de dire : ce n'est pas simplement le A et le X, mais aussi le rapport de chacun des deux à l'autre qui est le contenu, pour autant que nous en avons conscience – et pourtant tous deux, le A comme le X, à titre de A et de X, ne sont eux-mêmes conscients que dans ce rapport, qui seul leur confère leur signification (à titre de ce qui est rapporté et de ce à quoi le rapport

s'applique). Ce qui est rapporté et le rapport – voilà comment on peut également l'exprimer – peuvent être mis en évidence dans un seul et même contenu, à titre de matière et de forme de celui-ci, et peuvent seulement l'être relativement à lui. Donc, si on parle de l'acte de rapporter, on désigne ainsi, non pas un nouveau fait, mais seulement le fait selon lequel une conscience d'un tel contenu (d'une telle matière dans une telle forme) se produit, ou bien selon lequel un tel contenu est précisément conscient – ce que justement nous avons affirmé.

§ 11. *Sens plus précis de la « liaison » dans la conscience.*

C'est par la représentation qu'on peut désormais expliquer et approfondir le sens de la « liaison » dans la conscience. Elle rend surtout possible un dépassement, pour ainsi dire sans borne, qui va au-delà de la limitation due au temps et à l'espace. Il y a une liaison intemporelle aussi bien qu'une liaison temporelle, une liaison libérée de l'espace comme une liaison spatiale. Temps et espace sont des manières particulières de lier dans la conscience, et en aucune façon les plus radicales – il est donc faux de faire du temps comme de l'espace le présupposé du fait d'être-conscient. Même à cet égard, parler d'activités, d'actes, à titre de spécificité de la conscience, induit en erreur, étant donné que les actes semblent avoir nécessairement à s'ordonner sous le schéma du temps. La signification de la représentation du temps dans la conscience reste suffisamment profonde et englobante, même si l'on fait abstraction du fait qu'elle n'atteint pas jusqu'aux profondeurs ultimes de la conscience. On peut déjà ici dire d'une manière radicale, quoique encore provisoirement : la conscience doit être considérée comme une diversité de dimensions qui sont, non pas simplement une ou plusieurs, mais vraisemblablement infinies. Précisément, toute conscience de l'infini s'explique (du point de vue psychologique) à partir de la représentation, non pas simplement sans contradiction, mais presque sans difficulté.

59 | Il pourrait sembler en tout cas très inessentiel, presque superflu, d'embrasser tout cela sous le concept de « contenu ». Cependant, il faut comprendre ce mot « contenu » lui-même comme étant sursaturé de contenu – et, pourtant, même dans le langage de la logique, le « contenu », c'est la teneur interne, la concentration dans ce qui est pensé, précisément par opposition à l'étendue simplement externe, périphérique, l'« extension ». Par conséquent, nous pensons la « liaison », non pas sous la forme unique de la composition extérieure, mais d'une manière multiple, même comme enchevêtrement (complexion), même comme unification interne,

concentration : mais en tout cas à titre de rapport. Nous disions également à ce propos : « assemblage », « emboîtement ». Nous pouvons désormais, sans aller plus loin, définir ces expressions comme étant à nouveau des synonymes de « rapport », « insertion ». On peut désormais toujours comprendre ces deux dernières expressions en les entendant comme une « liaison », afin qu'elles ne restent pas artificielles et ne demeurent pas à la surface. Il n'y a pas de séparation dans la conscience – voilà quelque chose qui doit être souligné. Il n'y a de séparation que dans l'abstraction, et seulement à titre d'envers de la liaison – et seulement en vue de rendre la liaison à ce qui d'abord a été abstraitement séparé à partir de la liaison et, par là, de jeter une clarté complète sur la liaison elle-même. Il y a de la séparation jusque dans la conscience, mais ce n'est jamais qu'à titre d'espèce de rapport et même de liaison. Car ce qui est séparé d'une manière consciente doit pourtant nécessairement à nouveau être dans *une* conscience (dans la mesure où cela est dans une liaison). Il en va de même quand on distingue des actes de conscience comme on distingue des actes du drame : il faut toujours apercevoir clairement que de telles séparations ne sont jamais définitives, que subsiste pourtant toujours une « action » en dernière analyse indécomposable, qui ne se divise que pour la réflexion en une série d'actes et d'« entrées en scène », voire même qui ne se décompose que pour la réflexion, dans le but d'être, même pour celle-ci, après-coup réunifiée. Pour la réflexion, donc pour une science de la vie de la conscience, pour le *logos* de la *psyché*, une telle décomposition est, non pas seulement nécessaire, mais ce qui d'abord et presque uniquement est nécessaire. Car la synthèse se produit ensuite comme elle se produirait toute seule, comme à partir de l'analyse la construction par la solution de
problèmes géométriques. | Cependant, le présupposé de l'analyse est préci- 60
sément le suivant : à savoir que la conscience consiste absolument et uniquement en liaison – on ne pourrait pas analyser ce qui n'est pas auparavant et en soi lié. La conscience consiste en liaison, selon son contenu – « contenu » signifie précisément : consistance. Voilà ce que cet examen devrait désormais avoir définitivement éclairci.

CHAPITRE IV

LA SUBJECTIVITÉ COMME SUBJECTIVATION

§ 1. *Le danger d'une logicisation de la psychologie.*

Les développements des deux chapitres précédents étaient nécessaires pour mettre tout d'abord en lumière ce qui ne peut pas être le problème de la psychologie. Cependant, d'un point de vue positif, les résultats sont déjà considérables : le problème de la psychologie est le « contenu » total de la conscience, tout ce dont il y a en général conscience, en tant qu'il y en a conscience. Rien de plus et rien de moins car, dans le fait total, « il y a conscience de quelque chose pour quelqu'un », le moment abstrait du « il y a conscience pour quelqu'un », c'est-à-dire le fait qu'en général il y ait conscience, ce moment est certes assuré contre toute attaque à titre de fondement du problème : il n'est cependant pas lui-même un problème, mais une ultime présupposition. Le problème se réduit à « ce dont il y a conscience », ce que nous caractérisons de la manière la plus générale comme « contenu » : tout ce qui se rapporte au contenu, la « forme » comme la « matière ». Toutefois, nous avons acquis également le résultat suivant : la « forme » est à déterminer en premier lieu et d'une manière indépendante, tandis que c'est seulement sous la présupposition de la forme et eu égard à elle que la « matière » est déterminable, en tant que ce qui est à former en elle.

Cependant, un sérieux doute peut s'élever contre cette détermination de la tâche de la psychologie. La psychologie, peut-il sembler, est ainsi toujours et encore menacée par le danger dont nous voulions précisément la préserver : s'engager sur la voie de l'*objectivation*. En effet, l'objectivation

de quelque espèce et de quelque degré repose sur la réduction de tout ce qui, par rapport à la conscience, est matière à la forme, c'est-à-dire à l'unité de la loi, qu'il s'agisse de la loi temporelle de l'événement, de la loi supra-
61 temporelle du devoir, ou de quelque autre espèce de légalité | possible – car, sur ce point, rien n'est encore définitivement déterminé ici. La reconduction à l'objet est reconduction à la loi. Et seule une objectivation d'une espèce supérieure reconduit ensuite les lois, la connaissance légale d'une espèce quelconque, à la loi originaire de la légalité elle-même : cette tâche est assumée, selon les diverses directions fondamentales de la connaissance, par la logique (au sens strict de la logique dans son acception théorique), par l'éthique et l'esthétique, et par leur unification dans le système de la philosophie. La conscience ne s'avère omnienglobante que dans la simple possibilité d'une telle réduction, que dans la possibilité de poser simplement cette réduction comme tâche, à condition certes que l'on envisage la conscience du point de vue de la forme, c'est-à-dire de l'unité de la loi ; plus exactement, c'est seulement ainsi que la thèse de la surordination inconditionnée de la conscience obtient un sens scientifique précis. La « conscience », c'est tout ce qui est objet de la connaissance, et ceci dans la mesure où l'objet est non seulement soumis à certaines unités ou relations légales d'espèces différentes (lois de l'être, du devoir, etc.), ainsi qu'à des relations particulières entre ces relations, mais est aussi soumis à un rapport unitaire ultime qui est nécessairement celui de la méthode, c'est-à-dire de la légalité en général. L'élaboration totale de ces dépendances et de ces dépendances entre dépendances, de ces relations et relations de relations jusqu'au rapport commun éminent où tout doit pouvoir être conçu comme en relation avec tout, c'est-à-dire où tout doit pouvoir être conçu sous le point de vue méthodologique ultime de la légalité (autrement dit : de la relativité), c'est bien cela et rien d'autre qui est la tâche et la seule signification de la connaissance objectivante ainsi que de la connaissance objective suprême – cette dernière, en tant qu'elle est la connaissance rigoureusement objective de la législation finalement unitaire de toute connaissance objectivante, devrait être nommée logique au sens le plus englobant ou, pour reprendre la terminologie de Kant, philosophie transcendantale.

Pense-t-on la production de la connaissance objectivante comme achevée, l'exigence d'une présentation scientifique de la teneur totale de la conscience, pour autant que cette tâche soit simplement compréhensible, ne serait-elle pas par là même réalisée ? S'il en était ainsi, la psychologie ne constituerait plus une discipline spécifique en face de la totalité de la connaissance objectivante, mais ne pourrait tout au plus signifier qu'un

ultime rassemblement de toutes | les productions de cette connaissance. 62
Nous aboutirions à une pure logicisation de la psychologie, mais sous une forme inédite et, sans doute, sous sa forme la plus élevée. La philosophie transcendantale ne courrait plus certes le danger de se transformer en psychologie, mais la psychologie serait d'autant plus menacée de devenir entièrement la philosophie transcendantale et de disparaître.

§ 2. *La tâche d'une fondation radicale du rapport entre le subjectif et l'objectif.*

Il est vrai que la réponse à toute question touchant la conscience ne peut être recherchée, tout du moins quant à son fondement ultime, que dans la philosophie transcendantale. Cependant, le problème de la subjectivité n'en disparaît pas pour autant nécessairement dans celui de l'objectivité. Le problème de la subjectivité n'aurait effectivement plus lieu d'être si l'œuvre de la connaissance pouvait être achevée. Dans cet achèvement en effet, le rapport d'opposition entre le subjectif et l'objectif serait *ipso facto* aboli. Toutefois, étant donné que la tâche de l'objectivation du subjectif est infinie et ne peut donc être considérée comme résolue à aucun degré atteint ou atteignable, la subjectivité disparaît aussi peu dans l'objectivité que l'objectivité dans la subjectivité, mais, à chaque degré de connaissance, le rapport d'opposition entre l'objectif et le subjectif subsiste. Quelle est la signification précise de cette opposition subsistante, quelle signification positive conserve la subjectivité face à l'objectivation – si grande que soit son extension – du subjectif ?

Rares sont ceux qui semblent avoir tout simplement vu ici un problème. Si, pense-t-on, la différence entre le subjectif et l'objectif crève les yeux, il est impossible de la manquer. En premier lieu, l'objectivité est une et identique, les présentations subjectives, possibles et réelles, de l'objet, sont plurielles et différentes, non pas simplement aussi nombreuses que les sujets mais aussi nombreuses que les moments où degrés concevables d'une telle présentation – il existe non seulement autant de différences qu'il y a de sujets mais aussi, pour un même sujet, les différences sont pour ainsi dire aussi nombreuses que les moments qui affectent les conditions variables de la présentation subjective pour ce sujet. C'est au sein de cette opposition que Protagoras déjà concevait la subjectivité en face de l'objectivité – tout du moins Platon donne-t-il à sa présentation de la doctrine du sophiste la forme de cette radicalisation sûre et claire. Et c'est la même distinction générale que l'on retrouve avec des variations minimes durant des siècles d'histoire de la philosophie | jusqu'aux Temps Modernes. En 63 tout cas, j'avais moi-même adopté cette conception dans mon *Introduction*: je posais le problème de la psychologie comme celui de la présentation du contenu de conscience « en chaque » conscience, c'est-à-dire pour chaque sujet, dans chaque acte du vécu pris en considération[1].

L'examen le plus immédiat suffit cependant à montrer que cette distinction du subjectif et de l'objectif, même si elle est par ailleurs exacte, n'est en aucune façon suffisamment radicale. Elle présuppose en effet comme allant de soi et admet comme « donnés », tout d'abord les sujets, selon la délimitation de la teneur totale du contenu de conscience propre à chacun, ensuite l'extraposition temporelle du flux d'ensemble de la conscience du sujet donné en une série d'actes ou d'événements du fait d'être-conscient, alors que (comme je l'ai clairement dit par ailleurs dans un passage de mon *Introduction*) il appartient certainement tout d'abord à la tâche de la psychologie de fonder et de présenter d'un point de vue purement théorique la délimitation du moi particulier par la connexion particulière de ses vécus et, par suite, la disposition temporelle des vécus de chaque sujet à partir des éléments et des formes de liaison du psychisme en général. Sans une telle fondation, qui relève elle-même déjà de la tâche de la psychologie, ces deux points ne peuvent manifestement être mis en valeur qu'à partir du contexte objectif. Il faudrait poser au fondement du premier l'individu biologique et, au fondement du second, le cours du procès vital d'un tel individu, tel qu'il résulte de la connaissance objectivante – autrement dit, l'examen resterait au moins à moitié prisonnier du contexte problématique de la connaissance objectivante, de la science de la nature et, surtout, de la biologie, puisque c'est seulement à une place déterminée du contexte objectif (déjà présupposé comme totalité) qu'adviendrait à chaque fois la conscience de chaque sujet, en tant qu'elle est pourtant un élément entièrement nouveau et hétérogène. Il se peut qu'une telle insertion de la subjectivité dans le contexte objectif soit fondée et nécessaire en son lieu. Mais elle est dans tous les cas impropre à nous faire comprendre le rapport de l'objectif et du subjectif à partir de son origine. Et c'est au contraire un tel type d'examen, principiellement non unitaire, qui semble transformer l'existence du psychisme en une énigme sans issue. Il est remarquable que, déjà chez Protagoras, la subjectivité doive être introduite

1. Voir P. Natorp, *Einleitung* in *die Philosophie*, *op. cit.*, § 6, p. 24 : ce qui dans le contenu de conscience relève proprement de la psychologie est « *cette unité* dans laquelle se présente le contenu dans *chaque conscience*, dans ce que nous pouvons nommer l'acte de la conscience » [N.d. T.].

et ancrée dans le contexte objectif, en tant qu'elle est pourtant quelque chose de radicalement | nouveau. La subjectivité doit naître, sous le nom de 64
« sensation », de « ressentir », d'une corrélation décrite de façon entièrement objective, et manifestement aussi pensée comme telle, de deux puissances objectives, une puissance active et une autre passive, alors même que toute la signification du grand tournant que Protagoras voulait faire prendre à la philosophie résidait exclusivement en ce que la subjectivité en général précède l'objectivité et est à son fondement. Il n'en va pas autrement chez les Cyrénaïques, et il n'en va pas non plus autrement, semble-t-il, chez l'ensemble des Modernes sans exception.

On n'efface pas non plus la difficulté lorsque, sous le terme de « chaque » conscience, on entend, non pas un domaine de conscience limité à l'individu et à l'instant temporel, mais un domaine délimité en général d'une façon quelconque, c'est-à-dire délimité en fonction d'une problématique déterminée et particulière. Dans ce dernier cas, le psychique serait plus manifestement encore l'objet d'une considération simplement légale, donc objective. Par exemple, si l'on ne s'interroge plus sur la sensation lumineuse de tel individu sentant à tel instant donné et dans telles circonstances individuellement déterminées, mais, en général, sur la sensation de tel rouge déterminé ou sur la sensation lumineuse en tant qu'elle conditionne d'une façon générale, donc légalement, telle ou telle conception de l'espace etc., il est clair que le problème est entièrement délimité du point de vue de la connaissance objectivante (dans ce cas, du point de vue de l'optique physique et physiologique). Une nouvelle fois, de telles délimitations de problèmes sont sans aucun doute nécessaires et fondées en leur lieu – mais la relation fondamentale entre le subjectif et l'objectif en général, donc la relation entre la psychologie et la science objectivante, se donne encore moins à connaître sur cette voie que sur celle précédemment évoquée. Aussi la subjectivité surgit-elle à un point quelconque du contexte de la connaissance objectivante – ce qu'on ne comprend pas, c'est : pourquoi ? d'où ? pourquoi ici précisément ? – comme un moment absolument nouveau qui, dans sa nouveauté, tombe pourtant manifestement en dehors du contexte de l'objectivation et qui doit apparaître dans ce contexte comme un élément étranger. Le psychique semble donc, d'une part, entièrement résorbé dans le physique, puisqu'il doit se soumettre totalement à ses lois (les lois du rapport spatial et temporel, celles de la fondation substantielle, | causale etc.), mais, d'autre part, étant donné que sa spécificité 65
ne peut être contestée, il résiste à ce joug de l'objectivation qui l'attaque dans son essence et il tente alors, afin de se rendre maître de ce joug, de se soumettre dans un mouvement inverse le physique, l'objectif en général.

Cette interpénétration confuse de deux modes d'être complètement hétérogènes ne satisfait aucun des côtés et évoque inévitablement tous ces conflits et confusions qui ont transformé la question du rapport entre le psychique et le physique, le subjectif et l'objectif en général, en terrain de jeu favori des ruminations métaphysiques et des disputes sans fin.

§ 3. *La suppression de l'opposition figée entre l'objectif et le subjectif.*

Afin d'obtenir la solution radicale exigée par la question ainsi formulée, la voie la plus sûre consiste tout d'abord à renverser le sens de cette question. On demandait ce que signifie le subjectif en tant qu'opposé ou contrepartie de l'objectif, mais cette signification ne deviendra manifeste que si l'on éclaircit d'abord la question de savoir comment un objectif s'oppose à un subjectif. Du point de vue psychologique, c'est bien le subjectif qui est le terme premier. Le sujet est ce qui pose face à soi l'objet. L'objectif naît tout d'abord du subjectif puis, tel un enfant qui tourne mal, il s'oppose à lui à titre d'objet lui faisant face, hostile, menaçant de l'anéantir.

Un solide paradoxe mine cependant cette opposition. En s'opposant l'objet, en le posant pour ainsi dire hors de soi à partir de soi, le sujet devrait semble-t-il sortir en quelque sorte de lui-même ou, pour reprendre l'expression de Lipps, « sauter par dessus son ombre ». Si l'objet n'était pas hors du sujet, comment pourrait-il être objet, c'est-à-dire être opposé au sujet ? Cependant, comment le sujet pourrait-il savoir l'objet au-dehors, lui faisant face, si ce dehors et ce « faire face » n'étaient d'une façon ou d'une autre dans sa conscience, s'il ne pouvait par conséquent l'atteindre d'une façon ou d'une autre par sa conscience ? Il semble alors à nouveau nécessaire que l'objet ne soit plus au-dehors, mais qu'il appartienne au domaine de la conscience, tout du moins aux limites de ce domaine.

Certes, la représentation de l'objet comme être-au-dehors est désormais scientifiquement fondée. En effet, conformément à son concept, l'objet est pensé comme indépendant du sujet et de chacune de ses appréhensions –
66 | lesquelles sont précisément subjectives. Il est pensé comme consistant « en lui-même ». Il doit se distinguer du subjectif et ne peut lui être identique car il doit être un et le même pour la totalité illimitée des différents sujets et des différentes « appréhensions » subjectives.

Cependant, l'autre considération est toute aussi certaine. Quelle que soit ma représentation subjective (A), je peux poser face à elle et lui opposer à titre d'autre l'objet (X), en tant qu'il est à la fois distinct de cette représentation et « visé » par elle – mais je dois poser dans ma conscience cet être-en-face et cet être-opposé, ce rapport de A à X que je nomme ma

visée et, dans la position de ce rapport, je dois également poser l'autre terme (X), en tant que X précisément, et non en tant que A : je dois par conséquent en être conscient. Dans cette appréhension qui est mienne (dans l'appréhension de A en tant que rapporté à X), les deux termes sont pour ainsi dire sur le même plan. Etant donné que le X doit être complètement déterminé par le A – c'est bien seulement à partir de ce que j'ai, de ce qui m'est « donné », que je peux en général déterminer le X, car je n'ai pas l'objectif lui-même avant de l'avoir déterminé en quelque façon à partir du donné –, le X doit pouvoir être inclus dans ma conscience de la même façon que le A, selon le présupposé, appartient à cette conscience. S'il n'est jamais inclus dans ma conscience, du moins jamais absolument, il doit toutefois être inclus en elle – l'intention de cette inclusion existe dans tous les cas, du fait même qu'il est exigé que le X soit déterminé par le A (respectivement par B, C, etc., par ce qui en général est déjà donné et connu). Néanmoins, cette exigence, cette tendance à l'inclusion, contient déjà l'anticipation en pensée de cette inclusion – autrement dit, l'inclusion est réalisée en pensée même si elle ne s'accompagne pas de la revendication d'une connaissance valide. Par conséquent, la conscience tend, en toute connaissance dirigée sur l'objet, à se surpasser elle-même. Lorsque la connaissance accomplit sa progression, la conscience se surpasse effectivement elle-même – c'est-à-dire : le domaine de la conscience s'étend toujours plus loin, contient à chaque étape suivante ce qui, précédemment, n'était pas contenu en lui. L'acte de « sauter par dessus son ombre » – qui est par ailleurs impossible et absurde – trouve ici une explication suffisante : l'ombre saute en même temps que l'acte, la position de problème progresse toujours davantage. Ce qui à une étape était problème, projet, c'est-à-dire anticipation, ne l'est plus à l'étape suivante, lorsque l'inclusion est accomplie. Il s'agit d'un acte de se dépasser | soi-même dont le sens n'est pas plus douteux que celui de 67
l'énoncé : « il s'est surpassé lui-même », c'est-à-dire que la nouvelle performance a dépassé la précédente.

§ 4. *Relativisation des concepts de subjectif et d'objectif.*

Le problème de l'objectivation devient cependant identique à celui de la subjectivité qui ne cesse de s'étendre. La conscience est subjective dans le sens suivant : c'est précisément pour un sujet en général que consiste tout ce que nous nommons « subjectif » et « objectif ». L'objet au sens de ce qui fait face est néanmoins ce qui, pour un degré atteint, doit être inclus dans le domaine de la conscience, ce qui est sur le point d'y être inclus face à ce qui l'est déjà. Littéralement, l'objet est le contre-jet (*Gegenwurf*) – en réalité, il est bien plutôt le pro-jet (*Vorwurf*), le problème : l'anticipation de l'inclusion qui se réalise effectivement à l'étape suivante. De ce point de vue, est objectif le degré supérieur, à chaque fois à atteindre, en comparaison de chaque degré inférieur – est subjectif chaque degré inférieur de la conscience constamment dirigée sur l'objet, comparé aux degrés supérieurs.

Je vois par exemple une couleur déterminée (du rouge, du vert); le rouge et le vert constituent déjà l'objet pour l'étape de la connaissance naïve : nous croyons sans examen qu'un un, qu'un identique est à saisir en eux – cet identique n'est pas seulement ce qui est même pour un sujet quelconque qui perçoit et pour sa perception présente, mais il l'est aussi en soi (c'est-à-dire : il est objet). A une étape supérieure de connaissance, j'explique ce fait comme simplement subjectif : je reconnais qu'il n'était cet un et cet identique que pour ma perception présente ou pour une perception rigoureusement semblable – cette perception, ou plutôt appréhension, était cependant inexacte, tout du moins inachevée et non convenablement déterminée. Je reconnais en revanche que par ces expressions qualitatives (rouge, vert), je n'avais pas atteint une unité et une identité rigoureusement valides, donc un « objet » au sens strict, et que cette unité et cette identité ne devaient pas être trouvées en elles – tandis qu'une détermination plus consistante, donc objective, du moins comparativement, est atteinte dans l'appréhension physique du même objet, à titre de valeur déterminée de vibrations lumineuses. Mais cette position s'avère à son tour inexacte, ou du moins imparfaite, inachevée, par rapport à une connaissance plus approfondie. Est à nouveau exigée une détermination comparativement plus objective, face à laquelle la détermination précédemment tenue pour objective représente désormais un point de vue (comparativement) subjectif. Cependant, puisque chaque détermination « objective » qu'on peut atteindre pourra revendiquer – toujours simplement de façon conditionnée – cette validité de l'objectif, nous comprenons alors pourquoi chaque
68 détermination d'objet sans exception qu'on peut | atteindre peut et doit être considérée à son tour comme « subjective », comparée à la détermination plus élevée – que cette dernière soit effectivement atteinte ou seulement proposée comme tâche. Inversement, étant donné qu'il n'existe aucune étape de conscience, si inférieure soit-elle, qui ne présente une unification quelconque en un domaine quelconque, fut-il très restreint, aucune conscience ne peut être dite subjective en un sens absolu et définitif, mais chaque conscience présente déjà une objectivation d'une étape quelconque, même s'il s'agit de l'étape la plus basse. Dans tout ce que nous pouvons caractériser comme étant quelque chose de « subjectif », il est très

aisé de reconnaître les fonctions générales de l'objectivation, par exemple les déterminations kantiennes de la quantité, de la qualité, de la relation et de la modalité, et, dans tous les cas, la fonction fondamentale de l'unification et de l'identification en général. L'objectivité qui aurait éliminé le dernier reste de subjectivité, et la subjectivité qui ne contiendrait plus aucun degré d'objectivité, voilà seulement des limites extrêmes, idéales, jamais atteintes. Un tel degré zéro d'objectivité ou de subjectivité n'est jamais réalisé, mais ces deux extrêmes, comme le zéro et l'infini absolus dans le nombre, caractérisent simplement les limites idéales entre lesquelles se déroule le procès complet de la connaissance qui, selon la direction prise pour parcourir le chemin, peut être entendu comme procès infini d'objectivation ou de subjectivation. Certes, il est possible de soutenir que la direction de l'objectivation, c'est-à-dire de l'unification centrale, caractérise la direction-plus du chemin de la connaissance, tandis que la direction vers le divers à unifier centralement, vers le divers qui est donc, par comparaison, périphérique, caractérise la direction-moins. Mais le côté-moins de l'objectivation ne suffit pas à fournir une définition ultime de la subjectivité car (comme nous l'avons dit) la conscience est tout, forme comme matière, la matière dans le forme, la forme dans la matière – la connaissance objective est, en tant que telle, conscience et, en tant que conscience, elle est aussi bien le subjectif que | l'objectif. Aussi l'objectivation pleinement **69**
accomplie signifierait-elle en même temps la subjectivation pleinement accomplie, tandis qu'à chaque objectivation conditionnée ne correspondra qu'une subjectivation conditionnée. Dans cette mesure, objectivation et subjectivation marchent de concert, aucune n'a la priorité sur l'autre. Ce qui cependant demeure toujours, c'est la différence dans la direction de la considération : la conscience (de toute espèce et de toute étape) est objective quand elle est conscience de la loi (dans la mesure, par conséquent, où elle se présente dans la forme) – la conscience est subjective quand elle est remplissement vivant, concret (dans la mesure, par conséquent, où elle n'est pas la forme abstraite, mais la forme matériellement déterminée). Ainsi, il semble que c'est dans un sens particulier qu'est dite subjective toute étape inférieure de connaissance face à une étape plus élevée – il semble que c'est *cette* subjectivité qui est le revers négatif de l'objectivité, de sorte que le subjectif *ultime* se situerait en deçà de toute connaissance d'objet et la précéderait. En revanche, dans la mesure où le subjectif est ce qui est concrètement rempli et dans la mesure où, cependant, cette concrétude est précisément conditionnée, du point de vue de la connaissance, par l'objectivation la plus accomplie, conduite à son terme, alors la connaissance de l'objet devient bien plutôt un simple moyen

en vue de la connaissance du subjectif, de sorte que le subjectif ultime est tout d'abord au delà et comme au-dessus de la connaissance d'objet.

§ 5. *Corrélativité des procès d'objectivation et de subjectivation.*

Il résulte de ces deux conceptions (qui se contredisent apparemment mais non réellement) que la présentation de la subjectivité demeure toujours une tâche spécifique de la connaissance. Il est vrai que lorsque la connaissance ne suit tout d'abord que sa direction originaire, sa direction vers l'objet, chaque étape inférieure doit avant tout être abandonnée, précisément parce qu'elle est dépassée. Le subjectif (en ce sens), une fois reconnu comme tel, n'intéresse plus la connaissance dirigée vers l'objet : une fois qu'il a servi de point de départ pour la connaissance comparativement objective, le subjectif est mis de côté – il a fait son temps. Mais c'est justement pour cette raison qu'un retour vers lui reste possible et est exigé – nous pouvons et nous devons à chaque fois poser la question du subjectif à partir duquel et même à la source duquel cet objectif est connu.

La question peut tout d'abord être posée dans l'intérêt de la connaissance objectivante, que ce soit en cas de doute, lorsque le retour à un
70 point de départ sûr sert à la vérification, et, si | une erreur est découverte, à la rectification, ou que ce soit afin de s'orienter par rapport à la direction du chemin qui reste à parcourir et à la méthode qu'il s'agit alors d'observer. Toutefois, peu importe en définitive l'intention dans laquelle le retour a lieu : seul compte le fait qu'il est à chaque fois possible et qu'il constitue en lui-même une tâche. Quand on considère ce retour simplement pour lui même, il présente aussi un intérêt cognitif, car les étapes franchies dans la progression de l'objectivation ne sont pas perdues pour la conscience en général. Pour le point de vue et l'intérêt de la connaissance objectivante, elles ne « valent » plus, mais elles n'en « sont » pas moins pour autant – la « conscience » en son sens englobant, l'*universum* de la conscience, ne contient pas moins les étapes inférieures que les étapes supérieures. Mais tout ce qui est se propose à la connaissance comme une tâche.

Toutefois, le sens total et fondamental de cette tâche ne devient clair que lorsque la conception première et incomplète de la subjectivité à titre de simple étape inférieure de la connaissance est surmontée et lorsque le sens accompli du subjectif est reconnu dans la *totalité* concrète *du vécu*. C'est seulement en tant que tâche que cette totalité précède toute connaissance objectivante et est à son fondement – pour la connaissance, elle est au contraire le terme ultime et le plus élevé. Comme nous l'avons dit, chaque objectivation devient ainsi un simple moyen en vue de la connaissance du subjectif, pris dans sens accompli. La tâche de la subjectivation existe *a fortiori* à chaque étape de l'objectivation et même à l'étape la plus élevée.

Nous pouvons éclaircir ce point à l'aide d'une image. Le désir de la connaissance objectivante est dirigé univoquement vers l'extension des limites du domaine de la conscience, vers de nouvelles conquêtes pour ainsi dire, vers des annexions de nouvelles provinces. Face à ce désir dirigé vers l'extérieur (l'« objet » semble en effet, en raison des explications déjà fournies, être constamment au-dehors), il existe par ailleurs une tendance dirigée en quelque sorte vers l'intérieur, vers la pleine appropriation et la prise de possession du domaine déjà conquis, vers la pleine domination par la conscience de son intériorité. Tel est en fait le seul sens fondé de l'intérieur et de l'extérieur. Il ne peut s'agir ici en dernière instance que de la direction interne et externe d'un seul et même procès de développement de la conscience. C'est pour cette raison qu'il ne faut pas parler d'un sens interne et externe, d'une perception interne et externe, comme si nous avions affaire à deux domaines d'objets se côtoyant – on doit au contraire concevoir le rapport (en suivant une comparaison dont nous avons déjà fait usage[1]) | comme celui de deux directions, interne et externe (vers le centre 71
et vers la périphérie), se distinguant au sein d'un cercle qui s'étend à l'infini. Ainsi, l'opposition reste tout aussi rigoureuse et totale que celle du plus et du moins, mais il s'agit ici de l'opposition entre la direction-plus et la direction-moins d'un seul et même procès de connaissance et non du face-à-face de deux puissances ennemies, de deux seigneurs de la guerre, chacun s'efforçant de gagner du terrain sur l'autre et d'empiéter sur son domaine à ses dépens. Le rapport d'opposition devient un rapport de réciprocité qui signifie en même temps une corrélation nécessaire. Dans cette corrélation, la direction-moins ne signifie plus désormais une diminution, un retour à la nullité de la conscience. Mais, à l'extension de la pensée correspond bien plutôt l'approfondissement central – cet approfondissement étant cependant une reconduction à l'origine, où rien de ce qui a été acquis dans la direction de la connaissance objectivante n'est perdu, où ce qui semblait perdu, ce qui a été mis de côté comme étant « subjectif » au mauvais sens du terme, est au contraire réinvesti et réintroduit dans son plein droit, où tout ce qui est nouvellement conquis est en même temps conservé et mis en liaison avec ce subjectif, de sorte que la teneur totale de la conscience n'est pas amoindrie mais augmentée, enrichie, élevée intensivement.

1. Voir *supra*, p. 37 [N.d. T.].

Cependant, ce qui est ici décisif, c'est que le face-à-face du subjectif et de l'objectif, qui semblait au départ fixe, se résout entièrement dans le procès vivant de l'objectivation, d'une part, et de la subjectivation, d'autre part, où n'existent ni objectif ni subjectif au sens absolu mais seulement un objectif et un subjectif comparatifs, suivant une gradation étagée qui peut avec un droit égal être caractérisée comme celle de l'objectivation ou celle de la subjectivation. Nulle limite, inférieure ou supérieure, n'existe dans cette gradation étagée, à part les limites idéelles qui correspondent aux pures fictions de l'objectivité et de la subjectivité absolues. En un mot, la distinction de l'objectif et du subjectif est relativisée – elle se transforme en une simple opposition directionnelle au sein d'un procès unitaire et même unique : celui que nous avons nommé plus haut le procès de « développement » de la conscience [1].

La conception d'ensemble du rapport entre l'objectif et le subjectif que nous avons acquise ici semble cependant si déroutante au premier abord
72 | qu'il est nécessaire, afin d'y jeter une lumière plus vive, de la mettre en œuvre selon certains aspects particuliers, en prenant pour fils directeurs les couples d'opposés que nous avons déjà à maintes reprises employés.

A. Forme et matière

§ 6. *Relativité de l'opposition de la loi et du singulier.*

La « forme » caractérise la conscience sous l'aspect de l'unification, la « matière » la caractérise sous l'aspect du « divers = X » qui est en lui-même dépourvu d'unité et qui est à présenter dans l'unité – ou encore, la forme caractérise la conscience au sens de la relation et la matière au sens de ce qui est relié. Cependant, « l'unité du divers » ou la relation se présente comme telle dans la loi et c'est sur la loi que se fonde l'objet – ce qui apparaît est reconnu comme phénomène de l'objet quand il est reconnu comme déterminé par la loi ou une relation qui existe en général. Ainsi, l'objectivation du subjectif devient identique à l'unification du divers ou à la mise en relation de ce qui peut être mis en relation, donc à la formation de la matière.

Certes, étant donné que c'est toujours dans l'unité de la conscience que se présente le divers de la conscience, l'objectivation ne sort jamais du domaine de la conscience en général. Mais elle caractérise précisément, dans la conscience, la direction de l'unification et non pas (de la même

1. Voir *supra*. p. 70 [N.d. T.].

façon et dans le même sens) la direction de la diversification. Le divers, ce qui peut être mis en relation, la matière de la conscience, tout cela est d'abord refoulé à l'arrière-plan. Nous avons déjà souvent insisté – d'abord et en particulier comme caractère distinctif de la connaissance de la nature – sur le fait que tout singulier est ici rapporté à la généralité de la loi, qu'il n'est pas question de lui à titre de singulier, mais en tant que cas de la loi et, partant, en tant que matière dans laquelle seule la forme (de la loi) se présente. Certes, il semble au premier regard en aller autrement dans la connaissance éthique et esthétique à laquelle, de fait, participe intensivement la subjectivité, donc la considération psychologique. Cependant, cette connaissance recherche également la loi, même si – cela vaut avec la plus grande évidence de la connaissance esthétique | – elle la cherche dans 73
le singulier et pour lui. Et c'est précisément seulement dans la mesure où elle atteint la loi qu'elle atteint la validité objective à laquelle elle tend, elle aussi.

Par conséquent, la connaissance objectivante de toute espèce et de toute direction, même dans son développement le plus élevé, reste toujours prisonnière de cette formidable univocité qui conditionne sans doute de façon décisive la sûreté de sa progression et aussi, par là même, son extension à tous les domaines de la conscience. Il n'en reste pas moins que le divers, lui aussi, est dans la conscience, et que sa connaissance est véritablement tout autant exigée que celle de l'unité de la loi, à laquelle il doit certes se soumettre et se soumet finalement toujours. En dernière instance, cette direction univoque sur l'unité de la loi n'est compréhensible qu'à titre de moyen pour porter le singulier à la connaissance et, dans la mesure du possible, tout singulier. Le singulier peut bien être un simple moyen pour la connaissance de la loi – pour la connaissance du singulier c'est inversement la connaissance de la loi qui est moyen.

Autrement dit : la forme est la relation, précisément l'unité de la relation. Cette unité rend aussi possible – et est destinée à rendre possible – la soumission de toute la teneur matérielle de la conscience (de ce qui peut être mis en relation) à la domination de la connaissance. Par conséquent, la loi a, dans la connaissance, une fonction analogue à celle de la loi de la communauté : en soumettant à un plan commun de coopération la production des membres liés par la loi, cette loi assure chaque individu singulier dans son droit propre – dans son droit certes, mais aussi dans son devoir. La loi ne veut donc pas annihiler le singulier, le sacrifier au général, mais elle veut le sauver, le conserver dans le général. Aussi les Anciens parlaient-ils de « sauver » les phénomènes grâce, précisément, à la référence à l'unité de la loi. Ils entendaient par là que le cas singulier n'est établi dans sa teneur de vérité et n'est en général assuré que lorsqu'il est reconnu comme nécessaire sous la loi. Par exemple, la position réciproque des étoiles à un instant donné est établie par la connaissance selon laquelle, à partir de la loi qui détermine en général la position réciproque des étoiles d'un moment à l'autre, cette position résulte nécessairement pour le point temporel considéré par la pensée – aussi Kepler disait-il fort justement que la loi « sauve et a pour résultat » les phénomènes (*salvat et efficit*).

74 | § 7. *Application selon les déterminations catégoriales fondamentales.*

Cette signification générale de la loi se vérifie sans difficulté dans toutes les directions particulières de la connaissance de l'objet telles qu'elles se distinguent, du point de vue tout d'abord de la connaissance simplement théorique, dans les catégories kantiennes. Du côté de la quantité, la progression dont la direction va du singulier à l'universel se présente comme l'extension graduelle du domaine de la connaissance. La connaissance de l'universel offre à son tour le fondement en vue d'une spécification croissante qui descend – du moins en idée – jusqu'au singulier. Si, du point de vue de la loi, le singulier a simplement la signification d'un « cas », c'est la totalité des cas qui doit alors être contenue dans la loi. Il n'y a aucun cas possible qui ne soit contenu dans la loi, qui ne soit à présenter et à assurer à partir d'elle. Que la loi soit une sorte d'expression abrégée, cela n'a de sens que dans la mesure où le divers infini, rassemblé en cette courte formule, peut à nouveau être conquis à partir d'elle au moyen d'une « discussion » (*Diskussion*) appropriée – ainsi, la définition du triangle comme règle de l'intersection possible de trois droites permet d'épuiser logiquement le *continuum* du genre « triangle », de sorte que, pour peu que l'on parcourt entièrement ce *continuum*, dont la loi est indiquée par la définition, tous les cas possibles seront atteints.

Du côté de la qualité, le progrès de la connaissance dans la direction de l'objectivation se présente d'une manière correspondante comme une concentration progressive. C'est elle qui donne en premier lieu le concept générique en tant que celui-ci ne contient pas seulement dans son extension tous les cas singuliers possibles, c'est-à-dire leur série entière, mais toute espèce, la totalité achevée des modes selon lesquels, par exemple, trois droites peuvent se couper (donc les relations de position possibles et, partant, les grandeurs d'angles comme les rapports de longueur des côtés).

Du côté de la connexion dynamique, le même progrès de la connaissance se présente comme celui qui passe des relations fonctionnelles étroites à des relations fonctionnelles de plus en plus étendues. La

fonction précisément se développe à travers la totalité de la série des valeurs possibles de variables posées dans une corrélation légale, de sorte que chaque cas est saisi dans la loi – mieux, il est effectivement contenu en elle : pour chaque cas, un énoncé déterminé doit être dérivable à partir de la loi. Par conséquent, | la loi naturelle devient tout particulièrement, en tant 75
qu'elle doit pouvoir à chaque fois trouver son expression dans une relation fonctionnelle, le moyen décisif pour rendre déterminable l'événement singulier dans sa valeur dynamique et, partant, dans son rapport le plus concret à tout ce qui se tient avec lui dans un lien dynamique.

Du point de vue de la modalité enfin, et c'est une conséquence de ce qui vient d'être dit, la connaissance peut atteindre l'effectif, en tant qu'il est bien le singulier, lorsque cet effectif devient connaissable non seulement dans sa possibilité, mais aussi dans sa nécessité, en tant qu'il ne peut qu'être ainsi et pas autrement et lorsqu'il acquiert alors et pour la première fois le titre de *factum* véritable. (Pensons à l'*efficere* de Kepler.)

C'est donc précisément la loi qui établit sous toutes leurs faces les relations qui mettent en œuvre la formation de chaque matière – ces relations sont certes universelles, mais c'est grâce à elles, et justement parce qu'elles sont universelles, qu'il doit être également possible de reconstruire la relation du singulier avec le singulier (idéalement, de chaque singulier avec chaque autre). La relation omnilatérale que la connaissance conquiert pas à pas rend tout d'abord possible, dans l'absolu, la présentation du singulier lui-même. Ce dernier est à chaque fois le terme de telle ou telle relation et il n'accède certes à une présentation complète que dans l'omnilatéralité de ces relations. C'est donc bien à partir des relations qu'est tout d'abord acquis le *relatum* de la connaissance et ce n'est pas à partir des *relata*, comme s'ils étaient déjà connus, que les relations sont constituées – autrement dit, pour reprendre la formulation précédente, c'est à partir de la forme que la connaissance peut saisir la matière et non l'inverse.

§ 8. *Approfondissement de l'opposition entre l'objectif et le subjectif par la relativisation de l'opposition entre le général et le singulier.*

Que ceci ne soit cependant tout d'abord qu'une tâche et non pas ce que l'instauration et la mise au jour du rapport légal suffisent à produire, cela résulte évidemment de ce que, dans la loi comme telle, afin d'obtenir une signification consistante, le rapport semble n'être exprimé et défini que comme rapport général, tandis que le singulier est en quelque sorte effacé. Pourquoi en est-il ainsi ? Parce qu'il fallait en tout premier lieu conquérir des points fixes pour la connaissance dans la consistance à chaque fois invariable d'une relation générale. Pour autant et aussi longtemps que ceci est la tâche, la variabilité illimitée de cas en cas semble simplement subordonnée et devoir être dépassée.

C'est ce qui apparaît d'une façon particulièrement évidente à la première étape de la science et de la philosophie et, sous une forme caractéristique, chez Platon. La variabilité des phénomènes est ici systémati-
76 quement conçue | comme ce dont la connaissance doit s'éloigner, comme ce au-dessus de quoi elle doit s'élever pour atteindre ce qui invariablement – c'est-à-dire dans le concept – persiste. Certes, si la connaissance s'en tenait à ce permanent, elle serait elle-même immobilisée, elle tomberait irrémédiablement dans cette paralysie que la doctrine des Eléates, ces « immobilisateurs du tout », avaient déjà exposée de la façon la plus classique dans la thèse de l'univocité la plus stricte. Il est remarquable que Platon, qui s'était tout d'abord engagé dans cette voie erronée et qui devait même le faire nécessairement, ait ensuite clairement compris que cette voie était impraticable et qu'il ait pris alors la décision de mettre en mouvement ses « Idées » (Idées qui, déjà sous leur forme première, fixe, signifiaient la loi). Cependant, ce qui apparaît ici immédiatement dans une clarté totale, c'est que le mouvement d'inversion de l'invariable en variation, du repos en mouvement, des séparations fixes, abstraites, en une continuité systématique signifie en même temps le retour de la mort à la vie, du corps rigidifié, du cadavre sans âme de l'être, à l'âme, de l'abstraction vide de la loi objective à (pourrait-on dire) la totalité de la « conscience ». Platon ne s'est pas engagé pour autant dans la voie à sens unique opposée et tout aussi funeste de l'héraclitéisme qui n'accordait de valeur qu'au flux éternel du mouvement. Cette voie avait déjà conduit aux conséquences du protagoréisme : seule la subjectivité vaut, l'objectivité ne peut plus avoir la moindre valeur. C'est en toute connaissance de cause que Platon revendique les deux voies ensemble, l'invariable et la variation, le repos et le mouvement, la discrétion et la continuité, en tant que corps et âme de la conscience. Désormais, les déterminations invariables ne servent que de points d'appui, de bornes indicatrices pour ainsi dire, afin de baliser la marche de la connaissance. Les discrétions ne servent qu'à rendre connaissable le continu. L'« entre-deux », les « limites » conceptuelles ne servent qu'à « limiter » l'« illimité » et, par une variation continue et méthodique de limite en limite, à porter au concept cet illimité. L'« être » lui-même, sur lequel se dirigent toutes les questions de la connaissance, n'est plus toutefois ce qui est à chaque fois considéré comme le premier et l'unique support de la validité, mais c'est bien plutôt le devenir – en tant que genèse,

c'est-à-dire en tant naissance et, selon son ultime fondement étymologique, en tant que « production » – qui devient immédiatement l'expression la plus profonde de l'origine. L'être devient « être devenu », précisément parce qu'il n'est à chaque fois qu'une « limitation de l'illimité », limitation qu'on peut toujours dépasser et qu'il faut nécessairement toujours dépasser.
| Ainsi Platon a-t-il approché de manière surprenante la conception qui n'a 77
pleinement triomphé que chez les Modernes et les plus modernes des Modernes : celle selon laquelle la connaissance est un procès à l'infini, selon laquelle, comme Platon l'explique dans le *Parménide*, il n'existe pas dans la connaissance de commencements, de milieux, ni de fins absolus, mais il faut trouver avant chaque commencement un commencement nouveau, après chaque fin une fin plus lointaine, en chaque centre un centre encore plus central. C'est précisément cette conception que les mathématiques modernes, en tant que pure méthodologie de la connaissance, ont développée et mise en œuvre de la façon la plus rigoureuse. C'est cette conception que la science moderne de la nature s'est vue également contrainte d'adopter d'une manière toujours plus déterminée comme étant l'expression la plus vraie de l'« effectivité » qu'elle pouvait atteindre – et c'est aussi cette infinité du procès de connaissance qui jette sa brillante clarté sur la plupart des sciences de la culture où des « tâches infinies » sont d'emblée en jeu.

§ 9. *Conséquences.*

A l'étape la plus élevée de la connaissance, il faudrait donc concevoir tout repos et toute discrétion comme effectivement résolus et fluidifiés dans le mouvement et la continuité – et c'est précisément pourquoi la totalité, donc la vie pleine de la conscience, toujours déjà présupposée comme fondement et origine de chaque connaissance d'objet, serait alors elle-même, pour autant que cela est possible, conservée pour la connaissance ou plutôt portée pour la première fois et de façon générale à la connaissance. Cependant, cette connaissance exhaustive de la conscience dans laquelle l'opposition du subjectif et de l'objectif serait entièrement résolue n'est toutefois qu'un idéal qu'on n'atteint pas et qu'on ne peut pas atteindre. La « limitation de l'illimité », la présentation légale du *continuum* qui ne peut cependant que s'exposer dans des relations entre des discrétions – même si c'est dans un lien systématique à développer à l'infini –, cette présentation est bien la tâche, certes infinie, de la connaissance, et, en premier lieu, de la connaissance d'objet. C'est précisément pourquoi demeurent toujours l'opposition entre objectivité et subjectivité et donc la double direction du procès de la connaissance en tant que procès d'objectivation et de subjectivation.

La raison en est claire : la connaissance objectivante ne peut faire autrement que de suivre à chaque fois des lignes singulières. Elle ne peut progresser que par un procédé de décomposition et d'analyse, même si ce procédé vise finalement à produire, au sens où cette exigence est possible dans l'absolu, la connaissance de la teneur pleine et concrète
78 de la conscience, | de cette totalité du vécu toujours et originairement présupposée et, par conséquent, à élever cette totalité tout d'abord à la connaissance, donc à la conscience au plein sens de ce terme – à élever la *psyché* au *logos*. Car, dans l'hypothèse de son originarité, elle est certes présupposée comme *dunamis*, mais il n'y en a pas une conscience actuelle. Elle ne serait présentée sans résidu qu'à un stade idéal de la connaissance qui, en tant qu'idéal précisément, caractérise le but infiniment lointain de la connaissance. La connaissance effective, « humaine », l'expérience, trouve toujours sa place dans l'intervalle entre la concrétion originaire, mais chaotique et donc infraconsciente du vécu originaire, et la concrétion totalement consciente, à reconquérir tout d'abord à partir de la discrétion, de ce stade de la connaissance pourtant jamais atteint et qui, mesuré à l'aune de la conscience humaine, c'est-à-dire séparatrice, devrait être caractérisé comme supraconscient.

Le but idéal serait donc le suivant : la teneur pleine et entière de la conscience telle qu'elle est certes pensée, exigée, dans le vécu originaire, donc donnée au sens du problème, mais non pas connue – cette teneur élevée jusqu'à cette conscience ultime, éclairée, purifiée, que la connaissance convoite toujours, mais qu'elle n'atteint que de façon conditionnée, puisqu'elle ne peut exercer sa fonction que dans le domaine du conditionnant et du conditionné. Le but serait cette conscience où rien n'est plus arrêté, délié, mis de côté, mais où tout ce qui était originaire, ou plutôt tout ce qui *est* intemporellement dans la conscience est conservé et, en particulier, n'existe plus en dehors de tout rapport, mais est dans un rapport systématique avec tout. En effet, la totalité de la conscience doit bien signifier la totalité des relations, donc la corrélation systématique, puisque, comme nous l'avons dit souvent, la conscience ne consiste en général que dans la relation. Pour cette tâche, toute décomposition, toute mise en valeur de relations singulières devient un simple moyen pour porter à la connaissance, autant que cela est possible, l'unité non décomposée et même indécomposable de la corrélation systématique en laquelle consiste proprement et en dernière instance la conscience. La décomposition (si l'on s'y tenait) serait la dissection du cadavre de la conscience. Mais la conscience signifie

la vie, c'est-à-dire la corrélation systématique. C'est aussi par là que se définit l'immédiateté de la conscience pour laquelle chaque séparation (également l'isolement de relations singulières) | conserve simplement la 79
signification de moyen et ne sert qu'à porter l'immédiat à la connaissance. Car, dans son immédiateté – qui est certes toujours présupposée comme point de départ de la connaissance –, la conscience n'est certainement pas déjà connue. Cependant, pour autant que et aussi longtemps que l'on en reste aux simples médiations, on ne se tient pas encore dans l'immédiat, donc dans la conscience, dans le sens plénier de la vie, de l'âme. Tout ce qui est dit ici nous assure que l'immédiateté ultime de la conscience, prise absolument, ne peut être atteinte par notre connaissance – mais cela n'interdit pas de saisir à titre de tâche et seulement de tâche éternelle son rétablissement au sein de la connaissance, dans les limites où elle peut être atteinte.

Néanmoins, au-delà de cette ultime réciprocité de l'objectivation et de la subjectivation, il n'existe plus aucune tâche sensée pour une psychologie ou une métaphysique de l'idéal et du réel, quel que soit le nom qu'on choisit. Chaque exigence d'une réduction supplémentaire de cette ultime corrélation est inadmissible et, finalement, dépourvue de signification. La réduction ne pourrait elle-même que suivre la direction soit de l'objectivation soit de la subjectivation et, dans le meilleur des cas, elle poserait une fois de plus le même problème à une nouvelle étape d'examen. Toutefois, cette nouvelle étape, prétendument plus élevée, est en réalité une illusion. Le subjectif ou le psychique n'existe lui-même à titre de problème que dans son opposition à l'objectif, au légal d'une espèce et d'une direction quelconques. Pour le subjectif lui-même, en tant que tel et eu égard au rapport général qu'il entretient avec sa contrepartie, l'objectivité de la loi, on ne peut plus exiger une réduction supplémentaire. La tâche de la psychologie est au-delà de la tâche qui incombe à la connaissance des lois. Elle présuppose cette dernière tâche résolue, sous chacune de ses formes possibles. La loi n'est pour elle qu'un simple pont qu'il faut avoir traversé et abandonné afin d'atteindre l'autre rive. De la même façon, dans le sens originaire de la loi, l'accomplissement total de ce qui est exigé par la loi abolit la loi elle-même. La loi est exigence, mais l'exigence perd sa signification dès qu'elle est réalisée. Mais nous avons déjà tant insisté sur ce point : l'exigence de la loi n'est en réalité jamais réalisée absolument. L'exigence de la loi existe donc toujours, mais ce n'est pas l'établissement de la loi qui est l'affaire de la psychologie, car cet établissement est encore tout à fait en deçà d'elle et ne signifie pour elle qu'une présupposition.

80 | B. DÉTERMINATION ET [CE QUI EST] « À DÉTERMINER »

§ 10. *Le psychique n'est pas l'indéterminé mais ce qui est en soi déterminé de toute part.*

La position d'objet est détermination, fixation en tant que ceci ou cela – à ce qui en revanche reste dans le flottement, à ce qui reste sans détermination ou insuffisamment déterminé, correspond exactement ce qui vaut comme subjectif. La couleur et le son, tels qu'ils se présentent immédiatement à la sensation, sont quelque chose de simplement subjectif : ce qui veut dire et ce qui a toujours voulu dire que le subjectif n'est pas déterminé à partir de lui-même mais qu'il est chancelant et flottant. Nous croyons certes saisir en lui un un, un identique, mais l'examen scientifique, l'épreuve de la mesure objective montrent clairement qu'il n'est susceptible en lui-même et à partir de lui-même d'aucune détermination rigoureuse. Il n'est certes pas absolument indéterminé et toute valeur cognitive objective (depuis déjà Démocrite) ne lui est pas refusée. En effet, nous continuons de présupposer à chaque fois qu'à toute différence qui se présente dans la sensation doit correspondre une différence dans l'objectif qui réside au fondement. Cependant, la donnée sensible, pour elle-même, ne parvient pas à cette détermination par laquelle un objet est déterminé au sens naturel, étant donné que, dès que la différence tombe en deçà d'un certain seuil, ce qui n'est pas objectivement identique se manifeste comme identique dans la sensation. C'est uniquement dans cette mesure que le senti peut revendiquer une validité non pas objective, mais seulement subjective. La distinction entre ce qui vaut objectivement et ce qui vaut subjectivement est donc ici entièrement fluante. Or, c'est précisément le cas de la distinction de l'objectif et du subjectif dans son ensemble. C'est précisément cette relativisation qui semble obtenir ainsi, envisagée sous le point de vue de la détermination, une signification précise.

Puisque la psychologie doit être la connaissance du subjectif comme tel, la représentation peut naître aisément selon laquelle elle devrait à chaque fois abandonner la détermination conquise par la connaissance objectivante et faire retour vers l'indéterminité que l'objectivation a vaincue, vers le chaos d'où jaillit le cosmos du monde objectif. Le travail de la psychologie ressemblerait d'autant plus à celui de Pénélope qui défaisait la nuit le tissage confectionné le jour. J'accorde volontiers que mon exposé

précédent[1], dans certaines formulations imprudentes, pouvait accréditer cette représentation absurde – comme si | ce qui est simplement dépourvu 81
de toute détermination, antérieur à toute détermination et, partant, considéré précisément dans cette non-déterminité, devait former le problème de la psychologie. Qu'il s'agisse là d'une tâche dépourvue de sens, il est certes facile de le voir. C'est au contraire porter à la connaissance la teneur totale de la conscience, dans la mesure où cela est en général possible, qui constitue la tâche de la psychologie. Ce que doit signifier en général « être conscient pour quelqu'un » ne peut déjà pas être absolument dépourvu de signification. C'est le « contenu » de la conscience qui doit être sondé, précisément eu égard à sa « liaison ». Or, on ne pourrait tout simplement pas appeler « contenu » ce qui serait, devrait rester ou devenir absolument indéterminé. C'est bien la « liaison » (la forme) qui possibilise et produit la détermination. Ou encore : la question porterait sur le concret ultime de la conscience. Or, le plus concret est précisément le plus riche en déterminations, non le plus pauvre, et encore moins ce qui est absolument dépourvu de déterminations. La psychologie doit donc signifier, face à la connaissance objectivante, non pas une annulation de la détermination produite mais, au contraire, un dépassement de cette détermination, dans la mesure où celle-ci demeure encore, en quelque façon, dans le vide de l'abstraction, par une détermination plus achevée et, si possible, complète.

L'examen précédent a jeté sur cette vue une clarté totale. L'objectivation se réalise nécessairement sur la voie de l'abstraction. Afin de conquérir certains points d'appui assurés, elle commence par mettre en valeur pour elles-mêmes certaines déterminités. Elle vise des positions fixes, non pas pour que la pensée s'y repose, mais, dans la mesure du possible, pour venir à bout par la pensée, en partant de ces positions, du flux du mouvement lui-même, pour porter le fluant lui-même non au repos, mais à la détermination qui, pour sa part, doit épouser au plus juste la variabilité. C'est précisément par une application plus complète de la détermination que les séparations abstraites sont à nouveau surmontées comme telles, que donc la teneur totale de la conscience et, partant, sa « vie » s'ouvrent réellement pour la première fois à la connaissance. Ainsi, ce n'est pas à un moins mais à un plus de détermination que la psychologie aspire. C'est également tout ce que la connaissance objectivante devait tout d'abord mettre de côté, donc tout ce qu'elle abandonnait à l'indéterminité, qui doit désormais être porté à la détermination – le mouvement, la vie et l'âme

1. Il s'agit de l'*Introduction* [N.d.T.].

doivent être réintroduits dans le monde fixe des objets d'une façon telle que le monde objectif, délié du vécu subjectif | et s'opposant à lui comme un
82 élément étranger, redevienne entièrement le propre de la *psyché*, soit reconduit à la vie pleine et entière de la conscience, redevienne tout à fait nôtre, ainsi qu'il l'était déjà, originairement, mais seulement à titre de problème. Car la vie signifie le mouvement, la continuité de la corrélation systématique – demeure mort ce qui est délié, rigide, ce qui persiste dans l'absence de mouvement et de relation.

Par conséquent, c'est seulement la rigidité de la détermination objective et, partant, la séparation de l'objet et de la subjectivité du vécu qui sont surmontées, mais la détermination elle-même n'est pas à son tour annulée. L'invariable, la détermination finie, séparatrice, n'était que le moyen indispensable pour porter le variable, la variabilité infinie, au concept et, par conséquent, à la détermination la plus claire. Il n'y a retour que dans la mesure où ce qui était tout d'abord mis de côté est désormais à nouveau pris en considération, non pour l'abandonner à l'indéterminité ou pour l'assimiler à elle, mais, dans la mesure où cela est possible, pour le porter à son tour à la détermination. Il s'agit d'un rétro-mouvement qui va de l'abstraction de la loi – cette abstraction partait certes du vécu, mais s'élevait d'autant plus au-dessus de lui qu'elle s'en éloignait – jusqu'à la concrétion du vécu accompli. Cependant, ce retour se réalise par une détermination toujours plus riche qui progresse de la statique des positions objectives fixes à la dynamique des corrélations systématiques (constituant tout d'abord la vie de la conscience) et de la discrétion de ces points fixes de la pensée que nous nommons objets jusqu'à la continuité d'un passage omnilatéral.

§ 11. *Le psychique en tant que puissance de la détermination.*

Ce n'est donc pas le subjectif « précédant » toute objectivation, c'est-à-dire ce qui n'est pas encore déterminé et « précède » toute détermination, qui est en soi le problème de la psychologie, mais c'est la teneur totale de la conscience, au sens exact du pleinement déterminé, la reconduction des abstractions rigides, au service de l'objectivation, au lien concret du vécu. Cependant, nous pouvons pour cette raison définir le subjectif *avant* toute objectivation, c'est-à-dire à titre de « *dunamis* », à titre de puissance de toutes les déterminations que la connaissance objectivante a produites ou peut produire relativement à ce subjectif.

Toutefois, ce concept de puissance n'est plus désormais simplement négatif mais contient en soi la positivité de la possibilité et de la tâche (de la

détermination). Ce qui n'est pas encore déterminé devient le déterminable, | ce qui est à déterminer, il devient la possibilité et l'exigence de la détermi- 83
nation que la connaissance objectivante produit effectivement relativement à lui. Cette objectivation doit donc être tout d'abord connue, c'est-à-dire qu'il en va ici comme dans la doctrine d'Aristote : la puissance n'est connue que lorsqu'elle est passée dans l'actualité. C'est en ce sens que ce que nous avons dit auparavant reste valide : c'est seulement dans un retour à partir de la connaissance atteinte que nous pouvons dire que ce qui est à connaître était « donné » avant toute détermination, c'est-à-dire en tant que possibilité de toute détermination que la connaissance réalise relativement à lui. Par là même, le sens de la caractérisation de l'immédiat dans la conscience comme étant le « donné » – quoique non déterminé mais tout d'abord à déterminer – devient clair. Il faut certes concevoir comme donné dans le subjectif ce qui doit être reconnu comme un objectif précisément relativement au subjectif et à partir de lui. Cependant, ce qui est immédiatement donné n'est pas lui-même immédiatement connu (nous y avons déjà insisté à maintes reprises dans l'*Introduction*), mais il ne se donne à notre connaissance que médiatement, que moyennant le détour par la détermination de l'objet. C'est pourquoi le terme de « donné » est source d'erreurs dès que l'on entend par donné une pré-connaissance – mais, sous le point de vue nouveau et spécifique de la psychologie, l'immédiat devient le pré-donné lorsqu'il est établi et défini après-coup, dans la connaissance rétrospective (réflexive), à titre de condition de possibilité de la connaissance objective. Ainsi, le *datum* sensible, en tant que subjectif, n'est pas préalablement « donné » au sens où il serait auparavant connu (c'est-à-dire déterminé). Mais c'est la reconstruction psychologique qui doit tout d'abord établir et définir ce *datum* en tant que possibilité (puissance) préalablement donnée de toute détermination que la connaissance objectivante réalise effectivement relativement à lui. De cette possibilité, la sensation elle-même ne sait rien, tout comme le nouveau-né ne pressent manifestement rien de ce que la sensation lui donne (c'est-à-dire de l'objet, car c'est bien le sens constant du fait d'être donné). Cependant, la psychologie est sans nul doute dans son droit quand elle pose la sensation à titre de point de départ, de fondement subjectif de la connaissance objectivante. Cependant, il est absolument impossible de définir autrement ce « fondement », compris comme simple puissance, que dans un retour à partir de la connaissance atteinte – comme puissance de ce qui précisément | s'actualise pas à pas dans la voie de la 84
connaissance objectivante. Et il n'en va pas autrement avec le sentiment, l'effort et tout ce que la psychologie peut par ailleurs établir comme

fondement originaire du psychique ou comme ce qui est co-contenu dans ce fondement.

C. Représentation et présent

§ 12. *L'immédiat en tant que présent.*

Le concept du subjectif comme immédiat, de l'objectif comme médiat et médié, reconduit l'examen à une nouvelle étape : celle de l'importante distinction entre la conscience présentative et la conscience représentative. L'immédiat, surtout en tant que « donné », semble signifier ce qui est présent à la conscience, tandis que l'objet n'est jamais donné, n'est jamais présent à la conscience, mais, précisément en tant qu'objet, c'est-à-dire en tant que ce qui se tient en face, on ne peut en avoir conscience que médiatement, grâce à une représentation, lorsqu'un présent se rapporte à un non-présent et le présentifie par là même – ce qui signifie que l'objet n'est jamais effectivement présent, mais seulement représenté par un présent, « visé » par lui.

Il en résultait le paradoxe suivant : du point de vue de la psychologie, le prétendu donné, l'immédiat, donc le présent deviennent ce qui est recherché, ce qui est tout d'abord médiatement à connaître, ce qui n'accède à la connaissance que par la médiation de ce qui n'était pas auparavant donné, du médiat, de la conscience simplement représentative, c'est-à-dire de l'objectif. Le paradoxe se résout grâce à nos derniers développements : à l'étape où commence le travail d'objectivation, ce qui est à objectiver, ce qui est non-objectif, c'est-à-dire le subjectif, ne devait certes pas être lui-même « donné » et il ne devait donc pas non plus être connu, mais il n'est donné qu'en tant que puissance – laquelle ne peut être portée à la connaissance que lorsqu'elle s'actualise. Cependant, en tant qu'objectivation, cette actualisation est tout d'abord plutôt un abandon du subjectif, même si ce subjectif reste toujours présupposé à titre d'immédiat ultime – un mouvement de retour de l'objectif au subjectif est donc requis pour porter à la définition le subjectif, en tant que ce dernier est à présupposer originairement. Par conséquent, à un premier stade, toutes les objectivations qu'on peut réaliser dans le subjectif doivent être conçues comme données en puissance. En quoi consiste cette donnéité ? Quelle est la teneur de cette
85 potentialité ? Cela ne peut être dit | que lorsque, dans un deuxième stade, la puissance est actualisée et dans la mesure même où cette actualisation est accomplie. Cette actualisation signifie tout d'abord un éloignement par rapport au subjectif, la contre-position de l'objectif face au subjectif. Dans

un troisième et dernier stade de la connaissance, cette séparation conflictuelle est à nouveau surmontée. L'objectif est à nouveau réduit à l'élément subjectif du vécu, ce qui rendrait alors possible de porter à la connaissance la teneur totale du vécu, en tant qu'elle est l'actuel et même l'actuel ultime – teneur qui était déjà présupposée au premier stade, simplement à titre de puissance pour notre connaissance, et qui n'était pas connaissable en elle-même. Dans le cas idéal par conséquent, le premier et le troisième stades coïncident, avec la seule différence essentielle suivante : le contenu de conscience, par ailleurs identique, est pensé comme non actualisé au premier stade et comme pleinement actualisé au troisième. Mais le stade initial et le stade final ne désignent, comme nous l'avons dit, que des limites idéales. Notre connaissance, que ce soit dans sa direction objectivante ou dans sa direction subjectivante, se meut constamment au milieu, entre les deux limites. Aussi, il faut toujours comprendre l'opposition du donné et du connu de façon simplement relative, selon une série graduelle dont le cours est infini des deux côtés.

Partant, c'est aussi l'opposition du présent et du représentatif qui doit se relativiser. Nous devons examiner maintenant cette relativisation d'un peu plus près.

§ 13. *Relativisation de l'opposition du représentatif et du présenté.*

L'erreur, non pas en réalité la plus évidente mais sans doute la plus profonde, de toute la psychologie jusqu'à maintenant, est la suivante : elle conçoit cette opposition – qu'elle définit aujourd'hui le plus souvent comme étant celle du « contenu » et de l'« objet » – comme fixe, établie une fois pour toute et, en somme, comme donnée. Cette erreur est le dernier refuge du dualisme du subjectif et de l'objectif, du « psychique » et du « physique ». On posait auparavant la ligne de séparation entre l'acte et le contenu, on la pose maintenant entre le contenu et l'objet. Mais tout comme la première opposition a été relativisée, la dernière doit aussi l'être nécessairement. Le « moi » ultime est une supposition, non « une situation phénoménologique ». Cette dernière dénomination pourrait être attribuée au plus haut point à chaque connexion de vécu délimitée plus ou moins arbitrairement en fonction de l'examen. Mais il ne faut jamais prendre cette connexion comme également donnée, au sens habituel de ce qui est | préalablement connu – sinon, comment pourrait-elle être le problème de la 86
psychologie ? Si nous l'avions, nous n'aurions pas tout d'abord à la chercher. Par conséquent, le « contenu », au sens de ce qui est présent à la conscience, n'est jamais donné lui non plus, si ce n'est à titre de problème

proposé. Par ailleurs, l'objet, en raison de son concept, en tant qu'il est ce qui se tient face au moi et au vécu ou ce qui, plutôt, est posé face à eux, n'est lui-même jamais présent. Pourtant, on doit manifestement en avoir conscience s'il y en a connaissance, et la représentation en laquelle cette connaissance consiste se trouve bien dans la conscience : elle est l'acte de la conscience qui s'oppose l'objet à elle-même et qui ne sait quelque chose de l'objet que par cette ob-jection (*Objizieren*) qui est sienne. La représentation doit (comme nous l'avons dit précédemment[1]) être présente à elle-même, même si elle pose l'objet comme non présent – non ! en tant qu'elle pose l'objet comme non présent (nous disions : comme X et non comme A). L'objet est notre position. Nous savons cette position. Nous en avons conscience. Cependant, présenter cette position en tant que nous en avons conscience, c'est-à-dire psychologiquement, cela signifie déjà : la présenter comme nous étant présente et non à nouveau comme simplement représentée. Néanmoins, puisqu'elle est présente, l'objet en elle doit aussi, dans la même mesure, être présent : nous ne pouvons d'aucune façon échapper à cette conclusion. Du point de vue de la psychologie, cette façon de présenter les choses est incontournable.

Le nerf du paradoxe consiste tout d'abord en ce que nous ne disposons nécessairement (comme il s'est avéré) que de la conscience représentative pour porter à la connaissance ce qui est prétendument immédiatement présent à la conscience, et en tant qu'il est immédiatement présent. Tout semble donc cul-par-dessus-tête : le recherché se transforme en donné, le donné en recherché, le X en A, le A en X. Cependant, le sens de ce tête-à-cul, c'est-à-dire de cette inversion de la position de la question et, partant, de la marche de la connaissance est devenu clair en raison de tout ce que nous avons dit au préalable. Il en va ainsi car l'unique chemin de la connaissance doit être décrit selon ses deux directions, du subjectif à l'objectif et de l'objectif au subjectif. L'objectivation, précisément comme représentation, s'éloigne de l'immédiat de la conscience. Or on ne peut pas demeurer dans cet éloignement et cette apparente aliénation. Ce qui a surgi de la conscience exige d'y être à nouveau inclus – insertion qui a la signification suivante : les relations singulières isolées qui étaient tout d'abord mises en valeur comme singulières ne demeurent pas dans cet isolement, mais doivent être réintroduites dans la corrélativité systématique qui
87 constitue le sens achevé de la conscience. | La connaissance que l'on atteint grâce à cette dissociation et donc grâce à cette opposition au subjectif n'est

1. Voir *supra*, p. 54 [N.d. T.].

pas par conséquent à son tour abandonnée, mais elle est au contraire réalisée et approfondie d'une manière encore plus infinie. Ce qui est abandonné, c'est seulement la séparation d'avec la totalité du vécu – laquelle est en même temps ce qui est à connaître. Cependant, la réciprocité du subjectif et de l'objectif persiste toujours, car c'est seulement dans le cas idéal qui n'est jamais atteint et ne peut l'être que l'un et l'autre coïncident. Dans toute connaissance effective que l'on peut atteindre (l'expérience), l'opposition persiste, mais elle se relativise. Un subjectif ultime, donc un simple présenté, échappe tout autant à la présentation effective qu'un objectif ultime, qui serait donc un simple représenté. Cependant, puisque la gradation étagée des subjectivations est infinie, au même titre que celle des objectivations à laquelle elle correspond dans l'inversion, la réciprocité du subjectif et de l'objectif se conserve toujours, non pas certes à titre de séparation fixe, mais simplement comme double direction du procès constamment unitaire et continu de la connaissance. Le subjectif ultime, tout comme l'objectif ultime, restent ce qui est toujours recherché et ne sont jamais donnés. Autrement dit, la psychologie est un problème et le reste éternellement.

Il faut à nouveau, dans cette direction, insister sur le fait suivant : tout est conscient, l'objectif comme le subjectif, le présent comme le représenté, le X comme le A. Ajoutons que, comme dans une équation, le X n'est X (c'est-à-dire le recherché) que pour un A (donné), le A n'est un A (donné) que pour un X (recherché). Tous deux n'ont de consistance et de signification que dans l'équation de la connaissance. Puisque, toutefois, cette opposition s'est relativisée, il ne faut jamais parler d'un X et d'un A dans l'absolu, mais seulement de façon relative. Le subjectif précédant toute objectivation serait un A en dehors de toute relation à un X. L'objectif au-delà de toute relation au sujet, la « chose en soi » dans son sens erroné, serait un X en dehors de toute relation à un A. L'un comme l'autre, tout bien considéré, n'ont aucun sens. La relation à l'X appartient au concept du A, en tant que le A est le donné, en vue de la détermination du X. La relation à un A (ou à un B etc.) appartient au concept du X, en tant que le X est à déterminer par le A. Tout comme en algèbre, dont nous empruntons le symbolisme dans un but analogique, le X et le A n'ont de sens précis que par l'algorithme mis en œuvre dans le calcul et seulement pour cet algorithme, le X et le A n'existent ici que dans la grande équation de la connaissance et seulement pour elle, c'est-à-dire pour une conscience qui rapporte X | à A et A à X. C'est également dans cette direction que la 88
conscience signifie la relation, et dans aucune autre relation que celle en

laquelle consiste en général le travail total de la connaissance, envisagé, certes, dans sa double direction.

D. ÊTRE ET PHÉNOMÈNE

§ 14. *Relativisation des concepts d'apparaître et d'être.*

En conclusion de l'ensemble de cet examen, et en guise de transition vers la seconde question fondamentale de la psychologie, je veux dire celle de la méthode, il peut être instructif de considérer à nouveau la corrélation de l'objectif et du subjectif sous l'éclairage de l'antique opposition de l'être et de l'apparaître.

C'est à partir de cette opposition qu'est née, à l'origine, la découverte du problème de la subjectivité. Déjà Xénophane, le prédécesseur des Eléates, exprimait le soupçon selon lequel l'apparence et l'opinion trompeuse s'étendent finalement à tout (δόκος δ' ἐπὶ πᾶσι τέτυκται – ailleurs, δόξα ou δόξις)[1] – un être pur, donc une connaissance pure, nous est inaccessible, à nous les hommes. Du moins (croit-on), tout ce qui est connu par les sens et conformément à l'expérience, les Eléates le tiennent, définitivement et sans réserve, pour une opinion trompeuse « des hommes », c'est-à-dire pour subjectif (l'« homme » tient déjà ici lieu de sujet) et, en conséquence, pour non vrai. Cette thèse suscite à son tour la thèse opposée, et non moins provocante, de Protagoras : seules l'apparence et l'opinion valent, la connaissance pure n'a pas de valeur. C'est le phénomène, l'opinion, donc la subjectivité qui sont la mesure des choses, de l'objet. Certes, dans la mesure où c'est l'opinion qui doit valoir, c'est nécessairement une objectivation d'une certaine espèce et d'une certaine étape que l'on vise, mais cette objectivation est tout du moins celle qui est la plus proche du sujet (de l'« homme »), tandis que la validité absolue de l'objet, que notre connaissance ne peut atteindre en fait, est rejetée. Elle se dérobe, justement parce qu'elle est absolue, à tout rapport possible à « nous », c'est-à-dire au sujet. C'est pourtant précisément de ce rapport qu'il est question. Le subjectif, le plus subjectif, prétend donc valoir – semble-t-il – avant l'objectif, le plus objectif.

Comme si la position d'objet, en tant qu'elle est notre position, ne prétendait pas, au moins dans la même mesure, valoir pour *nous* ! Cette prétention est même plus haute [que celle du subjectif], puisqu'elle

1. Diels-Kranz, fragment B XXXIV [N.d. T.].

exprime précisément la connaissance d'une étape plus élevée et puisque | même celui qui cherche la « mesure » de la connaissance dans le sujet ne 89
peut s'empêcher de poser la question de la connaissance. Cependant, la connaissance d'une étape plus élevée est aussi par là même la conscience d'une étape plus élevée. Telle est la supériorité infinie de Platon par rapport à tout subjectivisme : ce que signifie pour lui « notre » être, l'être pour nous (ἡμετέρα οὐσία[1]), l'être de l'« âme » ou de la conscience « elle-même » (αὐτῆς τῆς ψυχῆς[2], cf. *supra* chap. I, § 6), c'est précisément l'être de l'Idée – être qui représente la loi et, partant, la validité purement objective. C'est précisément l'être véritable, fondé dans l'Idée, par opposition à ce que « nous » les « hommes » nommons communément être (par opposition au subjectif), qui est nôtre, c'est-à-dire qui est approprié à notre ipséité la plus profonde et la plus radicale, et qui doit par conséquent valoir en dernière instance pour nous.

Certes, nous risquons ici une fois de plus de retomber dans l'univocité de la thèse opposée : seule vaut l'Idée, la loi. En elle, en tant qu'elle est ce qui est fixe, permanent, la connaissance risque à nouveau de se rigidifier, de perdre tout mouvement et toute vie, donc toute âme. La théorie des Idées dégénérerait à nouveau irrémédiablement en un éléatisme pour lequel le subjectif – parce qu'il est subjectif, parce qu'il est « notre » opinion, l'opinion trompeuse des « hommes » – n'est pas l'être valide, mais signifie simplement l'opposé de l'être. Platon lui aussi oppose, avec une fréquence suffisamment manifeste, l'être « en soi » à l'être « pour nous » ou « de chez nous » (ἐν ἡμῖν, de notre domaine[3]), à l'être que « nous avons » (ἔχομεν[4]) en tant que simple phénomène, à l'illusion et à la tromperie – le premier restant rigoureusement identique, alors que le second est pris dans le flux éternel du changement et se dérobe à tout établissement sûr, donc à la connaissance. Cependant, ce dualisme rigide dans lequel on a crû voir l'essence du platonisme est surmonté par Platon lui-même : à l'apogée du développement de sa doctrine, ce qui apparaît devient lui-même l'objectif à une étape quelconque de l'objectivation. Cependant, par là même, précisément l'objectivité de l'être devient désormais plus que jamais nôtre, c'est-à-dire qu'elle est entièrement introduite dans la « conscience » – ce qui conduit tout à fait logiquement à l'établissement d'une conscience

1. *Phédon*, 76e ; voir *Platos Ideenlehre*, Leipzig, 1903 ; 2e éd., 1921, p. 134, 476 [N.d. T.].
2. *Phédon*, 92 e ; voir *Ibid.*, p. 476 [N.d. T.].
3. *Phédon*, 102 d et 103 b ; *Parménide*, 133 c [N.d. T.].
4. *Parménide*, 130 b; 134 b. Voir le commentaire de Natorp dans *Platos Ideenlehre*, p. 239-241 [N.d.T.].

(*psyché*) omnienglobante. Si Platon ne parvient pas à une recherche méthodique de la subjectivité, en tant qu'elle constitue la tâche d'une science spécifique, il parvient cependant à établir toutes les prémisses permettant de poser le problème [d'une telle science] et, pour peu qu'on examine le détail des textes, beaucoup de ses analyses, parmi les plus profondes, relèvent entièrement de ce point de vue.

Comme cela arrive si souvent – et même presque toujours – chez Platon, un tel processus historique a une signification typique éternelle. Il reflète
90 clairement | la progression objective et nécessaire du développement du problème. Dans un premier temps de l'examen, le subjectif est simplement le non-objectif, ce qui apparaît est simplement le non-étant. C'est ainsi que le subjectif doit se présenter pour la connaissance univoquement dirigée sur l'être établi d'une manière prétendument fixe. Pour une telle connaissance, ce qui apparaît n'est précisément que ce dont il faut s'éloigner, ce au-dessus de quoi il faut s'élever. Mais lorsque l'être pur se révèle progressivement être une tâche infinie, ce qui apparaît acquiert par là même la valeur positive de la présentation de l'être à une étape quelconque d'une connaissance progressant éternellement. Ce qui apparaît possède à chaque fois la valeur de l'étape inférieure, considérée à partir de l'étape supérieure. Ainsi, le centre de gravité est encore l'être, mais l'opposition est déjà relativisée. A l'étape ultime de l'examen, l'apparaître renonce entièrement à son caractère négatif, à son caractère de non-être, fut-il relatif : tout être, déterminé de la façon la plus objective, reste pourtant conscience, phénomène, au sens désormais pleinement positif selon lequel le phénomène est la présentation de l'objet pour le sujet, à une étape déterminée (dirions-nous) de l'objectivation. Et puisque toute l'opposition séparatrice de l'être et de l'apparaître ne repose en fait que sur l'incomplétude de la détermination de l'être, on conçoit que cette séparation est entièrement abolie, tout du moins dans le cas idéal, que l'être n'est donc plus un « objet », au sens d'une opposition au phénomène, mais qu'il a lui-même, tel qu'il est dans son intégrité, pénétré le phénomène. On conçoit l'apparaître comme auto-révélation de l'être et, partant, comme étant précisément la plus haute réalisation d'un être qui, autrement, s'il ne se réalisait pas ainsi, conserverait toujours dans une certaine mesure le caractère de la simple potentialité. Cependant, cette conception ultime n'a qu'une valeur limitatrice. Toute connaissance effective accessible s'en tient à la relativisation aussi bien de l'apparaître que de l'être et, par conséquent, à la relativisation de l'opposition entière de l'être et de l'apparaître. Néanmoins, l'accent ne tombe plus désormais inconditionnellement sur l'être, en tant qu'il est l'objectif, mais

la direction de la subjectivation s'affirme comme équivalente à celle de l'objectivation.

La conséquence nécessaire de tout cela est l'instauration de la tâche de la psychologie telle que l'a établie l'ensemble de ces analyses, multiples dans leur tournure, mais d'égale signification quant à la chose même.

| CHAPITRE V 91

LA PSYCHOLOGIE N'EST PAS OBJECTIVATION

§ 1. *Conséquence négative relativement au procédé de la psychologie.*

On peut, à partir de l'éclaircissement sur l'objet de la psychologie, aussitôt dériver quelques conclusions les plus générales relativement à la méthode de celle-ci. D'abord une conclusion négative, qui prépare le terrain pour la conclusion positive et y conduit presque déjà d'une manière nécessaire. Si la tâche de la psychologie est de conduire à la connaissance de l'élément subjectif de la conscience exempt de toute objectivation, de l'ultime immédiat de cette conscience qui est en deçà ou si l'on préfère au-delà de toutes les médiations, de la teneur complète, concrète du vécu, qui dépasse toute simple abstraction, ce qui ne peut précisément pas servir à cette connaissance, c'est le procédé qui, au contraire, est comme tel, dans son but et son possible résultat, dirigé sur le gain des concepts, sur une médiation propre à la connaissance de l'objet. Le procédé de la psychologie, nécessairement, est donc fondamentalement différent, d'une certaine manière opposé au procédé de toute connaissance procédant en un sens quelconque d'une manière objective. Néanmoins, c'est ainsi qu'est constituée toute la connaissance dont on dispose jusqu'ici, de sorte que la méthode de la psychologie est nécessairement une méthode qui lui est absolument propre.

Cette conclusion est incontestable, comme il est incontestable que le procédé effectif de toute – ou presque toute – la psychologie développée jusqu'ici correspond peu à cette conclusion. Car, quelles que soient les nombreuses voies que la psychologie a empruntées, la grande diversité de méthodes qu'on a essayées en particulier sur elle d'une manière plus ou moins heureuse, il apparaît pourtant, précisément au sein de cette grande divergence, une unanimité frappante liée au fait que l'on a adopté et toujours conservé dans les recherches psychologiques la direction générale de l'objectivation.

Voilà ce qui est d'un côté très compréhensible. La psychologie prétend être une science, ou bien elle aspire en tout cas à le devenir. Comment son
92 procédé | pourrait-il donc être totalement différent de tout ce qui, habituellement, est utilisé comme procédé scientifique et même semble seulement rendre possible la science comme telle? Quelle tâche pourrait-elle se donner, hormis celle de conquérir des concepts de son objet, de ramener son divers aux unités de la pensée et de subsumer l'état de chose donné sous des lois, de reconduire les phénomènes de son domaine à l'être qui y apparaît? Il est possible que les faits psychiques ou phénomènes soient encore totalement différents de tous les autres faits, il se peut que cette différence ait encore pour conséquence une modification considérable du procédé général de la science, mais même le procédé relatif au psychique, donc le procédé dont use la psychologie semble ne pas pouvoir faire l'impasse sur le caractère fondamental de tout procédé visant un concept de l'objet.

Et pourtant rien n'est plus certain que ceci: la psychologie, avec précisément ce procédé qui relève de la science objectivante – et comme cela vient d'être décrit au moyen des formulations différentes qui possèdent toutefois au fond la même signification –, ne s'approche pas de ce qui constitue son problème spécifique, à savoir l'immédiat du vécu, mais elle le laisse au contraire nécessairement de côté, et même ne fait que s'en éloigner toujours davantage. C'est à partir de l'expérience – ce qui veut dire, en dernière instance, à partir du contenu du vécu – qu'est construite toute connaissance objectivante. Cependant, au moment où celle-ci construit, où elle produit ses concepts et ses connaissances à partir du contenu du vécu, il est nécessaire que, à la place du tout originaire et indivis du vécu, elle sépare, elle pose des vues parcellaires, elle détermine des rapports isolés qui ont été prélevés. Elle procède nécessairement, en suivant le *divide et impera*, d'une manière analytique, en décomposant. C'est ainsi et seulement ainsi qu'elle parvient à ce qu'elle oppose, à titre d'objet, à la dimension subjective du vécu. Il est donc manifeste qu'elle prend certes son point de départ dans le subjectif, dans le vécu, mais qu'elle n'y reste pas, car, si l'on peut dire, elle le transforme en quelque chose qui, face à lui, est et prétend être un quelque chose nouveau et en quelque sorte opposé à lui. Comment pourrait-on sinon parler en général, face à ce qui est simplement subjectif, d'un objet, d'une validité objective ? La psychologie, toutefois, doit être la science du subjectif.

§ 2. *Les sciences objectives concrètes et les sciences pures de la loi.*

Ce premier éclaircissement exige aussitôt encore une détermination plus précise. La réduction à des lois : tel est le caractère commun | de la 93
connaissance objective de n'importe quelle espèce. Mais il faut avant tout y distinguer deux espèces fondamentales de lois : les lois qui déterminent l'être et les lois qui déterminent le devoir. C'est aux lois de l'être et il est vrai de l'être déterminé temporellement que se limite absolument la connaissance de la nature. Les lois du devoir se lient avec les lois de l'être (sans que celles-ci soient supprimées) dans toute connaissance concernant ce qui est propre aux objets culturels. Déjà, l'être, au sens plus étroit de l'être déterminé temporellement, est désormais opposé à l'apparaître. Le devoir est lui aussi opposé à l'être temporellement déterminé, à l'être du « fait », quel que soit son degré d'objectivité. Du coup, on oppose d'autant plus à cet être le caractère immédiat du phénomène. Dans le devoir, l'exigence, il y a certes aussi à nouveau un moment véritable de subjectif, dont il faudra encore parler, mais « on doit » *(es soll)* ne signifie pas simplement que quelqu'un ou quelque chose l'exige, car l'exigence existe en soi, dans l'état de chose, indépendamment de la question de savoir s'il se trouve dans l'expérience un sujet qui fasse sans condition sienne cette exigence ou qui, en outre, l'accomplisse. Le devoir renferme donc en lui la prétention à une validité objective qui n'est pas seulement d'un rang égal à celle du fait dont on peut faire l'expérience, mais lui est supérieure. C'est avec une bonne raison que, du coup, on a attribué également au devoir même un être propre, qui s'affirme aussi bien et même plus encore que l'être au sens de ce qu'on nomme « expérience », face au simple phénomène – l'être du phénomène : ce qui veut toutefois déjà dire la subjectivité de tout vécu. L'être du devoir, si on décrit à partir du subjectif la direction de la connaissance objectivante, se trouve, non pas en deçà, mais « encore au-delà »(ἔτι ἐπέκεινα, Platon) de l'être au sens du fait.

Notre conclusion générale reçoit ainsi ce sens précis : à savoir que ce n'est ni dans la connaissance de ce qui « est » au sens de ce qu'on nomme « expérience », ni dans celle de ce qui doit être, donc ni dans la science de la nature ni dans la science de la culture, ni dans une quelconque continuation analogue du procédé au fond unitaire de ces deux genres principaux de la connaissance concrètement scientifique, que la psychologie peut être cherchée.

Qu'y a-t-il donc encore en dehors de ces deux grands domaines dans lesquels l'ensemble des sciences concrètes semble en premier lieu se partager? Dans la science de la culture, nous pouvons ranger les domaines de la conscience éthique, de la conscience esthétique et de la conscience religieuse. La subjectivité prend indubitablement aussi peu part à toutes celles-ci qu'à la conscience théorique. Mais toutes prennent aussi sûrement part au caractère général de l'objectivation – ce point a déjà suffisamment été évoqué à une autre occasion et il sera encore suffisamment développé ultérieurement.

94 | Il y a en outre encore la fondation ultime des sciences concrètes de l'objet, qu'il s'agisse de l'ordre purement théorique ou pratique, esthétique ou religieux, dans les pures sciences de la loi ou sciences de la méthode : logique, éthique, esthétique, philosophie de la religion. Néanmoins, déjà par là, c'est-à-dire en les nommant sciences de la loi, on affirme bien qu'elles aussi sont objectivantes, et qu'elles le sont tout autant que les sciences concrètes des objets, mais seulement en un sens encore plus radical. Les sciences de la loi se rapportent aux sciences de l'objet à titre de théorie des principes et théorie de la méthode. Elles traitent des fondements objectifs des concepts et lois prédominants sur lesquels repose tout le procédé de ces sciences concrètes des objets. Si donc celles-ci, à partir des phénomènes de leur domaine, aspirent à connaître les lois de ces phénomènes, celles-là questionnent sur les lois qui déterminent le procédé d'ensemble de cette connaissance concrète légale. Elles conduisent donc l'œuvre de la réduction à des lois, le procédé constructif de la connaissance scientifique seulement encore une étape plus loin, en arrière ou en avant, dans ce qui est abstrait. Non seulement les sciences concrètes de l'objet ne sont donc pas moins constructives et, partant, objectivantes que les sciences de la loi, mais elles le sont même encore plus.

Une grande incertitude a régné pendant longtemps, dans la philosophie, sur cette question. Ces sciences ont souffert d'une obscure confusion de leur tâche avec celle de la psychologie – une confusion dont la cause était en grande partie l'obscurité concernant le caractère et la méthode de celle-ci, mais dont inversement l'effet, lui aussi, contribua à accroître cette obscurité. Cependant, cette confusion de problèmes est aujourd'hui surmontée dans une large mesure. La logique s'est d'abord libérée de son assimilation avec le « psychologisme ». La logique formelle présente peut-être déjà une position extrême opposée qui n'est pas moins intenable, mais elle ne commet assurément aucune erreur en établissant entre la logique et la mathématique les liens les plus étroits, en visant à développer les lois du raisonnement et tout ce qui est de cette espèce en pures et abstraites formules fondamentales et opérations analogues à celles de la mathématique et à les transformer en calcul – de sorte qu'est principiellement exclue jusqu'à cette tentation la plus lointaine, consistant à fonder la logique dans l'élément subjectif du vécu spirituel. En outre, l'éthique, l'esthétique et la philosophie de la religion relèvent jusqu'ici d'une fondation psychologique, mais on reconnaît du moins qu'une fondation rigoureusement exempte de psychologie est possible et qu'elle est nécessairement possible, si tant est que ces disciplines doivent pouvoir prétendre au rang des sciences pures de l'esprit analogues à la logique (pour ainsi dire à titre de logique du vouloir pur, logique de la pure configuration artistique et même logique de la conscience religieuse). | Dans l'idée en tout cas, même ces **95** disciplines se soumettent logiquement les sciences concrètes de l'objet – dont elle doivent présenter et fonder la légalité ultime –, de même que la logique au sens étroit, à savoir la logique de l'expérience, [se soumet logiquement] les sciences concrètes dans leur coordination, la science mathématique et les sciences de la nature. Les lois des sciences fondamentales qui, ensemble, constituent la philosophie à titre de critique de la connaissance, doivent nécessairement, du moins dans l'idée, se rapporter aux lois des sciences concrètes des objets dans leur coordination comme les principes ultimes de la déduction. Ainsi les lois de la mathématique sont-elles indubitablement subordonnées à celles de la logique, celles de la mécanique à celles de la pure mathématique, celles de la physique appliquée à celles de la pure mécanique, etc. Mais alors il faut bien que les propositions établies par l'éthique, l'esthétique et la philosophie de la religion, d'une manière analogue à celles établies par la logique, soient, dans une même mesure, plus éloignées du vécu immédiat que les sciences concrètes qui leur sont subordonnées. Par conséquent, il faut en tout cas tout aussi peu chercher la psychologie dans l'une d'entre elles, ou bien dans leur ensemble, qu'on peut inversement les chercher dans la psychologie.

§ 3. *Approche de la psychologie moderne relativement à un examen de la subjectivité pure.*

On peut également observer que, depuis longtemps, précisément les meilleurs psychologues cherchent plutôt leur domaine de travail au-delà même des sciences concrètes de l'objet, dans le domaine de l'immédiatement vécu. Ce qu'on cherche manifestement, c'est précisément à pénétrer dans l'aspect le plus concret du vécu individuel. On entreprend précisément d'examiner ce qui, particulièrement dans la science de la nature, est mis de

côté en tant qu'inapproprié à ce but (l'objectivation) : les flottements et les imprécisions dans l'appréhension de l'objet, les illusions des sens, le recouvrement tout à fait « subjectif » des choses avec la couleur, le son et en général les qualités sensibles, les domaines étendus de l'apparence et de
96 l'opinion, | l'aspect vague très commode des concepts du langage, les fluctuations, imprécisions et illusions de la pensée abstraite elle aussi, l'irrationnel logique, la contradiction elle-même, le sentiment obscur et sourd, le domaine tout à fait particulier de l'aspiration, tout ce qui se trouve à côté de ce qui relève de la science de la nature – bref, tout ce qui relève, non pas de la question dirigée sur ce qu'on y trouve d'objectivement valide, mais précisément du caractère individuel et momentané, de ce caractère lié à l'indétermination, l'irrationalité. Et si l'on prétend certes démêler ce qui est très emmêlé, dissoudre cette complication, parvenir par l'analyse à une clarté qu'on peut atteindre, c'est pourtant précisément l'entremêlement, l'entrelacement, l'entrecroisement, l'indistinction originaire des domaines, directions ou déterminités particulières de la conscience (qu'il faut encore distinguer du point de vue de la théorie objectivante) dans le vécu immédiat qui intéressent les psychologues – mais ce vécu devait nécessairement toujours rester totalement méconnu par la psychologie, dans la mesure où celle-ci reste unilatéralement dominée par le point de vue de l'objectivation. On aspire donc souvent, aujourd'hui peut-être plus qu'avant, à saisir le subjectif dans toute sa spécificité. On s'interroge directement sur le sujet singulier, individuellement déterminé, qu'on fait surgir complètement dans ce que sa subjectivité a de plus propre, mettant de côté toute prétention à l'objectivité – on le laisse simplement *s'exprimer* et on fait alors d'une telle situation subjective dans son entier l'objet d'investigation d'une science qui, précisément à titre de science du subjectif, est assurément à raison appelée psychologie. Ainsi, l'exigence consistant à s'orienter sur le caractère immédiat du vécu, du moins dans le courant de la psychologie contemporaine, qui est déjà important et qui le devient chaque jour davantage, n'est-elle pas déjà accomplie dans une large mesure ?

Il faut absolument reconnaître la chose suivante. On a pris la direction de l'immédiat de la conscience, mais, il est vrai, en suivant davantage un instinct sûr plutôt qu'une conscience méthodologique assurée – et, partant, on ne l'a même pas suivie dans sa conséquence pure, c'est-à-dire jusqu'au dépassement clair de l'erreur fondamentale propre à la direction objectiviste, qui régnait presque exclusivement dans la psychologie la plus récente. On n'a tout d'abord pas bien vu, aussi loin que je puisse l'observer, ou en tout cas on n'a pas établi principiellement et rigoureusement dans la méthode et la direction des examens portant sur l'immédiat, l'idée selon

laquelle ce qu'on décrit comme le donné subjectif | et dont on fait l'objet 97
d'investigation, est peut-être comparativement quelque chose de subjectif, très proche de l'immédiat du vécu, mais est pourtant loin d'être le subjectif ultime, le subjectif absolu ou bien ne serait-ce que l'élément le plus subjectif qu'on puisse atteindre (assurément ce qui est « premier pour nous », mais nullement ce qui est premier, immédiat) – c'est-à-dire l'idée selon laquelle on y a toujours encore affaire à des objectivations, mais précisément d'étapes inférieures face aux objectivations des sciences concrètes de l'objet et aussi des sciences pures de la méthode. Mais cela en soi n'était pas très dommageable, étant donné qu'on ne peut effectivement s'approcher du subjectif originaire autrement que par les objectivations d'étapes inférieures. L'erreur plus grave est au contraire l'autre erreur qui est que, sur ce fondement prétendument donné, on mène absolument à nouveau la recherche elle-même dans la direction objectivante dès que, toujours d'une manière spontanée, mais la plupart du temps aussi d'une manière tout à fait intentionnelle, suivant le modèle de la science de la nature, de la science objectivante en général, on aspire à réduire ces faits donnés à des lois générales et il est vrai à des lois causales. On ne peut absolument pas, précisément pour cette raison, éviter aussi la collision avec les sciences concrètes de la loi, surtout les sciences de la nature, qui reposent pourtant précisément sur l'expérience, donc sur le vécu, en définitive sur le vécu immédiat, et qui, certes avec une quelconque limitation déterminée, prétendent réduire celui-ci à des lois. On a bien déplacé le point de départ de la recherche une étape en arrière et ainsi, pour autant qu'on a accompli le but de cette recherche, étendu plus profondément jusqu'au subjectif le domaine prédominant de la science objectivante – mais, à partir du point de départ choisi, on n'a pourtant précisément poursuivi que dans la direction originaire, celle de l'objectivation. On a donc, dans le meilleur des cas, continué à promouvoir l'ouvrage des sciences concrètes de l'objet, mais on n'a ni déterminé la tâche spécifique de la psychologie ni même reconnu cette tâche plus clairement. On est, dans le pire des cas, tombé, avec les sciences de l'objet qui ne poursuivent absolument aucun autre but essentiel, dans des querelles de frontières, qui auraient pourtant à tout le moins dû faire prendre conscience du fait qu'on a emprunté une direction inverse.

§ 4. *L'énoncé à titre de représentant du subjectif.*

En ce qui concerne le premier cas, il suffit déjà de jeter un coup d'œil sur l'œuvre précisément des meilleurs psychologues de la direction indiquée

98 – | je nomme comme tels Husserl et Lipps – dans laquelle ce qu'on examine, que ce soit d'une manière simplement descriptive (analytique) ou d'une manière descriptive et explicative (analytique et synthétique), n'est nullement le subjectif de dernière instance, mais ne renferme que des objectivations d'étapes différentes. On interroge, comme on l'a dit, le sujet, et on le laisse s'exprimer, mais – « quand l'âme parle – ah ! ce n'est déjà plus l'âme qui parle » : ce mot, auquel le poète[1] donnait un sens particulier, exprime, si on le prend dans son sens littéral et dans toute sa généralité, la situation complètement désespérée de la psychologie, laquelle a précisément pour tâche de donner un *logos* à la *psyché*, une langue à l'âme. C'est l'énoncé – tous les énoncés et chaque énoncé – qui fournit son matériel au psychologue et qui seul peut en effet lui fournir. Le détour par l'énoncé ne peut donc absolument pas être évité. Si je voulais atteindre ne serait-ce que la sensation, le sentiment ou encore l'aspiration dans leur spécificité la plus immédiate, bref le vécu pour ainsi dire dans sa factualité, afin de le produire devant le tribunal de la science, il me faut, ne serait-ce que pour le produire devant mon propre tribunal, le formuler d'une quelconque manière, sans quoi le tribunal ne pourrait prononcer aucun verdict. Ce n'est pas le fait *que* je sens qui est déjà un *datum* suffisant pour la recherche psychologique, mais il est nécessaire que puisse être formulé ce que je sens. Tout énoncé est toutefois déjà détermination, position, et certes au moyen de la subsomption sous des concepts déjà constitués. Par exemple : dans l'énoncé « ceci est rose », « rose » et « ceci » sont indubitablement des concepts généraux qui relèvent justement d'une étape plus haute. Partant, ce qu'on parvient à indiquer, à ce propos, relève déjà d'une objectivation, donc n'est assurément pas le vécu subjectif dans sa pure subjectivité, mais en est un simple indice, dans le meilleur des cas un morceau qu'on en a arbitrairement extrait.

Ainsi en va-t-il, à partir d'une nécessité qu'il faut clairement voir, de toute assertion. Cependant, les assertions sont, dans tous les cas qu'on peut observer, le matériel, le seul matériel dont la psychologie dispose pour la direction dont il est ici question. Les psychologues ont déjà commencé à former des systèmes, à poser un certain nombre de questions – ce qui veut dire : à rassembler des énoncés, rien que des énoncés. Qui donc toutefois prétendrait nier que les énoncés sont des jugements, donc des objectivations, que les fonctions déterminantes de la pensée, celles sur lesquelles

1. Il s'agit du deuxième vers d'un distique de Schiller intitulé *Sprache* (« La langue »), dont le premier est le suivant : « Pourquoi l'esprit vivant ne peut-il pas apparaître à l'esprit ? » [N.d.T.].

repose toute position d'objet, qu'elle soit scientifique ou non, et qui n'ont aucune autre tâche que celle de l'objectivation, y jouent toujours un rôle (la question de savoir si c'est d'une manière plus ou moins rigide ou lâche ne constitue ici aucune différence principielle)? | L'immédiat de la 99
conscience, de la conscience du même et aussi de celle de l'autre, ne se laisse précisément pas non plus saisir d'une manière immédiate, en lui-même, mais il ne peut être saisi que dans son « extériorisation » qui, à titre d'extériorisation, est toujours déjà une aliénation, un échappement à sa propre immédiateté dans la sphère de l'objectivité (à une quelconque étape). C'est pourquoi de nombreux psychologues, tels précisément ceux qu'on a nommés, ont cherché avec une ardeur évoquant tout à fait Aristote à s'orienter principalement relativement aux concepts de la langue. Ils se rapportent continuellement à celle-ci et en appellent à la conscience commune de ceux qui parlent une langue déterminée. Il est tout à fait certain qu'il y a ici un riche matériel de recherche qu'il ne faut absolument pas négliger, car les langues formées abritent dans leur vocabulaire, dans leurs rapports syntaxiques, dans toutes leurs parties constituantes, un trésor qu'on ne peut guère épuiser de connaissances primitives. Néanmoins, ce sont précisément des connaissances, des objectivations qui certes, dans les limites de leur fin plus étroite, n'équivalent donc guère, en ce qui concerne leur rigueur et leur signification, à celles de la science, mais qui, précisément parce que leur rapport à l'objet est, d'une manière plus étroite, limité à la fin vitale – certes générale, mais qui s'individualise de diverses manières dans cette communauté –, sont d'autant plus proches de l'immédiat, du subjectif, n'en restant toutefois pas moins des objectivations. Déjà, en permettant une compréhension commune – et même si elles ne permettaient qu'une compréhension de soi-même, comme par exemple, ainsi que le font volontiers les enfants, si je m'invente une langue privée, afin de pouvoir sans être compris du monde entier seulement m'entretenir avec moi-même –, l'énoncé, dans tous les cas, emprunte nécessairement la voie de l'abstraction, de la généralisation, et s'éloigne plus ou moins du vécu immédiat, qui est toujours, précisément, concret et individuel. L'énoncé, nécessairement, établit des déterminations et donc arrête d'une manière violente le flux qui caractérise les événements intérieurs. En un mot : l'énoncé ne donne jamais l'immédiat tel qu'il est en lui-même, bien que, de même que chaque objectivation a pour présupposé un tel immédiat, il y renvoie donc assurément et permet dans une quelconque mesure d'y conclure.

§ 5. *L'énoncé comme objectivation.*

L'erreur n'est que trop évidente : on croit atteindre le subjectif en retournant effectivement seulement d'une quelconque étape donnée de l'objectivation à l'étape immédiatement inférieure. Par exemple, la couleur
100 que je vois, ou bien | le son que j'entends, voilà qui n'équivaut assurément pas à la fréquence de vibrations du physicien, mais à quelque chose de tout à fait différent. Mais c'est précisément dans ce double aspect assurément incontestable qu'on croit saisir la dualité originaire du « psychique » et du « physique ». Néanmoins, il ne s'agit précisément à nouveau que d'une objectivation d'une étape inférieure, qu'on pose faussement à titre de moment subjectif et même à titre de subjectif ultime. La désignation « rouge » où « sol dièse » n'est pas une désignation renvoyant à mon vécu immédiat, à ma vision, à mon audition, mais la désignation d'une quiddité (*Was*) de ce qui est vu, entendu – une quiddité que je dois moi-même pouvoir reconnaître à nouveau sous une diversité d'autres conditions, et qu'un autre individu, que tout autre individu organisé dans une certaine mesure comme moi doit pouvoir reconnaître : une quiddité qui relève donc d'une recognition et qui est, justement d'après ce que Kant a établi d'une manière incontestable, un objet. Il est vrai qu'il ne s'agit pas d'un objet pur, car, par là, une pure identité n'est pas à vrai dire connue, comme l'établit sans peine l'examen scientifique plus rigoureux par exemple du point de vue de la loi du seuil. Néanmoins, les moyens de la présentation d'une telle quiddité du contenu sensitif sont pourtant exactement les mêmes que ceux sur lesquels repose toute présentation de l'objet même dans la science la plus pure : identification et distinction, ordonnance dans une série et dénombrement (je pense par exemple le rouge comme couleur à une place déterminée dans la série des couleurs) ; les mots de la langue pour désigner les couleurs qui sont des représentants grossiers de nombres ordinaux de la série ; et encore plus clairement les mots désignant les sons d'après leur position dans l'échelle ; l'ordonnance temporelle et spatiale (c'est ce qui est vu ou entendu ici et maintenant), les déterminations relationnelles – car l'énoncé, si on l'interprète quelque peu complètement (« je vois du rose », « j'entends un sol dièse »), présuppose un individu sentant, avec une organisation déterminée pour cette espèce de sensation en général, et, de l'autre côté, un donné = X qui est senti ou duquel on sent quelque chose : et il présuppose entre les deux un rapport mutuel qui est approprié. Pour le dire vite, l'énoncé est, dans tout son contenu, dans toute la caractéristique intellectuelle mise en jeu, une objectivation claire et incontestable, qui est dans ce cas rapportée elle aussi d'une manière incontestable à des processus

déterminés d'une manière spatiale et temporelle, et il est vrai pensés d'une manière unique, relativement à un espace unique et à un temps unique. Il est donc une objectivation qui est tout à fait de l'ordre de la connaissance de la nature. Ce n'est précisément pas une pure objectivation, car, pour autant que la question porte sur une telle objectivation pure, l'objectivation en question a besoin d'être corrigée, ce qu'accomplit justement la science de la nature. | Cependant, cela ne change rien au fait que c'est une objecti- **101**
vation, [ou] en tout cas la tentative d'une telle objectivation.

La même chose vaut toutefois pour toutes les situations empiriques avec lesquelles travaille (et en général peut travailler) la psychologie. Ce n'est pas simplement que la psychologie même les transforme en objectivations, mais déjà les premiers *data* avec lesquels elle travaille consistent en objectivations d'une espèce et d'un degré quelconques. Le pur subjectif n'est, précisément comme tel, jamais donné, mais il est précisément toujours ce qu'on cherche. La psychologie, jusqu'ici, prend toutefois, dans une absence souvent étonnante de prévention, ce qu'on cherche pour ce qui est donné, le X pour un A. L'erreur n'est nullement moindre que si les sciences objectives imaginaient que leur objet est donné : les processus naturels pour la science de la nature, le bien pour l'éthique, le beau pour l'esthétique, etc. Il est compréhensible (et on ne peut guère l'éviter) que les stades primitifs de la science tombent dans une telle erreur. Mais la psychologie, qui commence son travail à un stade où cette erreur primitive a depuis longtemps été surmontée, du moins dans la science de la nature, n'aurait pas dû y tomber.

§ 6. *Préjugé et opinion.*

Pour se convaincre d'une manière inébranlable de cet état de chose, cette unique considération suffit : ce sont toujours des *jugements* qu'on met au fondement. La question de savoir s'ils sont vrais ou faux, si en général ils sont formulés du point de vue du vrai et du faux, ou bien indépendamment de l'exigence du vrai et du faux, étant dès lors des préjugés, voilà ce qui, ici, ne constitue pas une différence importante.

Le tout premier pas sur la voie de la psychologie se trouve assurément lorsqu'on envisage un jugement, non pas du point de vue de la question de savoir s'il est (objectivement) vrai ou faux, mais seulement de ce point de vue : à savoir le fait que tel jugement a été produit – c'est l'examen qui se situe, non pas du point de vue de l'« *episteme* » (connaissance), mais de celui la « *doxa* » (opinion). Cependant, même l'opinion est déjà une objectivation : on pense pourtant précisément qu'il en *est* ainsi. L'opinion ne suit

donc elle aussi absolument pas d'autres lois que celles de la connaissance de l'objet, même si elle suit ces lois d'une manière négligente et imprécise. L'opiner cherche et veut une liaison, une unité de la représentation, et il atteint lui aussi toujours une certaine proportion d'unité. Mais il est trop vite satisfait avec n'importe quelle liaison établie d'une manière superfi-
102 cielle, qui n'est suffisante que pour le but immédiat, | et à côté de laquelle se glissent, sans qu'on le remarque, de nombreux éléments qui n'ont rien à faire avec cette liaison et renferment même de la contradiction. L'opinion comme telle précisément ne s'interroge pas, mais se permet néanmoins de répondre. C'est pourquoi elle vaut à raison, pour la science, comme quelque chose de subjectif, c'est-à-dire de comparativement subjectif – il faudrait dire plus précisément : quelque chose d'objectif qui n'est pas encore suffisamment séparé du subjectif, étant donné qu'il renferme toujours, dans sa vaste étendue, une dimension qui est objectivement vraie.

Assurément, l'opinion, qui est précisément exclue des limites de la science strictement objectivante, échoie à bon droit à la psychologie à titre de problème – et que la psychologie se donne bien du mal avec l'opinion, voilà qui est tout à fait normal. Si ce qui relève de l'opinion est, jugé du point de vue scientifique, apparence et erreur, il n'en reste pas moins que, précisément à titre d'apparence, à titre d'erreur, l'opinion est vraiment aussi quelque chose d'effectif, d'existant, peut-être ce qui existe de la manière la plus riche, ce qui, de tout, est le plus indestructiblement effectif. C'est à ce titre qu'elle intéresse aussi la science objectivante. Celle-ci ne l'introduit précisément dans la recherche que pour autant qu'il est nécessaire afin de décider, premièrement, si et dans quelle mesure ce qui relève de l'opinion est exact et, deuxièmement, comment le fait qu'on opine de telle manière est conditionné du point de vue légal – car c'est seulement par l'explication complète qui va même jusqu'à la cause de l'erreur, sans en rester seulement à sa correction, que l'erreur est fondamentalement surmontée. Néanmoins, ni la suppression de l'opinion – ou bien du moins sa transformation en connaissance, qui supprime aussi son caractère d'opinion –, ni de l'autre côté son explication causale ne concernent l'opinion comme élément subjectif, et n'appartiennent donc, comme telles, à la tâche de la psychologie. Cependant, la psychologie s'interroge sur l'opinion précisément en tant que [élément] subjectif, elle s'interroge aussi sur sa prétention à une validité objective précisément à titre de prétention subjective, c'est-à-dire que ce qui l'intéresse est derechef ce qui est opiné, et non la vérité de l'opinion ou sa fausseté. Néanmoins, on se trompe complètement lorsqu'on croit déjà avoir saisi dans ce qui est opiné, pour cette raison que cela ne relève pas, comme tel, d'un savoir objectif, le pur subjectif. Car l'opinion reste précisément toujours ce qu'elle est : une objectivation.

A vrai dire, par ces considérations, la situation désespérée de la psychologie saute suffisamment aux yeux. Si l'on voulait tenter de saisir – et s'il était en général possible de saisir – purement en lui-même, d'une quelconque manière, une situation relevant du vécu immédiat, indépendamment de tout énoncé, de tout jugement, de toute opinion, ne serait-on pas pourtant toujours condamné | à la délimiter d'une quelconque manière, **103** à la mettre en évidence d'une quelconque manière à partir de tout l'entrelacement du vécu, ne serait-ce qu'en la montrant du doigt ou en faisant un signe des yeux, donc pour ainsi dire à rompre, à arrêter artificiellement par l'analyse le flux continu du devenir, en tant que toute vie intérieure s'y présente indubitablement, à isoler l'état de chose particulier et, afin de le séparer, ne serait-on pas condamné à le fixer et pour ainsi dire le stériliser à la manière dont l'anatomiste [stérilise] sa préparation ? Mais ne le sépare-t-on pas ainsi déjà du vécu, du subjectif, et, partant, n'en fait-on pas ainsi un objet ? On ne saisit donc en conséquence, semble-t-il, en général jamais le subjectif même et comme tel, mais, pour l'appréhender d'une manière véritablement scientifique, il faut d'abord le dévêtir de tout son caractère de subjectivité. On tue la subjectivité afin de la disséquer, et on pense pouvoir exhiber dans la dissection la vie de l'âme !

§ 7. *Le procédé de la psychologie, jusqu'à aujourd'hui : objectivant, non subjectivant.*

Que la psychologie se trouve dans cette situation désespérée, voilà qui est manifeste à un tel point qu'on peut désormais comprendre qu'elle cherche à faire de nécessité vertu – et que, dès le début, on s'approche du subjectif sans aucun autre intérêt que celui de l'objectivation. Partant, si on semblait au début encore si intéressé à saisir le subjectif dans sa pureté, on poursuit pourtant très rapidement exclusivement dans une direction objectivante. On pense manifestement que, dans une science, on ne peut et on ne doit absolument pas procéder autrement que d'une manière objectivante. On souligne bien continuellement qu'il n'y a pas d'autre procédé scientifique en général que le procédé connu, qui est précisément celui de toute science objectivante : la connaissance de la loi. Si toutefois ce n'est pas ce qu'on voulait, il n'en demeure en tout cas pas moins, à titre de fait, qu'on n'a rien atteint d'autre que des objectivations d'une espèce et d'un degré quelconques. On travaille certes, on croit du moins travailler et on veut travailler sur l'individuel, sur la vie immédiate de l'âme. Mais on travaille

sur cet individuel simplement dans la direction de la connaissance de l'objet. Exactement comme dans la science de la nature, la situation individuelle n'intéresse que comme cas de l'universel. Mais on aspire, ainsi qu'il a été dit, à conduire la connaissance de l'universel même, à savoir de la loi, un pas plus profondément à l'intérieur du concret. La psychologie ne
104 devrait pas seulement être une science empirique comme | toutes les autres, mais peut-être la science de l'empirique même et en général. Elle voudrait introduire le fait même d'avoir une expérience au sein de l'expérience – mais en l'objectivant lui-même derechef dans la loi. Et ainsi ne peut-on pas s'étonner du résultat : ce qu'atteint cette espèce de psychologie, dans toute son intention, ce sont des lois de la nature. Il est vrai que ces lois ne sont pas pures du tout : on reviendra sur ce point. Tout le travail de la psychologie échoue [dans ses prétentions] au moment où la science de la nature réussit à présenter les liaisons causales des processus cérébraux aussi précisément que celles des mouvements des étoiles dans une liaison légale pure. Peut-être est-ce seulement parce que la psychologie n'est pas parvenue jusqu'à des objectivations effectivement pures dans des lois rigoureuses de la nature, qu'elle peut, en attendant, encore se tromper elle-même avec la représentation selon laquelle, avec toute cette manière de procéder qui est manifestement et explicitement copiée sur la science de la nature et vise incontestablement à l'objectivation, elle demeure pourtant dans le subjectif, dans le psychique.

Que la psychologie, dès qu'elle reste fidèle à l'intention *explicative*, travaille dans la direction de l'objectivation et donc manque le subjectif comme tel, voilà quelque chose qui est absolument clair, et cela deviendra évident relativement à n'importe quelle tentative. Lipps, par exemple, après une brève vue d'ensemble, passe bien trop rapidement du matériel sensitif à la recherche de « processus » psychiques à propos desquels il est explicitement déclaré et par ailleurs clair que, comme tels, ils ne sont pas donnés et nous n'en avons pas conscience, car ils sont construits. Ces processus qui ne sont pas donnés forment désormais le thème de la psychologie de Lipps. Partant, on peut légitimement dire : cette psychologie traite explicitement, dans son intention principale, non pas de ce qui est consciemment vécu, mais de quelque chose qui est au-delà, ou, si l'on préfère, en deçà du vécu – celui-ci est sans doute identique avec cet au-delà, c'est-à-dire avec ce qu'il faut chercher du point de vue de la science de la nature et en particulier de la physiologie, mais il ne doit pas, dans la recherche empirique elle-même, être identifié avec lui – car bien qu'il soit construit à partir du même matériel et de la même méthode, il n'est pas donné ni ne doit l'être. Elle traite, non pas de ce qui est vécu ou du fait de vivre, mais de

quelque chose qui est derrière ceux-ci, et par quoi tous deux doivent advenir. Ce qui veut dire : cette psychologie ne conduit absolument pas dans le monde de ce qui est immédiatement vécu, mais tout à fait en dehors de lui, derrière lui, pour ainsi dire dans les coulisses du théâtre. | La raison **105**
est claire : Lipps croit que c'est ainsi que procède toute science et qu'elle ne peut pas en général procéder autrement. Cependant, on présuppose par là ce qu'il faut précisément montrer : à savoir qu'on considère la tâche de la psychologie comme étant tout à fait celle d'une science objectivante et qu'on la traite comme telle.

Qu'on tombe inévitablement, avec un tel procédé, dans une collision avec la science effective, purement objectivante, et surtout la science de la nature, voilà qui est incontestable et qu'on peut constater à titre de fait. C'est particulièrement cette observation qui a conduit, depuis maintenant plus d'un quart de siècle, à l'examen critique de l'objet et de la méthode [de la psychologie], à l'examen de toute la fondation de la psychologie – examen dont l'accomplissement est présenté dans ce livre. La justification détaillée est réservée pour un chapitre ultérieur, mais le fait même ne peut pas être contesté, de sorte qu'on peut se contenter, ici, d'une brève remarque.

Contre tout procédé de ce type, la thèse soutenue ici est donc la suivante : à savoir que ce n'est nullement en général une quelconque théorie expliquant d'après des lois, nullement une mise en évidence de liaisons objectives – qu'il s'agisse de celles de l'être ou de celles du devoir –, qui peuvent constituer la tâche de la psychologie, car le procédé de celle-ci est nécessairement fondamentalement différent de tout procédé dirigé sur l'objectivation, c'est-à-dire du procédé utilisé jusqu'ici par toutes les sciences, et lui est nécessairement opposé.

§ 8. *Le subjectif n'est pas un domaine de phénomènes, mais ce qui apparaît en général et comme tel.*

Si l'on doit procurer une quelconque reconnaissance de cette thèse, il ne suffit pas d'identifier ce qui est erroné dans la manière dont on a, jusqu'ici, procédé : il faut retourner jusqu'à l'ultime fondement de l'erreur afin de pouvoir, à partir de ce fondement, la corriger.

L'ultime fondement de cette fausse route a déjà été clairement énoncé dans son caractère général : on ne s'est pas rendu compte que *tout* ce qui apparaît a, comme tel et sans exception, deux faces, l'une subjective, l'autre objective. On a cru, au contraire, qu'il fallait déjà trouver l'objectif et le subjectif, l'un à côté de l'autre, dans les phénomènes eux-mêmes, et on a du coup cherché, pour ces domaines de phénomènes ou groupes de phénomènes prétendument *toto genere* différents, bien que s'interpénétrant beaucoup et étant étroitement coordonnés l'un à l'autre, des systèmes de concepts explicatifs différents et coordonnés, qui s'unissent à nouveau d'une quelconque manière dans une considération ultérieure, ultime, pourtant déjà *supra* empirique. Contre une telle thèse, nous affirmons : ce qui est subjectif, c'est l'apparaître même et en général, et non pas un domaine de phénomènes par opposition à un autre domaine, ou bien un « aspect » déterminé de ceux-ci. Ce qui est objectif, c'est tout ce qui, dans le but d'une théorie explicative du phénomène, ou bien est posé au fondement de la connaissance scientifique ou extra scientifique, ou même est visé à titre de but que la connaissance doit atteindre, ou encore est distingué dans un quelconque sens à titre de fondement ou de principe de l'apparaître et lui est opposé.

106 | Surtout : il n'y a pas deux domaines ou séries de phénomènes coordonnés l'un à l'autre qui seraient séparés ou même que l'abstraction devrait séparer : les phénomènes de la *conscience* et des phénomènes dont ce ne serait pas le cas. Mais « quelque chose apparaît », ce qui veut déjà dire que quelqu'un en a conscience. Partant, tout phénomène est nécessairement phénomène dans une conscience ou pour une conscience et, dans cette mesure, psychique. De l'autre côté toutefois, « quelque chose apparaît » signifie également : se présente un *objet*, à une quelconque étape et d'une quelconque espèce d'objectivation. Et ce sont *les mêmes* phénomènes – et non pas des phénomènes simplement analogues et étroitement liés – qui, d'un côté, se présentent comme phénomènes de la conscience, en notre sens comme contenu de la conscience, et qui reconduisent, de l'autre, à un objet qui se présente en eux, c'est-à-dire veulent être rapportés à lui et sont nécessairement rapportés à lui – toujours en considérant les différentes directions et les différents degrés de l'objectivation. Et cela ne se passe pas d'une manière telle que, à chaque fois, « le même » phénomène serait composé de deux phénomènes, ou bien qu'en général une différence quelconque de contenu pourrait être établie eu égard à ce phénomène – différence relativement à laquelle il faudrait examiner le phénomène dans ce double rapport, d'une part l'aspect subjectif et d'autre part l'aspect objectif, à la manière dont par exemple on peut examiner le même corps naturel, mais précisément relativement à différents critères, en suivant des directions comparatives différentes, par exemple le point de vue physique (et derechef mécanique ou optique ou électrique, etc.) ou bien chimique ou encore technologique, etc. Au contraire, c'est uniquement la différence du sens du rapport ou de la comparaison, d'après lequel le phénomène, qui est

le même du point de vue numérique, selon son espèce et il est vrai selon sa teneur –, est envisagé la première fois, relativement à son caractère objectif, comme présentation de l'objet [qui s'effectue] toujours dans une direction déterminée et à une étape déterminée de l'objectivation, et, une autre fois, relativement à son caractère subjectif, comme moment du vécu du sujet, à nouveau toujours à une étape déterminée et dans une direction déterminée de la subjectivation.

| La subjectivité et l'objectivité, dans cette conception, apparaissent, du **107**
moins dans une vision ultime, idéale, se rapporter absolument *réciproquement* l'une à l'autre telles la montagne et la vallée ou bien la droite et la gauche. Ce n'est pas simplement que, comme le dit Schopenhauer, « il n'y pas d'objet sans sujet, pas de sujet sans objet », car il est tout à fait possible que tous deux, comme chez Descartes, restent des substances qui sont « distinctes », différentes selon leur concept tout entier, quoique connectées l'une à l'autre d'une manière strictement légale dans leurs modifications réciproques. Mais le subjectif ne peut être appréhendé comme subjectif que du point de vue d'un objectif, l'objectif comme objectif que du point de vue d'un subjectif d'une espèce et d'un degré quelconques, comme une gauche n'est appréhendée comme telle que par rapport à une droite, une droite par rapport à une gauche. Toute présentation d'un objectif est objectivation d'un subjectif, toute présentation d'un subjectif est subjectivation d'un objectif. Il y a donc entre les deux, pris idéalement, une identité totale – car la seule différence se trouve dans le signe c'est-à-dire le sens de l'examen.

Reste que cette pleine coïncidence, comme on l'a dit, ne vaut que dans une vision ultime, idéale de ce dont il est question, c'est-à-dire si on pense comme présent le procès de la connaissance dans la totalité de ses étapes, dans sa succession infinie d'étapes. Si nous nous trouvons au contraire, comme c'est effectivement le cas dans toute la connaissance liée à l'expérience, au milieu du procès, toujours à une étape déterminée de celui-ci, alors le divorce est clair et indubitable. Ce qui, du coup, s'explique, c'est l'apparence d'une dualité qui n'est pas seulement conclue, mais immédiatement présente. Si ce n'était pas le cas, le dualisme qui, parmi toutes les positions relatives à la question de l'âme, est la position naïve et, à ce titre, a pour lui un fort préjugé de vérité, ne pourrait lui-même guère être saisi comme apparence et erreur.

§ 9. *Coïncidence du subjectif et de l'objectif dans le concept de « phénomène ».*

Que, au sein d'un quelconque indicible fondement ultime des choses, le
108 « physique » et le « psychique » non seulement coïncideraient, | mais seraient nécessairement un, voilà ce qui, sans être précisément affirmé, a pourtant proprement été considéré depuis toujours dans la philosophie comme l'un des présupposés les plus évidents pour la pensée et peut-être comme le présupposé sans doute en lui-même le plus satisfaisant à propos de ce qui ne relève pas d'un savoir. Cependant, cette unité ultime, pense-t-on, est précisément inconnue, certes non pas pour toujours et d'une manière nécessaire, mais en tout cas jusqu'ici dans les faits. Les phénomènes, au contraire, existeraient incontestablement à titre de phénomènes spécifiques, de sorte qu'il faudrait, en tout cas pour la recherche empirique, toujours séparer les domaines du physique et du psychique (car, en règle générale, on n'a jamais vu le problème de l'objectif et du subjectif que dans cette figure plus étroite) – et, à la rigueur, c'est seulement à la fin du compte (s'il y avait une fin) qu'on pourrait espérer une coïncidence des différents points de départ propres aux différentes voies de la recherche dans un seul et même résultat.

Au contraire, nous affirmons que, même d'une manière immédiate, ce qui existe, ce n'est nullement une telle dualité de domaines de phénomènes, mais précisément uniquement un double rapport – et certes de manière telle que ce qui se présente d'un point de vue à titre de subjectif se présente sous un autre à titre d'objectif, que ce qui se présente sous un angle comme objectif apparaît à nouveau sous un autre comme subjectif. C'est seulement si l'on ne prête pas attention à la gradation étagée de l'objectivation, qui surgit dans l'inversion de la gradation étagée de la subjectivation, et qu'on pense d'une manière statique la relation du subjectif et de l'objectif, qu'on peut tomber dans ce dualisme – ou plutôt qu'on peut en rester à ce dualisme qui propose à vrai dire la conception la plus immédiate, la plus naïve de ce problème.

Contre la thèse qui soutient que la distinction entre le subjectif et l'objectif est une simple manière de voir les choses, dans la mesure où le même phénomène peut être examiné, d'une part, dans un contexte subjectif, et, d'autre part, dans un contexte objectif, Husserl a, dans les

Recherches logiques (II, p. 328 [1]), objecté la chose suivante : cette distinction engendre une équivocité en assimilant le « phénomène » aussi bien au « vécu en quoi réside l'apparaître de l'objet » qu'à l'objet apparaissant. L'objection ne s'adresse certes pas explicitement à mes propres textes, mais la formulation de la thèse contestée retrouve des expressions si proches des miennes que, sans en avoir conscience, on est tenté de rapporter immédiatement l'objection à ma propre thèse – et s'il importe pour moi d'examiner en elle-même cette objection, c'est parce que, sans cela, une certaine ombre pourrait toujours entacher ma thèse.

| Je ne crois toutefois pas être tombé dans cette équivocité, déjà **109**
familière aux sceptiques antiques, sur laquelle insiste particulièrement, parmi les modernes, Ernst Laas, et que, pour ma part, je connaissais donc bien depuis mes premières études philosophiques. J'entends par « phénomène » (φαινόμενον), non pas le vécu selon lequel quelque chose m'apparaît – le φαίνεσθαι, à propos duquel il a été dit (malgré Hobbes) qu'il n'est pas lui-même un phénomène –, ni l'objet qui apparaît, en lui-même et tel qu'il doit « être (*sein*) » et exister (*dasein*) indépendamment de ce phénomène, mais précisément la manière dont l'objet se présente à tout sujet, le contenu phénoménal, le phénomène de l'objet précisément par opposition à son être pensé comme en soi. Par exemple, les choses nous apparaissent colorées et résonnantes, la lune apparaît à celui qui l'observe sur la terre comme une tranche plate, en forme de cercle ou bien de faucille – le soleil apparaît à celui qui l'observe sur la terre pendant vingt-quatre heures comme tournant autour de celle-ci. C'est à ce fait, selon lequel l'objet se présente au sujet de telle et telle manière, que je fais droit d'un côté, quand je l'introduis dans le contexte du vécu d'un sujet (par exemple quand pour ainsi dire j'additionne la succession des positions de la lune dans le ciel, telles que je les ai successivement observées, à titre de succession de mes « perceptions » de la position de la lune à tel et tel moment), en prenant à mon compte le rapport, à titre dans ce cas de sujet percevant, observant le phénomène déterminé pendant un temps déterminé. C'est au même contenu phénoménal que, d'un autre côté, je fais droit en ordonnant le rapport sur l'objet qui s'y présente et qui, observé par les autres comme par moi ou bien par un observateur idéal dont la liberté absolue fait varier le point de vue, s'accorde pour tous ces points de vue possibles, au moment où je ramène à l'unité toutes ces conceptions possi-

1. E. Husserl, *Recherches logiques*, trad. fr. H. Elie, A.L. Kelkel et R. Schérer, Paris, P.U.F., 1961, vol. 2, p. 148-149 [N.d.T.].

bles formées à partir de points de vue différents ou bien sous des conditions variables différentes – à savoir à l'unité d'une règle, d'une loi, qui rend déterminable l'objet en question, par exemple la position relative l'un par rapport à l'autre de la terre et du soleil aux différents moments donnés et dans les différentes conditions données. Ainsi l'ordonnance est-elle dans les deux cas toute différente : mais ce qui est ordonné, la relation qui se présente toujours de telle et telle façon dans le phénomène singulier (par exemple les rapports phénoménaux de position de la terre et du soleil à tel et tel moment, etc.), voilà qui, dans les deux cas, est le même, non pas simplement qualitativement, mais numériquement. Cependant, ces deux rapports
110 ne sont pas simplement différents, mais, | dans leur direction, opposés comme le plus et le moins – et il sont d'ailleurs corrélatifs l'un à l'autre dans cette opposition. L'un ordonne les phénomènes singuliers dans le contexte concret de mes vécus, de sorte qu'il les montre dans un étroit entrelacement avec les autres moments du vécu du même sujet, en les dissociant en revanche complètement du contexte objectif. L'autre, inversement, les sépare de l'entrelacement des vécus du sujet singulier et les place dans un tout autre contexte, celui des processus et des légalités objectifs, indépendants de cette chaîne des vécus. Le premier porte en fin de compte, dans sa direction, sur le concret absolu des faits qui sont vécus, le deuxième sur l'abstrait absolu de la loi. Néanmoins, tout concret de ce type n'est, en vérité, qu'une concrétion à partir d'abstractions, et tout abstrait de ce type n'est qu'une abstraction à partir de telles concrétions.

§ 10. *Corrélativité du rapport subjectif et du rapport objectif.*

Husserl souligne également à nouveau, dans le même contexte, la distinction entre le contenu et l'objet, qui en vérité coïncide le plus parfaitement avec la distinction entre le rapport subjectif et le rapport objectif propres au phénomène. Cependant, ce que je souligne, ce n'est pas simplement la coïncidence de ce qu'on met en rapport d'une manière précise des deux côtés, mais c'est en même temps la correspondance et la corrélativité des deux directions du rapport : le A (le « contenu ») est seulement le A pour le X (l'« objet »), le X seulement le X pour le A dans une seule et même équation de la connaissance. Mais ce rapport réciproque de X et A se déplace en même temps continuellement, en fonction du résultat[1] de la

1. Jeu de mot intraduisible sur *Rechnung*, qui signifie à la fois 1) le calcul ou résultat de l'équation (conformément à l'analogie mathématique), mais aussi 2) la mémoire et 3) l'espoir – donc les trois directions temporelles qui rendent possible la connaissance : l'identification

connaissance qui progresse. Même celui qui, comme Husserl ou Lipps, oppose contenu et objet, ne peut pas s'empêcher de poser aussi le cas selon lequel l'« intention » de l'objet est « remplie » par le contenu – dans notre discours symbolique : le X est déterminé par A, B, etc. Mais alors cet « objet » cesse de s'opposer à titre de X au A, car il est plutôt lui-même devenu le « contenu ». (Ainsi Husserl lui-même l'envisage-t-il à titre de cas idéal, p.ex. p. 549, 588 *sq.*, particulièrement p. 590; voir ci-dessous chap. XI). Cependant, la coïncidence vaut, en vérité, aussi dans le cas de l'« intention » non remplie, à savoir précisément dans la mesure où, à chaque fois, une détermination de l'objet est atteinte. Si toutefois rien de plus n'est déterminé relativement à lui, c'est pourtant le X qui, dans tous les cas, est d'une certaine manière déterminé par sa relation précisément définie aux grandeurs connues – ce qui est déterminé, c'est pour ainsi dire la place qu'il | doit remplir : la place de la planète Neptune a été déterminée par le **111** calcul, bien avant que l'observation puisse directement l'établir. Lorsque l'objet est « visé », il est pourtant posé, même si c'est d'une manière problématique, dans notre représentation. Idéalement, il existe ainsi pour celui dont la connaissance est idéale, pour le sujet idéal, et l'existence, à titre d'objet, signifie l'existence pour le sujet idéal, ce qui veut dire qu'on pense la gradation étagée des objectivations comme se poursuivant au-delà de l'étape atteinte jusqu'ici, dès qu'on pense, en même temps, que le champ de la subjectivité s'élargit et que toutes les limites contingentes de notre subjectivité comme de toute subjectivité supérieure, plus englobante, sont toutes surmontées. Partant, la dualité et le rapport réciproque de A et de X, de la présentation et de la représentation, du contenu et de l'objet, subsiste certes d'une certaine manière pour l'étape déterminée, en question à chaque fois, mais elle se relativise dans le progrès qui passe d'étape en étape – et c'est à la vérité dernière de la chose que correspond précisément ce progrès ainsi que le fait de ne pas en rester à l'étape donnée. Ce qui veut dire que le rapport réciproque n'est pas en lui-même un rapport figé, mais qu'il est mouvant, et que l'apparence d'une opposition figée ne provient que du fait qu'on isole par l'examen le stade précisément donné, qu'on le fixe, contre sa nature, d'une manière artificielle, et qu'on le fige. Une telle fixation est nécessaire du point de vue méthodologique, mais uniquement à titre de passage, de même que le fait d'être sur un pied est nécessaire si l'on veut marcher, mais précisément pour autant qu'on abandonne toujours cet

de ce qui m'est donné dans le présent n'est possible que grâce à la mémoire de ce qui a été et l'anticipation (l'espoir) de ce qui n'est pas encore [N.d.T.].

état si l'on veut parvenir à marcher. Ce qui seul reste fixe, c'est l'opposition des directions ou, pour le dire mieux, le rapport réciproque des deux directions de ce chemin qu'est la connaissance. *Ce qui* succède devient ce qui précède pour un nouveau pas. Inversement, si l'on regarde en arrière, c'est ce qui précède qui devient ce qui succède – seulement *ce qui* précède et succède : ce qui signifie qu'il y a ou qu'il demeure toujours en général quelque chose qui précède à nouveau et qui succède à nouveau, car persiste fixement, d'une manière irrévocable, pour ainsi dire le sens-plus et le sens-moins de la direction de cette voie qu'est la connaissance.

Tel est le « monisme » que nous soutenons. Cependant, ce monisme, disons-nous, n'est pas d'abord un idéal lointain de la connaissance, peut-être irréalisable, mais il se trouve immédiatement dans l'expérience même – non pas, il est vrai, dans une quelconque expérience particulière ou dans une somme d'expériences particulières qu'on pourrait isoler, mais seulement lorsqu'on envisage l'expérience dans son cours complet, à titre de développement de la connaissance à partir de l'infini dans l'infini, c'est-
112 à-dire comme procès (ce qui veut précisément dire : | une marche, une méthode). Ce n'est pas une unité chosale qu'on trouve – et on n'aurait jamais dû rechercher une telle unité, car elle n'a en général aucun sens déterminable. Cependant, au-delà d'une telle recherche erronée, il semble qu'on manque l'unité effective et donnée : celle, méthodologique, de la voie cognitive. C'est cette unité que la philosophie critique nous a fait connaître, de sorte que le problème de l'opposition entre monisme ou dualisme est principiellement supprimé. Le monisme qui seul est tenable, celui de la connaissance même, ne se contente pas de faire apparaître le dualisme qui seul est tenable, celui des deux directions de la connaissance, corrélatives l'une à l'autre, la direction de l'objectivation et celle de la subjectivation, mais il l'inclut immédiatement en lui. L'unité de la connaissance ne se trouve que dans cette corrélation et n'existe qu'en vertu d'elle. Une unité n'a en général aucun sens si elle n'est pas unité d'une pluralité et si précisément elle n'unit pas cette pluralité – de même qu'une dualité présuppose d'autant plus qu'elle doit être originairement une unité qui précisément se scinde, pour l'analyse, en une dualité relative aux faces ou aux directions originairement unifiées en elle. C'est ainsi que disparaît en général l'alternative entre le monisme ou le dualisme – une unité originaire ne peut être que l'unité d'une pluralité originairement renfermée en elle et, à l'origine, celle d'une dualité.

§ 11. *Le « psychique » et le « physique »*.

Il reste à développer davantage dans le détail la thèse générale. Son développement complet ne peut certes qu'être la tâche de toute cette fondation, mais les directions les plus générales, du moins selon lesquelles le problème se spécifie, peuvent déjà ici être indiquées, et elles doivent être indiquées si ce qui a été dit ne doit pas demeurer une abstraction vide.

On a – comme cela a déjà été remarqué – parlé en général simplement de l'opposition entre le « psychique » et le « physique ». Voilà déjà une opposition douteuse. Le psychique doit renfermer toute la teneur de la subjectivité, mais le subjectif s'objective, non pas seulement dans la nature, mais tout autant dans l'histoire – non pas seulement dans l'être déterminé temporellement, mais aussi dans l'être supratemporel du devoir, auquel tout être déterminé temporellement peut être rapporté et est nécessairement rapporté. Partant, l'opposition entre le subjectif et l'objectif devait être envisagée, dès le début, d'après ces deux directions principales ou dimensions – c'est-à-dire au moins d'après elles. | L'opposition exclusive **113**
au « physique » serait quelque chose d'analogue au fait de considérer le point uniquement en rapport à la ligne, et non en rapport à la surface et à l'espace – ou bien en rapport à la ligne et à la surface, mais non à l'espace. Une telle limitation est certes admissible et compréhensible du point de vue pédagogique, afin de simplifier provisoirement l'examen. Cependant, de même que la mathématique est finalement parvenue jusqu'à l'idée selon laquelle l'examen sous tous les rapports – non pas sous trois dimensions mais sous *n* dimensions –, bien qu'il requiert, relativement à la faculté d'abstraction, des exigences supérieures, est pourtant en lui-même, à titre d'examen plus radical, plus simple et plus clair, nous espérons montrer que, dans la question philosophique très fondamentale qui nous occupe, l'examen sous plusieurs dimensions est non seulement l'examen plus radical, mais aussi celui qui seul permet l'éclaircissement complet de la chose. Pourtant, nous ne nous plions provisoirement à la limitation qui jusqu'ici a régné d'une manière si générale que dans la mesure où nous envisageons d'abord la relation du psychique, c'est-à-dire de la subjectivité, à l'objectivité entendue comme le physique ou l'effectivité de la nature.

C'est à cet égard qu'on affirme : il n'y a pas deux types de « phénomènes », au sens des faits ou processus temporels qui se présentent dans l'expérience – les phénomènes de la conscience et les phénomènes de la nature extérieure. Au contraire, tout ce qui se produit – et peut en général se produire – dans l'expérience à titre d'évènement temporel est, d'un côté, pour autant qu'il se produit précisément dans l'expérience, nécessairement

contenu ou objet pour une conscience, et dans cette mesure « psychique » – mais, de l'autre côté, il faut, à titre de présentation de l'objet, l'introduire dans le contexte unitaire et même unique (selon tout son concept) de la factualité objective qui s'appelle « nature » et qui relève à ce titre du « physique ». « La nature » : c'est ainsi que nous nommons l'unité de ce dont il est fait l'expérience sous le rapport du temps et, en général, de ce dont il est possible de faire l'expérience, telle qu'elle est construite par l'instrument qu'est la loi, et il est vrai de la loi déterminant l'ordre des événements dans le temps unique et l'espace unique, donc la loi de causalité. Il faut introduire dans cette construction, selon son Idée, tout ce dont il est possible de faire l'expérience, sans exception aucune à partir du moment où cela est soumis au rapport temporel – ce qui signifie que tout ce qui est « psychique », dans la mesure où cela est phénoménal (au sens donné ici), est tout autant un phénomène de la nature qu'un phénomène de la conscience : c'est précisément une manière dont un processus de la nature
114 se présente à une conscience. Cette présentation est toujours | conditionnée du point de vue de la nature, de même qu'elle est d'un autre côté rapportée à une conscience pour laquelle elle existe.

Ce double rapport se trouve, comme on l'a dit, dans l'expérience, dans toute expérience, pour autant que, précisément, l'expérience consiste en général en ce double rapport. Cependant, il présuppose l'identité de ce qui entre dans ce double rapport, c'est-à-dire du « phénomène ». Et les deux rapports ne coexistent pas l'un à côté de l'autre d'une manière indifférente, ils ne coexistent pas factuellement d'une manière inséparable l'un avec l'autre simplement au moyen de la contingence ou de la fatalité, ou bien, comme chez Descartes, au moyen d'une décision volontaire insondable. Mais ils sont nécessairement, selon tout leur concept, corrélatifs l'un à l'autre – ils se correspondent comme droite et gauche, convexe et concave. C'est seulement par l'abstraction qu'on peut, à chaque fois, limiter l'examen à l'un ou à l'autre des deux rapports. Voilà ce qui doit à présent être montré d'une manière précise relativement à quelques exemples typiques.

§ 12. *Le « physique » est toujours aussi du « psychique ».*

Tout ce dont on a l'expérience, c'est avant tout ce qui est perçu. Cela posé, étant donné que le noyau de la perception est la sensation, c'est donc de celle-ci que notre examen doit partir. Il est indubitable qu'il nous est possible de penser comme donné en soi le contenu de la sensation, par exemple la couleur déterminée, le son déterminé – c'est-à-dire de faire

abstraction, quand on l'examine, du rapport à une conscience déterminée sensitive, dans laquelle il est donné. Si l'on fait abstraction du point de vue « critique », chacun voit les couleurs et les sons comme des existences ou des moments de l'existant, qui ne sont pas nécessairement attachés à cette conscience ou bien à telle ou telle conscience (la mienne ou celle d'un autre), mais qui existeraient même en eux-mêmes alors que telle et telle conscience qui les sentent n'existeraient pas. Et le contenu de la sensation est présupposé dans ces deux manières de voir (1. comme en soi, 2. comme donné pour telle et telle conscience) comme étant absolument le même. La différence se trouve seulement dans le rapport et dans l'ordonnance, dans un cas au sein du contexte formé par le vécu du sujet singulier, dans l'autre au sein du contexte formé par l'existence et les modifications des objets. Il en va de même pour le contenu de toute perception ou même de toute représentation qu'on rapporte ou qu'on peut rapporter à un être ou événement spatio-temporel. Ce contenu n'est pas en lui-même un double contenu, il ne manifeste pas non plus, en dépit d'une quelconque identité ultime et cachée, pour ainsi dire un double visage, en étant | examiné du **115**
côté de la conscience ou bien du côté de l'être déterminé spatio-temporellement et pensé indépendamment de la conscience. Car il demeure au contraire absolument, du point de vue qualitatif comme du point de vue numérique, le même contenu, qui est seulement envisagé dans ce double rapport, c'est-à-dire lié et rapporté à d'autres contenus.

Il est vrai qu'on distingue, particulièrement dans la science, mais déjà dans une large mesure dans la représentation commune, le phénomène de l'objet, qui existe toujours pour une conscience déterminée, et ce que cet objet est en lui-même. Jamais ce qui se présente dans le phénomène ne passe déjà comme tel pour quelque chose d'objectif, mais cette validité propre à l'objectivité, qu'on a mise en évidence, la science ne la confère qu'à certains contenus ou à certaines liaisons de contenu, et, en général, elle ne la confère précisément pas à ceux qui se présentent de la façon la plus immédiate d'une manière subjective. Le contexte objectif exige précisément d'abord d'être découvert, et il peut demeurer profondément caché. Ce que, pour la science, l'objet signifie, c'est d'abord pour ainsi dire une sublimation des phénomènes, c'est d'abord l'ordonnance légale de l'événement, qu'il faut établir au moyen de tout le travail prodigieux de la science.

Ce qui toutefois s'accomplit, c'est la connexion inédite dans laquelle, par là, la science, pour la première fois, présente les phénomènes, mais à nouveau dans une conscience qui est précisément la conscience scientifique. Par conséquent, l'objet de la science (ici de la science de la nature) n'est pas absolument opposé à ce qui est « psychique », puisqu'il est

lui-même à son tour de l'ordre du « psychique » – si l'on entend par « psychique » le fait d'être conscient pour quelqu'un. Il s'agit seulement d'une autre conscience, d'un autre « point de vue » de celui qui accueille cet objet et auquel celui-ci se présente autrement qu'avant. Et le fait d'appeler également « phénomène » cette nouvelle présentation de l'objet, voilà qui est en particulier véritablement fondé, car la conscience scientifique elle-même, à son tour, change toujours de point de vue. Mais, dans chaque nouveau point de vue qu'elle occupe, l'objet se présente derechef autrement : ce qui, pour un point de vue, est considéré comme pure expression de l'objet (par exemple le système des corps célestes selon Ptolémée) devient, pour un nouveau point de vue, simple « phénomène » rapporté à un tout autre contexte (voir par exemple Copernic) que le contexte objectivement vrai. Ce progrès va toutefois, comme on le sait bien maintenant d'une manière définitive, à l'infini. Il n'y a que pour nous qu'il reste, à cause de la
116 limitation | de notre expérience, il est vrai nécessairement borné à un petit nombre d'étapes. Partant, il n'y a pour nous aucune conception « plus objective » de la « nature » que précisément celle-ci : à savoir que, en général, toute présentation scientifique atteinte du contexte objectif peut être considérée, non pas comme absolument exacte, mais uniquement comme exacte pour un point de vue donné de la science. Quelle était toutefois la raison pour laquelle on a déclaré que la couleur, le son, voire les illusions les plus manifestes des sens, sont « subjectifs », sinon que précisément l'objet ne se présentait ainsi que pour un point de vue limité, que pour un examen limité d'une manière déterminée, étant peut-être différent, au contraire, au-delà de cette limitation arbitraire ? Il n'en reste pas moins que (au niveau du présupposé) c'est toujours l'objet, le « même » objet, qui s'y présente – et, pour chaque examen limité, cet objet se présente nécessairement ainsi et pas autrement : il se présente d'une manière tout aussi nécessaire à un stade donné qu'il apparaît autre pour un examen élargi, effectué d'un point de vue supérieur. Partant, n'importe quel examen, toujours pris dans sa stricte limitation, strictement rapporté à son point de vue, est aussi objectif et aussi subjectif que tout autre. Cependant, les étapes de l'examen, les points de vue sont différents, et l'examen procédant à partir du point de vue qui est à chaque fois le point de vue supérieur a le privilège de la vérité relative, dans la mesure où il explique les autres points de vue inférieurs et même tous les points de vue inférieurs, et pour ainsi dire les englobe. Car, à partir de la connaissance de l'état de chose vrai, ou du moins relativement plus vrai, je peux calculer le « phénomène » pour toute possible limitation inférieure de l'examen – et non inversement.

§ 13. *Le psychique est nécessairement représenté d'une manière physique.*

Par conséquent, tout ce qu'on peut examiner d'un premier côté, c'est-à-dire évaluer à l'aune de l'exigence, de l'Idée de l'objectivité absolue, est quelque chose de subjectif. Et de même assurément tout ce qu'on peut examiner du côté opposé, évaluer du point de vue de l'Idée de la subjectivité ultime, absolue, est quelque chose d'objectif – mais seulement relativement aux différentes étapes de l'objectivation. La couleur, le son, le bâton brisé dans l'eau, toutes les illusions des sens, voilà des représentations de l'objet toujours relatives à une conception limitée qui est précisément telle et telle, parce qu'ils sont déterminés, pour cette limitation déterminée, avec une nécessité légale ainsi et pas autrement. Même la correction de chaque conception limitée de ce type au sein d'une conception qui, à chaque fois, est supérieure, ne peut et ne doit rien en éliminer, rien en déclarer nul et non avenu. Il n'y a rien | qui se délie, d'une manière effective, du contexte de **117**
l'objectivité tel que précisément la science doit le construire. Au contraire, c'est de ce contexte qu'il résulte nécessairement ceci : à savoir que, pour un point de vue limité de telle et telle manière, l'objet se présente nécessairement ainsi et pas autrement. Le « phénomène » ne forme pas seulement le point de départ, mais il forme continuellement le fondement qui porte l'édifice spirituel de l'objectivité – de même que, en un autre sens, ce phénomène est il est vrai ce qui est fondé (fondamentalisé) par cet édifice. Les phénomènes, non pas pris séparément mais dans leur ensemble, forment l'instance justificative ultime pour toute construction théorique. C'est relativement à eux que la solidité de toute construction scientifique doit être éprouvée. La théorie est nécessairement, pour reprendre l'expression des Anciens, ce qui « sauve » les phénomènes. Elle n'est pas ce qui doit les effacer, les annuler, c'est-à-dire que le phénomène ne peut en aucun cas être complètement nié par une construction théorique, car il est nécessairement, dans sa teneur complète, pleinement conservé, au sens précis suivant : à savoir que la nécessité de ce phénomène résulte des présupposés de la théorie – le phénomène est nécessairement compris au moment où lui-même s'ordonne d'une manière déterminée dans le contexte objectif, le contexte légal de ce qui apparaît. S'il ne s'ensuivait pas de la construction de Copernic que le soleil doit nécessairement, pour l'observateur qui se trouve sur la terre, qui ne connaît pas ou ne prend pas en compte le mouvement de la position qu'il occupe, apparaître comme se mouvant en vingt-

quatre heures autour de la terre [1], la théorie ne pourrait pas revendiquer une validité. La science ne dénie effectivement à aucun phénomène particulier son effectivité à titre de phénomène. La couleur, d'après ce que prétend la science, n'a pas d'existence objective – mais qu'elle apparaisse d'une manière précise ainsi et pas autrement, voilà qui est nécessaire sous telles et telles conditions définies du point de vue objectif (physique et physiologique), voilà qui est fondé dans la nécessité objective des lois (de l'optique physique et physiologique). Si jamais le phénomène ne résultait pas, dans toute sa déterminité admise et avec une nécessité objective, de la représentation des rapports objectifs posée au fondement, ce n'est pas le phénomène qu'il faudrait nier, mais la théorie qu'il faudrait corriger. Même ce qui est le plus subjectif, le sentiment et l'aspiration, dans la mesure où ils restent rapportés d'une manière déterminée, à titre d'éléments sensibles, à l'espace et au temps, doivent être interprétés par la science de la nature comme des processus objectifs, des états de chose et des transformations du
118 système nerveux qui sont définis d'une manière précise, | et qui sont représentés par elle, de sorte que, pour toute modification de ces phénomènes subjectifs, on peut à tout le moins fournir des conditions objectives déterminées. Même ces phénomènes subjectifs ont, pour la science, la signification de signes, d'indices, qui renvoient à un événement objectif non connu restant du coup encore ce qu'on recherche – même eux sont donc pour elle des phénomènes de l'objet et non pas exclusivement des phénomènes de la conscience.

Par conséquent, tout ce qui en général surgit uniquement à titre de phénomène dans la conscience est aussi un phénomène pour la science objectivante, ici la science de la nature. On trouve tout aussi peu des phénomènes qui n'appartiendraient pas et n'auraient pas à être rapportés, à titre de moments qu'il faut élucider et donc aussi qu'il faut établir, à l'enchaînement objectif de ce qui arrive (à l'enchaînement propre à la nature), que des phénomènes qui ne seraient pas des phénomènes pour une conscience.

§ 14. *Identité de ce qui est ultime, du point de vue physique et du point de vue pyschique, dans la conscience sensible.*

Et tout phénomène n'est certes pas, pour cette raison, composé de deux phénomènes – c'est-à-dire qu'il n'a pas une quelconque marque distinctive

1. Nous substituons au mot « soleil » (*Sonne*) le mot « terre » – sans quoi la proposition de Natorp perd tout sens [N.d. T.].

au niveau du contenu qui puisse se trouver, et relativement à laquelle ce phénomène devrait être envisagé, d'un côté, comme phénomène de la conscience et, de l'autre côté, comme phénomène de l'objet. Car, en général dans tout rapport, du point de vue du contenu et du point de vue numérique, c'est le même phénomène qui est examiné, par nous, au sein de cette double perspective.

Voilà qui apparaît précisément avec le plus d'évidence dans ce dont notre réflexion est parti et qu'elle n'a jusqu'ici pas encore dépassé, à savoir la perception immédiate des sens. Car la caractéristique de celle-ci se trouve précisément dans le fait d'avoir présent l'objet devant la conscience d'une manière si immédiate que, en lui, l'objet et le contenu de conscience semblent complètement se fondre en un. Tout homme est naïf au sens où il ne croit pas voir et saisir autre chose que les choses et les événements effectifs, existant objectivement – et, au sens rigoureux, la science donne absolument raison à cette confiance naïve dans la réalité de nos perceptions sensibles et, partant, dans le caractère sensible du réel, lorsqu'elle établit que les choses doivent nécessairement se présenter à nous, précisément telles que nous les percevons et justement dans les liaisons temporelles et causales au sein desquelles nous les percevons, en vertu de leur constitution, de leur position par rapport à nous et des autres paramètres de la situation, d'une manière conforme aux lois de la « nature », aux lois des objets comme | à celles qui nous sont propres, conformément à la disposi- **119**
tion des nos organes et des conditions variables de leur fonctionnement.

Il n'en va toutefois pas d'une manière qui serait fondamentalement différente même avec les représentations de l'imagination reproductrice. Celles-ci sont au fond elles aussi des perceptions, mais sous des conditions externes différentes. Elles sont absolument semblables, dans leur contenu, aux perceptions au sens usuel du terme. On a souvent répété ce qu'a dit Hume, à savoir qu'elles sont des perceptions affaiblies. Cependant, d'une part, cela ne fonde aucune différence spécifique, puisque des perceptions affaiblies demeurent toujours des perceptions, et, d'autre part, cette différence n'a aucune valeur générale. Non seulement la représentation reproductive peut s'élever, dans des cas anormaux (rêve, hallucination), jusqu'à la pleine vivacité de la perception présente, mais, de plus, la reproduction tout à fait normale, à l'état éveillé, par exemple de bruits plus affaiblis, n'a pas moins de force, comme le montre le moindre examen, que la perception. On ne pourrait en tout cas fonder une différence ayant une validité générale qu'en différenciant les éléments accompagnateurs. Mais même de telles différenciations auront dans les deux cas, en général, des causes similaires : des stimulations de l'organe central par une forme en général

analogue, mais causées (d'une manière exclusive ou prédominante) dans un cas par une excitation périphérique, dans l'autre par une excitation centrale. De telles différenciations relatives aux conditions particulières peuvent conditionner une différenciation des éléments accompagnateurs, par exemple des éléments relevant du sentiment, en vertu desquels, même s'il y a une identité du contenu dans la représentation reproductive, nous avons autre chose « à l'esprit » que dans la perception – bien que, surtout dans la représentation très vive, par exemple celle, musicale, du musicien, ou bien, celle, picturale, du peintre, une telle différenciation ne puisse guère exister. En tout cas, le contenu spécifique de la représentation même (par exemple la hauteur, l'intensité, la couleur du son perçu et du son représenté) n'a en rien besoin d'être différent : savoir s'il est différent et dans quelle mesure, voilà qui dépend des conditions particulières de tel ou tel cas, lesquelles peuvent souvent être différentes dans chaque perception et chaque représentation – mais sans dépendre en soi du fait qu'il s'agit de perception ou de représentation reproductive. Ainsi, la représentation reproductive, pour autant qu'elle a en général le caractère du sensible, doit absolument être assimilée, dans le rapport qui est ici en question, à la perception sensible et, tout autant que celle-ci, elle doit être rapportée,
120 | toujours naturellement d'une manière conforme à sa spécificité, à l'objectivité. Et, en ce qui concerne le sentiment et l'aspiration sensibles, dans leur caractère originaire comme dans leur caractère reproductif, il n'en va nullement autrement. C'est dans la relation à l'objet (par quoi on comprend toujours d'abord des processus de la nature, en particulier les processus nerveux), comme le trahit déjà l'adjectif « sensible », que se trouve proprement la perception, même si cette relation peut avoir pour la conscience en général encore une autre signification, dans la mesure où elle n'est pas simplement la conscience de la réalité effective temporelle mais par exemple aspiration à ce qui doit être. Mais cette autre signification n'est pas encore ici en question.

§ 15. *Sensibilité et pensée.*

Cependant, avec ce qui, dans la conscience, dépasse complètement ce qui est sensible, avec la pensée et tout ce qui en dépend, il semble qu'il en va immédiatement autrement. Il est certes indubitable qu'il ne manque pas, même pour la pensée, un soubassement matériel, sensible, en vertu duquel elle est, comme tout ce qui est sensible, soumise à l'examen objectivant. Mais précisément ce moment absolument nouveau relatif à la pensée, cette unité pour ainsi dire englobante de la conscience dans laquelle une diversité de contenus distingués temporellement et spatialement s'assemble, toute cette spécificité de la conscience que nous distinguons, à titre de représentation, de toute présentation directe, voilà qui semble, alors que c'est ce par quoi un contexte objectif s'établit d'abord pour nous, non pas vouloir s'insérer dans ce contexte, mais demeurer exclusivement dans la conscience.

Néanmoins, la question portait d'abord uniquement sur ce qui apparaît – mais on ne peut pas dire de cette unité englobante qu'au sens propre elle apparaît. Ainsi n'est-ce pas au même sens que le « divers » – « divers » formé par la « matière » de la conscience – qu'elle peut se rapporter à l'objet. Cependant, elle apparaît pourtant en un sens, à savoir dans la liaison déterminée au sein de laquelle et précisément en vertu de laquelle le divers s'ordonne pour nous. Mais c'est dans cette mesure et précisément au sens où elle y apparaît qu'il faut elle aussi nécessairement la rapporter à l'objet (ici la nature). La liaison est simultanée ou successive, de sorte qu'il faut exhiber, pour la donnéité simultanée des moments liés du contenu des conditions données en général simultanément, pour la donnéité successive des conditions données successivement. Dans le dernier cas, il y a à vrai dire encore d'autres conditions particulières pour que le moment qui précède ne soit pas perdu pour celui qui suit | et pour que, lorsque celui-ci **121**
surgit, son effet demeure encore. Ce qui est passé laisse nécessairement une « trace » qui le représente pour nous dans le maintenant. Certes, on laisse ici de côté ce qui précisément constitue la spécificité de la conscience temporelle et ainsi en général de cette conscience englobante, représentative : à savoir que, au moyen de ce qui est présent maintenant, quelque chose qui n'est pas présent, mais l'a été autrefois, doit être signifié ou représenté. Voilà toutefois ce qui n'a en général pas besoin d'être expliqué, parce que cela même n'apparaît pas – il n'y a pas à l'objectiver, parce que c'est cela même qui accomplit l'objectivation. C'est dans le temps que tout apparaît, de même que c'est dans la conscience, mais le temps lui-même est pour cette raison aussi peu un phénomène que la conscience. Le temps est certes pourtant très lié à la science, dans la mesure où il est un instrument d'objectivation, à titre de fondement de la connaissance objective. Mais c'est précisément pour cette raison qu'on comprend clairement que l'objectivité est une création de la conscience et n'existe que pour elle, voire en elle. Partant, il s'agit, non pas de deux types de phénomènes, qu'il faudrait rapporter à deux types d'objet (l'un externe et l'autre interne), mais de deux significations, de deux étapes de l'objectivité auxquelles correspondent deux significations, deux étapes de la subjectivité.

D'une manière générale, on peut dire la chose suivante : le divers de la conscience représente le phénomène c'est-à-dire ce qu'il faut rapporter à l'objet, et l'unité du divers représente l'objectivité même. Le phénomène est rapporté à l'objet, ce qui veut dire : son divers est présenté dans une unité. Par conséquent, la « forme » (cette unité) comme telle ne doit pas derechef, à titre de phénomène, être rapportée à l'objet. Car c'est toujours seulement le divers, lié de telle et telle manière (donc formé) à une étape inférieure de l'objectivation, qui, à une étape supérieure, doit être introduit dans une unité plus rigoureuse et, ainsi, plus englobante.

Au moyen de la simple opposition générale entre forme et matière, unité et divers, la relation entre le subjectif et l'objectif ne trouve néanmoins pas encore une expression suffisante, car ce qui, ici, est tout à fait essentiel, c'est la relation des unités inférieures et supérieures, celles-là étant subordonnées à celles-ci. Cependant, c'est précisément ceci qui, dans le questionnement, n'a jamais jusqu'ici été pris en considération, de sorte que voilà ce que nous voulons examiner encore en détail.

122 | § 16. *La pluralité des présentations subjectives et la gradation étagée de l'objectivation.*

On n'a vu qu'un côté, qui il est vrai pouvait difficilement rester caché même pour l'examen le plus superficiel : l'objectivité doit être *une*, elle est toujours pensée et exigée comme objectivité unique – et comme on dit : elle est donnée. En revanche, les présentations subjectives sont nombreuses, aussi nombreuses qu'il y a de sujets – et encore plus nombreuses même : il en existe autant qu'il y a d'étapes de la conscience ou de points de vue possibles pour l'examen, même pour un seul et unique sujet.

Cependant, l'examen complet, qui pénètre dans les profondeurs de cette différence, ne conduit précisément pas à la dualité rigide du psychique et du physique. On ne peut, au mieux, croire en une telle illusion que tant qu'on ne voit ici qu'un face-à-face statique, et qu'on ne voit pas toute la variabilité précisément illimitée du rapport réciproque du subjectif et de l'objectif, et qu'on oublie de se demander quels sont les fondements derechef objectifs de cette différence dans les présentations des objets.

Tout d'abord, il ne faut pas croire que la différence entre les sujets eux-mêmes serait simplement donnée. Elle est certes donnée du point de vue empirique, mais on devrait enfin savoir que tout « donné » entendu en un tel sens est un problème. Etre donné, cela signifie, dans le seul sens qu'on puisse admettre : être proposé comme problème. Parmi tout ce qui fait problème, le sujet individuel, comme on l'a déjà dit une fois, n'est certainement pas le moins problématique. Lui-même est d'abord constitué par une somme en fin de compte indéterminable de rapports qui, chacun en

lui-même et dans la liaison qu'il entretient avec les autres, est conditionné de mille diverses façons, et certes conditionné d'une manière objective. Du point de vue biologique, il est ensuite fondé par la liaison des processus nerveux d'un complexe déterminé d'énergie, d'un individu biologique, lequel est lui-même à son tour un rapport unitaire qui ne possède nullement une fixité immuable, mais est soumis à de fortes variations. Cette liaison extrêmement complexe du vécu n'est en tout cas rien d'ultime, de fondamental, mais un problème particulier, très compliqué, à l'intérieur du domaine qu'est le problème de la subjectivité en général. Ce qui est ultime, ce serait plutôt le vécu instantané. Mais lui aussi est encore compliqué et exige à nouveau une décomposition jusqu'à des parties constituantes élémentaires ou moments qu'on pourrait encore mettre en évidence en lui par l'abstraction. Face à ces parties ou moments – qui, | sous le nom de **123**
« sensation », sont plus cherchés qu'ils ne sont donnés –, c'est une complexion supérieure que signifie déjà le vécu instantané dans sa totalité, mais une complexion encore bien supérieure que signifie la liaison du vécu propre à « un » sujet empirique. C'est seulement une des configurations possibles infiniment nombreuses de la subjectivité, et certes une étape déjà largement déplacée dans la direction de l'objectivation.

Cependant, l'individu singulier – qui importe particulièrement dans le présent contexte – ne reste pas derechef séparé, isolé. Mais, de même que c'est au sein des vécus singuliers d'« un » individu qu'une unité doit nécessairement d'abord s'établir, au moyen de ce miracle qu'est le souvenir, lequel établit une espèce de relation réciproque entre des vécus temporellement éloignés, une nouvelle unité, une unité incommensurable s'établit entre les vécus des différents individus au moyen du miracle tout aussi étonnant de la communauté – du point de vue qui est maintenant le nôtre : la communauté de la représentation de l'objet, du rapport objectif des vécus. Il y a, en outre, des présentations typiques de l'objet, non pas pour un sujet déterminé ou pour une pluralité précisément déterminée de sujets se trouvant dans une communauté contingente, mais pour une certaine moyenne idéale d'une classe de sujets se trouvant dans des conditions identiques de vie et de connaissance, jusqu'à finalement une unité idéale ultime de la présentation de l'objet pour une « conscience en général » tout aussi idéale. Cette diversité des présentations de l'objet, qu'on peut à peine embrasser, peut être ordonnée à partir d'une différence générale qui relève, comme nous disons, de la hauteur atteinte par la conscience – une différence qui, du point de vue psychologique, est largement plus significative que celle de la présentation pour des sujets individuels différents. Car les distinctions qu'elle permet d'établir, par opposition, ne peuvent être définies que s'il y a certains critères généraux d'après lesquels les individualités se comparent relativement à la configuration de leurs représentations d'objet et si ces individualités peuvent être présentées dans un continuum conceptuel – et ce n'est pas autrement que l'on établit les couleurs ou les sons, dans leur déterminité, relativement à leur continuum respectif. Ainsi, nous nous voyons toutefois reconduits à la gradation étagée de la subjectivation, déjà tant évoquée, qui correspond au renversement de la gradation étagée de l'objectivation, en suivant l'élévation progressive du point de vue de la connaissance.

124 | On peut, du point de vue théorique, penser et exiger d'une manière idéale qu'un système des présentations subjectives possibles d'une objectivité donnée soit donné – à la manière dont, pour reprendre une comparaison affectionnée par Leibniz, le même plan d'une ville engendre différentes images perspectivistes pour les différents points de vue possibles à partir desquels on peut l'examiner. On peut et on doit penser, comme pouvant être donnée *a priori*, toute la diversité de ces présentations possibles comme à travers une « transformation » dans une vue supérieure exhaustive. C'est en raison d'une telle construction qu'on pourrait ensuite avec certitude construire l'unité de l'objectivité pour chaque étape possible de la présentation subjective – ou, plutôt, cette unité se construit toujours effectivement au moyen d'une construction de ce type, certes toujours accomplie d'une manière grossière et restant pour ce motif très insuffisante. Je m'accorde avec l'autre en ce qui concerne un objet que, d'une manière générale, lui et moi percevons ou représentons, lorsque je me « déplace » jusqu'au point de vue de l'autre – et que je m'introduis complètement par la pensée en « lui », c'est-à-dire que, indépendamment de la question de savoir si je peux y arriver plus ou moins bien ou mal, je me rends compte comment, pour lui, dans cette perspective qui est la sienne, l'objet doit nécessairement se présenter. C'est toujours une reconstruction de la subjectivité, de la présentation de l'objet pour n'importe quel sujet, certes d'un point de vue général et dans l'intérêt de l'objectivité, pour ainsi dire dans le but de la défendre. Cependant, cette reconstruction conserve toute sa signification, et même ne la dévoile tout à fait que lorsque, indépendamment de cette valeur de caution pour l'objectivité, on envisage, d'une manière pure, la présentation, pour ainsi dire la définition de la subjectivité même dans la déterminité qu'elle prend à chaque fois, à titre de problème possédant une spécificité complète et une positivité – à savoir à titre de problème de la psychologie. Cette comparaison leibnizienne rend en même temps évidente la mesure dans laquelle ce type d'examen signifie à la fois un passage pour ainsi dire dans une nouvelle dimension : il faut s'élever au-dessus de la

surface sur laquelle le plan a été dessiné pour pouvoir donner, d'une manière exhaustive, les points de vue possibles de ce plan. La nouvelle dimension de l'examen ne consiste pour cette raison qu'en ceci : il y a, non pas *une* objectivité, mais une gradation étagée en fin de compte infinie de l'objectivation.

On peut objecter que, dans tout son concept, l'objectivité est donc pourtant seulement une. C'est incontestable : elle est exigée comme unique. Néanmoins, il s'agit ici de la question de la figure dans laquelle elle est présentée et en général peut être présentée, d'une manière empirique, dans la connaissance concrète. Si on la pense comme se présentant, à titre d'objectivité unique, d'une manière absolue, | c'est la pluralité des présen- **125**
tations de l'objectif et aussitôt également la pluralité des sujets et des conceptions subjectives qui disparaissent. Ce serait, à titre de présentation absolue, également une présentation pour une conscience absolue, pour une subjectivité absolue. Dès lors, l'objectivité absolue et la subjectivité absolue coïncideraient. Mais c'est seulement parce que, dans l'expérience, ce n'est précisément jamais cette objectivité absolue, mais toujours seulement une objectivité conditionnée, et il est vrai par une succession infinie d'étapes elles-mêmes conditionnées, qui se présente – et qui peut seulement être pensée comme se présentant –, que demeure et demeurera l'opposition entre le subjectif et l'objectif qui surgit dans la comparaison de deux étapes différentes de la présentation de l'objet et n'existe jamais pour *une* étape donnée. Cependant, pour chaque étape, même pour l'étape idéalement suprême, demeure toujours la corrélativité de la conscience et de l'objet.

§ 17. *Elargissement du point de vue de la corrélativité aux domaines du vouloir, de la configuration artistique et de la religion.*

Il reste pour finir à dépasser de la même manière la limitation de l'examen consistant dans le fait que nous pensions « le psychique », d'une manière traditionnelle, d'abord uniquement en opposition au « physique », c'est-à-dire en opposition à l'objectivation dans la loi de la nature. Cette limitation traditionnelle trouve sa raison principale dans le fait que l'apparence d'une séparation de l'objectif et du subjectif et l'opposition entre les deux sphères sont précisément ici les plus fortes. Mais il y a en tout cas, au-delà de cette première espèce de rapport à l'objet, celle de l'être temporellement déterminé, encore une espèce supérieure : celle du devoir. Ici, on peut plutôt parler de coordination : le monde du devoir semble d'abord être séparé de celui de l'être temporel, se trouver au-delà de lui,

étant donné que le rapport à l'être peut être conceptuellement séparé, dans une pure abstraction, de tout rapport au devoir, alors que celui-ci, en revanche, présuppose et même inclut, dans tous les cas, celui-là, même s'il le dépasse pourtant d'une manière essentielle. Mais, en premier lieu, même le rapport à l'objet propre au devoir-être demeure pourtant dans la même direction générale qui est précisément celle de la position d'objet. Et la position d'objet repose certes ici, comme dans tout autre domaine, sur la loi – ce sont des lois qui fondent le devoir, de même que ce sont des lois qui constituent l'être temporellement déterminé, et les lois du devoir-être se révèlent en dernière analyse, pour ainsi dire, comme s'attachant continuellement aux lois de l'être, comme naissant d'elles, mais pourtant comme se
126 poursuivant à l'intérieur d'une nouvelle dimension. Ce qui, au fond, | est supprimé, c'est seulement la condition limitative du rapport au temps, mais le rapport à l'unité elle-même est maintenu au-delà de tout ce qui est temporellement séparé – et c'est dans cette indépendance que ce rapport peut donc être considéré, certes seulement d'un point de vue spirituel, idéel, précisément comme un devoir et non comme un être incarné. Désormais, cette nouvelle direction ou dimension de l'objectivité, d'un côté, indique un nouvel aspect de la subjectivité, il est vrai supérieur à tous les autres – donc indique un aspect qui est même, en un sens plus profond, plus radical, l'aspect ultime. Voilà ce qu'on peut réserver pour un examen ultérieur, car ce qui seul ici importe en premier lieu, c'est que, d'un côté, l'unité de la subjectivité reste garantie dans et avec celle de l'objectivité, et que, de l'autre côté, la différenciation du sens de la subjectivité résulte de même, d'une manière nécessaire, de la différenciation du sens de l'objectivité. Toutes deux s'unissent dans le fait que l'unité de l'objectivité – et, partant, aussi celle de la subjectivité – est précisément aussi l'unité de cette différenciation très radicale, d'une validité ultime en un sens précis, qui s'exprime objectivement comme unité de l'être et du devoir, et subjectivement comme unité de la représentation et du vouloir ou aspiration. Le rapport au vouloir, en vérité, ne subsiste pas sans le rapport à l'être temporel, de même que celui-ci aussi ne subsiste pas dans l'effectivité (malgré la possibilité de l'abstraction la plus pure) sans le rapport au devoir. La coordination apparente se résout donc ici aussi, en dernière analyse, dans la corrélation la plus rigoureuse, de sorte que la « conscience », dans tout son sens, se définit en premier lieu et d'une manière exhaustive par la corrélation correspondante de la conscience de l'être et de la conscience du devoir. La « conscience », comprise en son sens objectif, signifie proprement la réunion ultime de ces deux directions fondamentales du rapport à l'objet, et ainsi même la subjectivité englobe-t-elle nécessairement

d'une même manière, non seulement ces deux directions, mais toutes deux en même temps dans cette corrélativité stricte. S'il manquait une des deux, la conscience serait précisément transformée, au sens subjectif, en une conscience abstraite – ou plutôt elle serait remplacée par une telle conscience abstraite, alors qu'elle signifie précisément, d'une manière nécessaire, le concret ultime. Il y a donc, pour parler rigoureusement, du point de vue psychologique, non pas une « conscience » d'une simple sensation ou représentation ou bien même d'un rapport intellectuel, mais une conscience dans laquelle la représentation (ou pensée) et la volonté (aspiration) sont indistinctement unies.

Et c'est aussi le cas de ce qu'on a coutume d'ajouter à titre de troisième configuration fondamentale de la « conscience » : le « sentiment ». Quant à la question de savoir si cet ajout est lui-même correct, [c'est-à-dire] quelle est la direction spécifique de la connaissance objectivante | qui peut lui **127**
correspondre, et tout ce qui demeure en outre à ce propos problématique, voilà ce à quoi on ne peut pas répondre en passant. Il suffit toutefois, dans le présent contexte, d'indiquer que l'opposition, dans laquelle les deux espèces fondamentales d'objectivation avant tout se présentent, ce qui est (au sens temporel) et ce qui doit être, exige encore une médiation : celle-ci est donnée dans la troisième direction fondamentale de la configuration culturelle, à savoir celle esthétique. Ainsi celle-ci exige-t-elle en tout cas aussi une expression subjective qui, d'une manière comparable, devra nécessairement unir le rapport à l'être et le rapport au devoir même dans leur fondement subjectif, donc la représentation et l'aspiration. Cette expression est désormais difficilement le « sentiment » – et ce n'est en tout cas pas au sens habituel du plaisir et du déplaisir : ce serait plutôt quelque chose d'analogue à ce que Kant appelle la « faculté d'imaginer productive », et qu'il définit par le « mouvement », l'« action du sujet », et non pas comme « détermination de l'objet ». Cette faculté peut du reste toujours en même temps s'exprimer dans le vécu immédiat, au sein d'un moment relativement auquel le mot « sentiment », par lequel on renvoie à l'« esthétique », ne serait pas inadéquat, particulièrement s'il est permis d'interpréter, avec Cohen, le « sentiment (*Gefühl*) » comme un « ressentir originaire [1] (*Erfühlen*) ». Il en est ici comme partout : il ne peut en tout cas y avoir aucun doute sur le fait que ce qui est objectivation relativement à la

1. Voir H. Cohen, *Ästhetik des reinen Gefühls*, Berlin, B. Cassirer, 1912, 2 vol., vol. I, p. 185 (le *reine Gefühl* est *Erfühlung* parce que la question est celle de la production du sentir : le sentiment pur se produit et produit son propre contenu) [N.d. T.].

conscience esthétique n'appartient pas, en tant que tel, au problème de la psychologie – mais, d'une manière tout aussi certaine, la tâche de la psychologie naît du fait qu'elle doit exhiber dans cette nouvelle direction de l'objectivation également un moment qui est propre à la subjectivité, à titre de fondement de la conscience pour cette espèce d'objectivité.

Ce qui fait problème, c'est de savoir si la « conscience » religieuse, elle aussi, est dans le même sens simplement une expression subjective d'un rapport nouveau à l'objet qui est peut-être enfin le rapport suprême – à ce propos, la question de savoir si cette nouvelle espèce d'objectivation est réelle ou simplement idéelle, voire même fictive, n'a pas une importance décisive. D'un point de vue simplement idéel, le rapport à l'objet existe, en dernière analyse, même pour le vouloir, et l'idéel semble déjà s'élever jusqu'au fictif dans l'objectivation artistique, sans que, par là, son caractère d'objet en général soit douteux. Il pourrait en aller de même ou d'une manière analogue pour la conscience religieuse elle aussi. Etant donné toutefois que c'est ce qu'on ne peut ici ni admettre ni rejeter d'une manière définitive, cela doit rester pour nous une simple question.

128 | En fin de compte, la psychologie ne peut toutefois pas non plus en rester à une ultime pluralité de fondements subjectifs, même à une pluralité sans rapport, car cette pluralité devra nécessairement s'unir dans un rapport *ultime* à une unité, par lequel seule la subjectivité complète et pure trouvera alors sa définition. Cependant, cette unité ultime, la plus concrète, nous ne la possédons pas encore – si cette possession doit signifier une possession cognitive, quelque chose qui est donné pour la connaissance –, car la tâche de la psychologie est précisément d'abord de la reconstruire. Mais les conditions préliminaires de cette reconstruction sont fournies par la mise en évidence distincte des différentes légalités sur lesquelles reposent l'objet de l'expérience, l'objet du vouloir, l'objet de la configuration esthétique et la position d'objet certes encore tellement problématique, mais existant du moins incontestablement à titre de problème, dans la religion – mais elles sont également fournies par l'établissement des fondements subjectifs particuliers de chacun d'eux. Aussi longtemps qu'on sépare, on demeure encore, en dernière analyse, dans la direction objectivante de la connaissance, même si la séparation concerne, non plus immédiatement l'objectivation, mais l'espèce de fondements subjectifs pour les directions diverses de l'objectivation, donc vise indubitablement la psychologie. Cependant, on ne se trouve pas encore pour autant dans l'immédiat du vécu. On fait encore au fond le contraire de ce qui constitue la tâche la plus propre de la psychologie, à savoir le rétablissement de toute la concrétion du vécu.

C'est à ces considérations qui, d'une manière intentionnelle, se situent complètement dans le général, qu'on doit nécessairement s'en tenir à cet endroit. Car il y a tellement de questions difficiles qui, dans ce champ, demeurent encore jusqu'ici sans solution, qu'il pourrait sembler fécond d'étendre cet examen par ailleurs simplement préliminaire à tout le domaine problématique. Ce qui est suffisant, c'est que le pont menant à ce domaine soit construit, et qu'on puisse du moins en général apercevoir que notre thèse peut trouver sa réalisation pour toute l'étendue de la conscience.

C'est par cet examen qu'est toutefois frayée la voie selon laquelle nous pouvons désormais progresser jusqu'à la formulation des présupposés essentiels positifs pour la détermination des tâches de la psychologie. Cependant, un éclaircissement historique de la conception conquise jusqu'ici, dans sa signification en général philosophique c'est-à-dire systématique, serait auparavant bienvenu.

LA CORRELATIVITE DE LA RELATION OBJECTIVE ET DE LA RELATION SUBJECTIVE

RETROSPECTIVE HISTORIQUE

§ 1. *L'idée fondamentale de la corrélativité de la relation subjective et de la relation objective.*

Les recherches précédentes ont suffisamment éclairci deux points. D'une façon générale, il n'existe pas deux séries ou deux ordres parallèles de phénomènes, mais c'est un seul et même phénomène qui est, d'une part, phénomène pour une conscience et, d'autre part, phénomène de l'objet. L'existence pour un moi n'est pas un nouveau *factum* qui s'ajouterait à l'existence du phénomène en tant que phénomène de l'objet, mais le phénomène comme tel n'existe que dans la mesure où il apparaît, c'est-à-dire dans la mesure où il existe pour quelqu'un. Inversement, l'existence du phénomène comme présentation de l'objet n'est pas un nouveau *factum* qui s'ajouterait à l'existence du phénomène comme phénomène pour un moi mais, une fois de plus, il n'est phénomène pour un moi que dans la mesure où, dans ce phénomène, l'objet, à une étape quelconque de l'objectivation, se présente à un moi. Mais c'est aussi l'objectivité, à laquelle le phénomène se réfère en dernière instance, qui est une et non double – « psychique » et « physique ». S'il n'y a qu'*un* phénomène (ultime) et s'il n'y a qu'*une* légalité de la relation objective, pourquoi devrions-nous parler d'une double objectivité ?

En revanche, la dualité ultime du phénomène et de l'objet demeure toujours. Et c'est bien à elle que l'on pense, lorsqu'on s'imagine une dualité

de phénomènes ou d'objets. La prétendue dualité de l'effectivité, qu'il s'agisse de l'effectivité qui apparaît ou de l'effectivité réelle, se résout entièrement dans la dualité – qu'aucun progrès de l'expérience ne peut certes lever car elle conditionne ce progrès lui-même – du phénomène et de l'objet, dont la distinction et le rapport reposent sur l'opposition et la
130 corrélation du « divers » en lui-même illimité et indéterminé | et sa délimitation et détermination en vue de l'« unité » de la saisie qui constitue le concept, la loi et, partant, l'objet.

Cette bilatéralité de la relation du phénomène – pressentie par Platon, profondément reconnue par Kant, même s'il ne l'a pas appliquée sous une forme absolument rigoureuse et tenable – ne doit donc pas être rejetée. Cette bilatéralité n'empêche pas que la connaissance du phénomène, tout d'abord entendue comme connaissance de la nature ou comme « expérience » au sens de Kant, soit *une*. Un et indivis est le domaine des phénomènes à objectiver, un et originairement cohésif est l'ordonnancement immédiat des phénomènes dans l'espace et le temps – les deux formes fondamentales de l'objectivation immédiates, elles-mêmes dans une indissoluble connexion ; un et non pas double est l'ordre de la loi s'élevant au-dessus de l'espace et du temps, éternel, omniprésent. Ce « monisme » ne peut être soupçonné de dégénérer en une spéculation qui ne voudrait pas tenir compte de la conditionnalité de notre connaissance – il porte plutôt cette conditionnalité elle-même à son expression la plus déterminée. Il n'est pas transcendant, mais immanent. C'est le monisme de la connaissance objective elle-même tel qu'il est formulé par Kant, sous son aspect seulement théorique, dans la proposition suivante de la *Critique de la raison pure* (A, p. 110) : « Il n'y a qu'*une* expérience, où toutes les perceptions sont représentées comme dans un lien systématique et conforme à la loi – de même qu'il n'y a qu'*un* espace et qu'*un* temps, où ont lieu toutes les formes du phénomène et tout rapport de l'être ou du non-être ». On peut également formuler le monisme ainsi : il n'y qu'*une* vérité objective, qu'*une* objectivité de notre connaissance (tout d'abord seulement théorique). Car le concept de l'objet est en général le suivant : l'unité nécessaire dans laquelle se rassemble tout phénomène qui se rapporte à l'objet. Cette unité de l'objet est constituée par l'unité de la loi – dont les conditions sont l'unité du temps et l'unité de l'espace. Cette unité de l'objet (c'est-à-dire de la nature), en tant qu'elle est identique avec celle de l'« expérience », ne doit pas être formulée simplement comme la tâche infinie ou la maxime régulatrice de la science de l'expérience, mais bien comme son principe constitutif, comme son principe suprême. L'expérience en tant que science, en tant que connaissance de l'objet, n'existe que grâce à cette présup-

position – un dispositif quelconque | ou une méthode qui renverserait 131
ce principe se situerait en dehors de la « possibilité » de l'« expérience » en général.

§ 2. *Détermination plus précise du principe de corrélativité.*

Cependant, cette thèse, qui n'exprime pour l'instant que le simple résultat de la fondation kantienne de la théorie de l'expérience, a besoin d'un double complément. *Premièrement*, Kant s'imagine l'unité objective de l'expérience comme une unité achevée ou, tout du moins, comme enclose dans sa forme légale en général, c'est-à-dire comme déposée dans le « *factum* » de la mathématique euclidienne et de la science mathématique newtonienne de la nature. Si, dans l'ultime résultat de sa critique, s'affirme victorieusement le regard « infiniment lointain », l'Idée dans son sens absolument déterminé de tâche infinie, et se dévoile ainsi le motif idéaliste fondamental de cette même critique, il n'en demeure pas moins que Kant ne fait pas grand cas de cette infinité, lorsqu'il s'agit de montrer que l'objectivation de la connaissance théorique en général se réalise dans une gradation illimitée des deux côtés, partant de l'infini et allant vers l'infini. Nous sommes éternellement redevables à Kant d'avoir une bonne fois pour toutes rapporté le travail critique de la philosophie théorique au *factum* de la science et de l'avoir fondé en lui, mais il a saisi ce *factum* sous une forme beaucoup trop étroite en le réduisant à la figure déterminée, alors en vigueur, du système euclidien et newtonien, et il ne l'a pas conçu avec une clarté et une liberté totales comme un procès toujours à l'œuvre, qui n'est achevé ni ne peut l'être à aucune étape donnée.

Deuxièmement, la philosophie est précisément redevable à Kant d'une seconde conception, qui est en continuité avec la première et qui nous a permis de parachever notre résultat et de le porter à son ultime clarté – le tout du procès d'objectivation n'est pas contenu dans la seule connaissance de la nature, car au-delà du règne de la nature se dresse celui des fins. Cependant, le rapport entre le phénomène et l'être n'est pas autre dans ce domaine que dans celui de la nature. Les objectivations de toute espèce et de toute étape s'opposent ici aussi au vécu du sujet : je veux parler tout d'abord des « Idées » pratiques, des lois du devoir et non de l'être, des lois juridiques, de celles de la moralité sociale et individuelle, et de tout ce qui peut être de cet ordre – un subjectif et un objectif, dans une stricte unité corrélative, se conditionnent donc mutuellement | dans la connaissance 132
pratique, tout comme le phénomène et la loi de la nature se conditionnent mutuellement dans la connaissance théorique. En dernière instance,

toutefois, la subjectivité ne peut pas à nouveau se diviser dans cette dualité de la « représentation » et du « vouloir » (selon la représentation courante), ou dans une trinité ou une pluralité de figures fondamentales, mais il doit exister, du côté subjectif, une corrélation entre ces différentes directions fondamentales, quelles qu'elles soient et aussi nombreuses soient-elles, aussi rigoureuse que celle qui rassemble en une unité ultime les légalités objectives du devoir et de l'être empirique, de la téléologie et de la causalité – peu importe d'ailleurs la façon dont ces légalités sont formulées. Ici aussi, dans le domaine de la subjectivité, l'exigence leibnizienne de l'« harmonie » doit être approfondie, au sens exact où l'entendait Leibniz, en vue d'une ultime référence à l'unité, tout du moins idéelle. Cette référence reconduit cependant nécessairement à une unité originaire de toutes les directions fondamentales de la conscience, au fondement ultime et radical de la subjectivité que nous avons pris l'habitude d'appeler « vécu ».

Ainsi, c'est dans chaque direction qu'est justifiée la tendance antique et indestructible de la philosophie vers l'unité, la voie du « *monisme* ». Mais il ne doit s'agir que d'un monisme « méthodologique ». Autrement dit, l'unité requise ne réside ni dans une chose de toutes les choses, ni dans une fin de toutes les fins, ni dans un ultime absolu qui, tel le dieu d'Aristote, *réunirait* en quelque sorte les deux ainsi que tout ce qui s'enracine dans les derniers fondements de l'« être », mais elle est simplement et précisément à comprendre comme l'unité de la méthode, c'est-à-dire de la *marche*, de la *progression* éternelle et légale *de la connaissance* – comme unité des *relations* sous un *rapport* ultime et dominant. Il s'agit d'une unité qui n'abolit pas, au sens où elle l'annihilerait, la diversité finalement sans limite des relations qui lui sont subordonnées, mais d'une unité qui rassemble cette diversité en elle ou plutôt la laisse jaillir d'elle (elle abolit au sens où elle élève et conserve). Il s'agit d'une unité qui non seulement possibilise et permet, mais qui conditionne aussi et rend nécessaire un développement suivant le cours de la « marche » éternelle du devenir, une « méthode », et, par conséquent, un développement dans ce *monde* total, éternellement devenant, mieux, dans ce monde de mondes (le monde du devoir, de l'être empirique, et ainsi de suite selon les autres différenciations
133 possibles). Il s'agit donc d'une unité qui, | puisque cet ultime conditionnement doit être réciproque, contient à nouveau ce développement en soi comme la condition de sa propre constitution. Cependant, ce système de relations se développant à l'infini n'étend sa domination qu'à titre d'opposition fondamentale et ultime entre la diversification (*différenciation*) et l'unification (*intégration*), non pas à titre d'opposition de la conscience et du néant de conscience – la conscience est, en effet, tout –, mais comme

opposition entre la conscience étroite, *particulière*, et la conscience étendue, englobante, la «*conscience en général*» de Kant. Pour nous, certes, le rapport plus englobant se présente comme le plus vide, le plus pauvre en contenu – nous sommes en effet incapables, en raison de la limitation contingente du champ de notre conscience, de remplir complètement ce rapport. Mais, en lui-même, le rapport plus englobant – ce rapport ultime de la richesse du contenu, dominant tout, dont nous ne sommes conscients que dans le rapport plus étroit de chaque vécu particulier – n'a pas besoin de laisser quelque chose hors de lui : il ne doit rien abandonner. La loi contient bien « en elle-même » la totalité des « cas » concrets, alors que l'inverse n'est pas vrai. De la même façon, le rapport dominant n'exclut pas par lui-même la pluralité, l'infinité des visions particulières possibles, résultant du choix du point de vue, mais il les contient au contraire en lui, non plus certes comme visions séparées les unes des autres, mais dans la totalité de leur lien. Ainsi, non seulement tout est conscience, mais toute la conscience est une – mais, simultanément, la conscience est infiniment différenciée dans cette unité, de sorte que, si l'on adopte le point de vue ultime, idéal, toute opposition de l'objectivité et de la subjectivité, l'une et l'autre en négation réciproque, disparaît. Cependant, en premier lieu, ce point de vue idéal lui-même contient toujours l'opposition directionnelle que nous avons caractérisée plus haut comme celle de l'intégration et de la différenciation; et, en second lieu, cette unité ultime, absolue, ne nous est précisément pas donnée, car nous n'avons affaire qu'à l'éternelle marche de la connaissance – celle que nous nommons expérience – qui doit cependant être comprise d'un côté comme un mouvement vers le but infiniment lointain que constitue cette unité ultime et, de l'autre côté, comme une différenciation infinie. Toutefois, à titre de but qui détermine la direction du chemin infini, l'unité réside en vérité toujours au fondement; même si «pour nous» elle est le dernier terme, elle est « en elle-même » le premier. A cause d'elle, la direction de cette marche est originairement et irrémédiablement une; et cette unité directionnelle | contient, à titre pour ainsi dire de sens-plus et de sens-moins **134**
qui lui sont propres, les deux « sens » de l'unification et de la diversification, de l'intégration et de la différenciation, c'est-à-dire : de l'objectivation et de la subjectivation.

§ 3. *La concrétude du vécu comme résultat de la corrélativité.*

Cette auto-réflexion constitue donc l'importante conquête dont la psychologie est redevable à la philosophie critique, mais dont elle n'a pas

fait jusqu'à présent un usage fécond et dont elle n'a pas déployée toutes les conséquences. C'est uniquement dans la « méthode », dans le progrès éternel de la connaissance qu'il y a, du moins pour nous, un « être », que l'énonciation de l'être a un sens en général pour nous. L'illusion d'un être en lui-même achevé et déterminé, déterminant rétrospectivement la direction du chemin de la connaissance, n'est plus guère possible une fois que le procès de la connaissance lui-même a réfléchi cette infinité qui lui est immanente. En ce qui concerne cette infinité immanente, il faut prendre au sérieux la sentence : « le chemin est tout, le but n'est rien ». C'est grâce à cette conception que la philosophie rend justice à la plénitude de la vie tout d'abord et, ensuite, à l'exigence des concepts d'âme et de conscience. Penser un but, atteint ou seulement à atteindre – dans les deux cas, cela signifie un but fini – de l'aspiration par laquelle seule la conscience est en général vivante, cela reviendrait à mettre un terme à cette aspiration, donc à la vie, à l'âme et à la conscience, et à l'annihiler. Cette infinité réside dès le début dans le concept d'aspiration, qui signifie en tant que tel la direction – une direction se poursuit (nous l'avons souvent dit) à l'infini. Par conséquent, le point de vue de la « méthode » nous plonge directement dans la plénitude de la vie et ne nous conduit pas – comme on l'a craint quelquefois – à la vide abstraction d'un être simplement pensé. La science a certes besoin d'abstractions, mais seulement pour porter au concept la concrétude pleine et entière de la vie, pour autant que cela s'avère en général possible – aucune science ne peut se passer d'abstractions, encore moins la philosophie. Mais, en définitive, ses abstractions, à l'instar de celles des sciences plus concrètes, ne signifient pas des séparations, mais les discrétions nécessaires pour porter au concept le lien et la corrélation systématiques qui se développent à l'infini. Nous ne pouvons en effet saisir
135 et définir le continu qu'à partir du discret, l'infini qu'à partir du fini. | C'est dans une telle « limitation de l'illimité » que consiste toute connaissance possible pour nous – seule une conscience absolue pourrait s'en passer. Par conséquent, si c'est bien dans ces deux caractères fondamentaux de la corrélativité générale et de la possibilité illimitée du développement que se présente ce que nous exigeons à juste titre en tant que vie et acte, en tant que richesse et plénitude du vécu, face au vide, à la pauvreté, à la rigidité mortelle des abstractions qui ne signifieraient effectivement et continuellement que des séparations, alors il apparaît clairement que ce sont ces deux caractères qui doivent déterminer la tâche de la psychologie, si son exigence est bien de porter au concept le vécu dans sa plénitude concrète, de porter la *psyché* au *logos*.

En revanche, les erreurs fondamentales dont se rendent coupable la philosophie en général et, plus particulièrement, celle qui porte sur la conscience ou la *psyché*, reposent sur la transformation des abstractions en séparations. A la place d'une corrélation de l'objectivation et de la subjectivation se développant dans une gradation infinie d'étapes, on s'imagine avoir affaire à une objectivité et à une subjectivité rigides, ainsi qu'au rapport, non moins rigide, qui les lie. L'être vivant se décompose alors en un corps inanimé et en une âme désincarnée, en une nature sans esprit et en un esprit étranger à la nature. La nature et le monde moral, l'entendement et la volonté, etc., se séparent et tombent dans une opposition hostile, alors qu'une réflexion plus profonde ne donne à connaître là qu'une corrélation systématique et non une scission rigide. Cette considération jette une vive lumière sur l'histoire, riche en rebondissements, du problème de la *psyché* – le temps est donc maintenant venu de se pencher une fois de plus sur cette histoire, en adoptant le point de vue de la position fondamentale, désormais éclaircie, de la psychologie critique.

§ 4. *Les Eléates et Protagoras.*

La rigidité la plus extrême de cette opposition dualiste de l'objectif et du subjectif apparaît dès les premiers commencements de la spéculation occidentale sur l'être et le connaître : dans la doctrine de Parménide d'Elée, dont l'importance est par ailleurs immense, à cause précisément de cette implacable fermeté dans la façon de concevoir tous les problèmes. Cette doctrine ne connaît que l'un, l'être-en-repos immobile, l'absolu, ce qui seul « est » véritablement et absolument. Il s'oppose à l'être aux divisions multiples, en mouvement perpétuel, relatif : ce prétendu « être » n'existe que dans nos trompeuses illusions humaines. Cependant, ce non-être pur, absolu, | est un *factum* pour cette opinion trompeuse – sa présence, dans **136**
cette opinion, est indéniable, obstinée et philosophiquement inéliminable, de sorte que Parménide lui-même (dans la seconde partie du *Poème*) doit consentir d'une certaine manière à s'accommoder de cette présence. Il n'est pas étonnant que Protagoras renverse immédiatement et sans autre forme de procès cette antithèse intenable et se lance, avec une fermeté semblable, dans la défense du point de vue opposé : l'absolu n'*est* pas, seule existe la relativité illimitée et éternellement changeante de l'apparaître. Même si c'est sous la forme du pressentiment et du tâtonnement, le fait de la corrélativité du subjectif et de l'objectif apparaît déjà clairement ici : le sujet et l'objet, moi et « mes » phénomènes, sont tous les deux à chaque instant liés l'un à l'autre de la façon la plus stricte (ἀλλήλοις συνδεδέσθαι, Platon,

Théétète, 160 b). C'est seulement à chaque fois pour un sujet (celui qui perçoit) que vaut et qu'existe en général une détermination de l'objet (le perçu, c'est-à-dire l'« être » relatif qui, dans sa relation au sujet également, change d'un instant à l'autre). Cependant, il faut ajouter que le sujet n'est absolument rien pour lui-même, car il n'a d'être, à son tour, que dans les représentations éternellement changeantes et relatives de l'objet – aussi l'être du sujet est-il tout aussi changeant et relatif que celui de l'objet. Il est certes impossible d'attribuer ces formulations étonnamment précises à Protagoras lui-même, puisque c'est Platon qui rapporte ces thèses. Toutefois, Platon ne pouvait s'y tromper : puisque Protagoras partait de la tradition éléate et opposait ses propres thèses à cette tradition, ces formulations exprimaient et ne pouvaient exprimer que l'intention réelle du sophiste. Platon se permettait de comprendre Protagoras avec une telle profondeur parce que, à partir de son intuition incomparablement plus claire, les pressentiments de ses prédécesseurs ne pouvaient être justifiés qu'ainsi. La supériorité de sa conception (comme nous l'avons vu) réside avant tout en ceci : il ne s'en tient pas au vécu instantané et isolé de chaque sujet, mais il laisse le divers en lui-même illimité et indéterminé des vécus instantanés se rassembler « dans une unité, qu'on la nomme "âme" (= conscience) ou d'une tout autre façon » [*Théétète*, 184 d] – et, partant, il laisse simultanément le divers des contenus vécus, de ce qui apparaît, se rassembler dans des unités objectives, dans les déterminations de l'objet, telles que, précisément, la connaissance les produit selon sa propre légalité *une* et invariable. Sans une telle unité de la conscience et, par ailleurs, sans
137 une telle unité de l'objet, ni la conscience, ni l'objet, | ni leur corrélation n'obtiennent en vérité de sens précis, scientifique – ainsi Platon démontre-t-il avec la plus grande rigueur, contre Protagoras, que, sans ce rassemblement dans l'unité, il n'y aurait ni un quelqu'un ni un quelque chose, ni un percevant ni un perçu, partant, ni un sujet ni un objet. Voilà ce que le positivisme moderne (celui par exemple que Ernst Laas cherche à mettre en place en s'appuyant très précisément sur Protagoras) ne peut plus se permettre d'ignorer. Certes, il n'en demeure pas moins que toute conscience, du moins dans son origine ultime, doit être une perception singulière. Toute relation à l'objet serait par là même résolue dans la subjectivité du percevoir. Mais il s'agit d'une résolution dans des perceptions effectives et *possibles*. Et, dans cette « possibilité », c'est bien l'unité dominante de la loi qui est tacitement anticipée : le point de vue de l'expérience *donnée* est donc abandonné – involontairement, en contradiction avec l'intention fondamentale du sensualisme.

§ 5. *Platon*.

Tandis que le sensualisme veut capturer le psychique dans la perception – sans y parvenir, car il est contraint, contre sa volonté, de reconnaître un rapport qui la dépasse et la domine –, Platon découvre le sens profond de la « psyché », de la conscience, précisément dans cette unité dominante, dans laquelle s'unifie le divers des perceptions, bien qu'il soit en lui-même « donné », vers laquelle il converge et tend d'un mouvement commun (συντείνει, *Théétète*, 184 d), afin de parvenir en général à la conscience. En effet, sans cette unité, il ne resterait qu'un indéterminé absolu (ἄπειρον). C'est tout d'abord dans l'unité de la conscience – unité qui est la racine de la pensée – que cet indéterminé parvient à quelque déterminité. Cette unité qui constitue l'être de la connaissance, et donc l'objectivité, devient désormais l'expression la plus prégnante de la psyché, donc de la subjectivité de la conscience. Il apparaît donc clairement que l'opposition rigide entre le subjectif et l'objectif est d'ores et déjà vaincu d'une manière radicale. Cependant, ce procès d'unification – qui, dans l'inversion, est aussi bien une diversification – doit lui-même devenir, en tant que « limitation de l'illimité », un procès infini, et ce, dans les deux directions : toute possibilité d'une position absolue, que ce soit de l'objectif ou du subjectif, est donc réellement exclue. Si Platon s'était pleinement déterminé à orienter sa réflexion sur cette question philosophique ultime, | il aurait dû **138**
surmonter entièrement l'opposition dualiste – dont il est par ailleurs le représentant – entre le psychique et le corporel. Il s'en approche parfois de façon surprenante. Le corporel doit coïncider avec le sensible, l'être en devenir, le relatif – mais, en dernière instance, le relatif se résout entièrement, pour Platon, dans le développement infini des relations (précisément) que l'Idée pose. Partant, l'« être » de l'Idée, que Platon concevait au début d'une façon presque éléatique comme absolument séparé, se résout lui aussi dans cette même infinité des relations qui se développent – relations au sein desquelles l'être, qui signifie certes en tant que tel l'unité, se déploie dans le « phénomène » infiniment infini. Le phénomène – par conséquent le subjectif – n'est donc plus du tout l'opposé de l'être, il s'est entièrement débarrassé de la signification éléatique de non-être absolu et donc d'illusion et de tromperie : il est au contraire la présentation d'un « devenir vers l'être » [*Philèbe*, 27 b] – concept qui surmonte, avec une clarté dépourvue de toute contradiction, l'opposition initialement rigide et dernière qui caractérisait aussi, depuis les Eléates, le rapport du subjectif et de l'objectif. L'être exclut d'autant moins le devenir qu'il n'en est à chaque fois que le résultat – le devenir est la condition de l'être, mais il n'est à son

tour rien pour lui-même, car il est d'emblée, selon son sens et son concept complets, dirigé vers l'être. Ainsi, l'âme s'élève pour la première fois à l'être total et, partant, l'être simultanément s'anime. L'élément le plus sensible du vécu, l'apparaître lui-même devient le contre-terme nécessaire et d'égale valeur de la corrélation dans laquelle seule l'être se déploie. Aussi, comme Platon pouvait en trouver le pressentiment chez Protagoras, bien que sous une forme étriquée parce qu'exclusivement sensible, le sujet et l'objet sont en vérité strictement « liés l'un à l'autre », en relation mutuelle : l'un ne peut être pensé qu'avec l'autre, non comme « étant » fixement et invariablement, mais comme éternellement « devenant » – certes « vers l'être ». Cette thèse existe bien chez Platon, mais à titre de tendance, et non, sans doute, sous la forme d'un pur résultat élucidé, tel qu'il est formulé ici. En effet, à côté des formulations géniales où l'on peut sans contradiction reconnaître cette direction de pensée, il en existe d'autres qui prouvent que, du moins dans la disposition fondamentale de Platon, l'ancienne conception dualiste qu'il a explicitement héritée de Socrate et qui, pour des motifs religieux, s'est profondément ancrée en lui,
139 continue parallèlement de se maintenir | et impose assez régulièrement sa domination. Historiquement, c'est cette conception dualiste et non l'autre conception, plus profonde, qui a constitué, le plus souvent, le motif directeur de Platon, de sorte que la représentation dominante qui pose une équivalence entre platonisme et dualisme n'est pas dépourvue de toute légitimité interne.

§ 6. *Descartes.*

A bien des égards, la philosophie de Descartes se rapproche de celle de Platon. Au premier regard – mais aussi lorsqu'on considère la tendance générale de sa pensée –, il est le porte-parole d'un dualisme aussi rigide que celui de Platon. Cependant, il n'est pas resté étranger à cette autre tendance : celle qui est orientée vers le monisme corrélatif que nous avons vu apparaître pour la première fois chez Platon. Nous avons déjà mentionné plus haut (chap. I) que Descartes, en plaçant en tête le « je pense », a reconnu la relation au moi, qui est au fondement de toute conscience et donc de toute relation objective, comme la certitude absolument première, fondatrice, comme le pivot de toute connaissance, comme l'unique point fixe nécessaire à la métaphysique, semblable au point fixe qu'Archimède exigeait pour mettre en mouvement la totalité du monde extérieur. Toutefois, pour Descartes, la relation à l'objet est tout aussi inséparable de chaque représentation que la relation au moi. En effet, de même qu'il est essentiel à la

représentation (*idea*) qu'elle soit « pensée », c'est-à-dire qu'elle se présente dans une conscience, de même, il lui est essentiel qu'elle soit représentation de quelque chose, qu'elle représente l'objet (*rem repraesentat*[1]). Mais, d'abord, la relation objective elle-même est pour lui une simple affaire de pensée et, ensuite, si le « je pense » signifie au sens large chaque conscience, il signifie de préférence l'entendement qui connaît l'objet. La référence à l'unité que constitue la pensée de l'entendement est précisément ce qui présente tout d'abord la « chose », la « substance » (la substance étendue comme la substance pensante), et, partant, l'objet de la connaissance en général. En effet, c'est aussi l'objet extérieur, c'est aussi l'extériorité elle-même qui, loin d'être simplement donnés, sont pensés et ne peuvent qu'être pensés, précisément parce qu'ils ne sont pas eux-mêmes la pensée mais une altérité qui lui fait simplement face, tout en ayant pour elle une validité. Est toutefois donné, sous le terme d'« extension » (*extensio*), un fondement du rapport externe – rapport que la pensée de l'entendement, en particulier sous sa forme mathématique, peut réaliser en substituant à l'imagination (la représentation donnée de l'image) de l'objet extérieur l'« intellection » (la pensée purement intellectuelle de l'objet scientifique *en tant qu'*il est cependant un objet extérieur). Par conséquent, l'« extension » joue ici | un rôle très proche de celui que joue l'« espace » **140**
(*chôra*) chez Platon. Ce dernier a en effet une position aussi énigmatique, puisqu'il est une condition apparentée à la pensée, mais qui ne naît pas de la pensée pure, tout en étant pourtant nécessairement au fondement de la pensée du monde extérieur, puisqu'il est donc un point médiant, difficilement dicible, entre les sens et l'entendement. Telle est l'ultime position dualiste propre à Descartes, alors que, par ailleurs, le dualisme commence à être secoué de tout côté; il est même déjà aboli par Descartes lui-même dans la mesure tout du moins où, malgré l'affirmation d'une « distinction » stricte entre les attributs de la pensée et l'extension, leurs modifications respectives doivent correspondre rigoureusement et nécessairement : par conséquent, dans chaque phénomène, il est possible et nécessaire de concevoir un double rapport, au processus corporel d'une part, au vécu du sujet d'autre part.

1. AT VII, p. 40 [N.d. T.].

§ 7. *Spinoza, Malebranche, Leibniz.*

Un tel parallélisme n'était cependant qu'une étape vers le point de vue de l'identité – point de vue auquel se sont élevés de plus en plus clairement les successeurs de Descartes, en continuité immédiate avec la position de ce dernier, et en particulier Spinoza. Certes, la substance une munie de deux attributs différant *toto genere* (l'extension et la pensée) n'offrait en vérité aucune solution satisfaisante dans le cadre d'un examen métaphysique conséquent. Comment en effet deux attributs différant *toto genere* peuvent-ils se rapporter à une substance *une* ? Qu'est-ce qui distingue les substances si ce n'est l'attribut « essentiel » ? Toutefois, ce qui est pressenti ici, c'est manifestement l'unité de la loi. C'est un seul et même lien légal de l'événement – et non pas deux liens qui auraient à s'unifier à nouveau sous une nouvelle loi – qui se présente sous deux formes, comme mécanisme des processus corporel sous l'attribut de l'extension et comme phénomène dans une conscience sous l'attribut de la pensée. C'est avec une nécessité égale et unitaire – non pas une nécessité relevant d'une double légalité – que se produisent les variations dans le monde corporel et les changements des représentations dans celui qui pense. Ainsi, l'« ordre et la connexion » des choses et des idées sont uns et identiques. Il s'agit du même ordre ou de la même connexion de l'événement, numériquement un, que nous nommons nature et qui nous est donné sous une double forme, mais avec une vérité égale et absolue : une fois comme si cet ordre existait en soi, en dehors de nous – et, en tant que tel, il est nécessairement représenté comme
141 corporel, mécanique –, une autre fois | comme s'il était donné dans la pensée – car nous devons pourtant le penser, puisque, dans le cas contraire, nous ne saurions rien de lui. Ces deux manières de considérer l'ordre unique sont par conséquent liées intérieurement et elles peuvent être précisément et totalement séparées l'une de l'autre grâce à une abstraction. Elles donc toutes deux entièrement « vraies » ; ce qui exprime l'essence complète des choses, ce n'est aucune des deux en elle-même, mais seulement les deux ensembles, dans leur unification. Si l'on considère cette présupposition fondamentale, Spinoza ne s'éloigne pas autant de Descartes qu'on pouvait le croire tout d'abord, lorsqu'on s'en tenait à la différence et à l'opposition de leurs formulations. Cela devient particulièrement clair si l'on compare directement Spinoza non plus à Descartes mais à Malebranche, alors même que ce dernier croyait simplement appliquer rigoureusement le point de vue cartésien. C'est seulement l'absolutisme inséparable de la métaphysique dogmatique qui a empêché Spinoza de mettre en œuvre d'une façon plus pure encore l'idée de corrélativité.

Leibniz, lui non plus, n'est pas éloigné de cette même représentation fondamentale. En effet, même si cela reste très superficiel et même si l'on entre en contradiction sur ce point avec ses propres explications, on pourrait comprendre l'« harmonie préétablie » de la façon suivante : deux substances séparées, absolument étrangères l'une à l'autre, sont accordées l'une à l'autre sur l'ordre d'une instance supérieure, c'est-à-dire grâce à la légalité, préordonnée par Dieu, qui règle la correspondance des variations de ces deux substances. Ce qui est étendu n'est pas pour Leibniz une substance, mais un simple « phénomène » dans lequel se présente, dans la direction externe, la corrélation interne des unités intensives véritables et pures (les monades), dans lequel pour ainsi dire cette corrélation s'étend hors d'elle-même. Par conséquent, chez Leibniz comme chez Spinoza, les pensées de l'âme et les mouvements du corps ne sont au fond que des présentations différentes d'un seul et même ordre légal qui coordonne tous les changements de l'univers. Leibniz a souvent et explicitement affirmé que la « substance » ne signifie rien d'autre que le lien légal, qu'on ne peut donc absolument pas la concevoir comme séparée des « phénomènes » : la substance signifie en effet l'unité dans laquelle le divers des phénomènes se rassemble sous le concept et obtient son ultime objectivité. Il explique que l'on doit tout dériver des phénomènes – il ne s'agit pas de questionner en outre un réel qui serait au-delà des phénomènes, car le réel, la substance, signifie précisément le réel qui est au fondement des phénomènes, l'unité
de la loi | qui se présente et se déploie dans les phénomènes eux-mêmes **142**
et seulement en eux, qui, par analogie avec la série algébrique, se « développe en série »[1]. Par conséquent, le lien objectif n'est rien d'autre que la connexion pensée des phénomènes eux-mêmes sous leur loi, et l'élément sensible du phénomène n'indique pas une deuxième objectivité distincte de cette connexion, mais n'est que la présentation « confuse » de ce même et unique lien objectif que la pensée doit faire apparaître de façon distincte, en se fondant toujours sur les phénomènes. Partant, le dualisme est fondamentalement vaincu. De même, grâce à l'« harmonie » entre les variations internes de la pluralité illimitée des monades, l'unité systématique du lien universel n'est définie que sous une forme plus concrète et ne doit pas être en elle-même décomposée en une pluralité que l'on penserait comme dépourvue de lien interne. Au fond, les monades leibniziennes ne sont plus

1. Cela est particulièrement clair dans les lettres à De Volder, *Die Philosophischen Schriften von Gottfried Wilhelm Leibniz* (7 vol., Berlin, Gerhardt, 1875), vol. II, p. 252 *sq.*, 258, 274, 278, 282 *sq.*

des « choses » étendues ou pensantes, mais, comme le mot l'indique, elles sont seulement les « unités » (dans un sens plus étroit, purement intensif) des présentations particulières (représentations) de l'événement universel qui se subordonne et s'ordonne absolument à l'unité ultime et omni-englobante, à l'unité des unités (*monas monadum*). Il n'en va pas autrement chez Spinoza qui conçoit le lien particulier des modes de pensée représentant la connexion de conscience d'un individu comme subsumé sous l'attribut un de la substance une (sous *la* pensée = la conscience en général). Le progrès décisif que réalise Leibniz par rapport à Descartes ou Spinoza consiste à abandonner la position particulière de l'« extension » en tant qu'attribut indépendant et extérieur à la pensée, en tant que modalité propre de la détermination de l'objet. Même l'extension – c'est une tendance que l'on reconnaissait déjà clairement chez Descartes – doit se résoudre dans la pensée pure. Reste l'indistinction du sensible – mais cette indistinction indique précisément le lien fondamental le plus profond qui ne se présente certes jamais à notre pensée de façon pure (distincte) : il se présenterait ainsi si l'infinie complication qu'il contient ne demeurait pas impénétrable pour notre pensée qui procède laborieusement pas à pas. Le sensible, l'empirique, deviennent donc la *tâche* – certes infinie – de notre
143 pensée, de la pensée pure | (il n'y en a pas d'autre). Cependant et corrélativement, cette infinité prend pour Leibniz un sens et une validité strictement et totalement positifs – elle ne caractérise plus l'embarrassante opposition à ce qui est purement pensé (comme si le purement pensable ne pouvait être que fini), mais c'est elle qui en premier lieu remplit purement et totalement l'exigence de la pensée. En effet, la mathématique, approfondie en méthode infinitésimale, lui avait appris que l'infinité (contrairement au préjugé d'Aristote et des Pythagoriciens) n'exclut pas la déterminité et la rigueur du concept, mais est bien au contraire la présupposition indispensable de sa déterminité et de son exactitude ultimes. Ainsi, il ne manque chez Leibniz que la réduction pure et totale de la question de l'être à la question de la méthode de la connaissance, de la science, c'est-à-dire la pleine compréhension du point de vue principiel de la critique de la connaissance – sans quoi il aurait pu atteindre l'ultime clarté dans la question qui nous préoccupe. Qu'il soit celui qui, plus qu'aucun autre avant Kant, ait approché cette clarté, cela provient de ce que, en vérité, c'est bien le point de vue de la pure méthode qui codétermine totalement ses positions. Il n'atteint pas la pleine conscience de soi de la « Critique » pour la simple raison, sans doute, que les questions de la science lui tiennent trop à cœur et que, à côté de ces questions et, finalement, au-delà d'elles, en particulier en ce qui concerne l'éthique et la théologie, tout le poids de la

tradition métaphysique pèse sur lui et reste déterminant pour la direction de son philosopher – il ne reconnaît pas les problèmes de cet ordre dans leur spécificité et, partant, il ne les domine pas, mais il cherche, naturellement en vain, à les épuiser par le seul moyen de l'intellect.

§ 8. *Le sensualisme moderne et le positivisme.*

Tandis que chez les grands philosophes rationalistes la pensée fondamentale de Platon se déploie de façon continue et s'approche sensiblement de la conséquence clairement aperçue par Platon lui-même, les philosophes qui s'inscrivent dans la direction du sensualisme suivent visiblement cette tendance, déjà évidente chez Protagoras, qui vise à refouler la relation objective et à mettre au premier plan la subjectivité, cette dernière étant bornée à la sensibilité. Cette voie était sans aucun doute une impasse si on la juge du point de vue de la progression d'ensemble de la vision philosophique, mais elle était dans une certaine mesure favorable
| au développement de l'intérêt psychologique dans sa spécificité. 144

Certes, avec Pierre Gassendi, le sensualisme moderne commence là où le sensualisme antique finit et où, devrait-on dire, il a déposé son bilan : dans l'équivalence naïve entre l'expérience sensible et l'objectif en soi. On croit être en possession du corps, de la matière, dans l'expérience sensible et saisir sans plus, dans cette expérience, l'objectivité pure. Cependant, même s'il partage cette croyance, Gassendi (qui a par ailleurs été formé à la philosophie d'Augustin) se heurte à l'irréductible spécificité du fait de la conscience, bien que ce fait ne s'impose tout d'abord à lui que comme un *factum* sensible embarrassant. Même si l'on démontre de la façon la plus exacte et la plus complète possible les conditions externes, physiques et physiologiques de la sensation, cette sensation, dans laquelle on prétend saisir l'origine de la conscience, reste inexpliquée : en particulier, la sensation des qualités sensibles. Cette difficulté, le promoteur du sensualisme moderne doit la reconnaître comme insurmontable pour l'entendement humain. Son ami Hobbes donne de ce constat une interprétation plus profonde, lorsqu'il comprend que la sensation en général, c'est-à-dire le fait que quelque chose en général apparaît, en tant que ce fait est le « principe des principes » de la connaissance, n'exige pas lui-même une explication supplémentaire – c'est-à-dire, lorsqu'il prend comme point de départ ce qui chez Gassendi demeurait à l'état de problème non résolu et lorsqu'il cherche, dans un mouvement inverse, à comprendre l'objectivité psychologiquement en partant de ce point de départ, c'est-à-dire selon la façon dont l'objectivité se présente dans la connaissance. « La sensation *est* mouvement». Pour Hobbes, cela ne peut vouloir dire qu'une chose : la sensation, en tant que phénomène subjectif, en tant que phénomène qui est aussi originaire, doit être reconduite à la forme originaire du réel objectif et comprise comme son expression subjective. Mais elle demeure, comme phénomène de dernière instance, le fondement subjectif de toute position d'objet, le principe cognitif pour le corps et le mouvement eux-mêmes, ces derniers étant considérés en revanche comme les principes réïques de l'être.

Locke répète l'étrange plainte à propos du caractère inexplicable de la sensation à partir des mouvements de la matière, mais il infléchit cette thèse dans le sens d'un dualisme cartésien affadi qui aimerait bien, au bout du compte, concéder à la matière la capacité de sentir et de penser,
145 | tout en reconnaissant l'impossibilité où nous sommes de comprendre cette capacité. Descartes, pour sa part, n'aurait pas manqué d'objecter qu'avec l'idée d'une telle capacité on retourne aux qualités occultes des scolastiques. Cependant, ce qui chez Locke est décisif, c'est l'idée selon laquelle la philosophie tout entière se transforme en une psychologie de la connaissance – une psychologie qui, malgré ses présupposés sensualistes, est contrainte de faire de nombreuses concessions au rationalisme, de sorte qu'elle ne parvient à tirer aucune conséquence pure, mais est d'autant plus acculée à subir de nouveaux développements.

Aussi, son successeur immédiat, Berkeley, en cherchant à développer de manière plus conséquente ce psychologisme pur que visait déjà Locke, en vint-il à éliminer complètement les présuppositions matérialistes qui demeuraient en vigueur chez Locke et chez les sensualistes en général depuis Gassendi, et à poser la célèbre équation de l'être et de l'être perçu : il en vint donc à abolir entièrement l'objectivité (l'*esse*) dans la subjectivité pure (le *percipi*). Il ne pouvait certes pas pour sa part en rester là, et personne n'ignore que dans un revirement tardif il a progressé en direction d'un idéalisme à moitié (au moins) platonicien.

Depuis le début, le sensualisme rigoureux devait considérer comme la plus intolérable inconséquence l'admission d'une substance pensante. C'est cette inconséquence que Hume abandonne, et c'est avec une grande rigueur qu'il tente de comprendre la relation duelle au moi et à l'objet à partir de ce qui apparaît sur le mode sensible, bien qu'il en vienne au résultat, entièrement compréhensible du fait de ses présupposés, selon lequel aucune des deux relations n'est compréhensible car elles sont toutes deux des illusions intellectuelles. Aussi devait-il chercher à mettre en œuvre un phénoménisme entièrement pur. Toutefois, ce phénoménisme est apparu tout aussi impossible et cette impossibilité repose sur des raisons tout à fait intelligibles. Mais il est décisif que sur ce point Hume a eu un

juste pressentiment : il ne faut pas chercher dans le moi ou l'objet une « chose » située derrière les choses qui apparaissent, mais une pure *relation*, une relation (voilà ce qui lui semblait merveilleux) sans terme relatif donnable (*a relation without relative*). La solution de l'énigme est la suivante : seul le rapport, contracté par la pensée, du phénomène à l'unité, seule l'unité de la loi peut fonder d'un côté la relation à l'objet et de l'autre la relation au moi. Cette solution lui a échappé, et elle devait nécessairement lui échapper dans la mesure où il ne s'est jamais dépris de son présupposé
sensualiste, | même si certaines remarques pertinentes et inattendues lui 146
laissent entrevoir cette solution. Mais puisqu'il a été incapable d'élucider véritablement sa priorité fondamentale, il était inévitable que, dans une ultime considération critique, il réduise presque totalement ces deux relations à des illusions, bien que, par ailleurs, il conservait assez d'entendement sain pour ne pas vouloir sérieusement mettre leur réalité en doute : la seule faute imputable à notre intellect consiste en ce qu'il ne sait absolument pas venir à bout de cette réalité indubitable et cette même impuissance se retrouve dans toutes les questions fondamentales de la connaissance. Une fois de plus, ce qui est décisif ici c'est l'idée selon laquelle l'égoïté comme telle n'est pas susceptible d'une objectivation indépendante : un « sens interne », comme celui que Locke avait introduit sous le terme de « *reflection* », qui perçoit les seules « opérations » pures de l'esprit et non les contenus sensibles à rapporter à l'objet externe, n'existe pas pour Hume, mais ce qui apparaît en général – seul toutefois le sensible apparaît – doit être dans tous les cas rapporté à l'objet extérieur. Puisqu'elle repose sur la causalité et que la causalité ne peut être fondée que pour notre entendement, cette relation est elle-même inintelligible : elle n'en est pas moins réelle et elle n'en continue pas moins de nous contraindre. Hume parvient donc au moins au résultat suivant : l'impossibilité d'expliquer la conscience à partir du lien causal de processus matériel cesse de constituer un problème spécifique, étant donné qu'aucun lien causal en général n'est intelligible – et, par conséquent, aucun fait déterminé, empirique, qu'il relève du monde intérieur ou du monde extérieur. Au bout du compte, le fait doit suffire.

Cette pensée est donc absolument rigoureuse. Cependant, on ne mesure ici que la rigueur interne d'une pensée : Hume n'est pas allé jusqu'à élucider l'absurdité qui caractérise la totalité de son questionnement. Selon Hume, ce n'était pas à partir d'un lien causal objectif (comme si nous possédions ou pouvions posséder ce lien causal) qu'il s'agissait de comprendre le phénomène de la conscience, pris comme un phénomène parmi d'autres, mais la conscience, c'est-à-dire le fait que quelque chose en

général apparaît – lequel fait n'est pas lui-même à son tour un simple phénomène – devait être simplement posée au fondement. Mais la théorie de Hume s'enferme ici fatalement dans un cercle : d'une part, elle prend
147 | les phénomènes comme des données absolues et considère en revanche dès le début comme problématique la relation à l'objet, étant donné que cette relation repose sur la causalité et que la causalité est un problème, et, d'autre part, elle prétend résoudre le problème en présupposant un lien causal de l'événement psychique (selon les lois de l'association). Hume entreprend avec le plus grand sérieux d'expliquer la causalité en général à partir de liaisons causales particulières et il aboutit au résultat selon lequel la causalité ainsi expliquée, la causalité telle qu'elle est selon lui explicable, en raison précisément de cette explication, est une illusion. Par conséquent il explique la causalité par la causalité, et, certes, à titre d'illusion !

Même le sensualisme plus récent – celui qui reçoit sa forme la plus pure chez J. S. Mill (en particulier dans l'*Examination of Sir William Hamiltons Philosophy*) et chez Ernst Laas (*Positivismus und Idealismus*) – n'a pu se dépêtrer de ces erreurs fondamentales. Ce sensualisme voudrait réduire toute effectivité (objectivité) à la perception (subjective). Cependant, il définit l'effectivité non pas simplement comme perception, mais comme perception et possibilité de perception – mais dans cette « possibilité », comme nous l'avons rappelé plus haut, c'est la loi que, sans le vouloir, on reconnaît. Cette loi fonde d'ailleurs l'objectivité, mais non pas au sens où cette fondation serait une reconduction quelconque à la subjectivité. Le sens de la relation objective comme celui de la relation au moi sont ici clairement reconnus – mais ces deux relations doivent être privées de leur réalité propre car seul le phénomène, c'est-à-dire le terme pris en dehors de toute relation, constitue le réel. Par conséquent, la relation n'est pas effectivement conçue comme le principe omnidominant de la connaissance et, partant, comme ce par quoi seulement le sens ultime de l'« être » (de tout ordre) se laisse saisir. Il est par trop évident que la pensée serait par là même assurée à titre de principe du connaître – penser consiste uniquement et totalement à relier –, ce qui signifie que le sensualisme devrait une fois de plus déposer son bilan. Mais comment pourrait-on se passer de la relation ? La perception doit être la donnée originaire : *à qui* est-elle donc donnée ? Et *qu'*est-ce qui doit ici être donné ? Tout du moins, l'objet n'est pas donné puisqu'il est précisément le problème. Fort bien – mais alors l'être-donné est tout autant un problème et non pas un point de départ assuré puisqu'il doit bien signifier l'être-donné de l'objet !

148 | Malgré toutes ces erreurs évidentes et irrémédiables, le sensualisme, approfondi en positivisme, a rendu un service considérable dans la lutte

pour surmonter le dualisme – un service qu'on ne doit pas contester si l'on considère aussi Avenarius et les siens, et, par ailleurs, Mach, Schuppe, Ziehen, même si, chez Avenarius par exemple, le terrible cercle, qui d'ordinaire reste dans un état de latence, se manifeste à nouveau dans des éclats suggestifs de franchise : la conscience est traitée par Avenarius selon les lois de la biologie, de sorte que l'on pose au fondement des lois particulières d'une science particulière lorsqu'il s'agit d'assurer le fondement de la loi et de la science en général.

§ 9. *La résolution kantienne du dualisme.*

Si, dans toutes ces questions, on veut accomplir un pas décisif vers la clarté, il faut s'appuyer sur la fondation définitive de la méthode critique de la philosophie que Kant a établie. Ce qui cependant l'empêche, lui aussi, de parvenir à la clarté ultime, c'est avant tout la présupposition de la donnéité – présupposition qu'il n'a pas surmontée d'une manière suffisamment radicale. Certes, on trouve tout d'abord chez Kant une simple transformation du dualisme des substances en un dualisme des phénomènes, fondé sur la distinction, issue de Locke, entre sens interne et sens externe. Mais le déploiement plus profond de la pensée critique tend vers la résolution de ce dualisme phénoménologique, qui avait pour sa part résolu le dualisme ontologique. Premièrement, la « matière », c'est-à-dire les sensations, doit être une et la même pour les sens interne et externe – seule la forme, c'est-à-dire le mode d'ordonnancement, doit être différent. Partant, la terminologie du sens interne et externe est d'emblée malheureuse, étant donné qu'elle conduit immédiatement à la représentation d'une matière différenciée. Deuxièmement, il apparaît – en particulier dans la « Déduction transcendantale des concepts purs de l'entendement » – que la forme spatiale et la forme temporelle qui, dans l'« Esthétique transcendantale », étaient séparées et se côtoyaient presque sans lien interne, se rapportent en fait l'une à l'autre dans une irréductible unité corrélative. Il apparaît donc que ni un ordre temporel n'est en général pensable sans l'ordre spatial, ni celui-ci sans celui-là. On peut affirmer, selon une interprétation certes libre de cette déduction, que l'ordre temporel naît dans l'« appréhension » du divers, l'ordre spatial dans sa « reproduction », et que ces deux étapes inférieures du procès synthétique sont en premier lieu absolument inséparables l'une de l'autre : là où rien n'est appréhendé, il n'y a rien à reproduire | et 149
sans la reproduction nous ne serions conscients d'aucune appréhension. En second lieu, nous ne serions conscients d'aucune des deux sans la recognition dans le concept. En vérité, sans l'extraposition et la sériation dans le

temps, un être-ensemble dans l'espace ne serait pas en général possible (car l'être-ensemble doit être celui d'une pluralité, donc – en même temps – d'un extraposé), et sans rassemblement (qui tout du moins contient le fondement de la représentation spatiale) une conscience déterminée du successif serait en général impossible (car, dans la conscience du successif, l'Un et l'Autre, quelle que soit la façon dont ils prennent la forme du Maintenant et de l'Ensuite, doivent d'une part être posés l'un en dehors de l'autre – cette extraposition ayant le sens d'une négation réciproque –, mais ils doivent d'autre part être représentés comme étant l'un avec l'autre et, dans un rapport réciproque, comme étant l'un pour l'autre). Kant parvient à exprimer clairement cet état de chose dans les propositions suivantes : d'une part, l'appréhension du divers est toujours successive, d'autre part, étant donné que le temps ne contient rien de permanent en lui-même, il doit nécessairement, afin de pouvoir être lui-même en général représenté, être référé à la représentation spatiale. Selon cette conception claire de l'état de chose, aucune intuition interne ne peut en général être donnée sans l'intuition externe, tout comme, naturellement, aucune intuition externe ne peut être donnée sans intuition interne. Mais cela signifie qu'il n'existe aucun phénomène proprement « psychique », aucun phénomène qui ne relèverait que du seul sens interne : il existe au contraire, pour un seul et même matériau – celui des « sensations » –, un double rapport, un rapport vers l'intérieur et vers l'extérieur pour ainsi dire. Par ailleurs, définir le rapport interne comme sériation temporelle (ce qui est certes exact d'un certain point de vue), cela est plus que douteux. Du fait que la relation temporelle est inséparable de la relation spatiale, disparaît proprement toute possibilité de distinguer le rapport interne et le rapport externe suivant l'articulation de l'ordre temporel et de l'ordre spatial, ou, plus exactement, suivant l'articulation de l'ordre simplement temporel et de l'ordre spatio-temporel. Il est tout aussi impossible de nier de l'élément le plus subjectif dans le subjectif l'existence en général d'un ordre spatiotemporel qu'il est impossible de nier cet ordre de l'élément le plus objectif que seule notre connaissance peut atteindre. Au contraire, l'unité de l'ordre spatial et de l'ordre temporel (l'unicité), qui est établie par la « synthèse de la recognition » – unité qui, en tant que tout, est en général indécomposable –, cette unité, dis-je, caractérise selon les thèses mêmes de Kant l'objectivité. On peut certes admettre qu'une relation temporelle et une relation spatiale subjectives, différentes et variables au gré des différents points de vue subjectifs, s'opposent à un ordre temporel et à un ordre spatial objectifs, mais il est impossible de soutenir qu'un ordre simplement temporel du subjectif s'oppose à un ordre du monde objectif qui, en plus d'être temporel, est aussi spatial.

| § 10. *Accomplissement du monisme sur un fondement kantien.* 150

D'après tout ce qui vient d'être dit, les réserves plus ou moins sceptiques que Kant exprime occasionnellement à propos de la possibilité d'une psychologie comme science auraient sans doute pu être radicalisées. Que le moi pur ne soit pas un objet spécifique, un objet qui pourrait être recherché pour lui-même, Hume – et même Malebranche – l'avaient déjà reconnu. Mais la réduction de la dualité de deux substances existant pour elles-mêmes à une simple dualité de types de phénomènes, telle qu'elle résulte explicitement des « Paralogismes », aurait dû conduire Kant, grâce à un approfondissement de cette réduction, à abandonner entièrement l'hypothèse d'un « phénomène » propre au sens interne. La simple hétérogénéité des phénomènes dans le sens interne et le sens externe, et la connexion de ces phénomènes selon des lois constantes au moyen desquelles ils s'assemblent en une seule expérience n'ont « rien de contradictoire » en elles-mêmes, comme le pense Kant (A, p. 386). Celui-ci poursuit : « mais dès que nous hypostasions les phénomènes extérieurs, dès que nous ne les considérons plus comme des représentations, mais comme des choses existant pour elles-mêmes hors de nous avec la même qualité que lorsqu'elles sont en nous et dès que, cependant, nous rapportons leurs actions, qui les montrent comme phénomènes en relation réciproque, à notre sujet pensant, nous avons un caractère des causes efficientes hors de nous, qui ne peut plus s'accorder avec les effets qu'elles produisent en nous, parce que ce caractère se rapporte simplement au sens externe, tandis que ces effets se rapportent au sens interne et que ces sens, bien qu'ils soient unifiés dans un sujet, sont pourtant entièrement hétérogènes. Nous n'avons plus alors d'autres effets externes que des changements de lieu, et d'autres forces que de simples tendances dont les effets sont des rapports dans l'espace. En nous, en revanche, les effets sont des pensées, pour lesquelles n'existe aucun rapport de lieu, de mouvement, de figure, ni aucune détermination spatiale en général, et nous perdons tout à fait le fil directeur qui conduit des causes aux effets qui devraient apparaître à leur suite ». Cependant, le corps et le mouvement ne sont rien en eux-mêmes, mais ils sont des phénomènes, de simples représentations en nous, de sorte que « toute la difficulté réelle revient à savoir comment et par quelle cause les représentations de notre sensibilité | sont liées les unes aux autres de 151
telle sorte que celles que nous appelons intuitions externes puissent être

représentées selon des lois empiriques comme des objets hors de nous (…) ».

Toutefois, Kant semble encore présupposer ici une hétérogénéité des phénomènes du sens externe et du sens interne, étant donné que lorsqu'on élimine des pensées tout rapport spatial, le rapport temporel doit naturellement persister en elles. Mais il n'existe aucun phénomène pour la conscience qui soit délié de tout rapport spatial. La consciosité est certes non-spatiale, mais elle est tout autant non-temporelle – en elle, les phénomènes s'ordonnent dans l'espace et le temps, mais elle-même ne s'ordonne pas à son tour en eux puisqu'elle n'apparaît absolument pas. Nous n'avons pas cessé de le répéter : l'apparaître lui-même et en général n'est pas, à son tour, un phénomène – il n'a donc pas à s'ordonner dans le temps ou dans l'espace. Ce type d'ordre devrait dès le début concerner la « matière », mais il n'existe, selon Kant lui-même, aucune matière spécifique au sens interne. Selon la conséquence rigoureuse du criticisme, cette idée d'une double effectivité – même s'il ne s'agit que de l'effectivité de ce qui apparaît –, cette idée, par conséquent, d'une perception double ou d'une expérience double, aurait dû disparaître. Doit être « effectif », au sens empirique, ce qui « est lié à une perception selon des lois empiriques » (des lois qui sont toujours à vérifier par rapport à la perception), ou encore : « ce qui s'insère avec une perception dans un contexte selon les lois d'une progression empirique » (A, p. 225 *sq.*, 376, 493). Mais ce « contexte », comme Kant nous l'a appris, n'est pas possible dans le seul sens interne, c'est-à-dire sous la seule forme du temps, mais uniquement dans la relation, tout aussi nécessaire, à l'espace, dans la « nature » qui, selon son concept total, est le lien légal unique de ce qui apparaît dans l'espace et dans le temps. Il ne devrait donc plus être question d'une effectivité empirique propre au sens interne. Ainsi, il ne reste plus aucune place dans le système kantien de « l'expérience possible » pour une psychologie côtoyant la science de la nature, comme cela semblait malgré tout être encore admis à certains endroits de la *Critique*. Cependant, tous les présupposés fondamentaux de la critique kantienne de la connaissance exigent impérativement l'application la plus stricte de ce monisme pur de l'expérience que Kant a lui-même formulé dans ces termes que nous avons déjà souvent repris : il n'existe qu'*une* expérience etc. (A. p. 110).

152 La corrélativité stricte du rapport objectif-subjectif | est déjà présente ici. La seule chose qui perturbe encore l'unité de cette corrélation est le double mode de la relation à l'objet : en tant qu'« immédiate » mais « indéterminée », elle est relation à l'objet « donné » de la sensibilité (elle est « intuition » sous les « formes » de l'espace et du temps) et, en tant que

« médiate », mais « déterminée », elle est relation à l'objet « pensé » par l'entendement en fonction des catégories. Selon le résultat clair de la déduction transcendantale, toute relation à l'objet sans exception doit au contraire reposer sur les fonctions de la pensée, au moyen desquelles ce sont aussi la relation temporelle et la relation spatiale qui se réalisent tout d'abord effectivement, car, sans ces fonctions, elles resteraient une « possibilité » vide et abstraite. L'être-donné de l'objet ne peut rien signifier d'autre que la détermination exigée, totale et concrète de cette relation, ce qui n'est possible que par une unification ultime de toutes les fonctions de la pensée, en vue, précisément, de la détermination objective la plus complète que l'on puisse atteindre. Mais il est par suite inexact de dire : l'objet *est* donné. L'objet n'est pas donné mais il le *devient*. Bien plus, il ne le devient pas, mais il *deviendrait* tout d'abord un objet donné si le procès de détermination était entièrement réalisé, alors que ce procès ne peut jamais en vérité être achevé. L'être-donné (*Gegebensein*) à la sensibilité est un être-proposé (*Aufgegebensein*) – l'objet n'est donné qu'au sens du problème effectivement posé et le « sensible » ne signifie rien de plus que la question à laquelle la pensée est sommée de donner une réponse. Cette position claire exige par la suite et rend aussi possible son extension au rapport du sensible, donc de la subjectivité, aux fonctions tout aussi objectivantes de la connaissance pratique, esthétique, ou de tout autre mode de connaissance. Nous pouvons nous épargner un développement supplémentaire concernant cette extension puisqu'il en sera question dans les deux prochains chapitres.

§ 11. *Résultat et tâche ultérieure.*

La présupposition fondamentale en vue de la détermination pure de la tâche psychologique – présupposition à laquelle Kant ne parvient pas tout à fait, mais dont il donne ou, du moins, indique les prémisses, et que nous voudrions avec raison nommer « monisme corrélativiste », si l'on tient absolument à donner une caractérisation formelle – cette présupposition, dis-je, semble être de plus en plus clairement mise en valeur dans la psychologie contemporaine, même si l'on n'est pas parvenu jusqu'à présent à la comprendre avec une clarté totale. D'un côté, on ne formule presque plus d'objection sérieuse sur le point suivant : tout ce qui est « psychique » | doit **153**
être rapporté au lien causal unitaire de la nature et inséré, plus ou moins directement, en lui. D'un autre côté, même le philosophe le plus naïf ne peut plus ignorer le fait qu'il ne peut exister aucune forme d'objectivation qui ne soit objectivation d'un subjectif, étant donné que l'objectivation est,

en tant qu'objectivation précisément, une conscience (c'est-à-dire une conscience d'objet), une présentation de l'objet, à une étape quelconque de l'objectivation, pour un sujet ou pour un point de vue possible, pensé. La séparation du « contenu » et de l'« objet » n'est que l'ultime tentative pour sauver le dualisme et, comme on l'a montré à plusieurs reprises, une tentative malheureuse – en effet, aussi peu que le A et le X de l'équation, le terme rapporté et le point de rapport, la présentation et la représentation, ne peuvent tout d'abord être posés séparément pour entrer après coup en relation. Cependant, si la relation, comprise dans sa nécessaire corrélativité, est reconnue comme originaire, universellement valide et insurmontable, il y a besoin (nul ne peut l'ignorer) d'une conception du rapport fondamental entre le subjectif et l'objectif autre que celle qui est présentée ici.

Il nous reste alors seulement à rectifier la conception univoque de la relation du « psychique » au « physique », donc à la « nature » en tant qu'elle est l'unique objet. Cette conception est en fait un héritage de l'intellectualisme du XVIIe et du XVIIIe siècles. En vérité, le rapport du subjectif et de l'objectif n'est pas différent dans la conscience pratique ou esthétique que dans la conscience théorique. Etant donné que l'on reconnaît aujourd'hui de plus en plus la spécificité de la conscience pratique et esthétique, il est alors d'autant plus urgent de mettre en valeur précisément le fait suivant : pour la psychologie, l'unification finale de toutes les directions de la conscience dans le fondement subjectif ultime du vécu concret est une tâche tout aussi importante que la distinction claire de ces directions. Dans la direction de l'objectivation, cette distinction était certainement une première nécessité et constituait la tâche la plus délicate. Avoir mené à bien cette tâche de distinction, quitte à faire preuve dans ce travail d'une certaine rigidité, tel est le grand service dont s'est acquitté le criticisme. Mais, précisément, ces distinctions abstraites exigeaient d'être à nouveau surmontées dans une ultime considération, et elles ne sont alors surmontées que si la question se dirige sur le fond subjectif ultime de toute objectivation, sur la « vie » immédiate de la psyché. Ce faisant, la conception fondamentale
154 représentée ici | ne voit pas son point de vue principiel modifié : elle ne subit qu'un nouvel approfondissement et enrichissement qui la rapprochent d'autant plus de la « vie » pleine et entière de l'âme.

Après avoir établi, à titre de fondement sûr, l'unité stricte de la relation fondamentale et corrélative entre l'objectif et le subjectif, l'objet de notre recherche dans les deux prochains chapitres devra être : 1° la direction de l'objectivation; 2° la direction de la subjectivation considérée dans la loi générale de la méthode de son application. En effet, il est nécessaire de commencer par exposer, jusqu'à un certain point, la méthode de l'objectivation, car la méthode de la subjectivation, qui constitue notre question propre, se tient, d'après tout ce que nous avons montré, dans un rapport réciproque avec la première et, par conséquent, elle doit être acquise à partir de cette méthode, en vertu d'une certaine opération d'inversion.

CHAPITRE VII

L'UNITÉ DE LA CONNAISSANCE OBJECTIVANTE

§ 1. *Objectivation = connaissance de la loi.*

La connaissance en tant que telle, la science, se dirige sur l'objet et, en dernière instance, sur l'unité de l'objet. La connaissance de l'objet repose sur la connaissance de la loi, la connaissance de l'unité de l'objet repose sur la connaissance de l'unité – à son tour légale – du lien des lois particulières. S'il doit désormais exister une connaissance, une science de la subjectivité en général, cette connaissance semble par conséquent devoir être une connaissance de lois d'une espèce particulière et s'insérer selon une modalité qui lui est propre dans le tout de la connaissance de la loi.

Cependant, si l'on se fonde sur ce présupposé, on ne parvient pas – nous nous en sommes persuadés – à une science de la subjectivité mais seulement aux sciences d'objet de toute sorte et, finalement, à une théorie dominante, elle-même purement objective, de la connaissance d'objet en général : la logique prise dans sa signification englobante ou la critique de la connaissance. Toutefois, la subjectivité devait être la contrepartie de l'objectivité et non pas, en quelque sens que ce soit, une partie de l'objectivité.

Ce qui précède a déjà apporté la preuve générale de cette thèse. Dans le présent chapitre, il s'agit d'apporter une confirmation et de développer les conséquences particulières de la direction selon laquelle la connaissance légale | de ce qu'on nomme « psychique » n'est possible et ne peut être **155**
effectivement atteinte qu'au sens de l'objectivation et ne peut par conséquent conduire à une science spécifique du subjectif. Ce que nous allons

acquérir dans cet examen ne se réduira cependant pas à ce résultat négatif – nous savons en effet déjà que l'objectivation d'une espèce quelconque doit précisément constituer le fondement pour la subjectivation correspondante, ce qui est la tâche véritable et positive de la psychologie.

§ 2. *La psychologie comme description.*

Une certaine approximation de la conception que nous soutenons ici se trouve dans l'idée selon laquelle la tâche de la psychologie consiste, non pas dans une connaissance légale d'une espèce quelconque, mais dans une simple description de l'état de fait psychique, ou – ce qui ne constitue qu'une différence terminologique et non une différence réelle – dans l'idée selon laquelle la psychologie est bien la connaissance du lien légal, au sens où il concerne immédiatement l'avènement des phénomènes dans la conscience (la psychologie constituant par conséquent, dirions nous, une branche de la science de la nature), alors qu'une « phénoménologie » pure, se contentant d'établir la teneur des faits de conscience, doit être distinguée, à titre de science spécifique, non objectivante, de la psychologie.

Nos présupposés fondamentaux peuvent aisément sembler se rapprocher de cette position et même l'imposer nécessairement. En effet, tandis que toute autre connaissance scientifique, parce que, précisément, elle est dirigée sur des lois, doit s'élever plus ou moins au dessus de la factualité la plus immédiate de l'apparaître et s'en éloigner réellement, la psychologie doit atteindre ce *factum* ultime, plus originaire que tout autre, le *factum* de la conscience, et le présenter dans sa pureté – elle doit donc (croit-on) établir fermement et décrire ce factum purement en tant que factum : ce qui est précisément la tâche que s'impose la psychologie descriptive ou phénoménologie.

On oublie cependant ici quelque chose. Il doit bien y avoir des faits que l'on décrit. Or, la revendication de factualité est déjà une revendication de la conscience objective. L'affirmation de la factualité contient en elle-même la prétention à la validité objective. En un certain sens, la factualité coïncide avec l'objectivité, du moins avec l'objectivité de la connaissance théorique. Les lois (théoriques) sont en effet également des faits, des faits généraux et non singuliers. Toute description contient par ailleurs un certain degré de généralité. Même lorsqu'elle doit ou semble porter immé-
156 diatement | sur le vécu singulier, elle le décrit cependant tel qu'il pourrait à chaque fois se reproduire – elle le décrit par des traits généraux. Le voudrait-elle, elle serait incapable de saisir ce vécu dans son individualité absolue. Mais, du fait même qu'elle le décrit, elle le subsume sous des

concepts généraux, donc elle le généralise, qu'elle le veuille ou non. Elle fait du singulier un cas du général et, partant, elle le transforme en général car le cas est une *species*, c'est-à-dire un général qui est simplement subordonné à un autre. Cependant, il en résulte que la description du fait est déjà une objectivation, rien de moins que la subsomption sous la loi. Elle ne trouve sa signification et sa fonction scientifique que dans le lien de la connaissance légale, qu'elle soit considérée comme présupposition ou préparation de cette connaissance ou, au contraire, comme son but spécifique et ultime.

Il est inadmissible de séparer la connaissance du fait et la connaissance de la loi, et d'en faire l'objet de sciences différentes. La connaissance des lois est une connaissance de faits, c'est-à-dire de faits généraux. Inversement, toute la certitude qui revient à la connaissance de faits singuliers repose sur la loi. Je ne peux affirmer un fait en me fondant sur mes perceptions sans présupposer à chaque fois *une* légalité, celle du processus de la perception elle-même et, en cette légalité finalement, la légalité totale de la nature, tout du moins dans sa teneur générale. En vérité, nous ne pouvons concevoir la connaissance légale sans concevoir également le tout de la connaissance factuelle. C'est précisément pourquoi nous pouvons également sans risque d'erreur penser inversement la connaissance légale dans la connaissance factuelle, puisque les lois, c'est-à-dire les lois naturelles (c'est à celles-ci exclusivement que nous pensons dans la distinction en question) ne font qu'énoncer ce qui a lieu factuellement en général, c'est-à-dire ce qui en général – à chaque fois que les conditions objectives requises sont remplies – est un fait. Par connaissance légale – qui, comme telle, est la connaissance objective –, nous entendons la connaissance des faits sous des lois ou la connaissance des lois en tant que lois de faits, la connaissance des lois en tant qu'elles déterminent des faits et, dans la mesure où il ne s'agit tout d'abord que de connaissance théorique, nous pouvions nous en tenir à cette signification. Cependant, à cette connaissance légale nous opposions la psychologie, puisqu'elle doit être une connaissance non de l'objet mais de la subjectivité comme telle.

| Certes, nous rencontrons ici un certain paradoxe. Il est donc compré- 157
hensible que l'on refuse d'admettre si facilement une théorie si « absurde ». Cette théorie peut en effet sembler absurde au premier regard. Nous étions partis nous-mêmes de ce premier principe selon lequel la connaissance comme telle se dirige sur l'objet. Quel est alors le sens d'une connaissance qui n'est pas connaissance de l'objet, mais d'un absolu pré-objectif, donc d'un non-objectif, étant donné que c'est ainsi que la subjectivité, en tant qu'absolument opposée à l'objectivité, doit nécessairement apparaître ? Si

la subjectivité tombe en dehors de l'objectivité, ne tombe-t-elle pas par là même en dehors du domaine de la connaissance ? Or, si la subjectivité doit bien (poursuit-on alors), sans être elle-même déjà objectivité, appartenir pourtant, d'une certaine manière, à l'objectivité, elle devra relever de cette objectivité à titre de fondement, plus précisément à titre de fondement originaire sur lequel toute connaissance (de l'objet : il n'y a pas d'autre connaissance) repose. Et c'est bien ainsi que la psychologie descriptive ou la phénoménologie pure considère la subjectivité. La psychologie descriptive semble donc être la conséquence juste et justifiée de nos propres prémisses.

§ 3. *La connaissance factuelle dépend de la connaissance légale.*

Cette apparence est admissible et nous l'avons pour notre part admise dès le début. Nous avions également montré comment, d'un point de vue général, elle se résout. Des explications plus précises seront données dans le prochain chapitre. Il faut écarter pour l'instant la question portant sur le sens positif d'une connaissance non objectivante, subjectivante, car il s'agit de développer en premier lieu la thèse négative selon laquelle toute connaissance objectivante (qui, tout d'abord en tant que connaissance théorique, est tout à la fois connaissance factuelle et connaissance légale) constitue par elle-même une totalité achevée – selon laquelle tout ce qui, à titre de fait ou de loi, est affirmé avec la signification de la validité objective ou est revendiqué comme ayant cette validité, relève de l'unique direction de la connaissance théorique au sein de laquelle il semble n'y avoir aucune place pour une connaissance du subjectif comme tel. Voilà précisément ce qui doit être posé tout d'abord : ce n'est pas en premier lieu la loi, à titre de fait général, et ce n'est pas non plus le jugement de fait en tant que singulier – l'un et l'autre relevant de la direction objectivante de la connaissance – qui peuvent définir la tâche de la psychologie ou constituer une partie de la définition de cette tâche.

158 | Ce qu'est un fait, disions-nous, nous ne pouvons en décider que sur le fondement de lois. Si nous doutons qu'une perception que nous pensons avoir, ou même un rêve, a effectivement eu lieu, nous serons amenés à chercher, de la même façon que pour l'établissement d'un fait de la nature externe, d'une part, les causes et, d'autre part, les effets de ce prétendu fait, et nous tenterons de confirmer le témoignage incertain de notre mémoire par des inférences de la cause à l'effet et de l'effet à la cause. Nous chercherons à restituer la totalité et la cohésion interne du cours temporel de nos vécus conscients, dans la connexion duquel le vécu douteux doit

s'insérer, afin d'inférer du précédant au suivant et inversement. Nous ne présupposons manifestement pas ce lien comme simplement temporel, mais aussi comme causal, car ce qui fonde la distinction entre la simple succession temporelle et le lien causal, c'est précisément la possibilité d'inférer du précédant au suivant et inversement – c'est le fait que la succession est admise comme nécessaire en vertu des présupposés. Cependant, cela signifie précisément que l'un des vécus ne s'est contenté pas de précéder l'autre dans le temps, mais qu'il a nécessairement conduit à lui ou qu'il l'a produit. La totalité du lien simultané de la conscience au moment 1 est pensée comme conditionnant et déterminant la totalité du lien de la conscience au moment 2 – bref, la causalité est la présupposition, et c'est en se fondant sur cette présupposition que nous portons une décision, chaque fois qu'il y a doute, sur la factualité du vécu singulier. Même la factualité ordinaire, admise sans question ni examen, repose constamment sur cette présupposition générale du lien causal. En ce sens, Kant avait pleinement raison de définir l'effectif comme ce qui est lié à la perception selon des lois empiriques[1]. Cette définition est valable pour le fait médiat de la science de la nature – ne devrait-elle pas valoir pour les faits immédiats, les faits de dernière instance que l'on nomme faits de conscience? Certes, il peut sembler que ce principe kantien admette encore tout du moins la perception comme un fait « donné », établi avant tout lien légal et indépendamment de ce lien et, partant, comme le témoin ultime, absolu, | de l'effectivité, témoin **159**
qui ne serait pas tout d'abord conditionné par la loi – et la perception pourrait apparaître alors comme un vécu psychique immédiat susceptible de revendiquer une certitude pleinement indépendante. Cependant, d'une part, l'opinion de Kant n'a pas pu consister à trouver un appui sur cette «*prima fides*» (cette «confiance première») de l'épicurisme et, d'autre part, il serait impossible de fonder objectivement ou de concevoir clairement la thèse selon laquelle la perception pourrait être isolée du lien empirique et établie pour elle-même à titre d'effectivité, c'est-à-dire à titre d'effectivité absolue. L'effectivité est une catégorie, un mode du jugement, et, certes, du jugement de l'objet – de sorte que, du point de vue de la méthode de la détermination de l'objet, elle est absolument soumise à ce lien empirique, c'est-à-dire pensée sous la loi, et, en dehors de ce rapport essentiel à ce lien, elle ne constitue aucun prédicat possible. Par consé-

1. E. Kant, *Critique de la raison pure*, B, p. 266 : postulat de l'effectivité. L'interprétation que Natorp donne de ce postulat reprend celle de Cohen dans *La Théorie kantienne de l'expérience*, trad. fr. E. Dufour et J. Servois, Paris, Le Cerf, 2001, p. 481-489 [N.d.T.].

quent, si nous devons pouvoir affirmer l'effectivité du psychique et, surtout, établir cette affirmation comme scientifique, l'exigence d'insertion dans le lien finalement unitaire des lois causales vaut aussi nécessairement pour cette effectivité et, en définitive, elle ne vaut que pour elle, car il n'existe en dernière instance pas d'autres faits que les faits de conscience. *L'*effectivité, prise dans le tout de son concept, est *une*, et elle ne signifie précisément rien d'autre, d'après sa fondation ultime, nécessairement logique, que le lien légal unique de l'expérience ou de la nature, pris dans la totalité de son concept – mais « une » effectivité, celle d'un fait singulier, ne peut être l'objet d'un énoncé valide que si elle est insérée dans ce lien unique et fondée sur la loi dont la seule fonction est d'ordonner la singularité du prétendu fait dans un lien unitaire. Il n'y a donc pas une double connaissance, une connaissance des faits et une connaissance des lois, mais les faits ne sont connus comme tels que s'ils sont insérés par la loi dans le lien total des faits : dans l'expérience ou dans la nature.

§ 4. *La détermination spatio-temporelle du fait.*

Le chemin le plus court pour convaincre le plus sceptique est le suivant. L'établissement d'un fait, qu'il soit désormais physique ou psychique, exige, selon les positions incontestables soutenues par Kant, la fixation du point temporel de l'événement qu'est ce fait. Cependant, la position temporelle d'un fait – la même chose vaut de sa durée dans le temps – ne peut être établie avec une validité objective, avec la validité de l'effectivité,
160 | que si elle est mise en relation avec un ordre temporel posé au fondement et commun à tout événement effectif. L'unité temporelle de l'effectif n'est elle-même tout d'abord constituée que par l'unité du lien causal de l'événement. L'ordonnancement temporel effectif, objectivement valide, des événements est celui selon lequel ces événements s'indiquent mutuellement leurs places temporelles sur un mode unitaire, c'est-à-dire d'après des lois qui déterminent univoquement l'ordre temporel de l'événement, autrement dit d'après des lois causales. Il en résulte immédiatement l'unité nécessaire du lien causal de tous les faits. Admettre un double ordonnancement causal pour les faits psychiques et pour les faits physiques, cela reviendrait par conséquent à les rapporter à deux temps. Celui qui voudrait affirmer que les faits psychiques sont des faits en dehors de tout lien causal devrait pouvoir effacer de toute énonciation de la factualité l'énonciation qui porte sur le point temporel du fait. La déterminité univoque de la position temporelle du fait exige inévitablement l'insertion de ce fait dans ce lien causal unique qui constitue précisément la nature.

Par ailleurs, l'unicité de l'ordre spatial conditionne tout autant que l'unicité de l'ordre temporel l'unicité de ce lien causal. Les faits dits « psychiques », s'ils doivent en général revendiquer la valeur de faits, peuvent d'autant moins se soustraire à cette insertion dans la « nature » que l'ordre de l'événement déterminé à la fois spatialement et temporellement ne peut être que cet ordre unique que, sous le nom de nature, nous visons et recherchons toujours. Kant, pour sa part, avait déjà, croyons-nous, élevé au-dessus de tout doute légitime cette unité nécessaire de l'ordre temporel et de l'ordre spatial. La détermination objective du temps est absolument impossible sans une relation simultanée à l'espace. En effet, le temps n'est absolument pas déterminable par lui-même. Pour le dire grossièrement, nous ne pouvons faire glisser hors de sa place un segment de temps, tel un segment spatial, afin de mesurer un autre segment temporel, mais le segment temporel n'est mesurable, donc déterminable, que par l'espace. Comme on l'a dit, c'est une façon un peu grossière de parler et qui contient encore une inexactitude essentielle. En effet, ce sont également l'ordre pur des places spatiales comme aussi n'importe quelle place dans cet ordre qui ne peuvent sortir de leur place, privilège qui n'est accordé qu'aux choses qui sont dans l'espace, les places demeurant, quant à elles, inamovibles. C'est précisément parce qu'elles demeurent que notre pensée peut | aller et **161** venir entre elles en toute liberté et, partant, les maintenir et les reconnaître dans leur identité immuable. Le point temporel au contraire, une fois abandonné, serait perdu pour toujours s'il ne laissait derrière lui, dans l'espace, sa trace en quelque sorte persistante. L'image du temps elle-même dans notre représentation – image qui doit elle-même demeurer fixe puisqu'autrement nous ne pourrions nous représenter le passé, lequel n'est plus – doit être par conséquent une image spatiale, une sorte de projection du temps dans l'espace. C'est seulement par une représentation spatiale que le passé en tant que passé, c'est-à-dire en tant que reposant derrière nous, peut cependant être maintenu et renouvelé dans la représentation. Je ne peux en effet me représenter maintenant l'avant que lorsque je considère l'avant présent au même titre que le maintenant – que si, par conséquent, je traduis la succession temporelle qui exclut pourtant d'elle-même la simultanéité en un ordre simultané que seul l'espace rend représentable.

Ce qui vient d'être dit vaut de chaque représentation du temps, même de la plus « subjective ». Une détermination temporelle objectivement valide – ce dont il est précisément question ici – n'est pleinement possible que dans une liaison étroite avec la détermination spatiale objectivement valide. Ce sont des mouvements uniformes, ou tout du moins présupposés comme tels, qui doivent nous présenter le cours uniforme du temps objectif – le temps n'est donc objectivement déterminable que par rapport à l'événement spatial. Chaque relation déterminée d'un événement au temps un et objectif ordonne inévitablement cet événement dans le lien unitaire de la nature (lien qui n'est pensable que dans l'unité numérique) et transforme par conséquent l'événement lui-même en un événement naturel.

Certes, on vise le cours du temps entièrement immédiatement, sans l'aide de quelque représentation spatiale, lorsque, sans le mesurer exactement, nous pouvons toutefois l'estimer approximativement, d'une manière plus ou moins correcte : ainsi une suite vécue, par exemple de sons, est reproduite plus ou moins fidèlement dans le souvenir – que l'on songe ici à la mémoire aiguisée du musicien expérimenté. Cependant, on fait entièrement abstraction ici de ce qui vient d'être dit : même l'image la plus subjective du temps, en tant qu'image, présuppose constamment l'espace et prend appui sur lui de sorte que, d'emblée, l'estimation subjective ne peut valoir sans plus comme objective – la question portait toutefois sur la détermination objectivement valide et, pour cette détermination, il est constamment nécessaire de recourir à des mesures spatiales. Ainsi, l'estimation la plus subjective du temps vise en vérité et présuppose en général le
162 temps un et objectif. Elle devine en quelque sorte la durée objective, | et seuls les moyens lui manquent pour la déterminer avec certitude et consistance. Cependant, cette durée objective devinée doit-elle être la véritable durée du vécu subjectif ? De nombreux psychologues vont dans ce sens, mais ils soutiennent difficilement cette opinion, car il n'existe au fond aucun doute sur l'état de chose suivant : nous vivons certes immédiatement une succession d'impressions mais non pas un temps qui serait déjà objectivement déterminé pour nous, ni un temps simplement subjectivement déterminable en dehors de tout rapport à l'espace. Mais nous estimons le temps objectif à partir de nos vécus subjectifs, autant qu'ils le permettent, selon certaines expériences générales qui, si on y prend garde, se rapportent aussi constamment à un événement extérieur et ne peuvent se passer de son contrôle. Sans ce contrôle, ces expériences seraient non seulement privées de la certitude complète, mais elles ne seraient pas tout simplement possibles. Il n'existe donc aucun temps psychique particulier, mais une détermination, rapportée de façon plus ou moins déterminée à un événement extérieur, donc une détermination plus ou moins exacte et plus ou moins valide, du temps objectif un et identique, du temps de l'événement naturel.

§ 5. *Confirmation.*

Toutefois, de nombreux psychologues semblent croire – et ils semblent ne trouver en général aucune difficulté en cette croyance – que l'événement psychique, même s'il est nécessaire de le rapporter à un temps unique, commun à tout événement, ne doit pourtant pas nécessairement être inclus dans l'ordre causal unique de tout événement, donc dans l'ordre physique. Ils semblent croire au contraire que l'événement psychique existe pour soi au moins en tant que fait, et qu'il peut et doit alors s'insérer dans un ordre causal spécifique, analogue à celui de la nature extérieure, mais distinct de lui. Une dualité d'événements et une dualité d'ordres de l'événement, pense-t-on, peuvent très bien trouver leur place et trouvent effectivement leur place dans le temps un : les changements externes, en particulier les changements de lieu, d'une part, et les processus internes, représentations, pensées, sentiments, volitions etc., d'autre part – les deux séries étant connectées par une corrélation constante qui garantit suffisamment leur relation à un même ordre temporel. Elles demeurent cependant, indépendamment l'une de l'autre et pour elles-mêmes, tout autant ordonnées dans le temps que liées causalement.

Toutefois, selon ce mode de représentation, on néglige précisément ce qui seul ici est décisif, à savoir le fait que c'est uniquement l'unité du lien causal déterminé spatio-temporellement qui | rend possible et réalise **163**
effectivement une détermination objectivement valide d'un événement quelconque en général. Seule peut être objectivement valide, cependant, la détermination temporelle qui, dès le début, se rapporte au temps existant sur le mode de l'unicité, et qui, pour cette raison précisément, est le temps de l'événement en tant qu'il doit être pensé comme nécessairement inséré dans un lien causal unique. L'univocité de la détermination temporelle d'un événement quelconque – univocité qui est la condition de la détermination valide de l'événement lui-même – n'est certes jamais simplement donnée. Autrement dit, elle n'est jamais garantie par le simple lien immédiat du vécu subjectif. Au contraire, ce lien subjectif, simplement défini par le rapport commun à un seul et même moi vivant, est en lui-même entièrement fluant et il n'est absolument pas déterminable à partir de lui-même. Il ne peut être déterminé qu'à partir d'un lien objectif – ou, tout du moins, à partir d'un lien présupposé et construit objectivement. Ce lien objectif doit lui-même, afin de rendre déterminable le cours du vécu subjectif, être pensé comme temporellement déterminé, ce qui n'est possible que par référence à un unique temps objectif qui, à son tour, ne pourrait pas être simplement pensé comme déterminable sans l'autre

condition de la détermination objectivement valide, l'espace. En effet, l'unité (unicité, univocité) d'une détermination temporelle quelconque d'événements ne peut surgir qu'à titre de moment de l'unité de la nature – et, certes, à titre de l'un des moments essentiels de cette unité. Néanmoins, parmi ces moments, nous trouvons aussi bien l'espace qui est tout d'abord au service de l'unité de la détermination du temps. En effet, la détermination objective du temps requiert, comme Kant l'a bien vu, un permanent qui ne peut être trouvé dans le simple temps (dans lequel « tout est en flux »). Il s'agit certes ici des principes kantiens, mais ils ont été établis, indépendamment de Kant, par le *factum* de la science.

§ 6. *Développements supplémentaires sur l'unité de l'ordre spatio-temporel.*

Les psychologues distinguent couramment l'espace subjectif de notre représentation de l'espace de l'événement objectif. Comment pourraient-ils être identiques ? Le premier est aussi divers que les représentants et le resterait même si par ailleurs les représentations spatiales de cette pluralité de représentants coïncidaient entièrement quant au contenu. En revanche, l'espace de l'événement objectif est seulement un, en raison de l'intégrité
164 de son concept. Comment | confondre les deux si ce n'est par une grande inattention ?

Cette façon de présenter les choses ne correspond pas à notre conception méthodologique fondamentale. Elle parle la langue de la conception que nous combattons. Cependant, l'élément objectif qu'elle veut exprimer est sans nul doute exact. Quoi qu'il en soit, si cette considération doit avoir quelque valeur, elle doit s'appliquer également au temps et dans un sens absolument identique. L'ordre temporel un et identique de l'événement doit aussi peu être cherché dans le vécu subjectif du représentant que l'ordre spatial un et identique. L'un ne peut, aussi peu que l'autre, être identique à l'ordre que le représentant représente simultanément dans ses représentations subjectives, qu'elles soient les représentations d'un événement externe ou d'un événement (prétendument) purement interne. Cependant, à partir de la pluralité indéterminée des représentations subjectives du temps, le temps unique, objectif, ne peut être conquis que par une construction – par nulle autre construction que celle qui, d'une façon générale, constitue tout d'abord pour nous l'unité de l'événement objectif. Non seulement la construction de l'ordre spatial un et objectif appartient tout aussi essentiellement à cette construction de l'unité de l'événement objectif, mais la construction du temps objectif accompagne dans toute la suite de ses étapes la construction de l'espace objectif et n'est absolument pas réalisable indépendamment de cette dernière.

Il serait plus exact de dire : le temps unique et objectif, à l'instar de l'espace unique et objectif, ne peut en général jamais être donné ni présenté d'une manière définitive et achevée – face à l'expérience, cet espace et ce temps sont des idéaux. Leurs concepts n'en demeurent pas moins pleinement certains et purs, en tant que concepts limites pour ainsi dire, face à la suite infinie des déterminations spatiotemporelles approximatives qui ne sont possibles qu'empiriquement. Une détermination spatiotemporelle absolue exige des emplacements absolument fixes. Cependant, que l'on puisse seulement trouver dans l'univers deux lieux fixes l'un par rapport à l'autre, Newton en doutait déjà, et il ne fait plus aucun doute aujourd'hui que de tels lieux ne sont pas donnés ni ne peuvent jamais l'être. Il serait même inadmissible de les poser par hypothèse, car une telle hypothèse serait d'emblée soustraite à toute vérification possible. La perception tombe-t-elle toutefois pour cette raison en dehors de l'espace et du temps des objets ? Manifestement pas. Nous ordonnons nos perceptions dans le temps et l'espace en nous réglant constamment, pour autant que les *data* le permettent, | sur l'exigence d'un unique lien causal de l'événement dans le **165**
temps unique et dans l'espace unique. Nos perceptions ne nous font par conséquent jamais sortir du temps unique et de l'espace unique, ce qui signifie que nous les rapportons nécessairement à l'unité exigée de l'événement dans le temps unique et dans l'espace unique, même si nos déterminations temporelles et spatiales, quelle que soit l'exactitude dont elles sont capables, n'atteignent jamais le niveau des déterminations absolues de la pensée. D'après les positions inébranlables de la critique de la connaissance établies par Kant et à partir de lui, les représentations du temps comme de l'espace ne sont rien d'autre que des modes, conformes à la loi, selon lesquels la connaissance procède. Ces modes de procédé ont précisément pour but l'unité de la connaissance et contribuant à produire cette unité – et, certes, les représentations de l'espace et du temps sont toutes deux des modes de procédé infinis, jamais achevés. L'insertion dans l'ordre légal, un et omnienglobant de l'événement, est ce à partir de quoi l'espace unique et le temps unique deviennent accessibles à notre connaissance. En effet, la totalité des modes de procédé qui, ensemble, présentent la « possibilité » de l'expérience ou de la nature, c'est-à-dire les fondements constitutifs de l'expérience, doivent former un système où chaque terme est en contact avec l'autre, où le fonctionnement de chaque élément intégrant est conditionné par un fonctionnement, qui lui correspond exactement, de tous les autres. Ce rapport existe avec une évidence particulière entre

l'ordre temporel et l'ordre spatial et, en outre, entre ces deux ordres dans leur unité indivisible et l'ordre causal de l'événement : l'actuelle physique (dans le soi-disant principe de la relativité) en donne une confirmation impressionnante.

§ 7. *Communauté du monde spatiotemporel.*

Il est à peine besoin d'ajouter que, dans cette construction, nous ne nous servons pas seulement de nos propres perceptions, mais aussi des perceptions des autres dont nous avons connaissance. Ceci n'est une fois de plus possible que lorsque les perceptions de l'ensemble des percevants sont rapportées à un temps de l'objet un et identique et à un espace de l'objet un et identique – autrement, elles ne pourraient nullement aboutir à un résultat concordant, se compenser l'une l'autre et se servir mutuellement de contrôle.

Certes, ma perception est absolument mienne. Je ne peux admettre d'aucun autre une information sur ce qui se trouve ou non dans ma perception. L'autre ne peut rien en savoir sans que je lui en fasse part.
166 Cependant, je peux lui en faire part, nous pouvons | nous entendre l'un l'autre à propos de nos perceptions et corriger les unes par les autres tout comme je corrige une perception propre par une nouvelle perception propre. Toutefois, la possibilité de cette entente avec les autres, tout comme la possibilité de l'entente avec moi-même (par exemple, sur la perception présente et passée du même objet), est conditionnée par la possibilité de rapporter les perceptions d'un ou plusieurs sujets à un temps un et identique et à un espace un et identique dans lesquelles nous percevons tout. Si on nie cette possibilité dans un cas, on doit la nier aussi dans l'autre pour une raison analogue, et affirmer par exemple que ma perception d'hier et celle d'aujourd'hui ne se rapportent pas à un seul en même espace, mais à des espaces particuliers. Non seulement chaque sujet percevant aurait un espace perceptif propre, mais il en aurait une quantité innombrable, autant que ces perceptions spatiales isolables les unes des autres. La même conclusion vaudrait pour le temps. Etant donné que ce n'est effectivement pas le cas, nous constituons à partir de l'ensemble de la suite de nos perceptions, dans notre connaissance, l'unique ordre spatial et temporel dans lequel nous introduisons la totalité de nos perceptions et, en les introduisant – car le temps et l'espace n'existent pas du tout pour eux-mêmes dans notre représentation, mais seulement à titre d'ordre du contenu de cette représentation –, nous pensons également les autres sujets percevants, ainsi que nous-mêmes, comme existant dans cet ordre spatial et temporel identique et

unique, et nous y insérons leurs perceptions avec la même nécessité que les nôtres, pour autant que nous connaissons les premières par le dialogue ou que nous pouvons les reconstruire avec certitude. Nos perceptions propres passées ne nous étant pas immédiatement présentes, mais étant présentifiées dans le souvenir, nous les connaissons également par une sorte de dialogue ou d'inférence.

La différence des perceptions de plusieurs sujets rapportées à un même objet fait aussi peu obstacle à cette référence unitaire que la différence des perceptions d'un seul et même sujet dans des temps distincts. De même que, lorsque par exemple j'examine le même objet avec l'œil droit puis avec l'œil gauche, ou bien une fois avec mes seuls yeux et l'autre fois à travers une lentille qui modifie entièrement les dimensions de l'objet pour ma perception, | je ne crois pas voir cet objet dans un autre monde, mais je **167**
suis facilement capable en me fondant sur un petit nombre d'expériences, mais constantes et régulières, d'unifier une perception avec les autres, de les comprendre pour ainsi dire, d'accréditer ou de rectifier l'une par l'autre, de même mes perceptions et celles d'un autre ne doivent pas se rapporter à des espaces différents sous prétexte qu'elles s'insèrent dans des connexions différentes de vécu et qu'elles ne sont jamais pleinement congruentes dans leur contenu. Par là même, nous rectifions la présupposition que nous admettions encore au début, selon laquelle la représentation unique et objective de l'espace et du temps s'opposerait comme une instance entièrement étrangère et séparée à leurs multiples représentations subjectives. Les multiples représentations différentes, que ce soit pour des sujets différents ou pour un seul et même sujet, peuvent très bien en elles-mêmes se rapporter à un seul et même ordre de l'espace et du temps – cela doit nécessairement pouvoir être ainsi, parce que c'est ainsi.

§ 8. *La prétendue non-spatialité du psychique conçu comme ce qui est perçu intérieurement.*

On pourrait croire que, depuis Kant au moins, un accord général sur ces présupposés doit dominer. En effet, tout ce qui est essentiel dans ce que nous venons de dire a déjà été établi par lui et est devenu hors de doute. Toutefois, Kant est lui-même en partie responsable – à cause de l'extrême incompréhension de sa doctrine du sens externe et du sens interne – du profond ancrage du préjugé selon lequel les faits immédiats ou les faits de conscience seraient en eux-mêmes absolument non-spatiaux, et n'auraient en commun avec les faits médiats de la nature que le temps. De ce point de vue, on tient le fait selon lequel le temps lui-même ne devient représentable que par l'espace pour une illusion. La représentation du temps par un *continuum* spatial unidimensionnel est tout au plus, croit-on, une métaphore, une fiction, un simple artifice scientifique qui sert toutefois à la commodité de la présentation. Si cela était exact, il serait certainement exclu de contraindre les phénomènes « psychiques » à s'insérer avec les phénomènes de la nature dans un unique ordre causal – tout du moins, cette unification ne devrait pas être considérée comme nécessaire, comme le fruit d'une exigence réelle mais seulement valoir à titre de conjecture risquée de la métaphysique, à titre d'« hypothèse » au mauvais sens du terme.

Cependant, même si l'on fait abstraction du conditionnement de la représentation du temps par la représentation de l'espace, tout ce qui, au
168 sens propre, apparaît – donc | également ce qui est nommé psychique – doit être en lui-même et en tant que tel rapporté tout aussi essentiellement à l'espace qu'au temps. Néanmoins, étant donné que ce préjugé profondément ancré est admis par la plupart des psychologues, ou peu s'en faut, et par quelques uns des meilleurs d'entre eux, il convient d'élucider plus particulièrement ce point.

§ 9. *La perception spatiale est nécessairement référée à l'espace un et objectif.*

Afin de rendre plus familière – et tout d'abord pour nous-mêmes – la conception que nous défendons et qui, semble-t-il, en déconcerte beaucoup, considérons tout d'abord le cas le plus clair : la perception sensible ordinaire et, plus particulièrement, la perception visuelle et tactile, c'est-à-dire ces perceptions qui contiennent en elles mêmes le rapport à l'espace le plus immédiat, le plus évident, le plus incontestable à tout point de vue, bref la perception du spatial lui-même. Comment voudrait-on nier en effet que cette perception se rapporte entièrement à l'espace, non pas à quelque autre facteur que nous posons au fondement de notre représentation globale de la nature mais à celui-ci précisément ?

Certes, il est à craindre que certains des psychologues, dont la thèse est de ce fait mise en cause, fondent ici immédiatement sur moi et me rendent coupable d'une confusion terrible, à peine pardonnable. Le contenu de ces perceptions, diront-ils, est certainement rapporté à l'espace, précisément par l'acte de percevoir (même si, partant, l'espace lui-même ne devient pas un contenu de ma perception). Cependant, la question ne porte pas ici sur le contenu mais sur le vécu psychique, sur l'acte de percevoir lui-même – et cet acte ne peut ni être simplement rapporté à l'espace ni *a fortiori* être inséré en lui. Le perçu est bien dans l'espace ou, plutôt, nous l'insérons tout d'abord dans l'espace, mais il n'en résulte aucunement que le percevoir lui-même soit un processus spatial. L'acte de la perception, dira-t-on, doit-il littéralement faire passer en nous ce qui existe au dehors ? Doit-il le « transférer » dans mon moi ou ma conscience ? La conscience est-elle un espace, voire un espace dans un espace (extérieur) ?

Cependant, nous avons depuis longtemps rejeté la distinction de l'acte et du contenu – qui est au fondement de cette riposte habituelle – et nous pensons en même temps avoir expliqué | l'illusion qui l'a produite. Selon **169**
toute apparence, le miracle de l'acte non-spatial de la conscience se réduit au miracle réel et certes indéniable de la consciosité. Il est certainement exact de dire que la consciosité, la relation au moi en général, n'est comme telle rien de spatial. Mais il est question ici de ce qui apparaît et la consciosité n'apparaît pas – et, puisque l'espace n'est qu'une « forme du phénomène », un ordre du contenu, il est certain que la consciosité ne peut être donnée dans l'espace. Néanmoins, il en résulte – de la même façon – qu'elle ne peut pas non plus être donnée dans le temps. En réalité, ce n'est pas elle qui apparaît dans le temps, mais le temps en elle. Précisément, le temps, tout comme l'espace, appartient au contenu, en tant que forme de son ordre. Tout comme l'espace, il existe pour un moi, mais il ne contient pas lui-même le moi. La succession est nécessairement une succession de moments du contenu, naturellement à chaque fois pour une conscience. Par conséquent, celui qui explique le moi et la relation au moi comme non-spatiaux devrait en toute rigueur les expliquer également comme non-temporels. Herbart, du moins, a prouvé la valeur de cette conséquence. Il a entièrement raison lorsqu'il s'agit de ce moi ultime qui est simplement au fondement de tout contenu et également au fondement de l'ordonnancement de ce contenu dans le temps et l'espace. Mais il faut aussi se rendre compte du fait que ce moi, puisqu'il n'apparaît pas, tombe également en dehors de toute considération objective, de toute considération scientifique comme de tout questionnement relevant de la psychologie.

Cependant, si on laisse entièrement de côté, à juste titre, ce moi non-spatial et non-temporel, le fait de la conscience se réduit au contenu, au phénomène. A la question « où apparaît ce qui apparaît ? », on ne peut répondre qu'en indiquant sa place dans l'unique espace pensé, dans l'espace des objets – espace dans lequel je situe effectivement à chaque fois l'objet de ma perception par l'acte de cette perception elle-même, c'est-à-dire selon les déterminations particulières de cette perception. Il se peut que je le situe à la mauvaise place – il se peut que ce que je crois voir ou entendre là, dehors, soit en fait seulement sur ma rétine ou dans mon oreille. Cependant, il suffit que je pose la question « est-ce ici ou là, à l'intérieur ou

à l'extérieur ? », il suffit que je recherche les conditions dont dépend chaque relation locale et desquelles dépend leur validité objective ou subjective, pour que je parle manifestement de la « nature », du rapport de ma
170 perception à l'objectivité. Il ne s'agit plus du tout | alors de savoir si ce qui en général apparaît est ou non dans l'espace, mais s'il est à la bonne ou à la mauvaise place, si sa détermination est valide ou non. La détermination non valide de l'ordonnancement spatial objectif du perçu doit-elle désormais signifier la détermination valide de l'ordonnancement spatial subjectif ou de l'espace représentatif ? Voilà qui est absurde. Il reste par conséquent que c'est également le phénomène subjective qui doit être considéré comme appartenant à l'espace, et non pas seulement en général à un espace, mais à ce même espace auquel est rapporté l'événement naturel.

Nous sommes donc ici en possession d'un phénomène indubitablement « psychique » qui appartient tout à fait immédiatement à l'espace, et non par quelque médiation artificielle ou transposition, et qui doit, par conséquent, être saisi dans un lien légal avec tous les autres événements extérieurs ou naturels. Ici tout du moins, dans la perception spatiale elle-même, ce mur de séparation que depuis le début on a cherché en général à dresser entre le domaine physique et psychique n'existe donc pas. Mais s'il n'existe pas ici, il ne peut pas non plus exister en général, car existerait-il, il devrait valoir précisément pour tout ce qui est psychique.

§ 10. *Le sujet de la perception spatiale est également dans l'espace objectif.*

Nous pouvons toutefois poursuivre en affirmant ceci : dans la perception spatiale, ce n'est pas seulement le perçu qui doit être conçu comme présent – et ce, immédiatement – dans l'espace, dans l'espace objectif, mais aussi et tout autant le percevant. La perception externe (spatiale) est inévitablement représentée comme un rapport externe, spatial, entre l'objet et le percevant. L'objet se tient devant moi, se présente à moi. Je suis donc dans l'espace ainsi que l'objet et nous sommes tous deux dans le même espace unique et englobant auquel appartiennent les autres sujets de la perception spatiale. Je me représente l'objet, bien mieux, il se présente devant moi, il se dresse face à moi : cela est à prendre en un sens littéral et nullement dérivé.

Les psychologues subtils auxquels nous avons déjà eu affaire trouveront sans doute cette conception rude et grossière. Aussi faut-il

absolument leur accorder que ce qui vient d'être dit ne vaut pas de ce moi qui, tels les chevaliers du bien-être [1], plane majestueusement au-dessus de l'espace et du temps, mais seulement de ce qui, dans la vie – pour autant que nous avons encore à nous confronter à l'espace et au temps – | doit nous 171
représenter à nous même, c'est-à-dire en tenir lieu, notre moi qui en lui-même n'est pas représentable. Ce moi que l'on peut nommer représentatif est en tout cas dans l'espace comme dans le temps. Le moi originaire est certes au-delà de l'espace et du temps mais, partant, il est au-delà de toute factualité empirique : il ne présente donc pas le moindre intérêt pour la science empirique. Il n'est question ici que de ce dont on peut faire l'expérience. Aussi ne pouvons-nous dire que ceci : le fait que « je » perçois quelque chose en dehors de moi signifie inévitablement un rapport spatial entre le moi en tant que percevant et le perçu. Puisque tout rapport spatial, comme on l'accorde, appartient à la nature extérieure et doit être expliqué par le lien unitaire de cette nature, c'est-à-dire doit être causalement déterminé, c'est donc aussi mon percevoir, autrement dit tout ce qui peut être ici expérimenté, établi à titre de fait et causalement déterminé, qui est un événement extérieur et, partant, un événement naturel.

§ 11. *Conséquence.*

On ne peut plus nous objecter que la relation à l'espace unique et objectif comme au temps unique et objectif est un acquis de l'expérience, que la perception, à l'origine et immédiatement, est référée non à l'espace un et objectif, mais à un espace perceptif spécifique, distinct de l'espace perceptif des autres sujets et différent pour chaque perception nouvelle d'un même percevant, et que c'est progressivement que nous avons appris à reconduire ces différents espaces subjectifs à un espace objectif – la même chose valant pour le temps.

Nous avons vu ce qui est vrai là-dedans. Mais tout ce qui importe dans le contexte présent est que ce qui est subjectivement perçu, ici comme en général, peut toujours être reconduit à l'unité de l'objectivité et doit nécessairement l'être. Il n'importe en rien dans le présent contexte de savoir si cette reconduction s'est effectivement produite dans tel cas particulier, si

1. Allusion à une célèbre chanson à boire du XIXe siècle, *Und wenn der Schwarm verlaufen hat* (musique de C.J. Zahn et paroles de F.A. Krummacher), dont la première strophe est la suivante : « Et lorsque la foule s'est dispersée – autour de minuit – au milieu des nobles se dresse – une digne table ronde – ils planent au-dessus de l'espace et du temps – les chevaliers du bien-être » [N.d.T.].

nous ordonnons effectivement le perçu, d'une manière déterminée et définitive, dans l'espace un et identique et dans le temps un et identique, et si cela est correctement effectué ou non. Il suffit d'établir que : 1) seule la perception tout d'abord « subjective » peut être donnée comme ce qui se laisse rapporter à l'espace objectif et au temps objectif ou comme ce par
172 quoi ces représentations peuvent se réaliser; | 2) tout ce qui est subjectivement donné, au moins en tant que perception, mais aussi tout ce qui est donné de quelque façon et à une distance quelconque comme phénomène, ou même comme simple symptôme, comme indication d'une espèce quelconque, tout cela est reconduit à l'unité de l'événement objectif dans l'espace un et objectif et dans le temps un et objectif, ce qui signifie que ce donné en lui-même peut y être reconduit et, d'un point de vue scientifique, doit l'être. Ces deux prémisses suffisent à la conclusion : si les phénomènes de la conscience ne sont pas identiques aux phénomènes que la science rapporte à l'unité objective de la nature et objective en elle, du moins sont-ils du même ordre. Par conséquent, puisqu'il n'existe pas deux séries de phénomènes, différentes *toto genere*, à ordonner causalement, il n'y a pas deux ordres de causalité mais un seul.

§ 12. *Généralisation de la conclusion à toute conscience sensible.*

Nous avons tout d'abord démontré notre thèse, dans ce qui précède, pour la perception du spatial lui-même, donc, d'une façon générale, pour la perception visuelle et tactile. Et, au fond, cela suffit pour ce dont il s'agit ici : montrer clairement, sur cet unique point, l'inexistence de la faille imaginée entre le domaine psychique et le domaine physique. En effet, si cette faille ne sépare pas entièrement les deux domaines, alors ils ne sont précisément pas séparés mais un seul et même domaine. Par ailleurs, on se persuadera désormais facilement que toutes les autres perceptions, de même que tout sentiment de plaisir et de peine, doivent se rapporter également à l'espace, d'une façon simplement plus indéterminée. Cependant, il n'est pas du tout question ici du degré de déterminité, d'articulation en quelque sorte, de la relation spatiale. C'est avec une naïveté déconcertante que de nombreux psychologues ont pris la déterminité simplement inférieure de la relation spatiale qui caractérise les autres sens pour l'absence totale de cette déterminité, et qu'ils ont alors conçu cette opinion extraordinaire selon laquelle, si nous ne pouvions ni voir ni toucher dans un monde non spatial, du moins nous pourrions entendre, sentir et goûter dans un tel monde – toutes choses auxquelles, du moins pour ma part, je n'ai jamais pu parvenir.

Qu'en outre la « représentation » sensible ne soit pas spécifiquement distincte de la perception et qu'elle n'en soit pas non plus, d'aucune façon, distincte quant au degré, cela a déjà été abordé dans un autre contexte[1]. Les représentations visuelles et tactiles sont spatiales dans le même sens que les perceptions auxquelles elles correspondent, même si, à l'instar des
| perceptions et représentations auditives, elles semblent seulement flotter 173
dans l'espace, comme disloquées. Pour n'avoir aucune place fixe dans l'espace, elles n'en sont pour autant ni non-spatiales en générale, ni à rapporter à un autre espace que l'espace unique et omnienglobant. Cette thèse ne réclame aujourd'hui presque plus de fondation détaillée, puisqu'il est difficile de trouver beaucoup de psychologues qui doutent encore de la relation spatiale systématique de tout ce qui est sensible dans la conscience. Comment la relation spatiale originaire pourrait-elle faire défaut aux sensations de l'ouïe et de l'odorat, puisque, grâce aux bruits et aux odeurs, tout autant et sans doute plus originairement encore que par la perception visuelle ou tactile, les bêtes et les nourrissons se repèrent dans l'espace, reconnaissent la proximité de la mère ou un danger imminent, trouvent leur nourriture etc. ? Le seul doute qui subsiste concernerait le vaste domaine des contenus de conscience non sensibles ou faiblement sensibles. Mais il est certain qu'aucun contenu de conscience en général n'est dépourvu de contenu sensible et n'est par conséquent entièrement dépourvu de rapport spatial. Cette relation spatiale est moins directe, mais elle n'en est pas moins essentielle.

On accorde en général à propos du sentiment de plaisir et de déplaisir, en tant que simples « tonalités du sentiment », qu'ils ne sont pas séparables de la sensation. Partant, ils sont d'emblée rapportés à l'espace. Cependant, existe-t-il un seul sentiment qui soit entièrement dépourvu de fondement sensible ? L'impression sentimentale de la musique, par exemple, est-elle séparable de la saisie déterminée de la formation sonore ? Cette dernière n'est cependant pas dépourvue de tout rapport spatial, ne serait-ce que sous une forme indéterminée. D'une façon générale, dans le sentiment ou l'aspiration, nous ne sommes certainement pas arrachés au monde, à l'ici et au maintenant, nous y sommes profondément introduits. Et même la pensée la plus abstraite – précisément, d'autant plus elle est abstraite – a besoin d'un appui dans le sensible. Tout ceci constitue toutefois une « relation » au sensible, donc à l'espace – et il s'agit là d'un rapport essentiel, nécessaire, même s'il est indirect et éloigné du rapport immédiat de divers degrés. La

1. Voir *supra*, p. 119 [N.d.T.].

preuve de cela est que tous ces phénomènes – cela n'est guère plus contesté de nos jours – exigent d'être traités sur le plan de la science de la nature (la physiologie cérébrale).

§ 13. *Le rapport spatial indirect du non-sensible dans la conscience.*

D'une façon générale, c'est le fait de la représentation qui constitue proprement le caractère du non-sensible. Mais il n'existe aucune représentation qui ne contienne des présentations. Si fausse que soit la thèse selon
174 laquelle | « rien n'est dans l'entendement qui n'ait été auparavant dans les sens », il est pourtant exact qu'il n'existe aucune « pensée » sans un support sensible – autrement dit, pas de représentation sans présentation. Cependant, par son support présentatif, toute représentation est également rapportée médiatement à l'espace, aussi nécessairement qu'au temps.

Par là même, la représentation du temps par l'espace apparaît sous un nouveau jour. On objecte que cette représentation ne peut avoir qu'une signification fictive, symbolique, étant donné que la succession ne peut pas elle-même devenir simultanéité. Cependant, il s'agit là justement de l'état de fait de la représentation. Si nous pouvons nous faire une représentation du successif telle que (et même seulement telle que) nous la traduisons en quelque sorte pour nous-mêmes dans le langage de la simultanéité, il en résulte que la représentation de l'espace est un présupposé fondamental de la représentation du temps lui-même – il en résulte par conséquent qu'il ne peut y avoir de représentation temporellement ordonné qui serait dépourvue de toute relation spatiale. La conscience du successif lui-même ne peut certes pas être expliquée par la conscience du simultané ou résolue en elle et, d'une façon générale, elle ne doit pas non plus être qualifiée de sensible. Le trait distinctif du sensible est la présence immédiate du contenu devant la conscience – un non-présent ne peut pas être immédiatement présent à la conscience, mais il ne peut être que représenté par un présent. Cette présentification du non-présent, le fait bien connu de la représentation précisément, s'élève entièrement au-dessus du caractère du sensible – dans la présentification est à l'œuvre cette fonction de l'unité de la conscience, fondamentalement distincte de la fonction sensible, et dont nous avons déjà dit à de multiples reprises qu'elle ne peut être l'objet d'une explication, car elle n'apparaît tout simplement pas. Quoi qu'il en soit, il reste que tout ce qui dans la conscience est à rapporter au temps est aussi à rapporter à l'espace et donc à comprendre dans l'unité du lien naturel.

§ 14. *La prétendue indépendance du psychique par rapport au lien causal de la nature.*

On recule toutefois devant cette conséquence. On craint d'abandonner la spécificité et l'autonomie de la psychologie si l'on accorde que tout ce qui est psychique doit s'insérer dans l'ordre légal unique de la nature, dans un rapport constamment spatial. Et l'on pense être en mesure de ne pas accorder cette thèse, étant donné que le psychique ne peut jamais résulter d'un lien causal simplement physique à la manière | de la résolution d'une 175
équation. Même les matérialistes les plus pertinents comme Gassendi et Hobbes n'ont pu s'y tromper (voir le chapitre précédent). De la même façon, dans une optique dualiste, Descartes, suivi par son école toute entière, a insisté sur le caractère inexplicable de la conscience en général à partir du lien causal de la nature (qu'il concevait précisément dans un sens strictement mécaniste). Cependant, on concevait d'une manière toujours plus strictement légale la relation des deux variations corrélatives, de même qu'on tendait de plus en plus à considérer comme une simple apparition dans la conscience l'espace, la matière et le mouvement, donc la totalité du mécanisme de la nature. C'est cette ligne que suivit en particulier Leibniz. D'un côté, il exige pour le principe de l'explication mécaniste, qui doit simplement s'approfondir en un dynamisme, l'application la plus rigoureuse possible, absolument illimitée : ce n'est pas seulement la totalité de la nature organique qui doit se soumettre au principe, approfondi dans un sens dynamique, mais aussi la sensation, la pensée et la volonté selon leur fondement physique. D'un autre côté, il soutient avec non moins d'énergie l'impossibilité absolue d'expliquer la conscience à partir de processus corporels. Certes, tout « se passe dans le corps comme si était vraie la fâcheuse doctrine qui admet (avec Epicure et Hobbes) que l'âme est matérielle et que l'homme n'est rien d'autre qu'un corps et un automate. Ces matérialistes ont effectivement montré que tout ce que l'homme accomplit par sa raison est une conséquence de processus mécaniques. On s'est simplement couvert de ridicule quand, voulant prouver le contraire, on a seulement préparé par là même le triomphe de l'adversaire. » Il n'en demeure pas moins que rien de ce qui est psychique n'est effectivement compréhensible à partir de causes mécaniques. Imaginons la montre ou le moulin à produire des pensées agrandis de telle sorte qu'on puisse y pénétrer et y distinguer chaque partie singulière, on ne trouverait que des éléments qui s'entrechoquent, mais rien qui permettrait d'expliquer la perception (la conscience en général) – on y trouverait la composition à l'infini, mais jamais l'unité dans la pluralité que nous vivons en chaque acte

de conscience. Accorder à la matière une faculté de penser, c'est réintroduire les qualités occultes. La solution est celle que nous connaissons déjà : l'espace, le temps et le mouvement ne sont que des phénomènes. Ce qui réside véritablement au fondement, ce sont ces unités réelles, ces points
176 dynamiques que Leibniz lui-même conçoit | comme analogues à cette unité dans la pluralité vécue en chaque perception et qui doivent par conséquent constituer en même temps les fondements de la conscience. Le dualisme n'est pas par là encore radicalement surmonté, mais on s'approche déjà très près de ce dépassement. Nous avons déjà abordé dans le précédent chapitre le fait que l'admission par Kant d'une totale hétérogénéité des représentations du sens externe et du sens interne contient un reste de dualisme difficilement conciliable avec les présupposés de son criticisme. A l'époque postkantienne, il faut toutefois souligner l'insistance énergique avec laquelle Lotze milite en faveur de l'autonomie du psychique et la pénétrante critique du matérialisme par Lange sous l'aspect de l'inexplicablité de la conscience à partir du mécanisme. Le nouveau positivisme par contre, à l'instar de Hume dont il suit entièrement la trace, ne peut plus reconnaître aucun problème particulier dans l'inconcevabilité du psychique à partir du physique, car chaque rapport causal renferme une telle inconcevabilité. Il n'y a précisément que la succession temporelle : une nécessité interne de la connexion du précédent au suivant n'est ni démontrable ni exigible – l'émergence de variations psychiques à partir de causes physiques est donc certes inconcevable, mais exactement au sens où est inconcevable tout rapport causal mécanique. De ce point de vue, il ne faudrait plus en toute rigueur parler d'action causale, mais seulement de faits et de successions temporelles, certes légalement déterminées, entre des faits.

§ 15. *L'inexplicabilité du psychique à partir du physique.*

En réalité, ce n'est ni contingence, ni arbitraire si la science moderne de la nature a consacré ses efforts les plus grandioses à construire, d'une façon rigoureusement unitaire, le lien causal de l'événement sur le fondement unitaire de la mécanique ou, plus généralement, des processus spatiaux. Cependant ce point de vue pouvait sembler exclure du lien universel de l'événement naturel, si ce n'est déjà les faits biologiques, certainement en tout cas les faits de conscience. Cette façon de penser a trouvé son expression caractéristique dans la conférence d'Emile Du Bois-Reymond : « Sur les limites de la connaissance de la nature » – conférence très prisée en son

temps, même dans les cercles philosophiques[1]. Les propos suivants qui en sont extraits peuvent servir de base toujours appropriée en vue d'une discussion objective de cette direction de pensée toute entière : | «*Le* 177
mouvement peut seulement produire du mouvement, ou se retransformer en énergie potentielle qui produit à nouveau du mouvement, conserve l'équilibre statique, exerce pression ou traction. La somme de l'énergie reste donc toujours la même. Il ne peut se produire dans le monde des corps ni plus ni moins que ce que cette loi détermine. *La cause mécanique s'applique simplement à l'effet mécanique*. Les processus spirituels qui se déroulent à côté des processus matériels manquent donc pour notre entendement de *raison suffisante*. Il n'existe *aucune liaison pensable* entre les mouvements des atomes cérébraux et la sensation ou la conscience en général. »

Aucun lien «pensable», cela signifie manifestement : aucune connexion concevable, fondée sur une « raison » suffisante, aucune connexion devant être considérée comme logiquement nécessaire. L'objection de Hume aurait ici toute sa valeur : il est impossible d'apercevoir une nécessité logique dans quelque rapport causal que ce soit – ce que Kant (et chacun) accorde pour tous les rapports causals particuliers. Cependant, cela n'empêcherait pas que la loi connectant des conséquences déterminées à des processus déterminés soit accomplie avec une validité universelle inébranlable. La loi causale, telle qu'elle est formulée par exemple par Kant : « tout ce qui arrive (plus exactement, toute variation) présuppose quelque chose (plus exactement : une autre variation) à quoi il succède d'après une règle », n'affirme rien d'autre que cette connexion[2]. Cependant, si tel est le sens de la loi causale, il ne s'ensuit pas que, au cas où il serait impossible de voir logiquement la nécessité de la connexion entre l'événement matériel et

1. E. du Bois-Reymond, *Über die Grenzen des Naturkennens. Die sieben Welträtsel*, Leipzig, 1891. Emil Heinrich Du Bois-Reymond (1818-1896) fut professeur de physiologie à l'Institut Physiologique de l'Université de Berlin et secrétaire permanent de l'Académie Prussienne des Sciences à partir de 1876 [N.d.T.].

2. E. Kant, *Critique de la raison pure*, A, p. 189 (deuxième analogie de l'expérience telle qu'elle est formulée dans la première édition de la Critique) – les parenthèses sont évidemment de Natorp. Celui-ci comprend le principe de causalité dans un sens strictement fonctionnel : l'événement naturel se réduit à une série déterminée de valeurs prises par une variable (une grandeur) et le lien causal est la fonction (exprimée mathématiquement) qui relie la série des valeurs d'une variable posée comme dépendante à la série des valeurs d'une variable posée comme indépendante (voir *Die logischen Grundlagen der exacten Wissenschaften*, Leipzig et Berlin, B.G. Teubner, 1910, chap. 2) [N.d.T.].

l'événement spirituel, ce dernier se tiendrait pour cette raison « en dehors du lien causal ».

Néanmoins, ce qui est essentiellement visé ici s'exprime plus clairement dans la phrase suivante : la cause mécanique « s'applique simplement » à l'effet mécanique. C'est certain : on conçoit des conditions mécaniques précisément déterminées comme légalement connectées à des conséquences mécaniques précisément déterminées et à rien d'autre. Il est tout simplement erroné de croire que cette connexion possède une nécessité purement logique – en tout cas, elle se soumet à des lois d'une forme simple et d'une valeur rigoureusement exacte et, en dernière instance, à la loi de conservation de l'énergie. La situation n'est pas fondamentalement différente lorsque la conception mécanique que Du Bois-Reymond devait
178 | poser au fondement conformément aux intuitions alors dominantes a été remplacée par la conception énergétique. Le terme de « nécessité » du conséquent ne devait pas d'ailleurs être contesté. La déterminité univoque du lien légal de l'antécédent et du conséquent est le sens unique et suprême de la « nécessité » de la connexion causale. La nécessité, le « ne pas pouvoir être autrement », ne signifie positivement rien de plus que la déterminité conforme à la loi de l'être-ainsi, ici : de l'apparition du conséquent quand et où (et seulement quand et où) l'antécédent est donné. Il est facile de voir pourquoi cette déterminité vaut précisément du rapport causal mécanique : les conditions et les conséquences sont ici absolument homogènes, c'est-à-dire : elles se comportent de la même façon, elles se tiennent sous les mêmes conditions générales eu égard à leur mode de déterminabilité – elles sont mesurables par la même mesure et doivent, par conséquent, être immédiatement l'objet d'un compte mutuel. Cependant, l'énergétique satisfait aussi à cette condition, moyennant une extension suffisante du concept de commune mesure – elle permet, elle aussi, d'établir des équations grâce auxquelles l'hétérogénéité dans le phénomène est ramenée pour ainsi dire à un dénominateur commun. La « cause » est elle-même mesurée par l'« effet », ce qui seul lui permet de devenir une grandeur exactement déterminée – c'est pourquoi nous savons précisément quel résultat exactement déterminé nous pouvons attribuer à la cause, puisque, précisément, ce résultat exactement déterminé est ce qui, en général, nous donnait le concept que nous avons d'elle. Si l'on demande aux prétendues « causes », à côté de ces apports connus et exactement déterminés, quelque chose d'autre, des apports entièrement « hétérogènes », c'est-à-dire non mesurables dans le même sens et par la même mesure, la signification rigoureusement définie du rapport causal risque alors de vaciller. C'est pourquoi les physiciens doutent avec raison de la possibilité de faire dépendre des effets

psychiques de causes physiques. Ils craignent, à l'instar de Leibniz, de retourner aux « qualités occultes » et préfèrent encore expliquer ce qui ne s'intègre pas entièrement dans leur calcul comme une « apparence » non vraie qui dépend pour ainsi dire de l'événement vrai, objectif. Certes, une chose n'est pas expulsée du monde par le seul fait qu'on la déclare être une apparence. L'apparence s'affirme et elle constitue même, d'une manière étonnante, le fondement ultime de nos connaissances les plus réelles. De la matière, du mouvement | et de l'énergie, nous ne savons rien si ce n'est dans **179**
la mesure où ils agissent sur nos sens. Les mêmes physiciens qui préfèrent rejeter toute signification réelle du « psychique » ne cessent d'insister par ailleurs sur le fait que leur science toute entière repose sur l'expérience, c'est-à-dire sur le phénomène sensible, donc précisément sur ce qu'il nomme « psychique ». Le rapport doit par conséquent être déterminé différemment. Comment donc ?

§ 16. *La loi de la connaissance de l'exact.*

Nous sommes certes les premiers à reconnaître la priorité de la détermination quantitative dans l'objectivation de ce qui apparaît, grâce, finalement, à la mesure spatiale. Depuis Kepler et Galilée, la loi de la connaissance de l'exact est une loi fondamentale de la science moderne de la nature. Cependant, c'est une loi de la connaissance, une loi de nos concepts, qui fonde cette priorité. L'exactitude ne consiste en général que dans les concepts. Elle est en premier lieu une création de la connaissance. Les lois peuvent et doivent être exactes – le phénomène, indépendamment de sa détermination par la loi, ne l'est jamais. Le phénomène est en soi fluant, sans limite ni détermination, et il a tout d'abord besoin de la limitation et de la détermination que lui procure précisément le concept dans la loi. La science « amarre par des pensées constantes ce qui vacille dans le phénomène chancelant ». Les pensées constantes, ce sont les lois – c'est en elles tout d'abord, de leur point de vue, que le phénomène s'établit pour nous, se limite dans le concept.

Et certes, à l'origine, tous les phénomènes sont ici sur le même plan. Il n'existe aucun autre fondement de notre connaissance, même de la plus objective, que le phénomène – qui est en lui-même, certes, « subjectif ». De plus, tout ce qui apparaît, tout subjectif, peut et doit être, d'une quelconque façon, reconduit à un étant, à un objectif. La détermination en général, la fixation conceptuelle, la réduction à des facteurs constants, c'est-à-dire conceptuellement permanent, à des « unités » que l'on doit maintenir dans leur identité, telle est l'exigence de toute science, la présupposition de tout concevoir, le sens de toute explication. Dans la mesure où un phénomène est déterminable identiquement, il prend part à l'objectivité. La détermination univoque de ce qui « est » dans ce qui apparaît est la connaissance de l'objet.

La loi de la connaissance de l'exact n'est rien d'autre que la forme la plus précise qu'a revêtue, grâce au travail scientifique mené depuis les Temps Modernes, la loi suprême de la connaissance, la loi de la détermi-
180 nation identique | – ce travail qui manifeste une nécessité rigoureuse du point de vue de la logique en tant qu'il s'édifie sur les fondements kantiens. La conception mécanique du lien naturel, de son point de vue limité, reposait sur l'exigence de l'établissement de facteurs fondamentaux dans une stricte identité et ne se légitimait que par la réalisation de cette exigence – ce n'était seulement que la réalisation plus générale et, finalement, plus pure de cette même exigence qui devait donner à l'énergétique la prépondérance sur la mécanique dont elle était elle-même née. Il n'existe en définitive pour l'énergétique rien de réel si ce n'est l'« énergie », le facteur indestructible et ultime au sein de tous les changements naturels. Ce facteur n'est lui-même caractérisé que comme le facteur fondamental dans la présentation légale des changements, dans le calcul de la science de la nature qui représente ces changements dans leur totalité et leur corrélation systématique. Tout dans ce calcul est exactement déterminé quantitativement, donc finalement par des mesures temporelles et spatiales. Telles sont en fait les seules déterminations du sensible qui peuvent être originairement données avec exactitude.

§ 17. *L'inexactitude du sensible comme tel.*

D'une façon médiate cependant, grâce à la position fondamentale des liens causals ainsi établis entre des facteurs exactement définis, ce qui, dans le phénomène, ne tombe pas immédiatement sous des concepts exacts de grandeur devient déterminable à l'intérieur de certaines limites, à un certain degré d'approximation, et même numériquement déterminable, donc aussi « exactement » déterminable au sens large du terme – ainsi, les couleurs et les sons sont déterminés par un certain nombre, une certaine forme, une certaine période de vibrations. Immédiatement en revanche, les « qualités sensibles » comme les couleurs et les sons ne sont pas par elles-mêmes susceptibles d'une identification rigoureuse. La psychophysique croyait certes pouvoir déterminer ces qualités dans leur indépendance par la fixation du nombre des différencialités précisément sensibles, entre deux limites données d'excitation. Cependant, le manque d'univocité d'une telle

détermination résulte d'une manière contraignante du fait même sur lequel la psychophysique a la première jeté la lumière la plus vive : le fait du seuil de sensation et en particulier du seuil de différence. L'excitation ou la différence d'excitation, croissant à partir de zéro, doit avoir atteint une certaine hauteur pour qu'une sensation en général, | ou une sensation de 181
différence, se produise. Si l'on nommait égaux les couleurs et les sons non distincts pour la sensation, on ne pourrait plus penser cette égalité par des concepts rigoureux et leur donner par conséquent une expression exacte sous une forme valide – on contredirait ouvertement aux lois les plus simples du calcul. Si l'on divise une série quelconque de sensations, par exemple une série de sons, de sorte que chaque degré ne pourrait être distingué pour notre ouïe de celui qui lui succède immédiatement, tandis qu'en sautant un degré ou un certain nombre de degrés la différence pourrait être remarquée, si l'on désigne maintenant les degrés successifs par a, b, c..., il en résulte, lorsqu'on égale ce que la sensation ne peut distinguer, l'absurdité suivante : $a=b$, $b=c$, $c=d$, etc., et cependant a n'est pas $=c$ ou $=d$, etc.

Cependant, cette inexactitude ne réside pas dans le fait que ce sont des qualités qui sont objets d'énonciation, mais elle est propre à l'estimation sensible de l'identité ou de la différence du senti. Elle vaut tout autant pour les grandeurs spatiales et temporelles, pourvu qu'elles soient estimées immédiatement selon la sensation, que pour les prétendues intensités. Platon avait donc raison de définir le sensible comme inexact, comme l'« illimité » qui doit tout d'abord se « limiter » dans le concept. L'examen mené ici à propos des intensités s'applique à l'estimation sensible des grandeurs spatiotemporelles d'autant plus sûrement que la loi du seuil vaut également pour elles. Comme Démocrite l'a vu et rigoureusement formulé, il existe une limite inférieure, un minimum, pour toute différencialité que les sens peuvent saisir, tandis qu'il n'existe pas de différence minimale dans les grandeurs spatiales et temporelles, mais des différences toujours plus petites, à l'infini, des différences telles qu'elles sont nécessairement l'objet de concepts mathématiques, mais non pas telles qu'elles puissent être saisies simplement par nos sens. Autrement dit, toute l'exactitude des concepts de grandeur repose en définitive sur la présupposition de l'infini et du continu. Par conséquent, puisque la capacité sensible de discrimination est d'une manière générale renfermée dans des limites finies, la sensation comme telle n'est pas susceptible d'exactitude.

Comment comprendre dès lors que les propositions les plus exactes de la science reposent elles aussi sur les phénomènes, donc sur la sensation, et non sur les simples concepts de la mathématique et de la « pure » science de

la nature ? Cela s'explique aisément par l'emploi d'un procédé hypothé-
182 tique, abstractif, réductif. Nous posons | au fondement des phénomènes des relations intellectuelles abstraites, mais déterminées précisément et définissables mathématiquement. Ces relations ont pour résultat l'expression de la loi pure. Les déviations perceptibles exigent avant tout une autre représentation, obtenue grâce à de nouveaux facteurs qui apportent leur contribution, dont nous avions tout d'abord fait simplement abstraction dans l'expression de la loi pure. Cette réduction se poursuit indéfiniment. Elle ne conduit principiellement à aucun achèvement car, même si les phénomènes connus jusqu'ici sont représentés sans reste dans les causes admises (les facteurs déterminants), nous devons toujours considérer comme possible que, pour une perception plus exacte, une organisation sensible plus précise, une meilleure assistance extérieure (par exemple, un microscope plus performant), une autre déviation se manifeste. Par conséquent, ni la loi ne peut être intégralement et inconditionnellement représentée dans les phénomènes, ni les phénomènes possibles dans la loi. Les lois sont nécessairement exactes ou doivent tendre tout du moins à l'exactitude – le dernier fait empirique ne l'est jamais. Cependant, le fait reste toujours le fondement de la connaissance de la loi, et la loi ne prétend qu'à une seule chose : représenter le fait. Fait et loi se rapportent nécessairement l'un à l'autre, ils veulent correspondre l'un à l'autre et cherchent en quelque sorte cette correspondance, mais ils ne parviennent jamais à une coïncidence parfaite.

§ 18. *Distinction et homogénéité dans le comportement des phénomènes eu égard à la quantité et à la qualité.*

Si tous les phénomènes sont essentiellement semblables en ce qu'ils ne sont pas immédiatement, tels qu'ils apparaissent, des grandeurs déjà établies et déterminées, mais des grandeurs qu'il faut tout d'abord établir et déterminer – ils sont un X non un A –, ils devront alors tous posséder également la similitude suivante : ils devront tous pouvoir dans une certaine mesure, grâce à ce procédé de réduction, être susceptibles de déterminations identiques et, partant, être élevés à la validité objective.

Comment procède-t-on dans n'importe qu'elle mesure spatiale empirique ? Chaque différencialité se manifestant dans la sensation doit pouvoir être représentée par des causes objectives, physiques et physiologiques. En revanche, là où une différencialité ne peut plus être saisie dans la sensation, il est tout à fait possible qu'une distinction existe dans les causes objectives, qui est seulement trop petite pour se manifester dans la

sensation. Cela vaut en premier lieu pour les déterminations quantitatives elles-mêmes. | D'après le même présupposé, on devra aussi admettre et on 183
tentera de prouver pour chaque distinction qualitative sensible l'existence nécessaire d'une distinction quelconque dans les causes objectives, tandis que là où aucune différencialité qualitative n'est plus sentie, nous n'en conclurons pas qu'il n'existe pas non plus quelque différencialité objective. Il importe peu ici que nous puissions réduire l'incertitude de l'estimation empirique des grandeurs spatiales par des moyens artificiels, comme le microscope, alors qu'un tel moyen manque manifestement lorsqu'il s'agit de rendre perceptible une distinction qualitative qui ne l'est plus pour nos sens, et que la limite de notre capacité de percevoir est, dans ce dernier rapport, invariable pour nous, du fait de l'organisation de nos organes – ou que, tout du moins, cette limite ne peut être conçue comme variable que dans les longues périodes d'un développement futur. En réalité, le microscope, lui non plus, ne modifie pas le seuil visuel, mais seulement les conditions externes sous lesquelles l'objet s'offre à notre perception.

Une autre distinction entre qualité et quantité semble plus profonde. Il nous est facile d'imaginer qu'il existe des mondes semblables au nôtre et des mondes de tels mondes, par delà les étoiles les plus éloignées qui s'offrent à l'observation et au calcul. Nous pouvons également imaginer des mondes et des mondes de mondes, contenus dans l'élément le plus petit que le microscope le plus performant nous permet de percevoir. Nous pouvons construire approximativement la séquence des perceptions sensibles que nous aurions de ces objets, même s'ils sont actuellement tout à fait hors d'atteinte pour notre perception, grâce à quelques hypothèses fictives (des microscopes plus précis, des télescopes d'une plus longue portée par exemple). En revanche, si nous pouvons semblablement imaginer l'existence de couleurs et de sons que nous ne pouvons plus saisir, il nous est pourtant impossible de nous faire la moindre idée de l'impression sensible produite par une déterminité de couleur et de son qui dépasserait les limites du seuil visuel ou auditif. La raison de cette différence réside dans l'homogénéité, donc dans la possibilité de permuter les relations des simples grandeurs – ce qui nous permet de considérer par exemple un multiple quelconque comme une unité et une unité comme un multiple –, tandis que les qualités de la sensation semblent être des *data* absolus, au sens où aucune ne peut prendre la place de l'autre et où | le rapport entre 184
deux d'entre elles ne peut se convertir en un rapport entre deux autres quelconques. Aussi profonde que puisse être cette distinction, aussi certainement fondé soit par conséquent l'avantage en valeur objective qui revient aux relations spatio-temporelles présentables dans des concepts

exacts, cet avantage ne repose cependant pas sur les sensations par lesquelles nous estimons les grandeurs temporelles et spatiales. Ces dernières se comportent, au contraire, sous tout point de vue, de la même manière que les sensations de couleurs et de sons. Ces sensations, elles non plus, ne sont pas interchangeables, qu'on les prenne séparément ou dans leur rapport mutuel. Cet avantage repose au contraire uniquement sur la nature et la légalité des relations quantitatives en général, sur leur conformité au concept, sur leur pure constructibilité conceptuelle. Or, il existe certainement aussi des concepts purs de la qualité, et c'est même le propre de la qualité de constituer le concept à l'origine. Car, dans le concept, c'est le contenu qui détermine l'extension et non l'inverse. Cependant, une fois de plus, la définition exacte de la qualité exige des déterminations quantitatives. Les qualités ne sont définies objectivement que par des relations fonctionnelles entre des variables, c'est-à-dire des correspondances bi-univoques entre des séries de valeurs dans lesquelles n'entrent que des déterminations quantitatives. Toutefois, la qualité sentie ne révèle immédiatement rien de ces qualités pures, tandis que les déterminations quantitatives se présentent immédiatement dans la sensation – avec toujours cependant la marge d'imprécision bien connue, définie par la loi du seuil. Il n'en demeure pas moins que les qualités et les quantités se comportent entièrement de la même façon, en ce que les distinctions objectives ne s'expriment jamais de façon pure dans la sensation, en ce que la relation entre ces distinctions et la sensation ne peut pas non plus être définie par une loi pure, une fonction continue. La seule hétérogénéité décisive dans la question que nous traitons ici n'est pas l'hétérogénéité de la quantité et de la qualité, mais celle qui existe entre la sensation et le concept pur et, en particulier, le concept exact. En réalité, cette hétérogénéité ne doit pas du tout être éliminée – elle n'empêche nullement une présentation conceptuelle, exacte, du processus naturel, une présentation qui « sauve les phénomènes », elle interdit uniquement une connaissance inconditionnée de l'empirique, une connaissance de l'empirique dans sa totalité. L'unité de l'expérience exige que tout ce qui apparaît puisse être ramené au point de
185 vue unitaire du comportement objectif – elle n'exige pas | que le phénomène soit absolument et totalement absorbé dans la construction de l'objectivité, ni non plus l'inverse. L'irréductibilité du phénomène consiste au contraire en ce qu'il est susceptible d'une réduction progressive à des déterminations conceptuelles, conformément à des lois, cette réduction étant sans limite et donc, par là même, sans achèvement. L'objectivation du phénomène est une tâche infinie – l'objet demeure toujours ce qu'on recherche = X.

§ 19. *La qualité sensible n'inaugure aucun monde spécifiquement psychique.*

Une fois qu'on est au clair sur ce point, il est impossible de reconnaître un problème quelconque dans le fait que, non seulement la conscience en général, mais aussi ses configurations particulières, et donc, en premier lieu, les qualités sensibles, dans la mesure où il est question du sensible en lui-même, résistent à toute « explication » à partir de la construction physique de l'objectivité, c'est-à-dire à toute dérivation logique à partir de cette construction. Le premier point se comprend selon nous de soi-même : la consciosité en général, la « perception » comme telle, ce « phénomène » étrange : quelque chose simplement apparaît, cela ne pourra jamais résulter logiquement ni d'un mécanisme, ni d'une autre construction conceptuelle de quelque espèce soit elle, pour la simple raison que la conscience elle-même serait déjà au fondement, à titre de première présupposition, de tout ce dont on voudrait d'abord la faire naître. Il ne pourra jamais s'agir pour nous d'expliquer la conscience à partir du non-conscient, mais, inversement, de montrer simplement comment, selon quelles lois, les phénomènes qui, en tant que tels, ne peuvent être donnés que dans une conscience, se rapportent à un objet dans le concept duquel on peut et on doit faire abstraction du caractère de la consciosité. Cependant, si l'on présuppose simplement, comme il est nécessaire de le faire, la consciosité en général, nous ne rencontrons par la suite aucune autre hétérogénéité que celle qui se fonde sur ce dualisme ultime des conditions de la connaissance, auquel se réduit entièrement, comme nous nous le sommes persuadés, le prétendu dualisme de l'événement, et qui, loin d'entrer en conflit avec le monisme de l'expérience, est contenu en lui à titre de présupposition. Nous n'avons alors plus du tout affaire à un événement double, mais seulement à la distinction de la simple validité subjective de ce qui apparaît comme tel et de la validité objective du réel empirique. Cette opposition, qui se ramène finalement à celle de l'indéterminé en soi et de sa détermination dans le concept, | est certes irréductible dans les conditions de notre connaissance, **186**
puisqu'elle n'est que l'expression de sa plus fondamentale conditionnalité.

Au lieu de cela, certains philosophes contemporains, soucieux de préserver l'indépendance du psychique (par exemple Lotze), ont voulu voir dans les qualités sensibles une preuve particulièrement pertinente de la signification autonome de la vie intérieure de l'âme – ce qui est une variété encore inconnue auparavant de spiritualisme à moitié sensualiste. C'est dans un sens semblable que l'on insiste parfois sur la non-spatialité des qualités sensibles. Cependant, toutes les qualités sensibles sans exception

sont sans aucun doute à rapporter à l'espace – nous en avons déjà assez parlé plus haut. Aussi, l'affirmation de la subjectivité de ces qualités n'a jamais signifié qu'elles auraient une nature originairement non-spatiale ou qu'elles se rapporteraient très étroitement au moi pur et non spatial. Cette affirmation signifie tout d'abord négativement que les qualités sensibles sont inutilisables dans la détermination univoque de l'objet, c'est-à-dire dans la détermination de l'objet naturel. Les qualités sensibles sont subjectives simplement au sens où l'est également l'estimation par la sensation des rapports spatiaux, c'est-à-dire au sens où elle exige une correction afin de produire la détermination objective. Si la perception des couleurs était susceptible d'une telle rectification progressive, il y aurait un concept de cette perception en tant que perception exacte, il y aurait une mathématique de la couleur comme telle, comme il y a une mathématique de la grandeur, de la position et du mouvement dans l'espace, de sorte que la couleur serait aussi objective que les déterminations spatiales. C'est parce qu'elle est au contraire « confuse », comme le dit Leibniz, c'est-à-dire incapable d'une détermination exacte, que la couleur doit être nommée subjective, et uniquement pour cette raison. Démocrite connaissait déjà cette distinction entre l'être déterminé mathématiquement et l'être sensible, et il l'a formulé comme étant celle de la connaissance vraie et de la connaissance bâtarde – celle de l'« être » des qualités sensibles, affirmé non pas selon la vérité mais conventionnellement[1]. Comme nous l'avons déjà remarqué, c'était précisément le fait déterminé rigoureusement dans la loi du seuil qui l'a conduit à faire cette distinction : la perception a toujours un minimum, la mathématique ne connaît aucun minimum et ne doit pas en connaître. Par conséquent, la mathématique offre la possibilité de déterminations toujours plus exactes, d'une façon illimitée, même si elles ne le sont jamais définitivement. Elle offre donc la possibilité de déterminations valides objectivement, même si cette validité n'est jamais absolue, tandis que la perception ne fournit, et ne peut fournir, qu'une présentation subjective – non pas cependant d'un autre contenu, mais bien de ce même contenu objectif. En
187 effet, | à l'être susceptible de vérité appartient une unité, une identité de la détermination qui n'est possible, pour les objets des sens, que sur le fondement des mathématiques. Mais, en tout ceci, il n'est pas question d'un monde propre dans lequel le sujet se trouverait enfermé et qui pourrait, par

1. Allusion à deux fragments célèbres : D. -K., IX (« convention que le doux... ») et XI (sur la connaissance bâtarde) [N.d.T.].

des inférences, jeter pour ainsi dire un pont entre lui et le domaine non empirique, transsubjectif. Quelles pourraient être ces inférences? Qui fournit les pierres de construction de ce pont intellectuel qui doit nous conduire à l'objet? L'expérience devrait les fournir – l'expérience, c'est-à-dire la connexion des perceptions, car une pluralité de perceptions forme toujours, selon Aristote, *une* expérience. Mais, de cette façon, l'inférence ne pourra jamais nous conduire à un être transsubjectif – c'est-à-dire non-empirique. Certes, c'est l'entendement qui est dans son droit et non la perception sensible non instruite par l'entendement – mais l'entendement n'est dans son droit que dans l'expérience et non sans elle, malgré elle ou contre elle. Si l'entendement ne consentait pas à l'existence des énoncés de la perception, dans les limites de leurs présuppositions déterminées, s'il ne se liait pas à ces énoncés, il ne pourrait pas faire naître de ces énoncés unifiés la connaissance sûre du contenu objectif. Il doit les accréditer (*beglaubigen*), sans quoi il ne trouverait lui-même aucun crédit (*Glauben*). « Misérable entendement qui, après avoir reçu de nous son accréditation, prétend nous renverser! C'est toi qui chute en nous renversant! »[1]. C'est ainsi que les sens s'adressent à l'entendement chez Démocrite – celui qui a découvert la subjectivité des qualités sensibles, la structure fondamentalement mathématique de la nature. Voilà ce que pensent, d'un point de vue véritable, ceux qui ont ranimé ses idées à l'époque moderne – et ce sont leurs conquêtes que, ici, nous défendons.

§ 20. *La psychologie comme science de la nature et la psychologie reconstructive.*

Qu'advient-il dès lors de la psychologie? Dans la mesure où il s'agit de la légalité causale de l'événement nommé psychique, elle ne devient rien d'autre qu'une recherche – réfléchie, progressant méthodiquement, et qui ne se laisse plus déconcerter par aucun préjugé métaphysique – relevant des sciences de la nature, en particulier de la physiologie des sens et du cerveau. On n'a nullement besoin de se protéger contre cette naturalisation de la psychologie qui a fait depuis l'époque de Lotze d'inestimables progrès, et on ne doit nullement vouloir se protéger d'elle. La voie doit être libre pour elle, sans condition. Se chamailler sur sa dénomination serait insensé. Certes, il serait plus simple d'appeler la psychologie | physiologie[2], et cela **188**

1. Démocrite, D.-K. CXXV [N.d.T.].
2. Nous corrigeons le texte qui répète deux fois physiologie [N.d. T.].

préviendrait davantage les contresens. L'adjectif « psychologique » ne peut rien changer au fait que la physiologie est précisément la physiologie, c'est-à-dire une branche de la science de la nature. En particulier, on préférera ne pas qualifier la physiologie de psychologique si l'on a reconnu qu'il existe une autre forme de recherche du psychique que celle qui porte sur ses conditions physiologiques. Nous revendiquons cette autre forme et nous allons la fonder en détail dans le prochain chapitre. Cela ne change pourtant rien au fait que la présentation de l'événement dit psychique dans le contexte causal est purement et simplement une tâche relevant de la science de la nature.

La science de la nature est *une* espèce d'objectivation – celle qui vise l'être temporel. Et nous avons reconnue comme erronée l'opinion selon laquelle le psychique, en tant que subjectif, serait en général intemporel. Cependant, il existe aussi un « être » qui s'élève au-dessus de la déterminité temporel et qui n'est pas pour autant moins objectif que l'être déterminé temporellement, mais davantage. Déjà, la conscience du temps elle-même exige de s'élever au-dessus du temps, d'adopter un point de vue qui lui même n'est pas déterminé temporellement. Si l'applicabilité de la présentation du psychique selon la légalité naturelle trouve une limite, cette limite n'est pas dans le concept d'un événement psychique qui ne serait pas soumis à cette légalité, mais dans ces autres modes d'objectivation qui ne concernent pas la conscience comme événement ou la déterminité temporelle de l'acte de conscience, mais dont la tâche est de préserver la teneur supratemporelle de la conscience dans des positions supratemporelles d'objets et de la présenter dans un lien légal. La causalité n'est pas la seule espèce de légalité. C'est avant tout l'objectivation en vue de ce qui doit être qui dépasse le rapport temporel. Dans le devoir, en effet, réside le concept
189 de direction, et la direction | renferme une référence à l'infini, laquelle n'est possible que par une conscience qui s'élève au-dessus de la séparation temporelle, parce qu'elle est originairement à son fondement. Sont apparemment encore au-delà les objectivations spécifiques de la conscience esthétique et, sans doute, de la conscience religieuse – et ce qui dépasse encore tout cela c'est l'unification centrale, qu'il faut finalement encore exiger, de toutes les directions de l'objectivation dans la loi suprême de toute objectivation, dans la loi de la « méthode ». Elle constitue la tâche de la logique dans son sens le plus large, en tant que logique du devoir comme de l'être, de la représentation artistique et religieuse, ou encore la tâche de la « critique » de la connaissance prise avec la même extension. C'est ici que nous trouverons enfin les fondements sûrs à partir desquels la reconstruction de l'ensemble de la teneur de la conscience dans son immédiateté

deviendra une tâche possible. Mais en quoi consiste désormais cette reconstruction ? Pourquoi est-elle requise ? Comment est-elle possible ? Et que doit-elle produire ? Voilà ce qui reste à montrer et à expliquer, car c'était bien le but spécifique de toute cette recherche préalable.

CHAPITRE VIII

LA MÉTHODE DE LA RECONSTRUCTION

§ 1. *Insuffisance de la conception de la psychologie comme « description ».*

Le cheminement qui conduit à l'exigence de la méthode reconstructive de la psychologie est presque complètement déjà indiqué par les propositions établies jusqu'ici. La psychologie n'est pas une science de la loi. Il semble qu'on en arrive à l'idée selon laquelle elle est une pure science des faits – pour reprendre l'expression habituelle : une science non pas explicative, mais simplement descriptive. Cette idée s'est toutefois avérée erronée : fait et loi, description et explication sont absolument impliqués l'un par l'autre. Le fait ne peut pas être assuré autrement que dans la loi. Et la description est subsumption sous des concepts généraux. Les concepts généraux au moyen desquels on décrit ont toutefois besoin d'une justification, et on ne peut pas les justifier autrement qu'à partir d'un contexte légal. Dans toute science, la description n'a d'ailleurs qu'une valeur préparatoire précisément | pour la connaissance légale qui est la seule **190**
espèce suffisante d'« explication », le seul sens clairement compréhensible de l'« explication ». Par conséquent, il n'est pas possible d'attribuer la description et l'explication d'un seul et même objet à des sciences différentes – un seul et même *objet* : voilà qui implique déjà que la description signifie aussi bien que l'explication l'objectivation. Mais la psychologie doit pourtant être la science du subjectif. La description est analyse, abstraction : elle sépare les différents moments à partir de la totalité du contexte même du vécu, contexte qui est précisément en question dans la

psychologie. Par là, elle s'engage manifestement dans la direction de connaissance que seule l'explication suit d'une manière conséquente. Si l'on donne, au lieu d'une explication, simplement une description, cela signifie que, certes, on s'engage dans la voie de l'objectivation, mais qu'ensuite on l'abandonne sans la suivre davantage jusqu'au but qu'il est possible d'atteindre.

On pourrait être tenté d'objecter la chose suivante : la description s'effectue certes au moyen de la subsumption sous des concepts généraux, mais c'est une telle subsomption que, précisément, on accomplit tout le temps dans les faits – et les concepts supérieurs se trouvent dans le contexte propre au vécu lui-même, et ne s'y trouvent pas moins que ce qu'on subsume sous eux (par exemple la couleur aussi bien que le vert ou le rouge). On ne quitte donc ainsi pas le domaine du vécu immédiat, du subjectif. On n'interroge nullement en cela sur la validité, sur la justification des concepts généraux sous lesquels on subsume, car une telle question ne concerne à vrai dire que la science objectivante – mais non pas le simple fait consistant à penser dans des concepts généraux et à subsumer par leur moyen. On ne décrit ce fait qu'à la manière de tout autre fait vécu, de sorte qu'on ne quitte effectivement jamais le point de vue de la subjectivité pure.

On pare si facilement à l'objection que, en elle-même, la réponse n'est pas nécessaire. Mais cette objection nous conduit à un approfondissement de notre conception qui n'est pas sans importance pour notre but ultérieur. On n'a pas en vérité tout dit, on n'a pas atteint ce qui est ultime lorsqu'on dit que la description est subsumption sous des concepts généraux. La description est abstraction : voilà qui conduit déjà notre affaire plus loin. La description est médiation : voilà qui nous conduit peut-être le plus précisément possible au cœur du problème. Dès lors, il s'agit d'un éloignement par rapport à l'immédiat du vécu. A quoi s'ajoute un autre élément lié au précédent : à savoir qu'il s'agit d'un arrêt du flux du vécu, donc d'un
191 anéantissement | de la conscience, laquelle au contraire, dans son immédiateté et sa concrétude, est vie qui s'écoule éternellement et jamais arrêt. Aussitôt qu'on devient attentif à cela, on ne se débarrasse pas, en lisant presque tous les livres sur la psychologie comme en passant dans les salles de dissection, de l'impression suivante : à savoir qu'on voit des cadavres qui succèdent aux cadavres, et mille mains occupées à supprimer dans ce qui est déjà mort jusqu'à l'apparence ultime de la vie et même le moindre souvenir de celle-ci qui pourrait encore demeurer dans le cadavre non dépecé, dans l'unité des membres et leur liaison naturelle. Ce n'est précisément pas l'organisme vivant de la *psyché*, mais les différents membres morts qu'on en a arrachés, qu'on subsume sous les concepts complètement

morts, figés, immobiles. N'est-ce pas là un point de départ singulier? On croit manifestement trouver devant soi, d'une manière entière, le psychique dans son intégrité – mais pourquoi donc y a-t-il alors besoin de le rechercher? Voilà qui est clair: on n'examine pas effectivement le psychique, mais on examine, en partant de lui et comme si on le possédait, quelque chose qui est au-delà de lui. Ainsi procède toute science objectivante, et à raison. Mais ce procédé ne relève pas de la psychologie, car il lui est précisément opposé à titre d'objectivation.

§ 2. *Idée fondamentale de la « reconstruction » de l'immédiat dans la conscience.*

Cependant, la tâche de la psychologie peut du coup apparaître d'autant plus problématique. La psychologie cherche le subjectif de la conscience, au-delà de toute objectivation: donc – semble-t-il – l'absolument indéterminé, au-delà de toute détermination, car chaque détermination, toute détermination est objectivation. Comment toutefois pourrait-on saisir ce qui est en soi absolument exempt de détermination, sans précisément par là le déterminer – et donc l'objectiver?

Ce qui est clair, c'est qu'on ne peut pas *immédiatement* avoir prise sur le subjectif ultime de la conscience. L'immédiat de la conscience ne peut pas non plus être immédiatement saisi ni observé. C'est avec une bonne raison qu'on qualifie donc la manière par laquelle nous pouvons faire parvenir à la conscience le subjectif qui nous est absolument propre avec le terme de « réflexion » – ce qui signifie pour ainsi dire le fait de se regarder. Cependant, étant donné que l'immédiat est réfléchi dans « l'observation de soi », il n'est déjà plus l'immédiat. C'est précisément cette réflexion qui produit nécessairement sur le vécu un effet analytique, un effet qui pour ainsi dire dissèque et décompose chimiquement – et il est vrai d'autant plus, d'une manière d'autant plus tranchante, d'autant plus intentionnelle | que 192
cette réflexion s'exerce. Afin de restituer dans sa pureté, à partir de la réflexion qui s'exerce dans notre observation de nous-mêmes, le vécu immédiat, il faudrait que cette spécificité, qui est manifestement indissociable de l'examen réfléchissant, puisse d'abord nécessairement pour ainsi dire être mise hors circuit – il faudrait faire en sorte que n'ait pas existé l'effet de cette analyse, qui s'accomplit la plupart du temps sans jamais qu'on le remarque.

Mais voilà toutefois qui est, en vérité, possible d'une certaine manière. C'est précisément après-coup, au moyen de l'analyse des différentes parties de la complexion, que cette complexion elle-même, telle qu'elle était donnée avant l'analyse, peut désormais être déterminée dans son contenu d'une manière plus ou moins adéquate. Après que leurs points saillants sont pour ainsi dire mis en évidence et établis, ce sont aussi les lignes de liaison qui peuvent être tirées, c'est, avec la profusion des rapports réciproques, quelque chose puis autre chose et encore autre chose de la vie originaire de la conscience qu'on peut théoriquement reconquérir – c'est le fini qui se laisse ramener à l'infini, le discret au continu duquel il a surgi, et, ainsi, c'est le contexte concret du vécu originaire qu'on peut dans une certaine mesure recréer. Plus l'analyse est précisément conduite d'une manière pure et consciente, plus il doit nécessairement apparaître d'une manière claire que les éléments n'existaient en vérité jamais sans liaison, mais que c'est seulement par une analyse, qui reste toutefois d'une manière inconsciente dans le général, qu'ils étaient isolés à partir de la complexion originaire. Par conséquent, l'abstraction est en vérité l'unique voie qui permette en général de parvenir d'une quelconque manière au concept de la dimension concrète de la vie de la conscience ou du moins de s'approcher d'un tel concept. Elle n'est toutefois pas elle-même le but, mais précisément seulement le moyen. Ce n'est donc pas l'abstraction qui qualifie le procédé propre à la psychologie, mais c'est justement la concrétisation, qui à vrai dire a pour présupposé l'abstraction. Ainsi devient-il clair que le résultat n'est pas l'indétermination, mais la déterminité suprême de la présentation du vécu immédiat.

Il en résulte que la méthode de la recherche psychologique, qui est fondamentalement différente de celle de la science de la nature comme de toute connaissance objective en général, est la « reconstruction » de l'immédiat dans la conscience à partir de ce qui a été formé par lui – à partir des objectivations, telles que la science et, avant toute science et sans intention consciente, la manière ordinaire de se représenter les choses
193 l'accomplissent. | Elle consiste, conformément à ce qui a été dit, en ceci : à savoir qu'on considère par la pensée que les objectivations, dans la mesure où elles seraient décomposition et destruction du vécu dans sa complétude, n'ont pas existé – qu'on introduit ce qui a été séparé par l'abstraction dans les liaisons originaires, qu'on redonne du mouvement aux concepts figés, qu'on s'approche ainsi à nouveau du flux vital de la conscience, et, au moyen de tout cela, qu'on reconduit ce qui a été objectivé aux différentes étapes de la donnéité subjective. Il s'agit, comme on dit, d'un renversement total et pur du procédé de la connaissance objectivante, qu'elle soit scientifique ou préscientifique : alors que cette connaissance fait des objets à partir des phénomènes, la psychologie reconstruit les phénomènes à partir des objets comme s'ils étaient le donné. La relation du phénomène et de

l'objet s'inverse précisément pour elle : ce qui était objet est devenu un phénomène à expliquer, et ce qui était le phénomène, à partir de quoi l'objet devait d'abord être connu, est désormais devenu le véritable objet à connaître.

§ 3. *En quel sens la reconstruction est une tâche.*

Que cette reconstruction soit une tâche effective et difficile, cela saute aux yeux si l'on se souvient de la manière dont, d'une façon immédiate et imperceptible, l'objectivation de tout subjectif a coutume de s'accomplir. Déjà toutes les fois où l'on nomme, où l'on fixe du regard, on pourrait même dire toutes les fois où l'on montre du doigt – bref, toute fonction même dirigée d'une manière encore éloignée sur la connaissance renferme au moins l'élan vers l'objectivation, la tentative d'une objectivation. Sans une réflexion dirigée proprement sur la subjectivité de l'apparaître, nous ne serions en général attentifs qu'à des objets, c'est-à-dire que nous objectivons, que nous cherchons à connaître. C'est une toute nouvelle prétention que celle posée par la psychologie, à savoir celle, non pas de connaître quoi que ce soit, non pas de vouloir connaître une quiddité déterminé, c'est-à-dire un objet, à partir du phénomène, mais d'établir ce qui apparaît, tel qu'il était donné avant toute connaissance et même avant toute intention de connaître. Cette prétention apparaît tout de suite non seulement surprenante, mais précisément absurde, car elle semble dire qu'on doit connaître sans pourtant pouvoir connaître. La tâche de la psychologie n'est effectivement compréhensible qu'à titre de tâche de reconstruction, de tâche d'inversion du procédé : c'est seulement à partir de ce qui est déjà connu (au sens objectif) d'une quelconque manière que le phénomène peut être reconquis à titre de fondement subjectif de cette connaissance, au moyen d'un rétro raisonnement.

| Pour la conscience naturelle, il est évident, comme on l'a déjà souvent **194**
dit, que les objets d'abord existent et sont donnés, de sorte que le fait d'être perçu ou d'apparaître est secondaire. Cette conscience a tout à fait raison, au sens où la réflexion sur la subjectivité de l'apparaître vient après-coup et dépend de la direction de la conscience sur l'objet, et où celle-ci est immédiate et naturelle, indépendante et en soi la première. Pour être attentif à l'apparaître même, à titre de ce qui est le plus remarquable dans tous les phénomènes, il faut à la rigueur y être incité, lorsque la tentative d'objectivation a échoué ou bien qu'une illusion s'est ultérieurement manifestée. C'est alors que surgit tout d'abord en nous le concept d'un être propre du phénomène, qui est différent de l'objet y apparaissant, et qui est bien ce qui

est donné antérieurement, ce qui est donné en premier, ce qui est originaire. C'est ensuite qu'on distingue, particulièrement dans une visée scientifique, le phénomène et l'objet, et peut-être déjà qu'on met au fondement le principe selon lequel seuls les phénomènes sont donnés, l'objet étant dans tous les cas d'abord un problème, qui doit être établi d'une manière scientifique. Cependant, on ne peut précisément pas dire que le pur phénomène est à tout le moins « donné ». Si l'on avait raison de le considérer comme ce qui est premier « en soi », il reste que, pour le concept, il est en tout cas ce qui est dernier, ce qui est le plus lointain.

Ce n'est pas sans but que, plus haut (chap. 1), nous avons suivi d'une manière historique le développement infiniment lent d'une réflexion spécifique, dirigée sur la subjectivité comme telle. Nous voyons désormais clairement le fondement du fait qui nous saute immédiatement aux yeux. Il est très naturel que l'objectivité soit tout d'abord considérée comme absolument donnée et que le seul problème concerne à la rigueur la manière dont il faut la déterminer d'une manière plus précise – et que, en revanche, la subjectivité de l'apparaître soit ou bien complètement négligée, ou bien naïvement dérivée de l'objectivité et même comprise en elle. Il fallait que d'abord un Protagoras surgisse, renverse avec un radicalisme audacieux la relation du sujet et de l'objet, et ose le paradoxe selon lequel, au contraire, la subjectivité, l'apparaître, sont ce qui est premier, car l'objectivité, l'être, ou bien ne sont en général rien ou bien sont seulement dérivés de la subjectivité. En ce qui concerne les choses, c'est-à-dire les objets, leur être et leur non être, la mesure et le critère sont l'homme, c'est-à-dire le sujet. C'est avec la reconnaissance du droit spécifique de la subjectivité que commence la psychologie. Pour elle, le renversement de Protagoras est toujours en un certain sens complètement valide. Pour la science, pour la « connaissance » à proprement parler, ne vaut véritablement que ce qui est objectif, alors que, pour la psychologie, seul au contraire le subjectif possède une signification – même la prétention à la validité objective n'est pour elle en question qu'à titre de prétention subjective, et non relativement à son droit ou son absence de droit.

195 | § 4. *Sens plus précis de la reconstruction.*

Tout ceci nous permet de déterminer déjà plus précisément la relation générale de la psychologie à la science objective. La science objectivante procède d'une manière absolument constructive, elle construit les unités de l'appréhension, les instruments de la compréhension, les « concepts ». Elle donne à ce qui est en soi sans détermination la déterminité de la quiddité, et

ainsi au phénomène son objet. Tout cet apport possède le même caractère, pour ainsi dire est fait du même jet. La science, dirigée sur la connaissance de l'objectivité, forme ainsi une unité insécable. Si donc tout le travail proprement créateur de la connaissance revient à la science objectivante, il faut encore pourtant se souvenir que cette création n'est pas une création à partir de rien, mais tout simplement à partir de ce qui est donné. Ainsi surgit la tâche tout à fait inédite et spécifique consistant à re-produire par la pensée le donné le plus originaire à partir des créations de la science. Voilà ce qu'on réussira manifestement d'autant plus purement que les étapes particulières du procès de la connaissance objectivante sont plus clairement devant les yeux – c'est-à-dire que l'objectivation s'est accomplie d'une manière plus conscience et prudente. C'est pour cette raison que la psychologie trouve son problème le plus déterminé, en même temps que sa base la plus assurée pour son propre apport, dans les objectivations les plus spécifiques, les plus pures et les plus conscientes, celles de la science. Il est vrai que, dans l'expression qu'elle trouve de ce donné dans la connaissance scientifique sédimentée, tout souvenir direct précisément des premiers pas du procès objectivant, qui doivent être les plus importants pour la psychologie, est perdu. Ainsi la mathématique pose-t-elle immédiatement au fondement, sans aucun préliminaire, des abstractions tels le point, la ligne, la surface, les purs nombres et les opérations numériques, l'égalité, le plus grand ou le plus petit, etc., ou bien des abstractions encore plus vides que celles-ci, tels les premiers *data*. Aussi a-t-elle ce dont elle a besoin : des unités solidement déterminées de la compréhension. C'est sur de tels fondements qu'elle construit tout l'édifice de ses connaissances avec une assurance complète. Pour la psychologie, au contraire, ce sont précisément ces *data* apparemment immédiats de la science objective qui renferment peut-être les problèmes les plus difficiles. Ces *data* ne peuvent nullement lui servir de présupposés absolus, mais ils sont des phénomènes qui ont complètement besoin d'une explication, ils sont ceux qui, parmi tous les phénomènes, peuvent peut-être en définitive en premier lieu être expliqués. Car on peut bien aussi parler d'« explication » en un sens subjectif, étant donné que, comme on l'a dit, l'immédiat psychique, auquel il faut reconduire toute objectivation déjà accomplie, | est quelque chose qui ne se **196**
donne pas immédiatement au grand jour, mais qu'on ne peut précisément redécouvrir, donc tirer au clair, expliquer, qu'au moyen de la reconstruction psychologique.

Du reste, la tâche de la psychologie n'est pas essentiellement différente lorsqu'il s'agit des objectivations de la représentation non scientifique, qui est seulement accomplie d'une manière moins unitaire et conséquente.

L'ensemble de la représentation non scientifique des choses est, en vérité, le résultat d'une objectivation qui est souvent déjà étendue. Il y a toute une partie non négligeable de nos concepts généraux (*Gemeinbegriffe*[1]), tels qu'ils sont pour ainsi dire consignés dans les mots de la langue et leurs diverses significations, qui s'enracine dans la science. Toute nomination achève pour ainsi dire une objectivation complète. Toute appréhension d'un complexe phénoménal comme *une* chose, comme *un* processus, toute position d'une identité en général, bref toute formation d'une quelconque unité de la représentation renferme la fonction objectivante. Toute technique en quelque façon développée dispose d'un système de concepts finis qui possèdent souvent une déterminité marquée et qui ne sont pas inférieurs aux concepts scientifiques. Par conséquent, les « choses » de la représentation commune sont des unités spirituelles d'une espèce essentiellement semblable, bien qu'ayant souvent des contours moins rigoureux et assurés que les « objets » spécifiques, aux contours rigoureux, de la science. Même la tendance vers une représentation unitaire de l'objectivité dans son ensemble ne manque absolument pas. Nous pensons en effet que ce que nous représentons et nommons, c'est, indépendamment de toute compréhension scientifique, non pas simplement quelque chose comme des objets, mais précisément *les* objets, effectifs et existant en eux-mêmes : c'est en cela que consiste manifestement le présupposé de l'unité de l'objectivité. Que la représentation commune ne soit à vrai dire pas effectivement unitaire, que la science ne la reconnaisse précisément pas pour cette raison, ce n'est pas un mystère. Mais ce n'est pas sur le droit ou l'absence de droit de la prétention à la validité objective que porte en général l'interrogation psychologique. Pour la psychologie, la représentation non scientifique, dans la mesure où elle veut et pense pourtant toucher les choses effectives, est sur la même ligne que la représentation scientifique. Celle-ci, en vérité, est tout comme celle-là une construction, de sorte qu'on peut aussi, avec elle, retourner par la reconstruction psychologique à la donnéité originaire. Du reste, même l'objectivation scientifique n'est jamais définitivement finie, mais, en dépit de la solidité de ses fondements formels, de toute sa structuration qui relève de la loi, elle est en vérité un travail qui n'est jamais achevé. Le privilège essentiel de la science, relativement à la tâche de
197 la psychologie, est seulement le privilège mentionné : | la science est consciente de chaque pas qu'elle fait – de sorte qu'elle peut aussi plus

1. *Gemein* signifie à la fois général (par opposition aux concepts universels = *allgemein* de la science) et commun (ils relèvent de la représentation commune = *gemein*).

facilement également pour ainsi dire revenir à nouveau sur chaque pas, afin de parvenir ainsi jusqu'au point de départ le plus originaire.

§ 5. *Extension du domaine de la reconstruction.*

Cependant, même les représentations les plus libres de l'imagination ne sont pas essentiellement d'une autre nature. Bien qu'elles ne soient pas, même dans leur tendance la plus générale, dirigées sur une unité totalement englobante du monde objectif, sur la connaissance des choses telles qu'elles « sont », elles prétendent pourtant représenter des choses telles qu'elles pourraient être. La représentation de l'imagination ne parvient absolument pas à la conscience, pour celui qui exerce naïvement son imagination, tel un simple jeu subjectif de ses pensées, mais il intuitionne le monde de son imagination et y vit comme dans un monde existant. Ce n'est pas simplement chez les enfants qu'on peut l'observer, car c'est aussi le cas chez l'artiste lui aussi, et chez nous tous dans le rêve. L'imagination « poiétise » c'est-à-dire invente des objets. On dit qu'elle est formatrice, organisatrice, créatrice, on lui attribue quelque chose de la vie – elle donne la vie, elle crée la vie, voilà sa vitalité. En un mot, elle est objectivante, comme on le voit le mieux dans l'art. Elle est en cela absolument analogue à la science et constitue donc absolument au même sens que celle-ci un problème de la psychologie – de même que, de l'autre côté, l'imagination exempte d'art, opposée à l'art, erronée dans ses configurations, correspond aux erreurs scientifiques et non scientifiques ou aux suppositions sans fondement sur la vérité des choses.

Déjà la représentation commune non scientifique des choses et aussi la libre activité de l'imagination ne sont toutefois pas simplement théoriques, ni dans les faits ni dans leur but : elles sont de mille façons diverses co-déterminées par toute la participation aux choses, particulièrement dans sa validité subjective, telle qu'elle est régie par les moments de l'aspiration et du sentiment, par des intérêts moraux et esthétique largement plus que par l'intérêt de la connaissance au sens simplement théorique. Voilà qui conduit à la question de savoir quelle est la tâche qui revient à la psychologie relativement à ces domaines étendus de l'objectivation : celui éthique, celui esthétique et celui religieux.

| Il faut avant tout se souvenir ici que rien de ce qui relève du travail **198**
scientifique, de la reconduction à des normes et lois objectivement valides, n'est excepté. Dans toutes les cultures plus développées, on aperçoit à tout le moins un effort pour soumettre aussi tous ces domaines de la conscience à la domination de la loi, c'est-à-dire à une détermination universellement

valide et donc objective. Les simples dénominations, éthique, esthétique et philosophie de la religion, en sont les signes suffisants. Ces sciences existent au moins à titre de tendances – elles sont du moins l'objet d'une recherche, car on interroge sur la norme objectivement valide du bon, du beau et du saint. Celui qui utilise ces prédicats pense et exige une loi objectivement valide, la présuppose en elle-même, bien qu'il en viendra bientôt à comprendre, avec un peu de réflexion socratique, qu'il n'est pas à proprement parler en mesure de justifier ce présupposé et de le réaliser d'une manière effective. Même ici, il s'agit toutefois pour la psychologie avant tout, non pas de droit ou de l'absence de droit de cette prétention à l'objectivité : il suffit que cette prétention soit effectivement élevée. C'est en cela que surgit aussitôt ici la tâche consistant à retourner aux sources subjectives de tels concepts objectivement valides du moins dans leur prétention. Il est vrai qu'on peut anticiper que la solution de la tâche va se heurter, dans ces domaines, à des difficultés spécifiques.

§ 6. *L'objectivation elle-même à titre de problème de la psychologie reconstructive.*

Cependant, ce qui ici fait défaut, en fin de compte, c'est aussi l'objectivation elle-même dans ses espèces et directions différentes et dans ses différentes étapes – objectivation qui, si elle est en un sens opposée à la tâche de la psychologie, ne tombe toutefois pas pour autant complètement en dehors de son domaine de recherche. L'objectivation s'accomplit pourtant indubitablement elle-même dans la conscience, à titre de conscience – et établir la figure dans laquelle elle s'accomplit au sein de la conscience, donc la caractéristique psychologique de la fonction objectivante, voilà qui toutefois appartient assurément à sa tâche. Mais il faut rester clairement conscient des limites à l'intérieur desquelles, ici, une « explication » psychologique peut encore être exigée avec une signification. L'« unité du divers », qui fonde le concept et en particulier le concept d'objet, est originaire au sens où ce serait un effort vain de vouloir la reconduire à quelque chose d'autre ou bien de vouloir l'en dériver. On peut seulement indiquer qu'elle est déjà au fondement de tout ce que nous connaissons ou pouvons même uniquement chercher à connaître. Si l'on dit qu'elle consiste, du point de vue subjectif, dans l'unité du « point de vue » sous lequel un divers est rassemblé par le regard de l'esprit, cette unité du regard de l'esprit n'est précisément pas davantage réductible pour la psychologie, mais elle peut au mieux être décrite d'une manière analogique.
199 | L'unité de la conscience, précisément, n'apparaît pas. Même la liaison des

représentations, qui, dans la mesure où elle est conforme à la règle de l'unité de la conscience, peut bien être appelée le phénomène de cette unité, étant de la même espèce dans de nombreuses représentations singulières, n'est pas l'unité de la pensée elle-même, mais pour ainsi dire seulement son reflet dans la représentation. C'est précisément relativement à elle qu'il devient clair que l'unité de la conscience elle-même ne peut pas être représentée, donc qu'elle est aussi en elle-même indescriptible et qu'elle ne peut être décrite qu'en opposition à la représentation, ou précisément au moyen d'analogies comme celle de l'unité du regard. Elle forme, comme on l'a déjà établi auparavant, non pas tant une tâche spécifique de la psychologie que, plutôt, uniquement sa limite la plus externe. C'est en ce sens qu'on l'admet : pour reconstruire l'immédiat dans la conscience, il faut encore le renvoi à cet élément ultime, en vérité le plus immédiat, mais qui, précisément pour cette raison, ne peut jamais être présenté d'une manière exhaustive au moyen de toutes les médiations infinies. Par conséquent, cet élément ultime désigne, à titre de « point infiniment éloigné », plutôt seulement la direction dans laquelle cherche en fin de compte à se déployer toute aspiration de l'examen subjectivant, et non pas un point qu'il faudrait atteindre sur la voie de la psychologie reconstructive même. Cette direction correspond précisément au but ultime, idéal de la connaissance objectivante – non pas simplement à la loi, mais à la loi de la légalité elle-même, à titre de loi originaire de sa méthode en général. On peut même peut-être dire que, dans ce but le plus externe, les deux examens coïncident, en un sens analogue à celui où, dans la mathématique, le « point infiniment éloigné » n'est pas un double point, mais un seul et même point dans le progrès de la direction-plus et de la direction-moins d'une seule et même droite.

Ce qui demeure essentiel, c'est, d'un côté, la correspondance exacte des deux tâches, l'objectivation et la subjectivation, et de l'autre côté, le caractère fondateur de l'objectivation pour la subjectivation. Le double sens, pour ainsi dire positif et négatif, de la voie de la connaissance, du subjectif à l'objectif et inversement, correspond au conditionnement double de la connaissance, par le phénomène, d'une part, et, d'autre part, par le « point de vue » de l'unité du divers. La connaissance subjectivante coïncide donc avec la connaissance objectivante dans toute l'étendue de ce qu'il faut examiner, mais elle lui est diamétralement opposée dans sa direction. Ainsi comprend-on, malgré tout, qu'on puisse dire que la psychologie embrasse proprement toutes les autres sciences, ou du moins qu'elle en pose le fondement. Mais c'est au contraire la connaissance objectivante qui est fondatrice pour la connaissance subjectivante. | La **200** psychologie ne peut pas découvrir d'autres fondements scientifiques que la science objectivante et le fondement logique qu'elle lui apporte. La psychologie est au contraire, pour chacun de ses pas, renvoyée à l'apport antérieur de la connaissance objectivante de chaque espèce et de chaque étape – elle ne peut absolument rien reconstruire si la connaissance objectivante n'a pas d'abord construit. Sa tâche n'en demeure pas moins toutefois une tâche absolument naturelle et nécessaire. Car l'intérêt relatif à la connaissance n'est pas simplement la relation de celle-ci à l'objet, mais aussi sa relation à notre subjectivité. La tâche complète de la connaissance ne serait accomplie que si ces deux tâches étaient effectuées : la compréhension objective du phénomène à partir de la loi, et la compréhension subjective de la loi et de toute objectivation du phénomène qu'elle fournit à partir de l'immédiat de la conscience. C'est précisément dans l'accomplissement complet de cette double tâche de la connaissance qu'il apparaîtrait de la manière la plus claire que, exactement comme l'admet la représentation commune, la subjectivité n'est que le reflet de l'objectivité et que l'objectivité est le fondement, qui seul à proprement parler « est », de ce qui apparaît du point de vue subjectif.

§ 7. *Sens objectif et subjectif de la « fondation »*.

Par là ne disparaît toutefois pas complètement l'apparence selon laquelle la logique, l'éthique, l'esthétique et la philosophie de la religion devraient elles-mêmes être fondées sur la psychologie. Cependant, c'est au moment où surgit cette apparence qu'on la comprend. Il est tout à fait vrai que ces sciences philosophiques, donc en général la philosophie de la connaissance objective, non seulement sont susceptibles d'une fondation psychologique mais en ont besoin. Mais cette « fondation » est d'une espèce
201 particulière, et elle est non pas première, | mais toujours seconde. Elle est seulement possible après que et dans la mesure où la fondation véritable, c'est-à-dire objective, a été accomplie. On les confond toutefois toutes les deux et on parvient au concept erroné d'une « théorie de la connaissance » qui, telle qu'on l'entend communément, est nécessairement une théorie subjective de l'objectivité comme telle. Même le criticisme de Kant a pu favoriser cette confusion conceptuelle, parce qu'il donne parfois l'impression que c'est dans des fonctions subjectives de la connaissance que la validité objective de la connaissance est fondée. Il y a certes une fondation subjective, mais elle est radicalement différente de la fondation objective, et même son contraire, et elle dépend complètement de celle-ci, alors que celle-ci ne dépend pas de celle-là. Ainsi Kant a-t-il (dans la première

Préface de la *Critique de la raison pure*, p. X, XI) clairement distingué, d'une manière principielle, la « déduction » subjective et celle objective, mais son explication même ne les sépare pas d'une manière suffisamment rigoureuse et est par là l'occasion d'une méprise. On peut et on doit en effet comprendre la « fondation » dans ce sens double : comme reconduction à ce qui est premier « en soi » et à ce qui est premier « pour nous ». Celui qui exige la fondation objective, donc indépendante de la psychologie, omet habituellement complètement la tâche spécifique d'une déduction subjective – ou bien il ne l'omet pas, mais ne la considère pas comme une « fondation ». Voilà ce qu'elle n'est pas, au sens véritable, c'est-à-dire objectif. Nous reconnaissons les deux tâches, qui sont en opposition la plus totale, mais en même temps dans un rapport le plus étroit l'une à l'autre. Au sens objectif, ce sont les lois qui fondent les phénomènes, mais au sens subjectif ce sont les phénomènes qui fondent les lois. On peut aussi dire : pour la fondation objective, ce sont les phénomènes qu'il faut expliquer, les lois sont ce qui est « premier en soi » et sur quoi toute explication doit s'appuyer – mais ces lois doivent elles-mêmes d'abord être établies par l'objectivation des phénomènes et découvertes, donc elles sont ce qui est dernier « pour nous ». Pour la fondation subjective, au contraire, ce à partir de quoi tout le reste est expliqué, ce à quoi il est réduit et qui est précisément ainsi d'abord lui-même établi dans sa conformité à la connaissance, c'est l'immédiat de la conscience – et les lois, les fondements explicatifs de la connaissance objective sont, pour elle, ce qu'il faut expliquer et qu'il faut précisément d'abord reconduire au fondement subjectif qu'est l'immédiat, le vécu. S'interroger sur les fondements objectifs de la connaissance, c'est au mieux tenter de réduire les phénomènes à des lois, c'est vouloir accomplir le procès de l'objectivation jusqu'aux lois qui déterminent en dernière analyse l'objectivité de la connaissance, c'est-à-dire à partir d'un fondement objectif. | Rechercher une explication subjective, non pas tant 202
de la vérité que de la conscience de la vérité, c'est, au contraire, parcourir en arrière toutes les étapes du procès de l'objectivation jusqu'à ce qui était, avant toute objectivation, l'élément vivant dans la conscience. Aussi les deux tâches sont-elles diamétralement opposées. L'une présuppose les objectivations de la science et de toute connaissance véritable dirigée sur l'objet, et elle veut porter l'objectivation jusqu'à son terme dans une légalisation ultime, suprêmement objective de la vérité objective même et en général. L'autre, au contraire, veut faire en sorte pour ainsi dire que toute l'objectivation accomplie ne soit pas arrivée et, ainsi, reconduire aux premiers germes préscientifiques de la conscience scientifique et en général de la conscience de l'objet, qui précèdent toute connaissance de l'objet.

§ 8. *L'apparence du subjectivisme.*

Cette relation est claire et simple pour autant que l'opposition entre l'objectivité et la subjectivité est établie, en notre sens, à titre d'opposition entre le rapport objectif et le rapport subjectif du phénomène. Cette opposition est établie aussitôt qu'on comprend qu'il s'agit d'une opposition, non pas entre deux types d'être ou deux séries de faits qui se trouveraient l'une à côté de l'autre, mais entre deux directions de la voie cognitive : du phénomène à la loi et de la loi au phénomène. Si ce n'était pas le cas, ou bien l'objectivité dévorerait la subjectivité et pour ainsi dire l'absorberait en elle, ou bien – ce qui est une apparence largement plus admise – ce serait l'inverse.

L'omission première, totale, de la subjectivité, est tout à fait naturelle pour la conscience naïve, pour laquelle il est presque impossible de s'éveiller à la réflexion sur elle-même. C'est, dans la philosophie moderne, particulièrement depuis Descartes que la signification autonome de la subjectivité est devenue si vivace qu'il n'y a encore, à la rigueur, qu'un matérialisme tout à fait naïf qui puisse complètement l'ignorer. Pour celui qui connaît la philosophie moderne, une tendance presqu'insurmontable suscite au contraire l'apparence inverse, qui se trouve très éloignée de la conscience commune. Cette apparence est connue sous le nom d'« idéalisme » dès qu'on possède ne serait-ce que les rudiments de la philosophie kantienne et néokantienne.

203 | On entend par là, dans la signification la plus indéterminée du mot, l'idée au fond triviale selon laquelle un objet n'est pas donné ailleurs que dans la conscience. Les objets peuvent être ce qu'ils veulent en eux-mêmes, c'est-à-dire indépendamment de la connaissance ou de la représentation de ces objets ou encore, pour le dire brièvement, de la conscience qu'on en a. Reste qu'ils ne sont et ne signifient pour nous que ce que nous nous en représentons et que ce que nous en connaissons – c'est-à-dire en général ce dont nous sommes conscients par rapport à eux. Si on pense un en-soi de l'objet, par opposition à notre connaissance ou représentation ou une autre espèce de conscience de cet objet, voilà qui peut seulement signifier un être tel qu'il se présenterait pour notre connaissance, notre représentation, notre conscience, s'il a pu en général entrer dans leur domaine – c'est-à-dire un concept qui peut bien servir à mettre en évidence les limites de la connaissance (ou bien de la représentation ou en général de la conscience) possible pour nous, mais auquel nous ne pouvons toutefois pas attribuer une signification déterminée, c'est-à-dire positive.

Comprise dans cette indétermination, l'idée fondamentale de l'idéalisme apparaît certes évidente, mais presque triviale : elle ne promeut en aucun sens la compréhension du problème. Et cette idée n'a même surgi

dans la philosophie que lorsqu'elle s'est substituée à une autre idée, plus riche de sens, dans des présentations plus ou moins vulgarisées. Selon cette idée plus riche de sens, que l'objet soit nécessairement un objet pour une conscience n'importe pas. Car, étant donné que cela va pourtant de soi, on se demande alors qu'est-ce qui, relativement à la conscience, constitue l'objectivité et qu'est-ce qui, par conséquent, signifie cette objectivité. Il ne peut pas non plus suffire d'établir que ce qui caractérise la conscience objective doit derechef nécessairement être un moment de la conscience, mais il s'agit pour cette raison d'indiquer ce moment dans sa déterminité et de le caractériser. Nous l'avons ici de préférence qualifié, même si cela reste encore général et trop indéterminé, au moyen du concept de loi ou d'« unité d'un divers » qui relève de la pensée. Cependant, ce qui importe n'est pas seulement la loi en général, mais l'unité, englobant tout, du contexte légal des phénomènes. C'est cette unité que cherche toute science, c'est en elle qu'elle croit fonder l'objectivité de l'être par opposition à la subjectivité de l'apparaître. Il en résulte une figure déjà plus profonde, pour ainsi dire plus noble, de l'idéalisme. Ce n'est pas simplement la « conscience » (selon laquelle nous avons en général conscience de quelque chose), mais c'est l'unité de la conscience qui constitue dans l'unité de la loi l'unité de l'objet – voilà comment on pourrait énoncer la formule fondamentale de cet idéalisme. | Dans cette figure ainsi perfectionnée, le point de **204**
vue idéaliste acquiert du moins pourtant un sens plus sérieux : il devient susceptible d'entretenir un lien étroit avec les sciences concrètes de l'objet – une union qui ne peut à vrai dire que lui procurer un véritable intérêt et attirer les gens vers lui. Voilà justement ce qu'on entend ordinairement par l'expression de criticisme, d'idéalisme critique.

Néanmoins, précisément d'après cette conception, l'objectivité de la connaissance peut sembler complètement disparaître dans la subjectivité. La pensée qui objective le phénomène n'est il est vrai elle-même qu'une forme de conscience et, partant, la fondation prétendument objective de la connaissance est en vérité une fondation subjective. La liaison légale des phénomènes dans une « nature » (un monde phénoménal), qui seule soutient et légitime la prétention à la validité de l'objectivité – cette liaison n'apparaît-elle pas, parce qu'elle ne consiste qu'en pensées, totalement dépendante de la loi de la conscience ? Celui qui pose cette distinction entre validité objective et validité simplement subjective, celui qui ordonne les phénomènes sous des lois, celui qui détermine les perspectives directrices relativement à celles-ci, et avant tout cette perspective suprême, la loi de toutes les lois selon laquelle la loi est ce qui détermine l'objectivité – qui est-ce, celui-là, s'il ne s'agit pas de nous, nous qui pensons ? Nous pouvons bien ici nous trouver soumis à la contrainte d'une nécessité qui ne laisse aucune marge à l'arbitraire subjectif. Nous pouvons bien ici, en définitive, nous trouver soumis à quelque force étrangère, qui nous est inconnue. Tout ceci n'est pas ici en question, et ne peut absolument pas sérieusement être en question, parce que nous ne pouvons pas, en posant des questions, dépasser notre connaissance ou bien prétendre déterminer en dehors de notre connaissance ce qui dépend de notre connaissance. Car ce qui seul est en question, ce qui surgit et à quoi on ne peut échapper, c'est que même l'idée de l'objectivité – même la constitution de l'objet sur le fondement du contexte légal des phénomènes – est en fin de compte simplement donnée « en nous », dans la pensée – ou, plus exactement, dans la connaissance, mais en tout cas dans la conscience, donc dans notre subjectivité.

205 | Nous pouvons d'autant moins nous refuser à nous expliquer avec l'« idéalisme » ainsi compris que notre propre position fondamentale semble en être très proche – et que ne nous pouvons nous empêcher de souscrire au principe du kantisme que nous formulions brièvement ainsi : c'est l'unité de la conscience qui constitue dans l'unité de la loi l'unité de l'objet.

§ 9. *Dissolution de l'apparence du subjectivisme.*

Il y a toujours pour la philosophie qui recherche l'unité ultime de la connaissance une tentation consistant à croire qu'elle a apporté une solution à toutes les énigmes qu'on peut résoudre, toutes les questions auxquelles on peut répondre, avec une unique synthèse ultime peut-être magnifiquement vraie. C'est pour une telle synthèse fondamentale que peut assurément passer la synthèse kantienne des concepts de loi, d'objet et de conscience. Nous considérons effectivement que la pensée fondamentale qui vient d'être formulée a été établie par Kant, approfondie par ses successeurs et confirmée de tous les côtés par l'analyse, de sorte que nous voyons peu d'utilité à discuter sur ce sujet avec ceux qui, après tout ce qui a été dit là-dessus une centaine de fois, en nieraient la vérité.

Cependant, c'est précisément la question dont nous cherchons la solution qui fait clairement apparaître combien l'on s'égare si l'on croit que, au moyen de cette unique explication, toute les difficultés se dissolvent d'un seul coup. Si l'on entend dans cette formule, qu'on pourrait appeler l'équation fondamentale de la connaissance, la « conscience » au sens de la psychologie, c'est-à-dire entendue comme subjectivité, la loi qui fonde dans son unité l'unité de l'objet est inévitablement une loi de notre subjectivité, donc une loi psychologique, et la fondation prétendument objective des lois de la vérité qui sont propres à notre connaissance devient au contraire une fondation subjective, psychologique. La distinction qu'on a soutenue entre fondation objective et fondation subjective disparaît, et l'idéalisme critique devient, comme c'est le cas pour la plupart de ses adversaires mais aussi conformément à la manière dont l'ont interprété la plupart de ses défenseurs, le subjectivisme le plus pur, le plus illimité, identique à peu de choses près à l'idéalisme de Berkeley, mais prenant la première place, parce qu'il met mieux en évidence les moments de la conscience subjective qui fondent la validité de l'objectivité – mais toujours au sens subjectif de la « fondation ».

| Néanmoins, cette équation kantienne a tout autant de profondes 206
racines dans l'histoire de la philosophie et de la science que Kant a eu, déjà à cause de ce que cette formule a suscité et promu, une influence sur la philosophie et la science – nous ne pouvons donc pas reconnaître dans cette formule, absolument comme telle, l'apport décisif de Kant. Ce qui importe est le développement de cette formule et, relativement à celui-ci, la précision la plus rigoureuse dans la formulation de l'idée principale même. C'est seulement par une telle précision que se dissout de la manière la plus fondamentale toute apparence du subjectivisme. La fondation de l'unité de l'objet dans l'unité de la conscience et certes dans la figure de la loi, voilà qui ne devrait guère être appelé la découverte originelle de Kant. Car elle est, dans son principe, déjà très clairement renfermée dans le concept platonicien d'« Idée », laquelle est, face au divers mouvant des phénomènes, l'unité, qui détermine et limite, de la loi – unité qui représente en elle l'« être » objectif et, de l'autre côté, a pour racine subjective le comprendre, distingué de tout autre type de représentation par le « rassemblement dans l'unité » (ξυλλαβεῖν εἰς ἕν), ce qui veut exactement dire : l'« unité synthétique » de Kant. On trouve chez Descartes et d'une manière encore plus claire et plus marquée chez Leibniz le même présupposé fondamental – et celui-ci est formulé d'une manière si rigoureuse que, pour celui qui voyait l'apport fondamental de Kant dans cette unique idée fondamentale, l'originalité d'un tel apport devrait nécessairement apparaître très douteuse. Leibniz lui-même ne pensait d'ailleurs par là que, à la rigueur, exprimer de la manière la plus claire et dévoiler de la manière la plus totale la «*philosophia perennis*», la vérité philosophique fondamentale qui existe depuis toujours, depuis qu'il y a de la philosophie, qui est commune à tous d'une manière plus ou moins consciente et qui n'est il est vrai parvenue à la validité dans les systèmes particuliers que d'une manière peu claire et partielle. On ne peut plus dire que ce serait précisément là un apport de Kant, ne serait-ce que parce qu'il lui confère une formulation meilleure et

un sens plus tenable, et que cette proposition renfermerait effectivement la somme de sa philosophie.

La distinction devient pourtant claire aussitôt qu'on compare le développement de l'idée directrice commune chez Kant et chez Platon ou bien Leibniz. Que c'est la loi qui, dans la connaissance, fonde l'être ou l'objet, voilà ce que savaient Platon ou Leibniz. Cependant, déjà le caractère fondamentalement différent des problèmes particuliers de la philosophie, qui doivent seulement trouver dans cette unique équation
207 fondamentale le principe ultime commun de leur solution, | ainsi que la validité et signification des concepts fondamentaux de loi et d'objet eux-mêmes qui en découlent dans leur application aux différentes directions de l'interrogation philosophique, voilà deux éléments qui demeurent cachés. La différence entre la loi mathématique et la loi de la nature et leur fondement est certes pressentie par les deux philosophes jusqu'à un certain point, mais reste pourtant, en fin de compte, insuffisamment déterminée. Et tous deux sont encore plus imprécis dans la délimitation des lois cognitives constitutives vis-à-vis du principe simplement régulateur de la fin, et ils restent totalement imprécis en ce qui concerne la distinction des types de validité que l'idée de fin reçoit non seulement dans la nature et dans l'art mais aussi dans la morale – ce qui fait qu'ils évacuent nécessairement la fondation véritablement objective précisément de ces « Idées » et vérités, relativement à quoi ils établissent toutefois plus de choses que relativement à la fondation philosophique de la science mathématique de la nature, mais simplement à cause de leur préoccupation. Toutes ces questions touchent assurément d'une manière plus lointaine les intérêts de la psychologie elle aussi. Mais il y a une question qui, d'une manière plus fondamentale, intéresse la psychologie et se dirige sur la racine et le pivot ultimes de toute cette fondation commune à Kant, Platon et Leibniz – sur le concept de « conscience » même, dans l'unité duquel l'unité de la loi et, partant, de l'objet, doit être fondée.

§ 10. *L'apparence du subjectivisme chez Kant.*

En rapport à ce point, il faut reconnaître que Kant lui-même a tout à fait suscité l'interprétation subjective à cause de l'expression qu'il a donnée de cette pensée fondamentale. Il recherche le fondement de l'unité qui est pensée dans le concept d'objet, et il la trouve dans l'unité de la conscience. Il n'y a que la conscience qui peut « procurer » une unité au divers du phénomène, c'est seulement par elle qu'elle peut avoir un rapport à l'objet. Certes, cette conscience est distinguée, à titre de conscience pure, origi-

naire et immuable, de la conscience empirique « qui change sans cesse » (le sens interne), mais elle n'en demeure pas moins conscience, « aperception ». La conscience originaire et nécessaire de l'identité de « soi-même » est en même temps la conscience d'une unité tout aussi nécessaire de la synthèse de tous les phénomènes d'après des concepts, donc le fondement de l'unité de l'objet. « Il est absolument nécessaire que, dans *mes* connaissances, toute conscience appartienne à *une* conscience (de moi-même)[1] », ou bien soit unie en une unique *conscience de soi* – | tel est le principe 208
absolument premier de notre pensée en général. La « conscience transcendantale » est « *la simple représentation Je* en rapport à toutes les autres représentations[2] ». L'unité de l'objet a des « *fondements subjectifs* » dans les « sources cognitives originaires de notre esprit », qui « sont *en même temps objectivement valides* en étant les fondements de la possibilité de connaître en général un objet dans l'expérience[3] ». C'est ainsi selon la « déduction transcendantale des concepts purs de l'entendement » dans la première édition. Mais la seconde édition, qui d'ailleurs reformule beaucoup plus précisément le sens objectif de l'« aperception transcendantale », part pourtant d'une manière complètement immédiate du « *Je pense* », du *cogito* cartésien qui « doit nécessairement pouvoir accompagner *mes* représentations[4] », parce que celles-ci ne seraient pas sans cela mes représentations et « ne seraient rien pour moi » – c'est-à-dire qu'elle part de l'« unité de la *conscience de soi*[5] ». Certes, cette conscience est ensuite distinguée d'une manière plus précise que déjà dans la première édition, à titre d'unité « objective », d'une conscience simplement subjective, et il lui est attribué une validité nécessaire et universelle – mais elle demeure toujours unité de l'aperception, unité de la conscience de soi. N'est-ce donc pas la subjectivité ? Une unité « objective » de la conscience de soi, donc une unité objective de la conscience subjective ne semble-t-elle pas être ou bien un non-sens ou bien l'expression la plus précise par la pensée de la suppression complète de l'objectivité dans la subjectivité – que nous voudrions précisément pourtant tenir éloignée de Kant ?

Mais nous nous souvenons que l'unité qui constitue l'objet dans la loi est unité de la *détermination*. Certes, même celle-ci apparaît précisément, tout comme par conséquent la position de l'objet, être chez Kant un acte

1. E. Kant, *Critique de la raison pure*, A, p. 117 (note) [N.d.T.].
2. *Ibid.* [N.d.T.].
3. *Ibid.*, A, p. 89 [N.d.T.].
4. *Ibid.*, B, p. 131 [N.d.T.].
5. *Ibid.*, B, p. 132 [N.d.T.].

subjectif, un *acte* du moi déterminant, du sujet ou de la conscience. C'est particulièrement dans cette expression et celles qui sont synonymes – acte, activité, action, fonction – que se trouve à nouveau et à plus forte raison le danger d'un tournant subjectiviste. Et Kant, du moins dans le choix de ses expressions, n'a pas suffisamment paré à ce danger, lorsque précisément il décrit la détermination du « divers » en « unité », sur laquelle repose toute connaissance objective, comme « action *de l'esprit* », ou bien qu'il l'attribue à une « spontanéité », à une « activité autonome » de l'« entendement ». C'est à de telles formulations que s'attache le subjectivisme titanesque de Fichte : ce qui, pour lui, était sympathique au plus haut point, c'est que
209 l'ensemble de l'objectivité | doive reposer, du côté du moi, sur une action, sur un « acte ».

§ 11. *Dépassement définitif du subjectivisme.*

Cependant, nous nous sommes déjà antérieurement expliqués, purement du point de vue de la méthodologie de la psychologie, sur la question de savoir ce qu'il faut entendre par de telles « actions » du moi, du sujet ou de la conscience. Nous avons exclu l'acte de perception, de pensée, etc., l'acte de liaison, nous exclurons aussi l'acte de détermination et, comme nous nous en tenions au fait d'être-conscient du contenu, des contenus particuliers et de leurs liaisons, nous nous en tiendrons ici exclusivement au fait d'être-conscient de la déterminité du contenu. S'il fallait poser une « activité » déterminante, on ne pourrait pourtant l'atteindre qu'au moyen d'un rétro-raisonnement partant de son résultat, de la déterminité du contenu de la conscience, sans qu'une activité soit primairement donnée.

Nous n'avons il est vrai nous-mêmes pas évité une expression analogue, à savoir celle de « construction », qui peut encore sembler renvoyer à quelque chose comme une action spontanée du sujet. Nous avons dit que c'est la connaissance objectivante, en particulier la connaissance propre à la science, qui est ce qui *construit* à partir du donné les unités conceptuelles, ce qui *donne* à ce qui est en soi exempt de détermination la stabilité de la détermination et ainsi au phénomène un objet. Mais, comme on l'a déjà dit, c'est la connaissance objective, la science qui accomplit tout cela, de sorte qu'il n'est pas question des actions spontanées du sujet. Si on admettait de telles actions, ce ne serait qu'une façon d'exprimer psychologiquement ce qui est en question. S'il peut en général être question de telles actions, ce n'est qu'ensuite, dans cette « explication » absolument secondaire, qu'on ne nomme ainsi que d'une manière impropre, du résultat de la connaissance à partir de ses présupposés subjectifs, que nous considérons certes comme la tâche de la psychologie, mais sans nullement encourir le risque d'une psychologisation de la logique, étant donné que nous considérons précisément la tâche de la psychologie en général comme secondaire face à la fondation objective de la connaissance.

Toujours est-il néanmoins que, même en faisant complètement abstraction de la supposition d'une activité déterminante, d'une causalité du sujet, semble pourtant persister l'idée selon laquelle l'unité de la détermination se trouve seulement dans l'unité de la conscience, donc dans la subjectivité.

| Il est désormais tout à fait exact que l'unité de la détermination 210
et, partant, aussi celle de l'objet, dans la mesure où elle est unité de la conscience, n'existe que pour autant qu'elle est toujours *pour* une conscience – sans quoi il n'y aurait pas de conscience de l'objet. On n'affirme toutefois pas ainsi que le rapport objectif du phénomène *disparaît* dans le rapport subjectif, mais on dit seulement qu'au rapport objectif, en raison de la relation corrélative fondamentale entre la conscience et l'objet, correspond toujours un rapport subjectif. C'est pourtant deux choses différentes que d'affirmer, d'une part, que les deux rapports existent et il est vrai dans une relation mutuelle insuppressible, et, d'autre part, que seul l'un existe, et que l'autre serait, non pas en général un rapport spécifique, mais seulement une spécification du premier.

Une fois qu'on a clairement compris cette différence, on ne se laissera plus abuser facilement sur la véritable relation. L'unité de l'objet pourra toujours, à vrai dire, être exprimée aussi à titre d'unité de la conscience, dans la mesure où il y a toujours précisément face au rapport objectif ce rapport subjectif qui lui correspond. Cependant, par là, le rapport objectif n'est pas seulement clairement distingué du rapport subjectif, mais il lui est carrément opposé. Si le contenu de la conscience doit en général être un contenu déterminé d'une quelconque manière, il est aussi nécessairement déjà objectivé à un quelconque degré. Si nous l'appelons pourtant contenu de la « conscience », c'est seulement au sens où l'étape déterminée de l'objectivation peut aussi être considérée, si on inverse la direction, comme une étape déterminée de la subjectivation. Que ce qui n'est d'abord donné que d'une manière subjective soit ensuite élevé jusqu'à l'objectivité, cette expression génétique n'a qu'un droit très conditionné, à savoir précisément seulement pour ce point de vue que nous appelons « explication » au sens subjectif. Mais il n'en demeure pas moins que l'unité de l'objectivité est effectivement, pour la connaissance, ce qui est premier, que l'unité de la conscience subjective doit seulement être reconstruite à partir d'elle et désigne la même chose qu'elle au sein d'une expression subjective, ou bien vue du point de vue de la subjectivité. En tout cas, selon la connaissance, c'est le rapport subjectif qui est conditionné par le rapport objectif et non pas celui-ci qui est conditionné par celui-là.

§ 12. *Corrélativité des méthodes d'objectivation et de subjectivation.*

Cependant, en va-t-il autrement « en soi » ? Celui qui le prétend devra nécessairement d'abord expliquer comment il faut comprendre cet être-en-soi et comment on peut l'atteindre autrement que précisément par la *connaissance*. Il n'y a que dans la connaissance que la subjectivité et l'objectivité, ou plutôt la subjectivation et l'objectivation peuvent être
211 distinguées | à titre de deux *directions différentes de la voie de la connaissance*. Ou bien on pourrait distinguer le phénomène, simplement comme tel, de l'examen double qu'on en fait, d'un côté comme phénomène pour une conscience, et de l'autre comme phénomène de l'objet ? Mais alors vaut précisément ce qui a été précédemment établi : à savoir qu'il y a en général, non pas *deux séries de faits*, qu'il faudrait seulement ensuite poser en rapport l'une avec l'autre, mais, de notre point de vue, seulement une seule série. Quelque chose, un objet m'apparaît, et le fait que j'en ai une conscience, voilà ce qui en vérité est un et non deux. Je ne peux pas dire que l'objet m'apparaît ainsi ou autrement, par exemple à titre d'unité, parce que je me rapporte à lui en le représentant ainsi ou autrement, par exemple en unissant, et je ne peux pas non plus dire que je me rapporte à l'objet ainsi parce qu'il m'apparaît ainsi : aucun des deux aspects ne dépend de l'autre, parce qu'ils forment effectivement tous deux au contraire une seule et même chose. Là où en général il n'y a pas deux faits, il ne peut pas non plus être question d'une dépendance liée à la manière dont un fait dépend de l'autre. L'opposition est au contraire une opposition entre deux *rapports*. Le donné en soi exempt de détermination est rapporté, dans la connaissance objectivante, aux unités de détermination. Celles-ci sont derechef rapportées, dans la psychologie reconstructive, au contenu immédiat, originairement exempt de détermination, mais devenu à présent déterminable dans sa teneur. C'est seulement ici, dans ce double rapport, le rapport propre au phénomène, qui est donné dans la *connaissance* objectivante d'un côté et subjectivante de l'autre, qu'on peut parler de dépendance. Et, à vrai dire, il est pour nous depuis longtemps certain que le rapport subjectif dépend du rapport objectif, et non inversement. C'est pour cette raison que, pourtant, les deux directions de la connaissance, précisément à titre de directions, sont l'une face à l'autre dans leur autonomie et se correspondent en même

temps de la manière la plus précise. Tout rapport objectif doit nécessairement s'exprimer en même temps dans un rapport subjectif et inversement : l'unité de l'objet dans celle de la conscience, et celle-ci dans celle-là. Par conséquent, il semble alors, plus on suit conséquemment l'une ou l'autre direction de la connaissance jusqu'à sa fin, que c'est tantôt l'objectivité qui absorbe complètement en elle la subjectivité, tantôt l'inverse – se présente tantôt l'apparaître (de l'objet) à titre d'effet de la représentation (du sujet), tantôt la représentation (du sujet) à titre d'effet de l'apparaître (de l'objet). Certes, si deux faits différents | étaient donnés et étaient toujours donnés **212**
ensemble, il faudrait se demander lequel des deux, à titre de cause, est au fondement de l'autre, ou bien quel est le troisième fait qui est au fondement des deux simultanément. Et ces différentes possibilités ont toutes été tentées dans la philosophie. Selon nous, cette dualité apparente disparaît complètement dans la double *direction* d'une voie de la connaissance qui y est pourtant toujours *une*. Quand on examine un point d'une droite à titre de point d'intersection dans le mouvement qui va de A vers B, ou à titre de point d'intersection dans le mouvement qui va de B vers A, il semble plutôt qu'il s'agit de deux points qui proviendraient de deux directions opposés et qui ne se rencontreraient précisément qu'ici. En vérité, le phénomène ne *provient* ni de ce qui est intérieur, ni de l'existence extérieure, car c'est seulement notre examen qui provient de l'un ou l'autre côté, et il peut s'appliquer à tout phénomène sous ces deux aspects. Si je dis que l'objet m'apparaît, je pense implicitement par là tout le contexte de l'objectivité à partir duquel ce phénomène singulier, précisément, peut seulement surgir maintenant. Si, inversement, je dis que je représente l'objet, je pense par là le contexte de la vie de la conscience, et ce phénomène singulier, précisément, semble au contraire maintenant surgir seulement du fondement caché de la subjectivité. Si je découvre en fin de compte que, dans les deux cas, les deux conceptions sont tout aussi légitimes, je pense qu'il est tout à fait judicieux d'affirmer que tout phénomène est précisément conditionné de deux manières, en même temps objectivement et subjectivement. En vérité, ce n'est ni l'objectivité qui conditionne la subjectivité, ni la subjectivité qui conditionne l'objectivité, ni l'objectivité et la subjectivité qui conditionnent le phénomène à titre de troisième élément, mais c'est la direction de notre examen qui conditionne l'*appréhension* du phénomène dans le contexte objectif ou bien subjectif, la connexion des deux manières d'examiner qui conditionne leur appréhension comme appartenant en même temps aux deux contextes. Dans le premier cas, le conditionnement est compris d'une manière causale. Mais, pour nous, il ne peut absolument pas être question d'une

relation causale, étant donné que, en général, il ne s'agit pas de deux faits, l'apparaître du côté de l'objet, le représenter du côté du sujet – ou bien de trois, le phénomène comme résultat pour ainsi dire de deux mouvements qui se rencontrent, un mouvement objectif et un mouvement subjectif –, mais l'appréhension du phénomène de l'un ou de l'autre *point de vue* ou des deux points de vue associés est conditionnée, du point de vue logique,
213 | par la visée de chaque examen.

§ 13. *Nouveau regard sur Kant.*

Si l'on regarde à nouveau, à partir d'ici, les formulations kantiennes, on comprend désormais tout à fait en quel sens Kant a pu qualifier l'unité de la détermination, qui constitue la loi et en elle l'objet, d'unité de la conscience. Cette unité est unité *pour* la conscience, et la conscience se l'approprie même complètement – et au point que, étant donné qu'aucune conscience déterminée n'est possible sans l'unité de la détermination, la conscience ne peut être caractérisée en son sens véritable qu'au moyen de l'unité de la détermination. Le donné en soi exempt de détermination, que nous appelions l'immédiat de la conscience, peut être mis en évidence, dans la psychologie, à titre de sous-sol de la conscience, et peut être appelé, à l'intérieur de la psychologie, « conscience » lui aussi. Mais, en rapport à la connaissance, la « conscience » ne peut, au sens véritable du terme, signifier qu'une conscience déterminée, donc une conscience d'objet. Cependant, en quel sens Kant, au contraire, parle-t-il donc de l'unité de la conscience de soi ? Et en quel sens celle-ci est-elle alors pourtant derechef une unité objective, transcendantale, étant donné qu'il oppose précisément l'examen transcendantal et celui psychologique à titre d'examens qui relèvent, l'un, du point de vue objectif et, l'autre, du point de vue subjectif ? Si cette unité objective, transcendantale, qui doit pourtant être unité de la conscience de soi, ne doit pas être comprise de telle sorte que l'unité objective, en tant qu'elle est connue, est en même temps appropriée à la conscience et est désormais à vrai dire aussi unité de la conscience, elle n'est nullement compréhensible.

Cependant, que Kant l'ait « entendu » ainsi ou autrement, reste que c'est seulement en raison d'une telle thèse, qu'elle soit proprement kantienne ou bien qu'elle relève d'une interprétation qui corrige le discours de Kant, que nous pouvons reconnaître son idéalisme comme étant un idéalisme « critique », « transcendantal » – et non pas un idéalisme psychologique. Un tel idéalisme ne serait alors néanmoins plus un idéalisme « subjectif » – il aurait plutôt la prétention de s'appeler idéalisme « objectif », puisqu'il fait dépendre le rapport subjectif du rapport objectif et non l'inverse. Davantage, on renoncera toutefois aux deux qualifications, étant donné précisément que cette opposition entre l'idéalisme subjectif et l'idéalisme objectif semble reposer sur un dualisme mal compris et le présuppose – alors que nous nous en sommes désormais libérés par l'opposition purement méthodologique entre la « subjectivation » et l'« objectivation ».

RÉPONSE AUX OBJECTIONS

§ 1. *Les principales objections contre l'idée d'une psychologie reconstructive.*

L'idée de psychologie reconstructive, que nous avons développée au chapitre précédent, a été déjà exposée il y a vingt cinq ans – et d'une façon essentiellement équivalente – dans l'*Introduction à la psychologie selon la méthode critique*. Néanmoins, cette idée semble, encore aujourd'hui, si nouvelle à la plupart des psychologues, et elle semble contredire si nettement tous les concepts en vigueur jusqu'à présent, qu'elle peut difficilement espérer emporter immédiatement l'adhésion par un exposé simple, linéaire, tel que nous l'avons présenté ici. On doit être préparé aux objections et, si possible, y répondre par anticipation. C'est pourquoi j'ai rassemblé et examiné dans ce chapitre les objections les plus dignes de considération qui sont devenues publiques ou que l'on peut prévoir, étant donné les présuppositions générales sur lesquelles notre déduction s'appuie[1].

(A) L'immédiat et l'originaire ultimes dans la conscience ne peut pas être le subjectif; ce serait un idéalisme psychologique. S'il doit être l'absolument concret, donc l'indifférencié absolu, il doit alors être en deçà de la différenciation dans les deux relations fondamentales de la connaissance, la relation objective et subjective. Un subjectif n'existe en général

1. Une grande partie de ces objections sont issues des interventions qui ont eu lieu lors des séances de notre séminaire à Marbourg (en particulier, au cours du semestre d'hiver 1909/10).

que dans l'opposition à un objectif et non, par conséquent, avant toute différenciation quelle qu'elle soit.

(B) L'objectivation doit être une construction et la subjectivation une reconstruction. Cependant, la construction est à chaque fois en même temps une reconstruction. La détermination de X en A n'abolit pas le X; c'est précisément le X qui est déterminé, c'est précisément l'indifférencié qui est différencié; ce qui était concrètement contenu dans le X et qui, simplement, n'était pas mis clairement en valeur, est désormais mis en valeur et conservé, par conséquent, pour la conscience; pourquoi aurait-on besoin alors de la reconstruction?

215 | (C) La science ne s'oriente pas simplement vers l'abstraction. Bien au contraire, elle n'a finalement besoin de l'abstraction que pour porter le concret factuel à la connaissance. Partant de la logique, de la mathématique et de la science pure de la nature pour se diriger vers la physique empirique, la chimie, la biologie etc., elle se déploie sans cesse en direction du concret. La psychologie constitue seulement la dernière étape de la concrétisation que la science a dû laisser de côté, au cours, précisément, de sa progression le long du chemin qu'elle a emprunté dès le départ. Et, naturellement, la psychologie, elle aussi, ne peut faire autrement que de tenter de saisir le concret ultime dans un système d'abstraction. Par conséquent, elle ne définit toujours seulement que les déterminations fondamentales générales du psychique : elle établit les concepts suprêmes du psychique, ses catégories en quelque sorte, comme la sensation, la représentation etc. Et si la relation subjective et la relation objective sont opposées l'une à l'autre en un sens déterminé, cette opposition consiste en ce que la première fait abstraction du lien objectif, et la seconde, du lien subjectif. Mais, partant, les deux considérations sont aussi abstraites l'une que l'autre. Le concret ultime, absolu, contiendrait le fondement de ces deux considérations; il ne pourrait être présenté dans sa totalité que par une ultime synthèse de la considération objective et de celle, subjective, et non pas par la seule mise en œuvre de la direction de la subjectivation. Par la détermination objective, le subjectif n'est déterminé que négativement, dans la mesure où elle laisse de côté le subjectif. Toutefois, on peut dire que cette détermination objective conduit aussi à la recherche de la subjectivité, comme au complément qu'elle exige nécessairement; mais elle ne possibilise pas, par elle-même, la détermination du subjectif, étant donné que nous n'obtenons l'objectif que par exclusion du subjectif.

(D) Le problème de la psychologie n'est pas la pure consciosité. Celle-ci n'est au fond qu'une expression différente de cette unité objective qui est précisément le fondement de la relation à l'objet. En tant que *supra-*

individuelle, elle a précisément un caractère absolument objectif, purement logique. Elle n'est rien d'autre que l'« unité transcendantale », ou « objective », « de l'aperception ». En revanche, si l'on suit justement les thèses de mon *Introduction*, le problème de la psychologie est la conscience déterminée dans son contenu – et, certes, la plus étroitement déterminée –, la conscience limitée à l'organisme individuel. La psychologie est donc nécessairement une objectivation, au même titre que toutes les autres sciences particulières; elle ne se distingue | des autres sciences empiriques **216**
que parce qu'elle fait un pas de plus en direction du concret. La gradation des concrétisations est soumise à l'idée directrice suprême de l'unité systématique. On obtient la série suivante : le système des nombres et des grandeurs, le système énergétique, le système des affinités chimiques, le système biologique. Le système de l'organisme psychique, l'unité vitale de l'individu, dans la mesure où elle est consciente, ne caractérisent que la dernière étape de cette progression. Ce nouveau et dernier concept systématique présuppose tous ceux qui le précèdent, mais, au-delà d'eux, il contient cependant quelque chose de particulier : la conscience précisément, non pas comme unité abstraite, mais comme unité concrète du lien individuel du vécu, attaché à un organisme corporel déterminé. On préserve ainsi, en particulier, le rapport de proximité entre la physiologie et la psychologie. C'est ainsi et seulement ainsi que l'on peut comprendre la relation étroite et indéniable entre les deux disciplines. Partant d'une opposition absolue à l'objectivation, la subjectivation devient cependant une simple continuation, sans doute la dernière spécification, de l'objectivation. Même dans l'objectivation abstraite de la logique, de la mathématique, de la physique, de la biologie, réside pourtant toujours la relation au moi ; toutefois, on peut faire entièrement abstraction de cette relation, et les sciences, dans l'ensemble du travail concret de recherche, en font effectivement abstraction. Aussi la « conscience » signifie-t-elle dans cette recherche tout autre chose que dans la psychologie; par exemple, la conscience logique est prétemporelle, la conscience psychologique est toujours déterminée temporellement : elle présuppose absolument la construction logique du temps lui-même et la psychologie explique grâce à cette présupposition la conscience temporelle très limitée de l'individu. Ainsi, les légalités déjà concrètes de la physique, de la chimie et de la biologie sont pour la psychologie des présuppositions prédonnées; mais elles ne la concernent que dans la mesure où elles s'expriment de quelque manière dans chaque conscience individuelle, c'est-à-dire : la psychologie pose ces légalités comme des fondements en vue d'une concrétisation supplémentaire et non pas en elles-mêmes, dans leur caractère abstrait.

Répondre à ces objections est pour nous une obligation, pour la raison précise qu'elles ne s'adressent pas à nos thèses en partant d'un point de vue étranger, mais qu'elles souscrivent aux présuppositions qui sont propres à ces thèses et exigent précisément une réponse fondée sur de telles présuppositions. Par conséquent, notre réponse devra prendre son point de départ dans ces présuppositions, qui sont communes à ces objections et aux thèses que nous avons établies.

217 | § 2. *Réponse à la première objection.*

Ce qui est commun aux objections développées ici et à notre propre conception des choses, c'est, premièrement, la présupposition d'une unité suprême abstraite (l'unité systématique comme idée), d'un premier côté, et, de l'autre côté, la présupposition d'un déploiement dans le concret, sous la direction de cette idée ultime, grâce à une détermination toujours plus riche, parvenant jusqu'au dernier concret que l'on puisse atteindre. Est commune, deuxièmement, la présupposition selon laquelle les deux présuppositions précédentes sont subsumées sous le concept suprême ultime de « conscience ». Même à cette étape ultime, la conscience ne peut donc pas s'ajouter comme un élément nouveau, car ce qui est nouveau, c'est seulement la concrétisation de la conscience, par laquelle, toutefois, la teneur complète et, partant, la vie propre et actuelle de la conscience sont atteintes et présentées scientifiquement, dans la mesure où cela est en général possible. A partir de ces deux présuppositions cependant, comme nous allons le montrer, les objections précédentes – dans la mesure où ce sont de réelles objections, c'est-à-dire dans la mesure où elles conduisent effectivement à la négation de nos thèses – sont totalement résolues.

(A) Considéré d'un certain côté, ce qui est, en dernière instance, à connaître peut certes apparaître comme absolument indifférent, comme le X ultime de l'équation de la connaissance, précédant toute détermination. Cependant, ce X serait, en toute rigueur, un absolu « non-être », la négation complète et l'abolition du subjectif comme de l'objectif, étant donné que le premier doit être, au même titre que le second, connu ou, du moins, connaissable. Un concept qui ne peut avoir de signification que dans une considération métaphysique ultime quelconque – même si ce concept n'est finalement que l'expression ultime de la tâche de la connaissance – un tel concept, dis-je, ne pourrait cependant pas caractériser le but de la psychologie. Le but de la psychologie consiste au contraire à déterminer et présenter scientifiquement la teneur complète du vécu, dans la mesure où cette teneur est déterminable et scientifiquement présentable. Concernant ce point, certaines formulations de mon *Introduction* (comme je l'ai déjà fait remarqué plus haut[1]) demeuraient imprécises et pouvaient engendrer des malentendus. En réalité, tout ce qui est à déterminer objectivement, dans la mesure où cela est « conscience », appartient aussi à la teneur du vécu.

Notre conception est suffisamment préservée du soupçon d'idéalisme psychologique en ce qu'elle | considère systématiquement la relation sub- **218**
jective comme seconde par rapport à la relation objective et comme logiquement dépendante de cette relation, et non comme la précédant logiquement. Certes, du point de vue de la subjectivité, le vécu immédiat apparaît comme le fondement dans lequel étaient totalement contenues les relations à partir desquelles la connaissance de l'objet se constitue dans la pensée, avant que ces relations ne soient détachées de ce fondement par la mise en œuvre de la connaissance objectivante. Cependant, d'un point de vue logique, c'est plutôt le subjectif qui est à expliquer par l'objectif : le subjectif est la contrepartie de l'objectif, son intériorisation, son recourbement pour ainsi dire, sa « réflexion ».

§ 3. *Réponse à la deuxième objection.*

La construction conditionne la reconstruction, mais elle ne l'a contient nullement. Elle en donne certes la règle, mais elle ne donne pas la reconstruction elle-même. La détermination n'est objective que dans la mesure exacte où elle distingue « l'étant » qui vaut indistinctement pour tout sujet et pour tout point de vue possible, dans la mesure, par conséquent, où elle est générale et abstraite par rapport à chaque vécu singulier et concret du sujet. La reconduction à ce vécu ultime reste toujours une tâche spécifique. A partir d'un grand nombre d'observations, à partir d'un tout aussi grand nombre de points de vue différents, on établit le cours d'un état de chose objectif déterminé, par exemple la révolution de la terre autour du soleil par rapport à la rotation simultanée de la terre autour de son axe. Que cet état de chose établi objectivement se présente d'une certaine façon à un observateur dans une position quelconque et se présente d'une autre façon à un observateur dans une position différente, cela ne constitue pas un autre fait objectif qui s'ajouterait à cet état de chose. Mais cette pluralité de visions subjectives particulières est dérivable grâce à un mouvement d'in-

1. Il s'agit du chapitre 4, où Natorp insiste sur le fait que l'objectivation elle-même, dont la logique transcendantale expose les lois objectives, indépendamment de toute référence à un sujet, peut aussi être considérée psychologiquement comme une liaison concrète de contenus de conscience. L'*Introduction* n'évoquait que très rapidement ce point dans le § 5 [N.d. T.].

version, est « reconstructible » à partir de l'événement un, déterminé comme identique, à condition que l'on prenne en compte les autres circonstances, que l'on peut établir objectivement, pouvant avoir une influence sur la constitution de ces points de vue différents ; ce mouvement d'inversion ne peut avoir lieu qu'après un mouvement de progression, de construction de l'événement objectif lui-même, pour lequel les points de vue subjectifs des différents observateurs avaient constitué le fondement, avant que la conditionnalité particulière de ces points de vue soit progressivement éliminée. Nous voyons donc clairement comment chaque position objective de cette sorte signifie une « règle » par laquelle on devrait pouvoir déterminer non seulement la série contingente des points de vue subjectifs, à partir desquels précisément cette règle a été établie, mais aussi, idéalement, la totalité de tous les points de vue possibles sur la chose. Par conséquent, on ne peut pas dire que la construction est d'emblée la reconstruction, | mais seulement (comme nous l'avons dit) qu'elle contient le fondement de la reconstruction, qu'elle rend possible cette reconstruction – et, certes, dans son extension illimitée.

219

Cependant, l'exemple que nous avons choisi représente la situation générale d'une manière seulement très partielle, univoque et schématique, car il oppose simplement le général (la « règle ») et le singulier (la présentation pour chaque sujet). La signification indépendante de la reconstruction du vécu apparaît beaucoup plus nettement dans l'opposition de l'abstrait et du concret, que nous aurons encore à prendre en compte dans la discussion du point (C). Le point de vue individuel est « mien », il est proprement individuel, non pas simplement parce qu'il est singulier et s'oppose au général, mais parce qu'il s'insère dans un lien tout à fait déterminé, le lien de *mon* vécu précisément. La tâche essentielle consiste à reconstruire ce lien, et non pas chaque point de vue singulier sur cet événement objectif singulier. Certes, chaque moment singulier d'une connexion individuelle de vécus est seulement le cas d'un général, et, comme tel, il ne peut être connu qu'à partir de ce général (dont la détermination relève toujours de la direction de l'objectivation). Mais l'application de la reconstruction consiste proprement avant tout dans l'unification concrète de ces moments singuliers, par laquelle c'est tout d'abord la teneur complexe du vécu déterminé du vivant singulier qui est réinstaurée et prise en considération, ou peut du moins être en elle-même réinstaurée, dans la mesure où et de la manière selon laquelle cela est seulement possible. La psychologie *générale* ne contient certes pas cette application dernière, telle qu'elle est exigée, mais seulement la considération des matériaux existants et des modes de liaison possibles en général et, partant, la règle générale et, pour ainsi dire, le plan fondamental en vue de l'exigence de cette concrétisation ultime. C'est pourquoi, la psychologie générale peut sembler n'être encore que l'image inversée de l'objectivation, congruente à l'objectivation dans cette inversion. Mais elle revendique pour la psychologie dans son ensemble le simple rôle de fondement méthodologique, de préparation de l'instrument, pour ainsi dire : d'*organon* psychologique. S'il est donc exact de dire que la psychologie générale, d'un point de vue matériel, n'apporte rien de nouveau face à l'ensemble du système des objectivations, cela ne vaut pas pour autant de la psychologie reconstructive prise dans sa totalité. D'ailleurs, même si on la prend dans sa forme nécessairement abstraite, la nouveauté de la psychologie générale est suffisament garantie par le point de vue et la direction du | questionnement qui la caractérisent et, partant, par la définition et **220** le mode de connexion (qui lui appartiennent en propre) des concepts fondamentaux.

§ 4. *Résolution de la troisième objection.*

(C) C'est la troisième objection qui va le plus au fond des choses. Cependant, il faut ici avant tout distinguer rigoureusement : d'une part, la concrétisation qui se maintient dans la direction de la connaissance objectivante, d'autre part, la concrétisation, entièrement différente de la première, dans laquelle le pas en direction de la subjectivation est tout d'abord franchi, la réinstauration du subjectif dans la totalité du lien du vécu. La première constitue la présupposition de la seconde – nous n'avons cessé d'insister sur ce point –, mais elle ne la contient pas. La concrétisation, du côté objectif, ne consiste pour ainsi dire que dans l'addition de moments toujours nouveaux, chacun pour lui-même étant conçu abstraitement, et la production essentielle de la connaissance objectivante de toute espèce et de toute étape ne consiste que dans la mise en valeur de ces moments abstraits, toujours nouveaux. Ce n'est pas le concret en tant que concret qui consitue son intérêt, même si, par son travail d'abstraction, elle va effectivement toujours plus profondément dans le concret et permet ainsi de le porter toujours plus complètement à la connaissance. La psychologie s'oriente, pour sa part, vers la concrétion elle-même et en tant que telle. Dans cette orientation, elle a besoin de toutes les étapes de l'abstraction que la connaissance objectivante a parcourues. Il était dit : la conscience est tout, l'abstrait comme le concret – ce qui signifie précisément que rien de tout cela ne peut effectivement être exclu de la totalité du vécu. On peut également présenter la marche de la connaissance dirigée sur l'objectif comme une marche du concret à l'abstrait ou de l'abstrait au concret ; les deux présentations ont un sens acceptable. Dans la

psychologie cependant, il faut à chaque fois décrire aussi le mouvement de retour. Si l'on conçoit la connaissance objectivante comme une généralisation croissante (induction), c'est-à-dire comme une élévation vers l'abstrait (et c'est là en tout cas la vision la plus immédiate de la réalité de cette connaissance, étant donné que l'unité systématique de cette connaissance n'est pas donnée mais constitue précisément sa tâche première – tâche qui est certes infinie), on doit alors parcourir le mouvement descendant qui part des étapes les plus élevées (les légalités qui se subordonnent tout le reste), passe par les étapes inférieures (on passe, par exemple, des lois logiques, mathématiques, physiques, chimiques, aux lois biologiques d'une part et, d'autre part, aux lois des sciences de l'esprit), et parvient finalement au concrètement vécu. On peut aussi, lorsqu'on pense le système
221 accompli, lorsque le premier « en soi » | est posé également comme le point culminant de la considération, et lorsqu'on parcourt le mouvement de déduction jusqu'au dernier concret que l'on puisse atteindre (du point de vue objectif), jusqu'à la singularité du fait, on peut, dis-je, à nouveau dans un mouvement inverse, réétablir au sein du concret, pris comme fondement, ce qui est plus général, en visant ce qui est général au plus haut point, dans le but de porter la pleine teneur du vécu à la conscience réfléchie. L'« être-conscient », précisément, n'est pas simplement l'individuel. Même le lien des vécus individuels ne consiste pas dans une simple mise en série et une simple sommation de points absolus du vécu, mais ce lien exige une conscience dominante (le souvenir), grâce à laquelle l'individu-moi (le moi-individuel) est tout d'abord constitué. Cependant, la conscience d'un individu ne reste pas absolument séparée de celles des autres et associée à elles; il existe une communauté d'une conscience avec une autre conscience, par laquelle s'établit à nouveau une conscience communautaire qui les domine toutes les deux (voir *supra*, chap. 5, § 16). Pour prendre l'exemple le plus naturel dans ce contexte, le langage – qui constitue certes l'un des problèmes privilégiés en psychologie – fournit des visions communes des choses; la vision individuelle n'est que par la vision générale. Du point de vue de la connaissance objectivante, ce ne sont que des « objectivations incomplètes », mais, du point de vue de la psychologie, ces visions communes représentent des étapes spécifiques et très importantes du vécu subjectif. Même la psychologie qui s'est constituée jusqu'à présent n'a pu entièrement se dissimuler ce fait. La psychologie est tout d'abord « générale ». Face à elle, la psychologie des peuples adopte déjà un point de vue plus spécial. Il en résulte par exemple, si l'on poursuit dans ce sens, la psychologie des classes déterminées, des ordres sociaux, des sexes, des âges de la vie etc. et l'on ne parvient à la psychologie de l'individu, en

suivant cette différenciation progressive, qu'en dernier lieu; cette psychologie de l'individu ne peut chercher à s'approcher progressivement de son but que par différenciation à partir du général, partant, à titre de « psychologie différentielle ». Par ailleurs, la vision la plus objective, celle de la science, ne représente aussi, du point de vue de la psychologie, que la vision d'une conscience dont l'orientation est déterminée et qui est fixée à une étape déterminée, la vision, précisément, de la conscience scientifique. Que l'on puisse et que l'on doive considérer la science ainsi, cela est d'autant plus justifié qu'elle ne peut jamais prétendre à l'objectivation absolue et qu'elle ne représente, à chaque fois, que l'étape la plus élevée de l'objectivation qui a été atteinte jusqu'à présent.

| § 5. *Le fondement de l'objection. L'unité ultime de l'objectif et du subjectif.* 222

Dans tout cela, l'idée que nous avons formulée auparavant se maintient : dans le but ultime, idéal, le point de vue objectif et le point de vue subjectif coïncideraient. Mais, précisément, nous n'atteignons jamais ce but, nous sommes constamment en route vers lui, de sorte que la direction subjective de la connaissance reste distincte de la direction objective.

Dans l'idéal de la subjectivation, également, les multiples points de vue possibles et les visions subjectives qui se déploient à partir de ces points de vues ne restent pas séparées les unes des autres, mais ces visions devraient toutes s'unifier en une ultime conscience englobante, de même que les multiples moments singuliers (qui demeurent pourtant toujours des moments de conscience), simplement isolables par abstraction, s'unifient dans chaque conscience de l'individu, aussi limitée soit-elle. C'est pourquoi, en réalité, des philosophes comme Geulincx, Malebranche ou Spinoza pensaient pouvoir concevoir chaque conscience individuelle comme une simple modification de la substance divine, comprise sous l'attribut de la « pensée », et voyaient par conséquent dans cet attribut la figure ultime et concrète de la « pensée », tandis que chaque connexion de conscience, soit délimitée individuellement, soit générale sans être pourtant omnienglobante, ne s'orientant pas à partir du point de vue suprême mais à partir d'un point de vue encore délimité d'une manière quelconque, ne signifiait face à cet attribut divin qu'une simple abstraction, et ne signifiait assurément pas, par conséquent, le subjectif ultime. En dernière instance, Leibniz ne concevait pas autrement la « monade des monades », car l'unité intensive de la monade, ou de la conscience, précisément quand elle est entendue sous sa forme suprême, devait signifier l'unité absolument actuelle de la conscience et non plus une unité de conscience prisonnière de ses délimitations finies, maintenue, à bien des égards, à un stade inférieur d'actualité. Cette ultime unification idéale correspond en fait, à titre de contrepartie exacte, à la plus haute abstraction, celle du simplement « étant », de l'absolu, et elle reste en vérité ainsi, en tant que simple concept idéal, à ce degré ultime d'abstraction. Elle voudrait simplement (mais, précisément, ce désir est vain) saisir la conscience omnienglobante aussi dans sa réalisation ultime, elle voudrait saisir la vie de l'Un-Tout dans sa totalité absolue et indivise. Que cette tentative échoue, que l'on en reste en fait au vide de l'abstraction, cela ne pouvait pas demeurer longtemps caché à une critique aiguisée, qui pénètre au fond des choses.

Cependant, cette idée que ne peut réaliser notre connaissance progressant toujours du fini au fini conserve sa valeur pleine et entière
223 | en tant qu'elle caractérise la direction de la connaissance subjectivante, en lui assignant, pour ainsi dire, son point infiniment lointain.

Toutefois, même lorsque, pour un instant, on accorde une validité à ce point de vue idéal, ne serait-ce qu'à titre de fiction utile, il n'en demeure pas moins – et il apparaît avant tout clairement – que, pour chaque étape accessible de la connaissance, la direction subjectivante de la connaissance est toujours opposée à sa direction objectivante. Le but de la première serait une proposition ultime abstraite, comme la proposition A = A de Fichte, qui doit certes s'étendre à tout d'une manière absolument générale, en contenant ce tout en germe, en puissance (le plus général est certes le plus riche du point de vue de la puissance), mais sans rien contenir en fait, dans son concept même, de la particularité et de la différencialité du divers infini subsumé sous cette généralité. En effet, l'élévation jusqu'aux concepts supérieurs les plus englobants signifie indubitalement aussi l'évacuation la plus complète de leur teneur concrète. Par ailleurs, ce que la direction objectivante de la connaissance peut atteindre de plus concret – le processus déterminé singulier qui se produit ici et maintenant – est précisément le plus abstrait du point de vue de la subjectivation. En effet, correspondrait manifestement à ce terme concret le vécu instantané absolument isolé ou le moment singulier d'un tel vécu (la sensation) – vécu qui, dans cette séparation pensée, ne présente certainement pas le concept rempli du vécu actuel, mais seulement, à chaque fois, la potentialité vide d'un tel concept. Du point de vue de la subjectivation, la représentation, le concept et l'idée sont autant d'étapes plus élevées de l'actualisation de ce qui est donné seulement potentiellement dans la sensation, même si ces étapes sont toujours caractérisées par un haut degré d'abstraction, donc de potentialité;

par exemple, la sensation est toujours rapportée au temps et, prise dans son exigence et sa possibilité, à l'espace, mais c'est dans la représentation temporelle et spatiale que se réalise ce rapport; de la même façon, considérée selon le nombre, la sensation représente l'un dans sa puissance, mais c'est tout d'abord la pensée du nombre qui, à nouveau, réalise cette possibilité etc. En psychologie, ces catégories – sensation, représentation, concept, idée - représentent donc en fait des étapes, d'une teneur toujours plus riche, intensivement toujours plus élevées, de l'unification ou de l'entrelacs, de la « complexion »; à l'étape idéellement la plus haute, plus rien ne serait séparé, tout serait dans un rapport de complication avec tout. Mais cette étape reste transcendante pour notre connaissance; dans la psychologie empirique, il faut toujours distinguer, selon l'ordre inférieur ou supérieur | où se situe le point de vue de la considération, et, partant, **224**
selon le champ étroit ou large de cette considération, selon les différences de position dans le temps et le lieu, d'une part l'acte singulier, étroitement délimité, que l'on atteint sur la voie descendante, et ses moments fondamentaux qui ne peuvent être saisis à leur tour que comme puissances et qui, dans leur isolement, sont entièrement dépourvus de tout caractère d'acte – comme, par exemple, le contenu sensitif purement objectivable, et, par ailleurs, les moments de plaisir et de peine, ainsi que les moments d'aspiration, qui sont liés à ce contenu, etc. – et, d'autre part, les entrelacements possibles, toujours plus denses, de ces moments – entrelacements dans lesquels tous les moments, distinguables par abstraction, ne sont plus juxtaposés extérieurement les uns aux autres mais s'interpénètrent complètement dans l'effectivité du contenu de conscience.

§ 6. *Résolution de la quatrième objection.*

Par là même, en répondant à la troisième objection, nous avons aussi épuisé la quatrième, dans sa teneur objective.

(D) Du point de vue objectif, il est exact que l'unité dominante de la conscience est une unité simplement logique, qu'elle est donc abstraite et non concrète et que, par conséquent, la tâche de la psychologie réside simplement dans l'individuel. Mais cela ne l'est plus du point de vue subjectif. Dans la direction objective, cette unité dominante devrait en quelque sorte être pensée sous la figure d'une formule abstraite du monde, à partir de laquelle on pourrait, dans un mouvement inverse, dériver tous les événements singuliers jusqu'aux derniers, mais ces événements ne seraient pas immédiatement exprimés dans cette formule elle-même; dans la direction subjective en revanche, cette unité devrait être pensée comme vécu universel. Laplace exigeait pourtant, pour sa formule universelle, un « esprit »

universel, même s'il était au plus haut point abstrait et simplement calculateur. L'âme du monde chez Platon calcule aussi, se livre à la géométrie, mais elle le fait en agissant concrètement, en créant, et non pas en procédant « discursivement », en faisant les comptes laborieusement, sommes après sommes, tel un comptable universel du livre du monde. Le calcul n'était certes pas pour elle nécessaire; on n'a pas besoin de recompter et de répéter, pour ainsi dire, dans une réflexion artificielle, ce que l'on possédait d'une manière absolument originaire dans un vécu immédiat, au moment même où on l'engendrait. Le calcul – ce qui englobe tout calcul et toute construction scientifiques – ne nous servent, ne servent à notre entendement « discursif », qu'à nouer artificiellement, en vue de la théorie, les relations que nous, précisément, ne possédons pas déjà dans le vécu immédiat, ou bien que nous possédons seulement sur le mode de la puissance et non dans une conscience actuelle. Avec le concept de « vie », on conçoit cependant toutes les relations, que la science met laborieusement en valeur sous une forme abstraite, comme agissantes et conscientes
225 actuellement et originairement. Et, de la même façon, | on pense par cet idéal une « conscience » universelle, absolument concrète. S'il ne s'agit là, par ailleurs, que de la fiction la plus inutile que l'on puisse penser, elle peut cependant, comme nous l'avons dit, nous servir à rendre sensibles et vivants le problème et la méthode (la direction du chemin) de la psychologie. Cette « fiction » trouve sa place et sa justification non dans la psychologie comme telle, mais bien dans la méthodologie de la psychologie.

Ce qui est positivement exacte dans l'objection garde ici toute sa validité; à savoir que plus la connaissance objectivante pénètre dans le concret, plus elle se rapproche du problème de la psychologie, qu'elle se tient, en tant biologie, physiologie, et surtout en tant que physiologie du système nerveux, au plus près de la psychologie. Cependant, ce n'est nullement une progression homogène qui conduit de la physiologie à la psychologie. Ce n'est pas par un degré supplémentaire de concrétisation que l'objectif devient subjectif, que le processus nerveux devient sensation, mais intervient ici, comme on l'a pourtant toujours plus ou moins senti et reconnu, un changement radical dans la direction du problème. Il n'est pas non plus exact de dire qu'il s'agit là d'un simple passage dans une nouvelle « dimension » de la considération. Nous n'aurions affaire, une fois de plus, qu'à une simple extension dans la progression, par ailleurs homogène, du développement constructif. Il ne suffit pas d'affirmer que la sensation ne peut en aucune façon être expliquée *à partir* du processus physiologique; il faut préciser que la sensation ne surgit pas non plus comme un simple supplément, comme un simple phénomène *qui s'ajouterait* au phénomène

précédent (physiologique), et qui, en même temps, serait dans une liaison interne avec ce processus physiologique. Dès que l'on se rappelle que le processus physiologique n'était que le dernier terme de cette longue chaîne d'abstractions qui, partant du vécu immédiat (dont la partie constituante originaire doit représenter la sensation), devait objectiver le vécu, c'est-à-dire mettre en relief la figure légalement déterminée de tels ou tels processus « externes », se déroulant dans l'espace, on doit alors soulever la question dont la direction diffère totalement de celle de l'objectivation : qu'est ce qui s'oppose, ou plutôt s'opposait, à tout ce que, dans le vécu subjectif, la direction objectivante a porté à la connaissance ? Qu'est ce que le vécu *lui-même*, si l'on se fonde sur toutes ces positions objectives qui ont été établies par rapport à lui ? On ne parvient pas à ce vécu par une progression homogène dans la connaissance objectivante, par l'adjonction supplémentaire d'un nouveau terme à la totalité de cette chaîne d'abstractions. | Une objectivation supplémentaire, au-delà du processus physio- 226
logique, n'est en fait ni exigée ni possible. Mais c'est seulement lorsque l'on rassemble ce que la connaissance objectivante a mis en relief étape par étape, morceau par morceau, c'est seulement lorsqu'à nouveau on reconduit à la corrélation systématique, concrète, les relations elles-mêmes qui ont été détachées de cette corrélation et développées séparément les unes des autres, et qui sont donc abstraites, c'est seulement lorsqu'on pense les fils singuliers du tissu comme à nouveau entrelacés dans le tout que constitue ce tissu, que l'on parvient alors, et seulement alors, à l'immédiat du vécu. On y parvient par un mouvement de retour, après que, étant parti à l'origine du vécu, on s'est tout d'abord simplement éloigné progressivement de lui, en mettant en œuvre toutes les déterminations particulières abstraites qui étaient nécessaires à son objectivation.

§ 7. *Où il est question une fois de plus de l'unité idéale de l'objectif et du subjectif.*

En lui-même, l'« être » un et objectif contient certes la pluralité infinie des présentations subjectives; idéalement, l'infinité des points de vue subjectifs possibles serait donc comprise dans la construction achevée de l'objectivité. Il est également certain que chaque connexion qui caractérise une suite individuelle de vécus, ainsi que la connexion des vécus d'une pluralité de sujets singuliers dans une conscience supérieure, doivent être pensées comme fondées en même temps objectivement, d'une quelconque façon; chaque phénomène doit donc être pensé comme résultant du noumène de l'état de chose objectif. Mais c'est précisément uniquement dans le cas idéal que phénomène et noumène coïncident, de telle sorte que

la séparation disparaîtrait et que *l'universum* idéal de l'« étant » présenterait *l'universum* de la « conscience » idéale. En revanche, dans la progression de l'expérience, il faut toujours distinguer la façon dont l'objet se présente pour chaque point de vue subjectif et la façon dont il doit être pensé, en tant qu'il est en lui-même objectif, dans une construction qui n'est toujours qu'hypothétique. Cependant, le point de vue scientifique peut toujours, lui aussi, être considéré sous une forme subjectivante – donc, précisément, psychologiquement – comme le « point de vue » d'une conscience qui est orientée de telle ou telle façon, d'une conscience qui est, en l'occurence, scientifique. Selon cette considération, l'« épistémè » redevient « doxa ». Cependant, la question de la science, en tant que telle, porte sur la consistance objective; elle tend toujours à nouveau à élever l'épistémè au-dessus de la simple doxa, l'être au-dessus de l'apparaître, l'objectif au-dessus du simplement subjectif. L'être pur, sans apparence, reste aussi un simple idéal, mais, en tant qu'idéal, il qualifie d'une façon
227 claire et sans équivoque | la direction qui doit toujours se maintenir dans la connaissance objectivante, non pas arbitrairement mais en vertu d'une stricte nécessité. Et, à nouveau, étant donné que l'objectivité pure est un idéal qui, en dernière instance, ne peut être réalisé, étant donné qu'on ne peut atteindre, dans la connaissance effective, que la progression, étape par étape, de l'objectivation, la direction opposée de la subjectivation demeure toujours. Par conséquent, les modes d'énonciation, qui diffèrent selon la direction de la question, demeurent toujours. « C'est ainsi » et « cela se présente ainsi à moi », ou bien : « je me sens ainsi », « je vis les choses ainsi » – par exemple, « l'expérience tend vers l'unité » et « moi, celui qui fait l'expérience, tend vers l'unité de ma connaissance (objectivante) » : tels sont les modes d'énonciations qui demeurent toujours, dans leur différence fondamentale, telles sont les expressions des directions différentes, et même opposées, de la comparaison, telles que nous les caractérisons par les termes d'objectivation et de subjectivation. Si chaque énoncé du type « c'est ainsi » peut prendre la tournure subjective du type « cela se présente ainsi au sujet dans telle position et dans telle disposition », les deux énoncés restent pourtant différents si l'on considère leur sens total, leur intention totale, c'est-à-dire la direction de la relation. Cette dualité des côtés de la connaissance ne peut être écartée ni par le discours, ni par l'interprétation. Le point de vue ultimement déterminant reste toujours cependant ici l'unité de la loi, là l'unité du vécu – ces deux unités ne venant à coïncider que dans l'idéal ultime, mais non pas dans la progression graduelle de l'expérience. Elles correspondent l'une à l'autre aussi dans cette progression, mais

leur correspondance signifie en même temps leur caractère diamétralement opposé.

Il est donc tout à fait certain que la subjectivité n'est pas une simple modification ou une continuation de l'objectivité. C'est bien plutôt l'apparence inverse qui peut naître: la référence logique à l'unité peut apparaître comme incluse, à titre de simple partie constitutive, dans l'unité d'un rapport vital universel; l'esprit universel n'a certes pas besoin de la formule logique, mais il peut l'établir dès qu'il le veut. Cependant, cette inclusion ne serait réalisée que si étaient réalisées la teneur du vécu dans sa concrétude absolue d'une part et, d'autre part, la loi logique (et, partant, la loi mathématique, la loi de la nature, la loi éthique et esthétique) sous une forme absolue, définitive. La loi empirique, et même chaque formulation des lois logiques fondamentales, n'est pourtant toujours qu'une tentative et ne présente à chaque fois, par conséquent, l'objectivation que pour l'étape de la considération qui a été précisément atteinte, de même que, de l'autre côté, la subjectivation ne peut être achevée en aucun point. | Dans la mesure **228**
où les deux directions du connaître demeurent toujours, la considération objective disparaît si peu dans la considération subjective, que c'est bien plutôt la première qui rend possible la seconde et que, par conséquent, d'un point de vue scientifique, la considération objective est la première.

§ 8. *Temporalité et supra-temporalité de la conscience.*

Il y a encore une question particulière, abordée dans la quatrième objection, à laquelle nous avons déjà répondu en peu de mots, même si c'est par anticipation. Selon l'objection, la conscience logique est *supra*-temporelle, tandis que la conscience psychologique est entièrement déterminée temporellement, tout comme le processus physiologique, et qu'elle est dans une relation nécessaire avec ce dernier. La psychologie doit donc déjà présupposer le temps objectif, et, par conséquent, la causalité objective, ainsi que chaque rapport légal objectif en général. Cependant, dans le contexte entier et ultime de l'examen psychologique, le temps ne doit pas être posé au fondement dès le départ, mais il doit être introduit à une place déterminée, à titre de *conscience du temps*. La subjectivité en général, qui consitue bien la question de la psychologie, englobe, sans aucun doute, la conscience *supra*-temporelle tout aussi essentiellement que la conscience temporellement déterminée. La conscience du temps elle-même doit prendre son point d'appui au-delà du temps. Je ne peux penser un non-maintenant, donc une suite de moments temporels en général, que lorsque, dans cette pensée même, je ne suis ni ne demeure lié au maintenant, mais que j'ai présent devant ma conscience, ou que je présentifie, ce qui n'est pas temporellement présent. L'objection ne pourrait faire valoir son résultat en psychologie que pour la conscience présentative, et non pour la conscience représentative, ce qui s'avérerait immédiatement impossible dans l'application, puisque (comme nous l'avons déjà remarqué précédemment) la présentation elle-même ne peut accéder à la conscience que grâce à la représentation, et que, d'une façon générale, les limites apparemment fixes qui séparent présentation et représentation se déplacent en fait continuellement. A cela s'ajoute la considération supplémentaire selon laquelle la conscience ne se limite pas à la conscience individuelle : si la conscience traverse les individus, elle traverse aussi certainement les moments du temps. Par conséquent, la conscience temporellement déterminée en général ne peut être psychologiquement définie qu'à partir de la conscience atemporelle.

Il était dit plus haut : la psychologie n'est pas simplement une science
229 empirique, elle est la science *de* l'empirique. | L'objection transforme la psychologie en une simple science empirique et la range dans la série des sciences de la nature. En tant que science de l'empirique, la psychologie n'exclut nullement le *supra*-empirique, car celui-ci est au contraire entièrement inclus, à titre de fondement, dans la conscience de l'empirique elle-même. Cela devient particulièrement clair si l'on met la psychologie en relation non pas toujours et seulement avec la science de la nature (qui, en tant que telle, n'a affaire, certes, qu'à l'être temporellement déterminé), en suivant une tendance univoque antique, qui s'est simplement profondément ancrée en nous du fait de son ancienneté, mais avec les sciences de l'esprit, qui ne pourraient pas subsister sans l'adjonction du devoir à l'être en général. Que dans chaque énonciation du devoir réside le rapport *supra*-temporel, cela a été déjà développé dans un autre contexte et devait par ailleurs être évident. En particulier, comment ce rapport *supra*-temporel pourrait-il faire défaut à l'histoire, même si on entend celle-ci d'une façon tout à fait grossière comme une présentification de l'événement passé ?

Ainsi, notre conception de la tâche de la psychologie semble trouver confirmation également dans chacune des directions particulières – ce que seule l'application de cette conception pourra certes montrer d'une manière définitive. Afin de pouvoir ménager ce passage à l'application, il nous manque encore une chose : l'établissement de la disposition naturelle de la recherche psychologique. C'est à cette tâche que nous allons maintenant nous atteler.

CHAPITRE X

LA DISPOSITION DE LA PSYCHOLOGIE

§ 1. *La tâche de la disposition de la psychologie.*

Il n'est pas évident du tout qu'on puisse poser la tâche d'une disposition exhaustive de la teneur de ce qui est en général vécu dans la conscience. Si la tâche de la psychologie consistait simplement à observer l'émergence de la conscience, d'abord d'une manière singulière et ensuite d'une manière collective, à comparer ce qui a été observé, à rassembler ce qui est semblable et à séparer ce qui ne l'est pas, il pourrait toujours en résulter, uniquement par un heureux hasard, quelque chose comme une unité systématique. Toute tentative d'une disposition qui signifierait davantage qu'un simple aperçu sur les domaines explorés jusque-là devrait nécessairement apparaître | comme une anticipation illégitime, un parti pris manifeste. **230**
D'un autre côté, il est presque trivial de rappeler qu'on ne peut en général rien rechercher autrement qu'en partant d'un point de vue consistant dans une manière déterminée de poser la question – point de vue qui déjà renferme toujours une certaine sphère, la plupart du temps très importante, de présupposés positifs quant à l'objet recherché. Une prise de position anticipative semble donc être d'une certaine manière inévitable.

Cependant, nous savons désormais qu'il ne peut pas être question, dans la psychologie en général, d'une expérience immédiate – que le problème du psychique, à titre de subjectif en général, ne surgit que lorsque le travail aux larges ramifications de la connaissance objective s'est déjà largement accompli, et qu'il a déjà conduit à des résultats assurés, très englobants, et à tout le moins jusqu'au risque d'un système, même s'il en est encore resté à

ce risque. D'une manière effective, toute classification psychologique primitive part sans prévention des divisions objectives et ne dépasse jamais de telles divisions. Cependant, même les classifications psychologiques d'étapes plus développées ne peuvent jamais méconnaître leur provenance objective. Ainsi, particulièrement les divisions ultimes (comme celle établie par Aristote entre conscience théorique, poiétique et pratique) ne font précisément que répéter d'une manière manifeste, dans la langue de la subjectivation, les divisions les plus notoires qu'on trouve dans les domaines étendus de la configuration objective (à titre de divisions des « mondes » de la science, de la création technique et artistique et de l'organisation sociale). Dans tous ces domaines, donc dans toutes les créations culturelles et à n'importe quelle étape, on trouve, pour reprendre la comparaison de Platon, écrit en grosses lettres et pour cette raison plus lisible ce qui se retrouve inversé, moins facile à connaître, dans la conscience singulière, concentré de la manière la plus grande et en même temps emmêlé de mille manières avec ce qui ne lui appartient pas. Néanmoins, même les différences générales d'étapes se répétant partout dans une forme quelconque, qui s'étendent à l'ensemble des différents domaines de la conscience (par exemple la sensation, la représentation et le concept dans le domaine théorique, correspondant à l'impulsion, la volonté en général et la volonté raisonnable dans le domaine pratique, etc., quelles que soient les dénominations qu'on puisse préférer), reposent visiblement sur des abstractions relevant d'un ordre suprême, qu'il a été impossible de simplement déchiffrer dans la dimension concrète de la vie immédiate de la conscience, car elles ont déjà manifestement été fournies par l'observation et la classification de cette dimension, mais elles ne peuvent elles-mêmes
231 chercher | leur propre fondation que dans le procédé qui est objectivant et non subjectivant. Ainsi a t-on même distingué en détail par exemple les sensations des couleurs, des sons, etc., en partant toujours des différences relevant de la connaissance objectivante (ici : des degrés de l'excitation), et en omettant souvent d'une manière surprenante la différence fondamentale entre les tâches de subjectivation et d'objectivation – de même que, par exemple, dans la mesure où la physique et la physiologie doivent il est vrai reconnaître des passages continus, des modifications infinitésimales, la première dans les vibrations sonores et la seconde dans ces processus nerveux coordonnés les uns aux autres, on applique sans plus de façon le présupposé d'un passage continu au concept psychologique de sensation du son, et, en ce qui concerne les degrés de la sensation comme les degrés de l'excitation (externe ou interne), on postule un nombre infini d'étapes

intermédiaires, en contradiction évidente avec l'énoncé clair de la loi du seuil.

Cependant, on nous demandera peut-être de quel droit nous pouvons précisément ici repousser la subjectivation de l'objectif, après que notre méthodologie de la psychologie a pourtant établi à titre de principe général que, en général, il n'est pas possible d'atteindre scientifiquement le psychique autrement qu'au moyen d'un retour qui part des configurations objectives de toutes espèces, lesquelles proviennent toutes sans exception de la *psyché* et n'ont aucune autre tâche que de porter ce qui est subjectivement donné à une présentation objective. La différence ne se trouve pas simplement dans le fait que nous voulons faire avec une complète conscience méthodologique ce qui se produit habituellement sans cette conscience, donc d'une manière défectueuse et sans la certitude ni la précision dans la fondation qui seules pourraient donner à une telle entreprise un caractère scientifique. Car la différence ici décisive consiste dans le fait que notre méthode pose certes au fondement les configurations objectives, mais retourne à partir de celles-ci jusqu'à leur fondement subjectif comme à quelque chose de différent. En quoi consiste donc ce retour ?

Voilà qui a été expliqué. Il n'y a pas un subjectif absolu et, face à lui, un objectif absolu. Mais il y a une série d'objectivations relatives, à quoi correspond derechef dans le retour une série de subjectivations relatives. L'exigence du retour signifie donc la chose suivante : à savoir que c'est toujours à partir de l'étape supérieure d'objectivation (c'est-à-dire, étant
donné que c'est d'une façon générale la loi qui constitue | l'objet : à partir de **232**
la légalité supérieure) qu'on peut chercher à retourner à l'étape inférieure, donc se trouvant plus près du concret – comme quand on revient des qualités physiques aux qualités immédiates de la sensation : couleurs, sons, etc.

Néanmoins, ceci concerne d'abord la manière particulière d'accomplir la reconstruction psychologique et n'a qu'une signification beaucoup moins évidente pour ce qui est avant tout en question ici, c'est-à-dire l'établissement des concepts fondamentaux suprêmes qui doivent nécessairement renfermer ou fonder la disposition suprême du psychique en général – à savoir les concepts fondamentaux psychologiques. En quoi consiste, relativement à ces concepts, le retour exigé ?

§ 2. *Le concept de puissance comme concept fondamental relevant de la disposition. La limite inférieure de la conscience.*

Le retour consiste avant tout dans le fait que, à la place de l'actualité de la position objectivante, on en pose la simple potentialité. Le concept de puissance, de la *dunamis* aristotélicienne, dont l'apport est minime voire nul pour la connaissance objectivante, trouve sa demeure véritable dans le retour qui mène de la position objectivante aux fondements qui doivent précisément « rendre possible », du côté subjectif, celle-ci. Le concept de puissance est un concept qui est propre à la psychologie, on pourrait presque dire qu'il est le concept qui proprement constitue la psychologie en système. C'est à ce titre qu'il se délimite d'une manière très précise face au concept objectif de condition, qu'on comprenne cette condition d'une manière logique, mathématique, physique, physiologique, ou bien encore dans son extension la plus grande d'une manière téléologique. Le critère clairement distinctif est le suivant : au sens objectif, quelque chose conditionne toujours quelque chose d'autre – selon son concept distinctif –, alors qu'ici la condition n'est définie par rien d'autre que précisément ce qu'elle conditionne, et c'est seulement le *stade* de la possibilité qui est distingué de l'effectivité de l'« acte » qui s'y rapporte.

Le sens et le fondement ultimes de cette distinction fondamentale entre acte et puissance n'est toutefois pas autre chose que la relation originaire de la détermination de toute espèce à ce qui, à chaque fois, doit d'abord être déterminé dans le rapport correspondant, donc à ce qui en soi n'est pas encore déterminé, mais qu'on doit précisément penser comme *susceptible* d'une détermination, donc *déterminable*. La possibilité dont il est question dans les concepts psychologiques – tous les concepts originaires, toutes les catégories fondamentales de la psychologie sans distinction – est donc en général : la possibilité de la détermination, l'acte qui s'y oppose,
233 | l'acte (l'actualité) de la détermination même et, en elle, de la position objectivante.

Cette relation réciproque la plus générale, fondant toute possibilité d'une psychologie à titre de science de la subjectivité, entre le déterminable et sa détermination, vaut désormais précisément dans toute la gradation étagée de l'objectivation, et donc aussi dans celle de la subjectivation qui lui correspond : pour toute étape supérieure d'objectivation, l'étape inférieure signifie la puissance et, pour chaque étape inférieure, l'étape supérieure signifie l'actualisation correspondante. Cependant, précisément dans la mesure où cette relation réciproque vaut pour toute la suite d'étapes de l'objectivation, donc encore et encore, aussi longtemps qu'on peut toujours atteindre une quelconque déterminité, c'est-à-dire tant que, en général, on peut encore dire quelque chose de sensé, cette gradation étagée, donc aussi le retour aux fondements subjectifs, trouvent leur limite idéale dans la disposition d'un élément d'ultime, absolument non encore déterminé, mais susceptible de [recevoir] toute détermination, donc un élément complètement déterminable et à déterminer, une matière originaire à la manière d'Aristote (πρώτη ὕλη) ou un chaos duquel procède toute la création du monde de la conscience – ou du moins duquel, dans un examen absolument ultime, on doit penser qu'elle procède. Car il serait évidemment absurde de vouloir atteindre dans le vécu effectif un tel élément ultime – on ne peut il est vrai rien atteindre qui ne serait pas à un certain degré déterminé. C'est pourtant avec une nécessité indubitable qu'on conclut à un tel élément ultime, pour ainsi dire à un « non-être étant » de la conscience, qui pour ainsi dire enfanterait tout être de ce non-être à partir de soi – et c'est simplement en vertu du sens de la *méthode* reconstructive, car il ne s'agit proprement que d'une autre expression de cette méthode exigée elle-même, de sorte qu'il n'y a de même nul besoin ni évidemment nulle possibilité d'une preuve factuelle, car cette expression n'a précisément pas d'autre sens que celui de la fixation de la limite idéale ultime (la limite inférieure) de tout questionnement psychologique. Comment celui-ci pourrait-il donc se limiter, sinon en établissant la méthode créatrice de la psychologie en général ?

Aussi ne peut-on pas comprendre, par cet élément ultime, un quelconque stade donné temporellement de la vie de la *psyché* – mais il faut seulement l'entendre pour ainsi dire au sens de l'arrière-fond obscur duquel se détache toute vie consciente, temporelle comme supratemporelle, et à partir duquel on peut, non pas montrer, mais seulement penser qu'elle surgit. Tout ce qui est distingué relativement à ce qui peut être vécu doit donc nécessairement se dissoudre dans cet élément, | tout ce qui peut **234**
être vécu doit donc être pensé comme étant dans une complexion encore complètement indistincte, insécable – et, à titre de fondement, mais à proprement parler uniquement de fondement négatif de toute possibilité de distinction, il faut nécessairement le penser comme absolument exempt de distinction, comme indifférencié : un véritable *apeiron*, le seul véritable *apeiron* d'Anaximandre[1], qui veut se dissocier en « contraires », mais qui est encore exempt de dissociation[2].

1. Allusion au célèbre fragment D.-K. 9 et 16 [N.d.T.].

2. C'est rigoureusement en ce sens, comme n'étant encore différenciée à nul égard, que H. Cohen, dans *Kants Begründung der Ästhetik [La Fondation kantienne de l'esthétique]* [Berlin, Dümmler, 1889], établit sa catégorie psychologique du « sentir » : à titre de « conscience originaire » (p. 156), c'est-à-dire à titre de « disposition générale de l'acte de devenir-conscient » (p. 155), à titre d'« expression du fait que nous avons conscience, mais sans indication du contenu dans lequel cette conscience se détermine » (p. 154). Il est difficile de comprendre la cohérence de ces affirmations avec le passage du livre *Ästhetik des reinen*

Au-delà de cette limite – ou plus exactement en deçà, étant donné qu'on peut toujours retourner de la conscience différenciée d'une quelconque manière à ce point d'indifférence, par la pure pensée et non pas en renvoyant à un fait –, il n'y a au contraire que de la division, de la distinction et derechef réunion dans de nouvelles divisions et distinctions supérieures, jusqu'aux divisions et distinctions originaires, dont la mise en évidence pure est précisément ce que nous visons : la disposition originaire de tout contenu psychique, voilà ce qui importe tout particulièrement. C'est ainsi seulement que nous nous approchons de la tâche véritable de la disposition fondamentale du psychique.

§ 3. *Étapes de la conscience et directions de la conscience.*

C'est ici qu'est la double division la plus immédiate, sans qu'on puisse dire qu'une des deux directions de différenciation occupe d'une manière nécessaire la première place. Il y a, d'une part, la distinction fondamentale des étapes de la conscience qui, comme on l'a déjà dit, sont telles que chacune se rapporte toujours à celle qui suit comme la puissance se rapporte à l'acte. On a en général coutume de nommer la division suprême de cette espèce, surtout du côté simplement théorique, division entre la sensibilité et l'entendement, relativement à laquelle on trouve des analogies même dans le domaine de l'aspiration et du sentiment. L'autre distinction fondamentale est précisément la distinction entre l'orientation « théorique » et l'orientation « pratique » de la conscience : entre « représentation » et « volonté » – et tous les autres concepts qui peuvent être posés à côté d'eux comme aussi fondamentaux.

235 | La première distinction existe depuis Platon et Aristote (et, dans son noyau, depuis bien plus longtemps) dans toute la rigueur qu'on ne peut que souhaiter, exprimée d'une manière entièrement conforme à notre exigence – et elle apparaît de la manière la plus pure chez Aristote, qui fut ainsi précisément le véritable fondateur d'une psychologie à titre de science autonome, de sorte que la sensibilité (αἴσθησις) signifie la possibilité de la séparation, donc la puissance de toute séparation (la κριτικὴ δύναμις), alors que la pensée (νόησις) signifie la pure actualisation de cette même puissance, c'est-à-dire la détermination de ce qui demeure toujours indéterminé dans cette étape préliminaire.

Gefühls [Esthétique du sentiment pur] [Berlin, B. Cassirer, 1912], vol. I, p. 136, dans lequel il est dit que sentir doit être en même temps le fait de sentir la température.

La puissance présente toutefois en cela aussitôt deux aspects. Elle est puissance de la séparation, en tant que séparation, donc en tant qu'elle est dirigée sur l'isolement, du moins par la pensée, des moments singuliers – elle est ce pour quoi, avant tout dans la direction théorique, on utilise aussi, encore dans la psychologie contemporaine, le terme de « sensation ». De l'autre côté, elle est puissance de la liaison, laquelle demeure toujours le nécessaire corrélat de toute séparation. Si quelque chose doit se séparer d'autre chose, il faut bien que tous deux soient aussi originairement unis – sinon on aurait seulement l'un ou bien l'autre, mais jamais l'un comme séparé de l'autre (son autre), ou bien l'autre séparé de l'un (pour lequel il est l'autre). Voilà qui devient tout à fait clair lorsque nous remplaçons la séparation (elle-même pensée d'une manière encore sensible) par la distinction (clairement conceptuelle). Car celle-ci est, plus que jamais, uniquement séparation au sein d'une unité du « genre » prochain : et les espèces sont toujours pensées, au moyen de la différence, comme procédant de ce genre. Néanmoins, à la liaison, à titre de liaison (avant tout toujours du point de vue théorique), correspond le terme psychologique de « représentation ». Ainsi en résulte-t-il avec nécessité, à titre d'étapes fondamentales tout d'abord de la conscience théorique, ces trois moments : sensation, représentation, pensée.

Dans la « pensée », cette dualité, qui s'exprime dans l'étape de la sensibilité comme dualité de la sensation et de la représentation, ne disparaît pas complètement. Mais, quand précisément, dans la conscience pensante, la corrélativité rigoureuse, originaire et insurmontable de la séparation et de l'union, devient claire, ce n'est possible précisément qu'ainsi : elle est comprise comme corrélativité et dualité qui se trouve seulement dans le rapport réciproque, relativement à une configuration unique de la conscience, et non pas derechef comme dualité supérieure des configurations de la conscience. Le « singulier », désormais, ne signifie donc plus quelque chose qui reposerait sur soi-même, un phonème qui serait prononcé pour lui-même, | mais il représente seulement le concept de **236**
discrétion (possible et exigée) – d'une discrétion qui ne peut absolument être pensée que comme discrétion du continu, comme de l'autre côté la continuité ne peut être pensée que comme continuation du discret. Telle est l'« unité » du divers, par quoi on exprime, depuis toujours, ce qui caractérise la pensée et, partant, l'actualité propre de la conscience (avant tout encore pensée uniquement du point de vue théorique) – et, par opposition, dans le stade de la puissance, tous deux (l'un et le divers) peuvent et doivent nécessairement être pensés comme séparés.

L'autre séparation, qui n'est pas moins profonde et générale, s'appuiera nécessairement, d'une manière manifeste, sur la différence fondamentale des directions de l'objectivation. On trouve tout en haut le rapport constitutif de l'être et celui constitutif du devoir, séparation et distinction qui se révèlent en vérité la séparation et la distinction ultimes et les plus radicales de toutes, qu'on trouve dans systématiquement toute objectivation du subjectif. Selon la fondation subjective, la distinction dont il est question peut être exprimée comme celle des deux espèces de rapport fondamentaux de la conscience, qui correspondent donc aux espèces fondamentales de rapport dans la direction objectivante et qui précisément ne doivent désigner celles-ci que dans leur fondement subjectif, c'est-à-dire à titre de puissance.

§ 4. *Le rapport constitutif de l'être et le rapport constitutif du devoir aux trois étapes principales de la conscience.*

Quel type de rapport doit-on maintenant poser comme étant premier? En dernière analyse, aucun des deux ne précède l'autre, car on ne peut pas définir un rapport constitutif du devoir sans rétro-rapport à de quelconques distinctions de l'être – distinctions qu'il faut nécessairement poser en même temps par là même. Ce rapport constitutif du devoir se dirige, à partir d'un point de pensée, pour ainsi dire vers un autre point (même s'il le dépasse ensuite). De même, on ne peut pas atteindre les distinctions relatives à l'être elles-mêmes sans que, au moins, un rapport directionnel soit posé. En effet, déjà l'acte de distinguer même ne procède pas sans direction, et peut-être même jamais d'une manière unilatérale, car sa direction est immédiatement double. On pourrait dire : selon la chose même, le continuum de la direction est au fondement, mais selon la définition, ce qu'il faut poser au fondement c'est au contraire la discrétion des points qui constituent l'être. C'est naturel – car la définition relève précisément de la distinction, alors que la question portant sur le fondement réel même ne fait qu'un avec celle qui porte sur l'ultime connexion.

Dans ce contexte, c'est par la distinction, donc la discrétion, d'un côté, et, de l'autre, par la continuité propre à la liaison, que se manifeste
237 d'ailleurs déjà le fait que la séparation | entre le rapport constitutif de l'être et le rapport constitutif du devoir est, d'une certaine manière, analogue à la séparation entre la sensation et la représentation, et derechef à la distinction du moins abstraite entre la direction qui porte sur le divers en tant que divers et celle qui porte sur l'unité en tant qu'unité dans la pensée – distinction qui reste pourtant toujours nécessaire, même si la « pensée » prétend qualifier

la corrélation insuppressible des deux moments. Si l'on ajoute à la « sensation » la « représentation », et avant tout le contexte spatio-temporel, par lequel les points discrets constituant l'être, qui semblent reposer dans le concept abstrait de la sensation et qui sont examinés d'une manière figée, entrent dans un flux mobile, dans un procès et un progrès continus, c'est d'une manière complètement analogue que, pour le rapport constitutif du devoir, la « position » de la pensée, isolée dans le rapport constitutif de l'être par l'abstraction, fixée et conservée dans cet isolément et cette fixation, se dissout dans un procès et un progrès vivants. C'est pourquoi, dans la forme de la représentation, même le rapport constitutif du devoir se présente nécessairement comme étant dirigé (comme nous l'avons déjà toujours exprimé selon une analogie) d'un point de l'être vers un autre point – dans l'espace et le temps. Car l'exigence, le devoir, portent toujours, non pas sur ce qui est donné, donc sur ce qui se présente ici et maintenant, mais sur ce qui est représenté là-bas et plus tard – sur le futur non pas simplement au sens temporel, mais aussi au sens spatial de ce qui se trouve à l'extérieur et s'avance, ou plutôt de ce qui doit nécessairement surgir, de ce qui est éloigné et doit se rapprocher. Ce qui n'empêche pas l'éloignement et donc aussi le rapprochement d'être et de rester éternels, infinis – des qualifications manifestement elles-mêmes empruntées aux caractéristiques spécifiques de l'espace et du temps, qui expriment donc l'aspiration même (laquelle correspond, à titre d'expression subjectivante, au « devoir » objectif) à nouveau sous la forme de la représentation.

Cet examen a pour intérêt de montrer que la « représentation » doit être posée à titre d'ordre spatial et d'ordre temporel de la sensation, à titre de puissance non pas simplement de la position d'être, mais tout autant de la position du devoir, donc qu'elle doit être posée elle-même originairement et en même temps à titre d'aspiration – ce qui se transmet ensuite, d'une manière conséquente et avec la même nécessité, à la sensation. Celle-ci devra donc nécessairement, presque dès le début, renfermer dans son concept le moment originaire de l'aspiration.

Cependant, de l'autre côté, l'analogie de la relation entre le rapport constitutif du devoir et celui constitutif de l'être et de la relation, dans la pensée, entre la direction qu'est l'unité et celle qu'est la différenciation, conduit aussitôt à ceci que le rapport même constitutif de l'être, | dès qu'il 238
prend la forme de la pensée, doit nécessairement se présenter comme pensée de la discrétion, et le rapport constitutif du devoir comme pensée de la continuité – et à ceci que celle-ci implique d'une manière tout aussi essentielle, au fond, le rapport constitutif du devoir, que celle-là exprime déjà presque directement le rapport constitutif de l'être. Cependant, la

différence abstrayante y reste pourtant toujours insuppressible. La sensation et la représentation, et du coup aussi la discrétion et la continuité à titre de moments de la pensée, expriment de pures relations de contenu, comme existant pour ainsi dire en elles-mêmes et ayant en elles-mêmes une consistance réelle, donc d'une manière statique. Au contraire, le rapport constitutif de l'être et le rapport constitutif du devoir sont, face à celles-ci, quelque chose d'absolument nouveau et spécifique. C'est cette opposition qu'on a comprise comme celle de l'acte et du contenu, et qu'on peut toujours qualifier ainsi avec la précaution appropriée (laquelle équivaut à l'éviction rigoureuse d'une fausse objectivité des activités se déroulant dans le temps). C'est la différence entre le rapport entendu comme ce qui est mis à nouveau en rapport d'une manière statique et le rapport entendu comme action de rapporter, c'est-à-dire partant d'un point et dirigé sur l'autre, donc représenté dans le *procedere*, dans le mouvement, à savoir d'une manière dynamique. Voilà pourquoi, aussitôt que nous pensons le rapport à l'unité de la pensée dans l'accomplissement, dans l'« énergie » de la réalisation, nous ne pouvons pas nous empêcher de concevoir la pensée elle-même comme acte, du moins comme aspiration, donc dans le rapport constitutif du devoir. Inversement, aussitôt que nous voulons nous représenter le rapport constitutif du devoir selon la stricte spécificité de la pensée, le mouvement comme tel s'évanouit – le but lointain ainsi que le rapport du point donné vers ce but apparaissent comme un état immobile, et le mouvement se fige pour nous pour ainsi dire en un simple concept (de l'être qui est là maintenant, puis ensuite ici, etc.).

En même temps, l'ordonnance d'étapes, qui relevait avant tout du rapport constitutif de l'être, s'applique ainsi, avec la même nécessité, au rapport constitutif du devoir, donc à l'aspiration. Celle-ci doit donc être pensée, à l'étape inférieure extrême, d'une manière correspondant à la sensation, comme concentrée en un point : l'aspiration comme impulsion instantanée – qu'on l'appelle aspiration de la sensation ou sensation de l'aspiration. Cette étape de l'aspiration a, par conséquent, au même sens que la sensation en général, seulement la signification de la puissance. Dans le deuxième stade, l'aspiration, d'une manière analogue à la représentation, s'étendant de moment en moment, est toutefois elle aussi pensée comme limitée dans cette déterminité de son extension. Dans le troisième stade, au contraire, la continuité de l'extension, bien qu'allant toujours de point en point, donc ne se fixant sur aucun point comme ultime, mais allant toujours
239 plus loin, est donc pensée comme infinie. Cette liberté et universalité | de l'aspiration correspondent complètement à la liberté et à l'universalité de la pensée et résident en même temps dans la pensée. Car, de même que, pour

les étapes inférieures, la sensation et l'impulsion de la sensation (sensation des choses et sensation de l'impulsion) sont une, de même que la représentation et l'effort de la représentation (représentation des choses et représentation de l'effort) sont une, c'est aussi le cas, à l'étape supérieure, pour la pensée et la direction de pensée (pensée des choses et pensée de la direction). Ce qui a été ici intentionnellement distingué au moyen de la déclinaison impulsion-effort-direction est en effet, dans son noyau, toujours un et le même, à savoir l'aspiration : 1) dans son commencement ponctuel ; 2) dans sa progression vers le « but » prédéterminé d'une manière précise, et dans cette mesure limité et limitant (l'effort vers le but déterminé ou le fait de le viser) ; 3) à titre de progression en soi illimitée, infinie, dans laquelle les points d'arrêt ne sont pas niés, mais ravalés au rang de simples points de passage.

§ 5. *Limite supérieure de la conscience.*

Ainsi a-t-on déjà ici conquis, dans son contenu, un schéma fondamental pour un développement illimité de la conscience – un schéma auquel, précisément à cause de son caractère excessivement général et absolument fondamental, une quelconque espèce de contenu de la conscience pourra difficilement se soustraire, et qui, selon le type de sa construction, ne se contente pas d'admettre, mais exige et fonde comme nécessaire précisément ce développement, et il est vrai comme exempt de borne.

Du coup, il est toutefois tentant de s'interroger aussi sur une limite supérieure, bien que seulement idéelle – puisqu'on a posé à ce développement une limite inférieure, de même simplement idéelle, dans la potentialité ultime, vide, de la conscience en général. Il y a en effet une telle limite supérieure, mais qui n'est précisément qu'idéelle. Dans cette limite, comme dans la limite inférieure, on ne pose encore à ce moment-là aucun rapport à l'objet – c'est-à-dire qu'il n'y a plus aucune opposition entre la conscience et l'objet, aucune position de l'objet face à la conscience, c'est-à-dire d'opposition entre une détermination actualisée face à une détermination qui serait à actualiser. Il en résulte dès lors, conformément à cette exigence purement conceptuelle, précisément la « pensée de la pensée » selon Aristote, la conscience de la conscience ou bien la pure conscience « de soi-même ». C'est dans l'établissement de ce concept-limite, qu'il ne reconnaît malheureusement pas comme simple limite conceptuelle, mais qu'il se hasarde à poser, d'une manière métaphysique, à titre de fondement d'être ultime existant d'une manière nécessaire, qu'Aristote ne s'avère pas moins être, comme c'est toujours absolument le cas, | un psychologue 240 profond – c'est aussi le cas dans l'établissement du concept qui s'oppose à ce concept-limite, celui de cette ultime matière originaire, à titre d'« indéterminé qui précède toute détermination » (ἀόριστον πρὶν ὁρισθῆναι) et, partant, de puissance vide, ultime, pour toute actualisation, comparativement à laquelle la « pensée de la pensée », qui est exempte de tout objet, devient du coup en même temps l'acte ultime, exempt de toute puissance. Il y a même dans la preuve de l'existence nécessaire de cet être originaire (la source dont provient, historiquement, l'« argument ontologique », *Métaphysique*, XII, 7 et IX, 8) – qui s'appuie sur l'idée selon laquelle, si ce n'était pas le cas, tout être deviendrait contingent, sans fondement – un moment très juste, que Kant, d'ailleurs, devait laisser intact dans sa critique conquérante, et pouvait explicitement corriger pour l'exhiber, dans sa pureté, comme un apport positif : la nécessité d'une position précisément de cette limite conceptuelle idéelle, qui ne peut toutefois plus prétendre désigner une essentialité existante accédant à la connaissance. Pour la psychologie, ce concept ne peut en tout cas pas avoir d'autre signification que cette signification de limite – et c'est pour cette raison que, dans cette conception prudente, il n'est nullement choquant. Par conséquent, ce concept est conservé, sans être proprement un concept de la psychologie, puisqu'il relève de sa limitation. Ainsi avions-nous déjà utilisé, dans nos précédents examens, mais d'une manière toujours purement méthodologique, cette catégorie limite du *supra*-conscient, qui correspond exactement et nécessairement à celle de l'*infra*-conscient à titre d'obscur arrière-fond de la consciosité. Nous verrons plus tard qu'il y a encore un usage plus précis des deux catégories limites.

§ 6. *Description générale des espèces de la conscience – phénoménologie de la conscience – à titre de première province de la psychologie.*

Ce qui, jusqu'ici, s'est révélé être la toute première détermination d'une disposition du psychique, englobe-t-il déjà toute la consistance de la conscience, de sorte que toute la tâche de la psychologie elle aussi serait par là circonscrite ?

Oui et non. Cette première détermination englobe en effet toute la consistance de la conscience, dans la mesure où la question porte précisément sur la *consistance* de la conscience, dans son *espèce* particulière. Cependant, ce type d'examen dans sa totalité, aussi certainement qu'il peut revendiquer une signification fondatrice dans la psychologie, ne peut pourtant prétendre être l'interrogation ultime et totale. Car il reste encore complètement dans le général et l'abstrait. Même la spécification ultérieure

au moyen des catégories suprêmes, dans la mesure où elle ne doit se produire au moyen de rien d'autre que précisément ces schèmes conceptuels généraux eux-mêmes et les possibilités de développement qui sont déjà impliquées et indiquées par ceux-ci, | n'en demeure toujours pas moins 241
dans la spécification, c'est-à-dire qu'elle en reste encore au caractère général et abstrait de l'*espèce* qu'est la conscience, et ne parvient donc pas encore au concret ultime en lequel seulement le psychique consiste pourtant comme tel. On parvient, par la voie indiquée jusqu'ici, à des fondements subjectifs pour toutes les espèces particulières d'objectivation, mais précisément uniquement aux fondement subjectifs en général pour l'objectivation en général – et non pas aux fondements déterminés pour les objectivations déterminées non pas simplement de la science, de la moralité et de la configuration artistique, mais aussi des formations de la conscience non scientifique, autant celles qui sont déterminées que celles qui n'obéissent pas à une légalité rigoureuse. En d'autres mots, qu'on conserve uniquement les *catégories psychologiques fondamentales*, comme la sensibilité en général, l'ordre temporel et spatial en général, l'articulation des concepts en général, l'aspiration en général et tout ce qui est encore de ce type : on ne voit pas encore comment on aurait là une base suffisante pour une méthode permettant effectivement d'atteindre l'immédiat du vécu. Il semble que cet immédiat a pourtant toujours été simplement intégré dans des rubriques, donc divisé, et même découpé, mais n'a jamais été saisi ou bien même été saisissable dans son intégrité.

On est resté dans la même région de la généralité, même encore lorsqu'on en est arrivé, dans l'examen ultérieur et la mise en évidence complète de ces catégories fondamentales, à une description subjective suffisante des *connaissances* théorique, éthique, esthétique, religieuse, donc à une psychologie fondatrice de la science, une psychologie fondatrice de l'organisation collective, de la configuration artistique et de la configuration religieuse. Et c'est aussi le cas, lorsque, ensuite, on en est arrivé à une psychologie de la logique, de l'éthique, de l'esthétique, de la philosophie de la religion – à ce qui peut être désigné de la meilleure manière par le titre par ailleurs peu clair de « *théorie de la connaissance* » : on a aussi parlé de «*psychologie transcendantale*». Cependant, tout cela restait encore bien en deçà de la vie immédiate, pleine, de la conscience.

Avec tout ce dont il a été jusqu'ici question, on a en vérité d'abord délimité *une* province, il est vrai importante et centrale, de la psychologie. Nous pouvons la qualifier de *phénoménologie* de la conscience. Elle correspond du moins bien, à peu de choses près, à ce que Husserl désigne par ce mot : la simple description des espèces de configuration de la

242 conscience, | qui ne se limite pas aux configurations de la connaissance pure, du vouloir et de l'art, aux purs fondements de la conscience religieuse elle aussi, mais s'étend aussi au large domaine de l'empirique et aussi aux objectivations imparfaites (de l'opinion, de la croyance, de l'imagination, sans prendre en considération les caractères de légalité et de vérité et sans limitation à ceux-ci). Les caractères de l'abstrait et du général ne sont effectivement pas surmontés, même par un tel élargissement, même si l'abstraction elle aussi s'approfondit toujours davantage dans le concret et est condamnée à en venir à bout par des schèmes conceptuels généraux, et donc absorbe tout de même beaucoup d'irrationnel – l'illogique, le non-éthique, l'inesthétique, l'irreligieux –, ne laissant en général en dehors d'elle rien de ce qui est humain et refusant même d'exclure principiellement ce qui est sous-humain et *supra*-humain, dans la mesure où ces deux dimensions proviennent de ce qui est humain et ne peuvent être saisies qu'à partir de ce qui est humain. Car, en fin de compte, la psychologie n'est pas simplement psychologie de la conscience humaine, mais de toute conscience dont nous pouvons encore nous faire un quelconque concept. Même toutes les opinions, les illusions, hésitations, aussi vagues qu'elles soient encore, tous les dogmatismes, illusionnismes et scepticismes naturels, la psychologie peut les intégrer dans ses examens : ils sont en dernière analyse, du point de vue qui leur est propre, complètement équivalents aux configurations pures de la conscience dont la validité subsiste. Du caractère mis en évidence du « pur », il ne reste plus en eux que ceci : à savoir que c'est seulement à partir du pur, entendu comme le légal, que c'est seulement dans un rétro-rapport à ce qui est pur que le non pur, pour ainsi dire en mesurant son écart par rapport à lui, peut trouver un statut conceptuel, pour autant qu'il y est apte en général. Même l'opinion la plus irresponsable, la superstition la plus confuse, l'imagination la plus excessive utilisent pourtant en général encore les catégories de la connaissance objective : il s'agit toujours, là encore, d'objectivation, mais avec des moyens insuffisants ou bien une réalisation impure du procédé, et donc d'une soumission aux dispositions générales de la psychologie, qui ont d'abord été dérivées des pures objectivations – mais avec cette différence que précisément rien de tenable, de valide, n'est atteint dans aucune direction, de sorte que tout reste en flux et veut rester tel. Ainsi, tout ceci aussi, mais précisément seulement dans sa spécificité générale, pourra être décrit au moyen des catégories psychologiques fondamentales établies et des concepts psychologiques qu'on peut ensuite en dériver et qui
243 conservent le même type. | Mais est-il possible – et comment est-ce possible ? – de dépasser tout ce point de vue qui relève de la description

générale du contenu de la conscience, dans son espèce, et de pénétrer jusqu'au vécu déterminé, concret, ou bien de s'en approcher davantage? Ces catégories générales délimitent à la rigueur le domaine de ce qui, en général, peut être vécu, dans ses possibilités générales, mais elles n'atteignent pourtant pas l'acte, l'actualité du vécu même. Cette direction est manifestement telle qu'on y aspire nécessairement à la concrétisation progressive. Mais, même pour elle, il s'agit d'abord derechef de conquérir les fondements conceptuels généraux.

§ 7. *Les étapes des unités de vécu à titre de deuxième tâche principale de la psychologie.*

Il semble ici essentiel d'en venir au rétro-rapport du *contenu* du vécu au *moi* vivant. Seule cette question exige aussitôt une correction ou du moins une détermination plus précise. La distinction entre le rapport au contenu et le rapport au moi, qu'on a produite et qui surgit en rapport à la langue, indique certes tout à fait ce que nous cherchons, mais elle-même ne donne pas déjà la réponse à notre question. Nous n'avons pas d'abord un moi vivant, mais il s'agit désormais de constituer, dans son concept psychologique, un tel moi, et il est vrai dans toute l'étendue pensable de cette expression problématique.

C'est déjà un pas en avant qui n'est pas négligeable, peut-être le pas décisif pour éclairer l'affaire, que d'affirmer que, en général, c'est seulement à cette place qu'apparaît la question portant sur le moi vivant et qu'elle peut être posée d'une manière méthodologiquement légitime. La question portant sur le moi n'est nullement, dans la psychologie, la première, bien qu'elle ne soit pas non plus la dernière (comme cela a déjà été indiqué à plusieurs reprises). Cependant, c'est seulement après que le contenu possible de la conscience est devenu clair, dans sa distinction fondamentale et ses liaisons, qu'on peut poser, à titre de deuxième question principale de la psychologie, la question portant sur la *distinction des unités de vécu*, à quoi renvoie précisément le petit mot « moi » ou bien la distinction entre l'acte du vécu et le contenu du vécu comme à un problème de la psychologie qu'il faut encore résoudre.

Nous disons qu'il faut s'interroger sur la distinction des *unités* du vécu – non pas sur l'*unité* du vécu, comme si celle-ci, dès le début ou en général, ne devait être pensée que comme quelque chose de singulier. Certes, le « Je pense » doit nécessairement accompagner toutes « mes » représentations, selon Kant. Et ce « Je pense », | qui n'accompagne pas toujours pour autant 244
« mes » représentations, mais peut les accompagner, fonde effectivement

cette « unité numérique » dont parle Kant et dont il avait seulement à parler si l'on prend en compte son type d'examen et le but qu'il poursuit. A ces propositions, telles qu'elles pouvaient seulement être comprises dans la critique transcendantale, il n'y a donc rien à changer. Néanmoins, l'expression « doit nécessairement accompagner » ne signifie pas « accompagne ». C'est à l'« unité transcendantale de l'aperception » que la critique objective, logique, de la connaissance (comme en outre aussi celles éthique et esthétique) a affaire. En revanche, la psychologie doit s'interroger sur les « sujets » empiriques, donc sur les « unités de l'aperception » – et non pas sur « l' » unité abstraite, simplement pensée et qu'il faut nécessairement penser, de la conscience omnienglobante. En conséquence, la psychologie, si elle veut fonder la pluralité de ces unités de conscience, doit d'abord s'interroger sur la distinction dont cette pluralité doit être pensée comme procédant.

Après que, ainsi, la question reçoit enfin la formulation précise qui est requise, la réponse n'est déjà plus très loin. C'est-à-dire que la distinction en question se réalise nécessairement dans une gradation étagée analogue, dans son noyau, à celle qui a été fournie aussi par la distinction des espèces du contenu de conscience, étant donné qu'elle aussi doit nécessairement résulter de la reconstruction à partir des espèces fondamentales et des directions de l'*objectivation*. Il en va nécessairement ainsi si l'on veut mettre en œuvre notre présupposé méthodologique fondamental d'une manière pure et générale. Car toute objectivation s'accomplit toujours seulement dans un rétro-rapport à un sujet, de sorte que, d'une quelconque manière, aux étapes et directions du rapport à l'objet doivent aussi correspondre des étapes et directions du rapport au sujet.

Cette correspondance s'accomplit aussi en vérité dans une complète pureté. Au stade de la sensation correspond manifestement le *moment* du vécu, absolument singulier – et à la liaison concrète dans la représentation, qui est toujours limitée d'une manière précise, le *contexte* du vécu, concret et limité d'une manière précise, qui se délimite face au moi toujours vivant dans une unité de vécu toujours relative. A l'unité englobante, idéelle de la pensée conceptuelle correspond l'*unité* englobante, idéelle de la conscience, l'« aperception » kantienne – et, en particulier, à l'unité pure de la pensée correspond l'aperception pure ou « moi » pur. Et de même que la sensation et la représentation se rapportent à la pensée comme le stade de la puissance se rapporte au stade de l'acte, la sensation étant toutefois à son tour elle aussi puissance pour la représentation, le moi, limité le plus
245 étroitement, du vécu momentané en général, | doit être clairement compris seulement comme puissance, alors que le moi du contexte limité du vécu,

face à celui-ci, possède comparativement déjà un caractère d'acte, mais ne peut à vrai dire pas signifier, dans son extensibilité et sa mobilité manifestes, une actualisation définitive, et, partant, n'apparaît derechef que comme puissance face à l'actualisation plus rigoureuse qui n'est atteinte d'abord que dans la conscience englobante de la pensée. La représentation *a* un moi, de même qu'on dit aussi inversement que le moi *a* la représentation. Mais c'est seulement dans la pensée que le moi devient *conscient comme tel*, qu'il devient donc, à titre de sujet de la conscience, en vérité actuel – et cet «*avoir*» signifie (précisément comme le ἔχειν, ἕξις d'Aristote), plutôt uniquement la puissance pour cet acte. Apparaît toutefois ici quelque chose de remarquable dans le fait que le moi, dans sa pleine actualisation, n'est plus un moi individuel, mais à tout le moins, dans sa possibilité, une conscience générale et même, dans toute sa tendance, déjà une *conscience universelle*. Ceci s'explique ainsi: dans la pensée, c'est précisément l'objet qui est posé, et à titre d'objet pour un sujet – cependant, pour autant qu'il s'agit d'une pleine pensée et non plus d'une simple représentation, cet objet n'est pas pour ce sujet-ci, distinct de tout autre, mais déjà pour un sujet idéal « en général ». A titre de moi spécifique, le moi consiste au fond seulement dans l'étape de la représentation, qui n'est précisément du coup jamais dans la pleine actualité, mais dans un stade de puissance, auquel, comme acte, correspond au contraire la conscience englobante, la conscience d'objet – et certes toujours en rapport à un sujet, toutefois désormais non plus (ou du moins pas en un sens exclusif) en rapport à un sujet par opposition à un autre, mais en rapport à un sujet en général.

La manière dont les autres divisions du contenu de conscience, et dont en particulier l'autre distinction principale, celle du rapport à l'être et du rapport au devoir, se transposent d'une manière correspondante dans la conscience du moi, à titre de moi connaissant et de moi voulant, et la manière dont, ensuite, cette distinction se combine avec celle des étapes de la conscience, voilà qui est facile à voir et n'a pas besoin d'être expliqué davantage. Et il en va de même pour la manière dont, aux étapes inférieures des objectivations incomplètes s'opposent des étapes analogues d'un rapport incomplet au moi, dont on peut facilement comprendre d'une manière provisoire la spécificité en rapport au type très clair du moi rêvant avec le flottement et l'oscillation qui le caractérisent.

246 | § 8. *Le moi commun. Limites supérieure et inférieure de l'unité du vécu.*

C'est une attention particulière que revendiquent ici la naissance et les diverses gradations de la conscience commune. Rousseau parle directement d'un *moi commun*[1] dans le contexte particulier de son problème du « contrat social ». Cependant, le concept supporte et exige une très large généralisation. C'est sur une espèce de « *contrat social*[2] » que repose déjà la communauté de la langue, que repose en général toute communauté entre une conscience et une autre. Cependant, il n'y a effectivement nulle conscience du moi absolument isolée, mais seulement des discrétions dans une gradation infinie, dont chacune, sans exception, renvoie au continuum de la conscience dont elle est la discrétion. Je ne deviens pourtant conscient de mon Je, à titre de Je qui est mien et celui d'aucun autre, que lorsqu'il se distingue d'un Tu. Dans cette opposition duelle de deux Je se trouvent toujours une union aussi bien qu'une séparation. Le Tu est *mon Tu*, et *Je* suis aussi derechef pour lui un Tu. Et ce changement de rapport, qui consiste à se séparer pour à nouveau s'unir, se répète, comme on l'a dit, au cours d'une succession d'étapes en soi sans bornes. Ce concept de communauté n'est pas simplement éthique et, à partir de là, d'une importance particulière, d'une manière dérivée, pour la psychologie du vouloir, mais il relève précisément avec autant d'importance du domaine de la conscience de l'être, étant donné que le temps et l'espace, les formes fondamentales de la conscience de l'être, jettent un pont qui va partout d'une conscience à une autre conscience – pont au niveau de la coexistence et de la succession, mais aussi au niveau de la procession : nous entrons en effet, au moyen d'une « éducation », qui est éducation c'est-à-dire élévation tout autant de la représentation que du vouloir, dans une communauté qui se transcende tout autant (et même presque plus clairement), en arrière, jusqu'aux lignées les plus éloignées, qu'en avant, jusqu'au futur des générations à venir qu'il faut encore fonder. Ainsi en va-t-il aussi dans la vie artistique, où, certes, la valeur individuelle atteint son maximum, mais tout en restant d'un autre côté seulement idéale, car, du point de vue réel, elle ne fournit pas, ni ne peut ou ne doit fournir le sol de la communauté. Le poids de l'individualité

1. En français dans le texte. Voir I-VI (« A l'instant, au lieu de la personne particulière de chaque contractant, cet acte d'association produit un corps moral et collectif composé d'autant de membres que l'assemblée a de voix, lequel reçoit de ce même acte son unité, son *moi* commun, sa vie et sa volonté ») [N.d.T.].

2. *Ibid.*

n'intervient pas le moins du monde (comparativement) dans la connaissance. Précisément pour cette raison, il est ici particulièrement évident que l'individualité est en vérité secondaire, et que le fondement essentiel se trouve dans ce qui est commun, le ξυνόν de Héraclite.

L'existence de la séparation des consciences et la possibilité de les reprendre à nouveau dans le concept d'un « moi commun » | ne doivent pas 247
être comprises, dans tout cela, d'une manière plus difficile ou bien complètement autre que le fait, pour la séparation et l'union, de subsister ensemble dans le simple examen abstrait du contenu de la conscience. La discrétion et la continuité se comportent, des deux côtés, dans le rapport au contenu et dans le rapport au moi, non seulement d'une manière absolument similaire, mais la discrétion et la continuité de l'unité du vécu vont précisément et absolument avec celles du contenu. Le « solipsisme » n'est donc pas, dans l'examen du rapport au moi, un problème plus sérieux qu'un absolu isolement d'un moment du vécu – quelque chose comme un « solomomentanéisme [1] » – dans l'examen du contenu. Ici comme là, les abstractions sont choséifiées, les délimitations conceptuelles sont transformées pour ainsi dire en barrières corporelles, les faits de la vie sont défigurés par des fictions intellectuelles vides au fondement desquelles on ne trouve, à titre de noyau valide, rien d'autre que des « catégories-limites » méthodologiques assurées, dont le fait qu'on les prenne pour des concepts de chose ne signifie rien d'autre que la naïveté philosophique du point de vue adopté.

Du point de vue d'une telle position-limite méthodologique correspond d'ailleurs à la limite inférieure déjà indiquée également une limite supérieure dans le rapport du moi autant que dans le rapport du contenu. Si l'une est à bon droit posée comme stade originaire de la pure puissance pour tout, donc en deçà de toute unité délimitée ou délimitable, qui donc est la puissance tout autant de l'ipséité de toutes les étapes que du contenu de toutes les espèces, l'autre est posée, au-delà de toute délimitation, comme actualité pure, simple actualité, qui exclut d'elle-même toute simple potentialité. Et, de même que celle-là, en vertu de son concept, se trouve en deçà de toute conscience communautaire, celle-ci se trouve au-dessus de toute communauté encore limitée d'une quelconque façon – non pas toutefois d'une manière telle que toute séparation s'anéantisse en elle, mais d'une façon telle qu'elle se conserve en même temps dans l'union, donc tout à fait au sens de la « monade des monades » (unité des unités) de Leibniz.

1. Néologisme formé à partir de *solus* et de *momentum* [N.d.T.].

Si toutefois ces « catégories-limites » idéales ne peuvent revendiquer une valeur cognitive propre, aussi peu pour la psychologie que pour la connaissance objective, qu'il s'agisse de la théorie, l'éthique ou l'esthétique, ou bien pour une théorie pure, ultime, de l'être, se soumettant toutes celles-ci (la métaphysique à titre d'« ontologie »), elles ne sont pas pourtant dénuées de toute signification positive. Elles ne servent pas simplement à cette explication méthodologique la plus générale, dans le but de laquelle elles ont avant tout ici été introduites. Car la relation qu'entretient la conscience positive dans toutes ses espèces et à toutes ses étapes avec ces
248 limites idéales, | par devant comme par derrière, la détermination pour ainsi dire de sa position à distance égale de ces deux fins, voire même la conscience de cet écart, appartiennent à la pleine caractéristique du vécu positif, qu'on envisage celui-ci comme vécu du moi ou bien seulement relativement à son contenu. Et on ne peut pas vraiment se passer, pour la compréhension psychologique de la spécificité de la conscience religieuse, de ce rapport-limite ultime qui a deux côtés. C'est précisément dans la conscience religieuse que nous prenons conscience de l'« enracinement » dans ces deux limites : entre le rien éternel et l'ipséité éternelle, entre la mort éternelle et la vie éternelle – participant aux deux, toujours, arraché à l'une et visant l'autre.

§ 9. *Epreuve de la complétude de la division. Examens ontique et ontologique.*

Si, ainsi, nous avons conquis les fondements suffisants d'une disposition de tout ce qui est psychique, la voie indiquée pour éprouver l'exactitude de ces déterminations est la suivante : rechercher si donc, effectivement, toutes les investigations psychologiques utiles peuvent prendre place dans ce schéma et ses divisions.

Il est vrai que, jusqu'ici, le travail le plus englobant et le plus fondamental de la psychologie porte sur la recherche des fondements généraux de la vie spirituelle : sensation, représentation, aspiration, etc., leurs caractères distinctifs, leurs rapports qui s'interpénètrent de multiples manières, les conditions de leur avènement, leur terme, leur insertion dans le contexte d'une vie psychique individuelle en général. Et, par là, on examine aussi en même temps il est vrai les différences typiques frappantes entre les individus (par exemple les tempéraments) – mais pourtant en suivant la règle selon laquelle c'est la question portant sur ce qui possède une généralité légale qui reste au premier plan de l'intérêt, car les différences n'apparaissent que comme des déclinaisons d'un seul type fonda-

mental commun. Voilà qui correspond donc complètement à la direction objectiviste qui prédomine dans la psychologie jusqu'ici, car celle-ci a été et a toujours voulu être une recherche qui relève de la loi. Même l'intérêt de la fondation psychologique de la science, de la moralité, de l'art et de la religion devait fortement se développer dans la direction consistant à privilégier la recherche des légalités générales de la conscience par opposition à la recherche des particularités individuelles. On a toutefois toujours cru, ce faisant, qu'on avait affaire à l'individu. Le traitement de la psychologie des peuples, de la psychologie des communautés en général, n'est alors apparu que comme une extension ultérieure | du domaine de **249**
recherche de cette science, d'abord limité à l'individu. En vérité, la psychologie de l'individu renferme toutefois, au contraire, un caractère qui est le plus général, et c'est d'abord dans la différenciation progressive qu'apparaît ensuite une psychologie des types des peuples, des classes sociales et des professions, des sexes, etc., et, en fin de compte, une psychologie « différentielle » telle qu'elle atteint effectivement l'individu. Ainsi, sans que la direction objectiviste de la recherche soit principiellement perdue, c'est pourtant un abondant matériel qui est fourni à la recherche psychologique telle que nous l'exigeons, à savoir une psychologie orientée purement sur la subjectivité comme telle et, en définitive, sur ce qu'il y a de plus individuel dans le subjectif. Ce qui néanmoins, dans le renversement que nous avons opéré, demeure des recherches qu'on a décrites et conserve une valeur, entrera manifestement sans contrainte dans notre schéma et ses divisions.

Quant à l'autre espèce de recherche psychologique, qui n'a pas été autant prise en considération, mais a été examinée, ces derniers temps, d'une manière plus précise, elle fait du centre de gravité, non pas les lois immuables et les types fixes de la vie spirituelle, mais précisément le changement, le développement, la construction génétique de cette vie spirituelle. On ne quitte certes pas par là le point de vue général de la recherche de la loi, mais, du moins, ce sont des lois du devenir, du progrès, qu'on piste, et non plus les lois d'un être immobile, qui demeure le même et que, en vérité, on ne trouve absolument pas dans le domaine entier de la vie psychique. Néanmoins, par là, on est par soi-même contraint d'accorder un poids important aux différenciations de toutes les espèces, étant donné que tout développement s'accomplit dans la différenciation. Certes, la différenciation même ne peut être conceptualisée qu'à partir du général, de sorte que celui-ci ne peut assurément pas complètement être hors-jeu, mais on ne voit en lui désormais que le présupposé nécessaire de la recherche, et non pas son but essentiel.

Cependant, le noyau véritable se trouve dans la pensée du développement – un développement non pas dans la différenciation simplement comme telle, mais dans l'élévation étagée du point de vue de la conscience, qui s'exprime, d'un côté, à titre d'élargissement croissant, et, de l'autre, il est vrai d'une manière prédominante, à titre de concentration croissante de ce point de vue. Mais la différenciation va, il est vrai, toujours de paire avec cette concentration, parce que, d'un côté, la différenciation croissante
250 exige une unification centrale d'autant plus grande, | et que, de l'autre côté, surgissent toujours à nouveau, avec l'unification croissante, de nouvelles possibilités de différenciation. La différenciation n'est donc pas tant fondement que conséquence de l'élévation du point de vue de la conscience – ou bien, dans la mesure où celle-ci exige celle-là, la différen-ciation est elle aussi derechef au fondement, mais toutefois de telle manière que le centre de gravité téléologique ne se trouve pas en elle, mais dans l'élévation de la conscience. Par là, le développement de l'individualité et celui de la communauté se conditionnent l'un l'autre d'une manière réciproque. Par l'approfondissement de la communauté, c'est en même temps la conscience de l'individualité propre au singulier qui s'approfondit, afin ensuite derechef de rétroagir, par son approfondissement s'exerçant toujours dans une véritable indépendance, sur l'approfondissement de la communauté – une action réciproque sur laquelle reposent non seulement l'idée de pédagogie sociale, mais en général la loi téléologique fondamentale de l'histoire. La question, pour nous, est désormais de savoir si, comme les investigations psychologiques qui relèvent davantage d'un point de vue ontique, celles qui renferment l'orientation génétique fondamentale se soumettent donc à notre perspective générale. On peut immédiatement répondre par l'affirmative, mais il est vrai avec la même restriction que celle qui était aussi nécessaire relativement à l'investigation relevant d'un point de vue ontique – à savoir que le renversement au sens de la pure subjectivation est d'abord une exigence. Les présupposés de ce renversement sont d'ailleurs encore plus faciles de ce point de vue que de l'autre, car l'examen génétique de la conscience se trouve, dès le début, manifestement plus près de la méthode de la subjectivation que l'investigation ontique. La progression, aussi bien dans l'examen pur du contenu qui mène de la sensation à la représentation, au concept, à l'Idée, que dans l'examen du moi, qui mène de la limitation la plus étroite de la conscience individuelle jusqu'à des formes toujours plus hautes de communauté, ne peut déjà guère être décrite autrement que comme au sein d'un tournant en même temps génétique dans la manière de s'exprimer.

§ 10. *L'examen psychologique n'est pas, comme tel, temporel.*

Il y a encore quelque chose qui a besoin ici d'être examiné d'une manière particulière et qui, même si cela aurait déjà pu être établi plus tôt, trouve maintenant sa place la plus appropriée et peut-être la plus éclairante. Même la psychologie génétique telle qu'elle s'est développée jusqu'à présent reste fidèle à la direction objectiviste : elle examine le développement de la conscience, comme si c'était impossible autrement, du point de vue de la causalité (à la rigueur aussi du point de vue téléologique) – mais dans tous les cas, et même quand il est fait abstraction de l'enchaînement causal et final d'une manière similaire, elle l'examine relativement à l'ordre du temps. | Mais notre disposition et toute notre description de la **251**
tâche de la psychologie font toujours principiellement abstraction de l'ordre du temps. Elles peuvent précisément ainsi facilement sembler affirmer, avec la rigueur la plus extrême, le point de vue ontique, et justement exclure la genèse. Car que serait une genèse sans le fondement qu'est le temps ? Ou bien : comment notre psychologie « reconstructive » peut-elle, elle aussi, relever du point de vue de la genèse ?

La question du rapport temporel propre au psychisme semble toutefois aussi, à d'autres égards, avoir encore besoin d'un examen particulier. Surtout : on trouve ici une des différences les plus frappantes entre notre conception de la psychologie et celle de Kant, lequel est sur ce point, d'une manière significative, plus proche que nous de la conception jusqu'ici prédominante presqu'universellement. Pour Kant, le temps, à titre de « forme du sens interne », est manifestement le présupposé fondamental de l'examen psychologique. La psychologie cognitive de Locke, à laquelle s'oppose la méthode transcendantale de Kant, est essentiellement envisagée par celui-ci comme une psychologie génétique, comme une description de la marche temporelle du développement de la connaissance. Kant la laisse absolument valoir comme telle, mais seulement à condition qu'elle soit strictement séparée de la critique transcendantale et lui soit logiquement subordonnée, sans prétendre la maîtriser et la déterminer. Ainsi Kant distingue-t-il déjà dans la première proposition de sa critique, d'une manière précise, la question du *commencement* temporel de la connaissance et celle de son *origine* purement logique, donc pensée comme *supra*-temporelle. Par conséquent, lorsque Kant, en un sens qui lui est propre, transcendantal, parle d'« origine » de la connaissance, de « production », de « spontanéité », d'« actions », de « fonctions », il ne faut pas comprendre qu'il parlerait de processus temporels, car il s'agit nécessairement bien ici d'une genèse purement logique, qui en tout cas n'incorpore en elle, d'une

manière immédiate, plus rien de l'ordre temporel. Mais la conséquence logique de cette distinction essentielle des points de vue logique et psychologique serait précisément la suivante : à savoir que l'ordre temporel lui-même devrait être pensé comme « provenant » seulement, au sens transcendantal, des rapports logiques, en soi intemporels, de la pure pensée, dans lesquels en général peut uniquement s'enraciner la légalité de la connaissance. Mais on ne peut alors déjà plus penser avec assurance que l'examen temporel se trouve à côté d'un examen *supra*-temporel (transcen-
252 dantal), | à la manière d'un terme opposé ayant une même valeur, car celui-là sera nécessairement subordonné à celui-ci et, à la rigueur, ne sera considéré que comme un aspect qui lui est relatif.

Mon *Introduction à la psychologie* en restait, relativement à cette question, à une position intermédiaire finalement intenable. Elle cherchait encore tant à maintenir la position kantienne que l'ordre temporel devait y être introduit comme forme originaire de liaison dans la conscience, du moins aussitôt qu'on entre dans la psychologie, et devait donc désormais apparaître comme un présupposé évident pour tout examen psychologique. A cela était également lié le fait que la reconstruction de l'immédiat dans la conscience était comprise, d'une manière unilatérale, comme la reconstruction du vécu instantané (voir ci-dessus, chap. IV, § 2). Mais la conscience intemporelle n'est pas moins « immédiate » et n'est pas moins un « vécu » que la conscience temporellement déterminée. La conscience intemporelle doit au contraire, précisément dans un examen psychologique ultime, être maintenue comme plus fondamentale. Le passage de la logique à la psychologie, de l'examen en général objectivant à l'examen subjectivant, ne peut absolument rien changer à cette relation fondamentale de l'intemporel et du temporel. C'est seulement ainsi qu'on peut légitimement introduire une proposition déjà fortement soulignée dans l'*Introduction* : à savoir que, originairement (et, il est vrai, précisément au sens psychologique du mot), *c'est le temps qui est donné dans la conscience, et non pas la conscience qui est donnée dans le temps.*

On peut dire que, même chez Kant, une telle idée est à tout le moins indiquée. Dans l'esquisse malheureusement excessivement brève d'une fondation « subjective » de la connaissance, que Kant fournit à l'occasion de sa « déduction » des concepts purs de l'entendement – « déduction » du reste pensée et comprise d'une manière purement objective –, le temps ne surgit, en vérité, que dans la « synthèse de l'appréhension ». Celle-ci apparaît elle-même, dans l'habit psychologique qu'elle revêt au sein des propositions kantiennes, à vrai dire presque comme un acte psychique qui possède une antériorité temporelle et qui est d'une certaine manière

autonome. Cependant, Kant n'a pas pu omettre qu'elle ne peut pas, effectivement, être séparée des deux autres étapes, la « reproduction » et la « recognition », car, dans le vécu complet de la conscience cognitive, elle est nécessairement incluse en elles. Ce sont toutefois précisément les mêmes trois étapes que nous avons plus haut distinguées à titre de sensation, représentation et concept. Dans cette gradation étagée, le temps comme l'espace n'adviennent en général, à partir des rapports de dépendance du logique qui ne sont ni temporels ni spatiaux, que | lorsque les **253**
points de ces rapports logiques, d'abord surgissent pour la conscience dans leur séparation et seulement ensuite se lient à nouveau, afin d'atteindre enfin, dans la conscience englobante, intemporelle de la « recognition » (qui qualifie le « concept » et, partant, l'« objet » dans la direction subjective), leur réunion ultime. Ainsi est-ce seulement par la « forme », quand elle se reconstruit comme formation, comme conquête de la forme, que la « matière » à former reçoit un statut conceptuel, à savoir comme puissance de cette forme. Il est en revanche tout à fait exclu de la définir d'une manière autonome ou temporelle. Une telle disposition temporelle présuppose nécessairement que précisément le temps soit déjà au fondement – mais d'où pourrait-on alors le tirer ? Ne faut-il pas au contraire d'abord le produire lui-même *ab ovo* ? Ne faudrait-il pas le produire en construisant la liaison temporelle à partir de points temporels absolus et isolés, comme l'a imaginé l'Eléate Zénon – mais précisément simplement imaginé, afin de prouver l'impossibilité de la chose pour ainsi dire par l'expérience ? Il faut donc au contraire que le *continuum*, ici comme en général, soit au fondement – il faut que le *continuum*, à titre de continuité des points temporels mêmes et de la discrétion (laquelle produit d'abord ceux-ci comme tels), précède logiquement. Ainsi ce *continuum* ne peut-il être pensé que d'une manière *supra* temporelle.

§ 11. *La disposition temporelle des vécus est un problème secondaire.*

L'apparence trompeuse qui fait de l'examen génétique un examen temporel trouve, en vérité, son unique fondement dans la direction objectiviste de la psychologie jusqu'à aujourd'hui – et notre effort principal, qui fut jusqu'ici de la surmonter radicalement, doit persister à chaque instant. Certes, aussitôt que la vie de la conscience doit s'insérer dans le cours de la nature, aussitôt que l'examen scientifique de cette vie doit, non pas seulement être attaché à la biologie, mais lui être subordonné, le temps peut simplement être mis au fondement comme déjà donné depuis longtemps. Néanmoins, ce n'est que la conséquence du point de vue objectiviste, lequel, s'il est légitime partout ailleurs, ne l'est pas dans la psychologie – si tant est que celle-ci, par opposition à tout rapport objectif, doive prendre la subjectivité purement comme telle à titre de problème.

Dans cette direction, il faut avant tout souligner ce que Kant n'a remarqué que d'une manière occasionnelle et n'a pas davantage développé dans ses conséquences : à savoir que, lorsqu'on introduit le temps, il faut nécessairement aussi introduire l'espace. Il est vrai que, à cet égard, Kant
254 induit en erreur en favorisant, par sa théorie | du « sens interne », l'idée d'un élément psychique qui serait rapporté au temps, mais pas à l'espace. Cependant, il aurait fallu s'en tenir à la « Remarque générale » [sur le système] des principes, qui parle d'une manière absolument claire du caractère inséparable du rapport temporel et du rapport spatial et qui, partant, établit (d'une manière inconditionnelle, aurait-on dû penser) les « limites de la possibilité » d'une « connaissance de soi à partir de la simple conscience interne et de la détermination de notre nature sans secours d'intuitions empiriques externes[1] ».

Le temps conserve du reste sa pleine signification pour l'explication de ce qui est psychique – le temps étant aussi le présupposé d'une pure présentation des liaisons du psychique. Ainsi conserve-t-il toujours suffisamment son caractère fondamental – mais il n'est en aucun cas plus fondamental que précisément les liaisons. Il est moins la « forme originaire » des liaisons que, plutôt, leur envers, qu'il ne faut nullement présupposer, d'une manière logique, c'est-à-dire poser comme antérieur. Il n'est donc, si on le considère précisément d'une manière psychologique, nullement plus originaire que l'espace – et, d'une manière générale, il n'est à nul égard posé autrement que celui-ci dans l'appareil de la conscience. Aussi peu, donc, que la conscience doit être originairement insérée dans l'espace, elle ne doit pas plus être placée originairement dans le temps – mais l'insertion temporelle comme celle spatiale ne trouvent leur place que là où il s'agit de l'ordre causal de ce qui arrive, c'est-à-dire du soubassement physiologique de la conscience. Ce qui est purement psychologique, ce n'est pas la présentation de la conscience dans le cours temporel, mais sa présentation à titre d'élargissement et de différenciation : 1) du contenu de la conscience ; 2) de l'étendue de la conscience, c'est-à-dire de l'extension du rapport du moi. Toute la disposition temporelle des vécus ne trouve sa place que dans ce « développement » de la conscience qui n'est pas en lui-même temporel. Dès lors, la construction de la conscience, dans la psychologie, doit il est

1. E. Kant, *Critique de la raison pure*, B, p. 294-295 ; Ak. III, p. 201 [N.d.T.].

vrai être génétique, mais cette genèse doit être comprise, comme dans la logique et la mathématique, à titre de développement, qui relève purement du contenu, de rapports dans des rapports sous des rapports, etc., mais non pas à titre de développement temporel (ou bien c'est seulement d'une manière dérivée qu'elle doit être comprise ainsi). Car, comme toute séparation dans la conscience, la séparation temporelle ne doit être pensée que comme une abstraction, qui précisément se supprime nécessairement dans l'examen ultime, strictement concret de la vie de la conscience.

§ 12. *Avantage apparent de l'examen génético-temporel.*

| Il est vrai que l'émergence de l'idée selon laquelle il y aurait, dans 255
l'examen psychologique, une originarité absolue de la forme temporelle est compréhensible. Une comparaison grossière laisse penser qu'on connaît nécessairement tout d'abord les caractères et les lettres de la conscience et qu'on peut les saisir isolément plus aisément que les syllabes et les mots. Certes, il faudra bien nécessairement admettre, dès qu'on réfléchit quelque peu, que, d'une certaine manière, les syllabes, les mots, les propositions mêmes qu'on peut assembler de multiples façons, sont, pour nous qui les formulons et les entendons, connus antérieurement aux caractères qui les composent. Mais, en soi, dira-t-on, ce sont pourtant ceux-ci qui sont au fondement – et c'est du moins par eux ou, plus exactement, par les éléments singuliers que la grammaire de la conscience doit donc commencer. C'est à ce titre qu'on pense les « sensations » – mais toute leur composition semble alors, d'une manière analogue à la composition des caractères du langage en syllabes, mots et propositions, advenir nécessairement selon l'ordre du temps et même en général se produire temporellement après coup.

Mais ce n'est que dès qu'on tente de fixer ces prétendus caractères singuliers, ne serait-ce que dans leur identité (car tout le monde admet qu'on ne saurait les définir), que cette pure séparation qu'on vise se révèle aussitôt impossible. On ne peut jamais fixer la sensation que par la discrétion à l'intérieur d'un *continuum*, de sorte que ce qui précède objectivement, c'est celui-ci et non la sensation singulière isolée qui, en général, examinée plus précisément, est une simple fiction – elle n'est nullement, dans la vie psychique, quelque chose qui persisterait d'une manière autonome et même qui serait susceptible d'une telle existence autonome. Néanmoins, c'est seulement dans et avec la discrétion, qui tout d'abord fournit le concept de sensation en général, que surgit la distinction temporelle. Et, en elle, le *continuum* se trouve derechef au fondement – et ce *continuum* ne peut pas tout d'abord se construire à partir de points discrets.

La conscience de la distinction temporelle se découvre ainsi elle-même à titre de conscience ...supratemporelle.

C'est seulement ultérieurement que le *vécu de l'ordre temporel* apparaît plutôt comme *ordre temporel des vécus*. Ce qui, dans cette apparence, induit manifestement en erreur, c'est que, ainsi, la conscience se présente à titre d'*activité*, d'*énergie*. L'examen orienté sur ce moment relevant de l'*action* semble, du point de vue méthodologique, plus précieux que l'analyse abstraite du contenu. On croit s'approcher davantage de la vie concrète du psychique en s'orientant sur les processus formateurs et non pas simplement sur les configurations achevées qui en résultent. Il s'agit
256 toujours, dans les sciences, | de retourner du produit au processus de production. Ainsi la science de la nature aspire-t-elle, partout, à convertir les « formes » figées qui, pour un regard superficiel, se sont présentées comme quelque chose de premier, de fixe et d'immuable, en procès vivant, en action – la simple analyse des configurations achevées possède alors encore, au mieux, la valeur d'un travail préparatoire pour l'examen du procès propre au devenir. La forme figée n'est en général qu'une fiction, en tout cas une abstraction, alors que tout ce qui est saisi l'est effectivement dans le flux du changement, flux dans lequel, en définitive, rien ne demeure sinon la loi du changement. C'est pour cette raison que le mouvement est considéré comme le phénomène fondamental de la nature, l'énergie comme l'instrument principal de son explication. La conscience devrait-elle être la seule à ne pas prendre part à la vitalité et à la mobilité de tout ce qui arrive ? Ne faut-il pas, au contraire, la croire susceptible, en premier lieu et plus que tout, d'une telle mobilité éternelle ? Cependant, même toute vie et tout mouvement de la nature ne se présentent à nous que dans la vie et le mouvement de la conscience, étant donné que nous ne savons rien de toute la nature autrement que dans la conscience que nous en avons ! Ainsi n'y a-t-il donc rien de plus légitime, de plus scientifique, que de ne voir, ici aussi, dans les formes apparemment fixes, les configurations achevées de la conscience, autre chose que des abstractions arbitraires dont la conversion en action et développement, en procès continu, en énergie, constitue la tâche véritable. Que la vie signifie l'énergie, Aristote en était déjà convaincu. Et la même direction a été suivie d'une manière encore plus résolue, parmi les psychologues contemporains, par Herbart, dont l'influence est la plus importante et qui s'efforce pour la première fois de résoudre complètement en procès tout ce qui, chez Aristote, restait encore à l'état de « facultés » encore trop figées. Par là, si certes les conséquences tirées par Aristote semblaient dépassées, c'est toutefois la direction psychologique de son examen qui se trouvait d'autant plus validée. La représentation de la

conscience à titre d'énergie, à titre de procès vivant, voilà ce que n'a affirmé, d'une manière décisive et à titre de *palladium* de la psychologie, qu'un autre homme, à savoir Herbart – et il n'y a précisément rien d'autre par quoi celui-ci a exercé si fortement une influence sur l'avenir, largement au-delà de son propre cercle immédiat.

§ 13. *Erreur fondamentale dans l'admission de forces psychiques.*

Et comment donc pourrait-on méconnaître la profonde rectification de cette conception? Assurément, la conscience signifie la vie, donc le mouvement – elle signifie le développement et non pas la stagnation. Cependant, la véritable voie ne consiste-t-elle pas à | fournir une présen- **257**
tation de la vie propre de la conscience, si l'on entreprend d'insérer les processus de la conscience, parallèlement aux processus naturels et dans une connexion demeurant toujours énigmatique avec eux, dans l'ordre temporel, comme si celui-ci était déjà donné, d'une quelconque manière, indépendamment de la conscience? Par là, on méconnaît complètement le *caractère originaire* de la conscience. On fait bien ainsi de la conscience une espèce particulière de phénomène à côté d'un autre, le phénomène physique, alors que, au contraire, elle doit être, d'une quelconque manière, l'expression générale de l'apparaître en général. On accomplit, par une telle insertion dans l'ordre temporel, une *objectivation* complètement intenable de la subjectivité même, qui a aussitôt pour conséquence qu'on assigne aux processus de la conscience un sujet qui leur est propre, d'un côté, et, de l'autre, à ce sujet une part qui lui est propre dans la causalité de ce qui arrive. Ainsi, pour Herbart, les « représentations » mêmes deviennent des espèces de substances qui exercent des actions les unes sur les autres – alors que d'autres psychologues, au fond seulement moins clairs, parlent d'actions du moi global. Cela équivaut-il à présenter la vie de la conscience *dans son immédiateté*?

Dans tout ceci, il n'y a rien dont on pourrait affirmer qu'il est donné dans les faits (comme l'a montré d'une manière détaillée l'*Introduction à la psychologie*, p. 27 *sq.*), même si le cours temporel de la conscience se trouvait indubitablement donné dans les faits. Néanmoins, même ce présupposé, que je n'admettais encore dans ce livre que d'une manière conditionnelle, s'est bien avéré, certes admissible en général, mais ne possédant nulle validité ultime. Il signifie déjà une objectivation du psychique, et en aucune façon sa présentation immédiate, adéquate – il signifie qu'on sort déjà de l'interpénétration totale qui constitue et définit proprement la « vie » de la conscience.

Si toutefois on admet complètement le présupposé, qui ne possède en tout cas nulle validité définitive, de contenus singuliers qui se conservent, de « représentations » herbatiennes ou de quelconques éléments psychiques comparables à elles ; si, par exemple, le fait de la reproduction est interprété, non pas comme retour du même du point de vue numérique, mais simplement comme surgissement de moments du vécu semblables du point de vue du contenu, si donc, principiellement, chaque contenu dont le surgissement, dans la conscience, est nouveau, est reconnu comme un nouveau contenu, puisqu'il est toujours plus ou moins analogue, dans sa constitution, à un contenu antérieur, et lui est lié par la connexion du sou-
258 venir, il est alors dans tous les cas inexact de poser | l'ordre temporel comme déjà donné et au fondement, alors que cet ordre surgit toujours à nouveau à chaque fois, précisément au moyen de l'acte qu'est le souvenir. Affirmer qu'il y a une force qui conserverait le contenu dans la conscience, ou bien une force du contenu lui-même dans la conscience, voilà quelque chose qui n'est en aucun cas donné dans les faits – mais toute cette identité pour ainsi dire personnelle des contenus singuliers de la conscience, comme ensuite celle des complexions toujours supérieures de tels contenus, voilà une fiction qui est purement produite pour l'amour de la théorie. La persistance et le retour du « même » contenu, si l'expression « le même contenu » ne veut pas simplement dire « un contenu semblable », sont non pas donnés, mais admis d'une manière gratuite – c'est une supposition qui, non seulement n'est pas nécessaire, mais, en dernière analyse, n'est même pas compréhensible. Même Herbart avait un bien trop grand sens de l'observation psychologique pour croire trouver cette identité pour ainsi dire personnelle, à laquelle il rattache fictivement ses « représentations », à titre d'état de chose donné dans la conscience – mais il avait conscience de la manière la plus aiguë que cette identité est une supposition purement théorique. Du coup, elle n'est assurément pas du tout une restitution adéquate de ce qui se trouve antérieurement dans la conscience. Il n'en va toutefois pas autrement dès qu'on peut établir des rapports entre les contenus singuliers ou bien leurs forces dans leurs complexions à partir d'un fond dynamique commun de la conscience – dès qu'on entreprend d'expliquer le tout des processus psychiques en suivant l'analogie de la conservation de l'énergie totale dans un système (mécanique ou autre). Quant à ce que pourraient apporter de telles suppositions à titre de théorie, voilà une question qu'il n'est nullement nécessaire de poser d'abord, étant donné qu'il est pour nous établi depuis longtemps qu'il ne peut pas en général y avoir une théorie psychologique d'une telle espèce – étant donné que, dès le début, nous n'avons d'aucune manière admis des causes ou des

forces psychiques, qu'elles soient données ou qu'elles soient des suppositions théoriques. De telles suppositions pourraient à la rigueur, quelles que soient la mesure et la forme dans lesquelles on puisse les développer, être les simples vêtements d'une conception naturaliste, d'une conception biologique, non pas tant des processus de la conscience que, plutôt, des modifications du système nerveux qui entretiennent des rapports légaux avec eux. Ce type biologique d'examen doit certes conserver toute sa valeur, à savoir précisément à titre de science de la nature, mais non à titre de psychologie. Pour celle-ci, une telle manière d'examiner les problèmes de la conscience signifie un complet égarement relativement à sa tâche, une objectivation du subjectif qu'il faut rejeter principiellement et par laquelle celui-ci, au lieu – comme on le voudrait et comme on le pense – d'être expliqué, est au contraire, dans tout son concept, anéanti.

| § 14. *Erreur semblable dans le fait d'admettre des « processus » psychiques.* **259**

Cette objectivation inadmissible commence toutefois, comme nous l'affirmons, non pas d'abord avec l'introduction de forces ou d'énergies psychiques, mais déjà avec la conception qui fait d'une quelconque succession déterminée d'éléments du contenu *un* processus psychique. Il est vrai que l'erreur radicale se trouve moins dans la délimitation toujours plus ou moins arbitraire de telles unités, que, plutôt, déjà dans l'admission d'une succession de contenus en général. Ce n'est pas le contenu de la conscience qu'il faut ordonner dans le temps, mais c'est d'abord dans la conscience que surgit, pour la conscience elle-même, le temps, au même moment que la disposition du contenu. Comment, dans la conscience, l'unité du « divers » pourrait-elle bien procéder ultérieurement de la discrétion des moments de la conscience ? Ou bien cette unité devrait-elle provenir de l'extérieur ? Y a-t-il donc en général un tel extérieur ? Le phénomène fondamental qu'est le souvenir serait-il plus compréhensible lorsqu'on affirme que l'événement présent, à nouveau vécu dans le souvenir, est la simple répétition similaire ou même le retour d'un événement vécu antérieurement ? Si cette autonomie de l'existence, cette aptitude à subsister d'un contenu qui surgit toujours à des moments temporels différents dans un « événement » factuel de la conscience et qui reste par ailleurs semblable était en général une supposition admissible ou bien au moins clairement compréhensible, et même si elle n'était pas elle aussi déjà une objectivation illégitime et même confuse du subjectif, on n'aurait pas encore ainsi expliqué pourquoi l'événement, qui n'est pas seulement semblable au

niveau du contenu à un processus antérieur, mais, si l'on veut, même « identique », *nous* devient *conscient* comme identique à celui-ci. Partant, il faut nécessairement que, au contraire, la *continuité* de la conscience soit, d'une manière originaire, *au fondement*. La spécificité de la conscience du temps consiste en effet précisément dans le fait qu'une pluralité de moments de la conscience qui peuvent être distingués au moyen du temps est pourtant unifiée dans *une* conscience englobante (précisément une conscience de la liaison temporelle qui sort d'un moment pour passer à l'autre). Ce qui est conscient comme passé doit nécessairement bien, pour être conscient, être lui-même présent à cette conscience. En devenant conscient, il ne se trouve pas assurément pour cette conscience même dans une antériorité temporelle. Il est vrai que c'est, si l'on veut, un miracle – mais ce miracle se trouve aussi dans toute distinction consciente : pour distinguer A et B l'un de l'autre, je dois nécessairement avoir une conscience des deux ensembles, comme distincts l'un de l'autre, donc avoir
260 les deux, malgré leur différence, | en même temps dans *une* conscience identique. Quant à la question de savoir comment il se fait qu'une diversité de consciences est pourtant une conscience, et qu'une conscience est une diversité de consciences, voilà quelque chose qu'il n'est pas nécessaire d'expliquer davantage : c'est précisément le « miracle », c'est-à-dire la spécificité de la conscience qui n'est comparable ni réductible à rien d'autre. Toute explication qu'on tente se déploie ici nécessairement dans un cercle vicieux, étant donné que tout ce qu'on pourra convoquer pour l'explication sera toujours nécessairement un moment de la conscience, donc renfermera précisément derechef ce miracle de l'« unité du divers », c'est-à-dire : ce qu'il faut expliquer lui-même.

§ 15. *Réduction de la distinction temporelle à la continuité originaire de la conscience. Résultat pour la disposition de la psychologie.*

Ce à quoi on pense, d'une manière légitime, en soulignant le caractère d'acte du psychique, c'est toutefois précisément à la continuité complète et au rapport réciproque propres à la conscience. L'objectivation tue, elle fige. La vie doit alors derechef être artificiellement réduite [à quelque chose d'autre]. On pense alors aux actes – mais ceux-ci, ajoutés d'une manière simplement extérieure à la succession en elle-même morte et construite d'une manière objective, mis artificiellement au fondement de cette succession, ne peuvent pas rendre à la vie la vitalité qu'on lui a dérobée. On sent qu'on ne fait pas droit à l'exigence du devenir, de la genèse, et on pense ensuite la satisfaire en introduisant la conscience elle-même dans un

développement temporel. Cependant, dans la disposition temporelle, aussi longtemps qu'elle est comprise d'une manière objective, c'est le véritable caractère d'acte de la conscience qui est précisément perdu. On ne conserve que ce qui est fait, l'*actum*, alors que le faire lui-même, la véritable « énergie » (le ἐν ἔργῳ εἶναι, le fait d'« être à l'œuvre ») sont perdus. On part, en vérité, préalablement de la conscience dans sa consistance achevée, et on ne l'introduit qu'ensuite dans un cadre temporel de même préalablement achevé. Mais tout ce qui est achevé est mort. La véritable « énergie », la véritable vie de la *psyché* ne peut se trouver que dans la liaison *supra*-temporelle, alors que l'ordonnance temporelle certes ne provoque pas l'anéantissement de cette liaison – un tel anéantissement est heureusement impossible –, mais en provoque du moins l'affaiblissement et l'aliénation. S'objectiver, c'est l'« acte » – mais précisément celui-ci ne surgit nulle part, dans la psychologie du type qu'on a décrite, parce qu'on croit tout d'abord posséder le psychique comme quelque chose d'objectif, et ensuite devoir nécessairement l'insérer, dans un second temps, au sein de l'ordre temporel, comme derechef un ordre qui serait d'une manière objective sous la main, donné, achevé. | Au contraire, il faudrait qu'on montre 261
que, avec tout ce qui en outre appartient à la conscience, l'ordre temporel lui aussi relève d'une procession, qu'il n'est jamais achevé et figé, mais que, toujours, il advient, disparaît et redevient à nouveau. Ce devenir du temps appartient lui-même au procès de l'objectivation que, précisément à titre de procès, il s'agit de décrire. Et tout ce procès pourrait d'autant moins être décrit comme temporel.

Le caractère d'acte s'exprime particulièrement dans l'*aspiration*. Ainsi, même le point de vue de l'acte, en psychologie, admet proprement, d'une manière toujours plus ou moins claire, une coloration téléologique. Le fait d'aspirer renvoie précisément d'une manière particulièrement évidente, néanmoins, à la continuité originaire de la conscience. En lui, la division temporelle est surmontée. C'est d'abord ce qui, dans le fait d'aspirer, est de l'ordre du représenter, qui la réintroduit à nouveau. Car, du point de vue de la représentation, l'aspirer lui-même ne peut être représenté que comme ce qui va de ce qui est à ce qui n'est pas et de ce qui n'est pas à ce qui est – deux points du rapport qui, ensuite, précisément à titre de points d'être, semblent être nécessairement séparés par le temps. Cependant, il faut penser dans le fait même d'aspirer précisément un être-un originaire de l'être et du non-être qui, comme tel, ne peut pas être envisagé temporellement. Partant, le fait d'aspirer, dans son concept le plus propre et dans sa différence la plus précise d'avec le simple représenter (auquel appartient exclusivement l'ordre temporel), dépasse le temps et va au-delà. Le fait

d'aspirer signifie poser une direction, mais une direction ne peut pas être établie sur des points, car elle va originairement toujours de l'infini à l'infini de sorte que, au contraire, le rapport fini est toujours, pour la direction, secondaire. Ainsi comprend-on pourquoi Herbart, qui, à titre de conceptualiste, ne savait représenter le fait d'aspirer que d'une manière représentative, sans pouvoir le saisir dans sa spécificité, ne pouvait que, à titre d'acte, l'attacher aux représentations mêmes (dont, pour cette raison, il fait aussi nécessairement quelque chose comme des êtres autonomes). On trouve la même erreur lorsque la géométrie fait dépendre les directions des points, alors qu'un point en rapport à un autre ne peut être pensé que lorsque la pensée emprunte la direction qui mène de l'un à l'autre. Le point se trouve, à partir d'un autre point quelconque, dans telle et telle direction, mais la direction ne se trouve pas dans les points. Néanmoins, la direction, même vue du point de vue purement mathématique, est infinie – et elle n'est finie que dans la détermination ponctuelle. Cet infini se trouve, à
262 titre de possibilité de détermination, de *direction* | *sur la détermination*, au fondement de toute détermination finie – et non inversement. Voilà pourquoi le fait d'aspirer est englobant, et ce sont seulement les stations qu'on atteint toujours dans le fait d'aspirer (et qu'on n'atteint que pour derechef les surmonter) – stations qu'on peut seulement fixer par l'abstraction, mais qui ne sont pas fixes en elles-mêmes – qui sont des « représentations ». La représentation est *actum*, le fait d'aspirer est *actio*. C'est ainsi et seulement ainsi que le caractère d'acte de la conscience est compréhensible et fondé. C'est ainsi toutefois que se trouve en lui précisément le dépassement le plus fondamental de la construction temporelle du cours de la conscience.

En regard du thème dont nous traitons, à savoir la disposition de la psychologie, il résulte de cet examen que le point de vue de la genèse ne délimite pas une nouvelle province de la psychologie. Ce qui est exact, relativement à l'examen génétique, est complètement co-renfermé dans notre disposition originaire et représenté en elle – et il est vrai que, si la phénoménologie générale représente la face ontique du problème psychologique, la gradation étagée constitue la face génétique de ce problème, dans son sens légitime. Notre disposition peut donc, dans la mesure où elle épuise le tout des problèmes psychologiques, être indubitablement posée au fondement du système de psychologie générale.

CHAPITRE XI

EXAMEN CRITIQUE DES THÉORIES DE WUNDT, LIPPS, HUSSERL ET DILTHEY

§ 1. *L'apparent retournement de Wundt vers le monisme.*

Après avoir atteint le but de cette fondation, il convient de passer en revue le travail d'autres chercheurs relatif aux problèmes d'une espèce fondamentale traités ici. Même s'il s'avère ne pas y avoir d'accord immédiat quant aux questions fondamentales et si l'on ne peut compter que dans les cas les plus rares sur une entente effective, il faut pourtant établir qu'on doit aller jusqu'à faire droit, autant que possible, aux sérieuses raisons scientifiques qui fondent les autres thèses, et dont on s'est efforcé d'apprendre à cet égard quelque chose. Mais cet examen critique a surtout pour nous la valeur suivante : celle de montrer, même si la conception
défendue ici s'éloigne énormément | des visions prédominantes jusqu'ici, **263**
que de nombreux chercheurs et, qui plus est, les plus importants, s'en sont plus ou moins approchés, d'une manière manifeste, de sorte que, du coup, ils ont déjà depuis un certain temps, d'une manière indubitable, préparé un développement dans la direction précisément de cette conception.

Le dualisme insurmontable, tel qu'il régnait encore largement il y a un demi siècle, n'est aujourd'hui à la limite soutenu avec une fondation à considérer sérieusement que par Rehmke – et son dualisme lui-même, comme on pourrait le montrer aisément, n'est nullement exempt de mélange.

C'est certes par un dualisme rigide que même les deux psychologues les plus influents aujourd'hui en Allemagne, Wundt et Lipps, ont commencé.

Mais tout deux ont ensuite soumis leur thèses initiales à une révision fondamentale et ont fait de considérables concessions au monisme, sans à vrai dire se délivrer effectivement et totalement du dualisme.

I. Wilhelm Wundt[1]

Wundt examine encore, dans la *Psychologie physiologique [Physiologischen Psychologie]* de 1874, sans prévention ni l'indice du moindre doute, l'expérience externe et l'expérience interne, l'événement externe et l'événement interne – comme s'il s'agissait de domaines pleinement différents dans leur étendue et leur contenu, qui seraient seulement voisins. Leur « frontière commune », ou bien le chemin qui mène de l'un à l'autre, voilà ce qui constitue le problème de la *Psychologie physiologique* qui, dans cette mesure, n'est proprement ni psychologie ni physiologie. C'est seulement parce que son « point de vue » relève toujours « de préférence » du côté psychologique qu'elle s'appelle « psychologie physiologique » et non « physiologie psychologique ».

C'est tout autrement que s'exprime Wundt dans son *Précis de psychologie [Grundriss der Psychologie]* (1896) et, déjà un an avant, dans la dissertation « Sur la définition de la psychologie » [« Über die Definition der Psychologie »] (*Philosophische Studien*, rééditée dans *Kleine Schriften*, vol. II, 1911), auxquels correspondent ensuite aussi les éditions ultérieures de la *Psychologie physiologique* et de la *Logique*.

Dans le *Précis*, Wundt déclare que la définition de la psychologie comme « science de l'expérience interne » est insuffisante, parce qu'elle peut susciter l'idée erronée selon laquelle l'expérience interne et l'expérience externe seraient absolument différentes, dans leur objet – alors qu'il n'y a pas un seul phénomène de la nature qui ne soit pas, en même temps,
264 | à titre de représentation, objet de la psychologie. Il écrit : « Un sens interne, qu'on pourrait, à titre d'organe de la perception psychique, opposer aux sens externes à titre d'organes de la connaissance de la nature, voilà quelque chose qui n'existe pas » (§ 1, 1) – les expressions d'« expérience externe et [d']expérience interne » ne signifient pas des « *objets* différents », mais des « *points de vue différents* que, dans la compréhension et le travail scientifique, nous appliquons à une expérience en elle-même

1. Wilhelm Maximilian Wundt (1832-1920) succéda à Helmholtz à l'Université de Heidelberg en 1871, puis, après un court passage à Zurich (1874), devint professeur de psychologie expérimentale à l'Université de Leipzig de 1815 à 1917 [N.d.T.].

unitaire». C'est-à-dire: la science de la nature «examine les *objets* de l'expérience dans leur complexion pensée indépendamment du sujet», alors que la psychologie «recherche le contenu entier de l'expérience dans ses rapports au sujet et les qualités que celui-ci lui attribue immédiatement». Wundt, en conséquence, qualifie le point de vue de la science de la nature de point de vue *médiat* – dans la mesure où il ne peut être conquis que par l'«abstraction du facteur subjectif contenu dans toute expérience effective» –, et, en conséquence, celui de la psychologie, qui «supprime cette abstraction et toutes les conséquences qui en résultent», de point de vue de l'expérience *immédiate* (§ 1, 2).

Du coup, on pourrait croire que, désormais, Wundt, en opposition complète avec sa première position, s'est rallié à une conception qui correspond presque complètement à celle que j'ai défendue dans mon *Introduction à la psychologie* (1888), et à l'époque avec la croyance assurément fondée de mettre en place une thèse s'opposant radicalement à la conception prédominante et tout particulièrement soutenue par Wundt.

§ 2. *Le dualisme non surmonté.*

Que, toutefois, cette croyance soit une simple illusion, voilà ce que montre aussitôt le deuxième paragraphe, dans lequel la conception formulée tout d'abord d'une manière provisoire est fondée d'une manière plus précise, mais révèle par là enfin son véritable sens. On y lit: «la conception de la psychologie à titre de science de l'expérience, qui à affaire, non pas à un contenu spécifique de l'expérience, mais au contenu immédiat de toute expérience, a une origine plus récente». Il ne dit pas d'où elle provient. Cependant, dans les *Philosophische Studien* (XII, p. 9), il qualifie de «retour nécessaire de la théorie critique de la connaissance récente» à la psychologie le fait de souligner l'«unité originaire de toute expérience» et, partant, de distinguer l'expérience externe et l'expérience interne, non pas relativement à l'objet, mais simplement relativement à la direction de l'examen. Il cite, comme exemple, la proposition extraite des *Faits fondamentaux de la vie spirituelle [Grundtatsachen des Seelenlebens]* de Lipps: «les représentations, en fin de compte, forment | le **265**
matériel de la science de la nature comme de la science de l'esprit. Néanmoins, les représentations, pour nous, entrent dans un double système de rapports, le système des rapports objectifs du représenté, pensés indépendamment du sujet, et le système des rapports que les représentations de nos états subjectifs entretiennent les unes avec les autres et avec l'être spirituel total. C'est à celui-là qu'a affaire l'observation *externe* et à celui-ci

qu'a affaire l'observation *interne.* » Cette dernière proposition n'est à vrai dire pas claire du tout – ou bien on reste dans les représentations, telles qu'elles se trouvent en nous, de sorte qu'on peut parler d'observation ; ou bien il s'agit des *rapports* qui sont, d'une part, indépendants du sujet et, d'autre part, conditionnés par celui-ci, mais alors il s'agit, non plus d'observation, mais d'examen théorique, de pensée. Selon toute apparence, Wundt a cru trouver chez Lipps une avancée vers le monisme plus grande que c'est effectivement le cas. C'est ce qui apparaît ensuite. Il s'avère en effet aussitôt que Wundt lui aussi n'a nullement compris l'unité de l'expérience elle-même dans le sens déterminé que lui donne mon *Introduction à la psychologie* – à savoir que, « à tout égard, c'est-à-dire numériquement comme au niveau du contenu, c'est le même phénomène (…) qui est examiné, d'un point de vue psychologique, comme un moment de la conscience, et qui est rapporté dans un examen scientifico-objectif à l'objet qui y apparaît » (*Introduction*, § 8 ; voir aussi § 11). Car l'expérience, pour lui, est certes « unitaire », c'est-à-dire qu'elle lie en un contexte, mais chaque expérience renferme *deux éléments* qui ne sont liés d'une manière indissociable que dans la réalité effective : les objets de l'expérience et le sujet qui fait l'expérience (*Philosophische Studien*, XII, p. 11). « La science de la nature cherche à déterminer les propriétés et les déterminations mutuelles des *objets* – c'est pourquoi elle fait complètement abstraction (…) du sujet ». Aussi sa manière de connaître est-elle *médiate, abstraitement conceptuelle.* La psychologie supprime cette abstraction. Elle examine les éléments subjectifs et objectifs de l'expérience immédiate dans leurs rapports réciproques. Aussi sa manière de connaître est-elle *immédiate, concrètement intuitive* (*Philosophische Studien*, XII, p. 11 *sq.*). Il est ensuite écrit, d'une manière encore plus claire (p. 23) : les contenus immédiats de l'expérience, que la psychologie pose comme les contenus appartenant à son domaine, se divisent en contenus rapportés à des objets
266 de l'expérience et en contenus | rapportés au sujet qui fait l'expérience lui-même. Le fait constitué par cette division appartient lui-même à l'expérience immédiate, de sorte qu'on déterminerait trop étroitement la tâche de la psychologie en voulant la réduire à l'expérience *subjective.* C'est seulement « de préférence » qu'elle doit examiner les représentations en rapport à la manière dont elles naissent dans les sujets et non pas « selon leur propriété objective ».

Avec toutes ces déterminations, l'« unité » de l'expérience reste encore problématique. Tout ce dont on fait immédiatement l'expérience ne doit pas être rapporté du point de vue objectif – ou bien du point de vue subjectif –, bien que les éléments objectifs et subjectifs (plus exactement : les

éléments qu'il faut rapporter du point de vue objectif et ceux qu'il faut rapporter du point de vue subjectif) ne soient pas séparés dans l'expérience effective, mais ne puissent être distingués que par l'abstraction. Ce qui est encore particulièrement difficile, c'est que l'expérience immédiate doit inclure même les expériences objectives, les représentations «*selon leur propriété objective*». L'objet lui-même ne peut pas y être inclus, car l'objet n'est pas donné, mais relève d'une construction – il est, d'après d'autres présentations de Wundt (*Logique*, 3e éd., III, p. 249), en général en dehors de l'expérience, *transcendant*. Son concept est «métaphysique au sens le plus propre de ce terme», il ne peut se trouver dans aucune expérience et ne concerne donc nullement la psychologie. L'auteur ajoute certes ici que, d'un autre côté, «tous les objets (de la science de la nature) sont en même temps des représentations du sujet connaissant et ne sont accessibles que comme tels à l'appréhension immédiate de celui-ci». Mais cela veut sans doute seulement dire que le rapport à l'objet, que l'objectivation des représentations elle-même appartient à ce dont on fait l'expérience immédiatement (p. 264). Ce qui, maintenant, nous intéresse particulièrement, c'est que, en vérité, d'après Wundt, ce n'est pas la même chose qu'il faut rapporter du point de vue objectif et du point de vue subjectif. Ainsi est-il écrit (*Logique*, III, p. 255, 258 et surtout 265) d'une manière tout à fait précise: ce qui, à titre de représentation, doit être rapporté à l'objet, et ce qui, de l'autre côté, doit être rapporté au sujet, voilà deux choses différentes, bien qu'elles ne soient dans la réalité effective pas séparées, mais qu'elles présentent seulement deux «aspects» différents d'un même vécu psychique. C'est-à-dire que la «représentation» doit être rapportée à l'objet, alors que «le contenu des vécus psychiques» (sentiments ou mouvements du vouloir) «qui y est toujours lié doit être envisagé comme subjectif» (p. 265). Par conséquent, ce sont, d'une manière effective, *différentes parties du contenu* que, bien qu'elles soient toujours relatives à un seul et même «vécu psychique», | on rapporte tantôt à l'objet et tantôt **267**
au sujet.

§ 3. *La méthode de la psychologie n'est pas essentiellement différente de celle des sciences de la nature.*

Dans le cas contraire, on ne comprendrait même pas que la *méthode* de la psychologie doive être essentiellement identique avec celle de la science de la nature. Etant donné que l'expérience externe et l'expérience interne ne sont pas des «parties» différentes, mais seulement différentes «manières d'examiner» une seule et même expérience, la méthode de la

psychologie ne peut pas principiellement être différente de celle de la science de la nature (*Précis*, 3e éd., § 2 et 3, p. 11). Si on adhère aux présupposés d'une quelconque conception comparable à la nôtre, un tel raisonnement est complètement incompréhensible. Si l'objet de l'examen, d'un côté, et, de l'autre, le procédé c'est-à-dire la direction de l'examen, sont, pour la psychologie et la science de la nature, essentiellement identiques, comment se fait-il qu'il y ait, en général, deux sciences différentes? Cependant, l'objet de l'examen, d'après Wundt, n'est précisément pas le même. Il rejette explicitement (§ 2, 10a; p. 20) la conception selon laquelle la science de la nature aurait pour tâche « d'établir le contenu de *toute* expérience d'une manière universellement valide ». Partant, la science de la nature, en vérité, ne peut « établir (...) d'une manière universellement valide » qu'une partie de l'expérience, la psychologie ayant à établir l'autre partie – c'est-à-dire dans les deux cas au sein d'un contexte légal. L'identité de l'objet des deux ne doit être comprise qu'au sens où l'on peut par exemple également dire que la physique et la chimie s'occupent des mêmes objets et ne se distinguent qu'au niveau du point de vue de l'examen (ce qui est dit explicitement dans *Philosophische Studien*, XII, p. 27). Ainsi Wundt déclare-t-il précisément (*Logique*, III, p. 254) : la coexistence du physique et du psychique n'exclut pas que, « du côté physique, il y ait des phénomènes auxquels ne correspond aucun élément psychique, de même que, inversement, du côté psychique, il puisse y avoir des propriétés relativement auxquelles on n'arrive à établir aucun phénomène physique et qu'on ne soit pas autorisé à présupposer, avec une quelconque vraisemblance, de tels phénomènes ». Par là, ce n'est pas seulement l'identité, mais aussi la connexion complète et inextricable de ce qu'il faut rapporter du point de vue physique et de ce qu'il faut rapporter du point de vue psychique qui est manifestement proposée. Il est aussi immédiatement (p. 225) question de « contenus de l'expérience (...) qui peuvent être rapportés, non pas à des objets indépendants de nous, mais à notre propre comportement vis-à-vis des objets ». Et ainsi ne peut-on pas davantage
268 | s'étonner que la psychologie ait « un contenu absolument différent » de la science de la nature (p. 225).

§ 4. *La causalité psychique.*

Cependant, même jusqu'à ce point, Wundt en revient au dualisme d'après lequel on ne saurait admettre la proposition selon laquelle la psychologie, par opposition avec la science de la nature, a simplement affaire à l'expérience immédiate et ne peut quitter son sol. Voilà qui est

naturel : si le procédé de la psychologie ne doit pas être principiellement différent de celui de la science de la nature, il faut nécessairement bien, que, comme celui-ci, il soit lui aussi constructif. Il demeure dans l'observation et l'expérimentation – et les tâches que, du coup, la psychologie doit résoudre, sont : l'*analyse* des processus composés, l'établissement des *liaisons* et la recherche des *lois* auxquelles on doit la naissance de telles liaisons. Avec l'« analyse » et la « liaison », on n'a pas besoin de quitter le sol de l'« expérience immédiate ». Cependant, une connaissance légale est en tout cas une construction théorique, et elle n'est pas possible sans une abstraction qui s'éloigne de ce dont on fait immédiatement l'expérience. La distinction au commencement apparemment radicale entre le psychique, à titre de ce dont on fait immédiatement l'expérience, et ce dont on fait médiatement l'expérience, devient ainsi complètement caduque. Avant tout, l'introduction d'une causalité psychique spécifique contredit complètement l'exigence, par ailleurs si chaudement recommandée, du renoncement à tout construction hypothétique. La psychologie devrait avoir affaire à l'effectivité ultime de ce qui arrive. Mais ce qui arrive d'une manière pure n'est pas causalité – les causes ne sont jamais données, voilà ce qu'on devrait savoir d'une manière définitive depuis Hume et Kant. Cependant, Wundt, à ce stade de son examen, est sur cette question d'un autre avis : c'est dans l'expérience immédiate que la causalité psychique est …vécue ! On peut là-dessus longuement polémiquer vainement. Hume et Kant, je le crains, assureraient avec la même ironie qu'ils n'ont pas été suffisamment chanceux pour découvrir en eux un tel vécu. Comment réfuter autrement une telle expérience, comment réfuter autrement Wundt, puisque celui-ci affirme avoir fait cette découverte en lui ? Etant donné que nous n'avons aucun moyen de soumettre les vécus internes des chercheurs produisant des affirmations différentes à un contrôle direct, il ne nous reste plus rien d'autre qu'à les croire et qu'à nous en tenir aux descriptions qu'ils ont tenté de donner de leurs vécus. Néanmoins, ce que Wundt nous décrit à titre de causalité immédiatement | vécue par lui (*Précis*, V, particulièrement § 23 ; **269**
et « Sur la causalité psychique » [« Über psychische Kausalität »], *Philosophische Studien*, X, p. 1 *sq*., réédité dans *Kleine Schriften*, II, p. 1 *sq*.), c'est sans doute quelque chose, mais assurément pas une causalité – en tout cas, ce n'est rien de ce qu'on entend habituellement sous ce terme. La causalité, d'après le concept habituellement admis, est la légalité de ce qui arrive temporellement. Dans la causalité psychique de Wundt, l'ordre temporel ne joue aucun rôle, ce qui est temporellement le plus éloigné est admis comme efficace au même titre que ce qui est temporellement le plus proche. La causalité n'exige pas seulement la continuité temporelle, mais

aussi la continuité spatiale. La causalité psychique de Wundt s'émancipe aussi, naturellement, de cette exigence. La causalité implique en troisième lieu l'identité : la conservation de ce qui fondamentalement subsiste dans le changement des phénomènes (par exemple l'énergie). La causalité psychique de Wundt signifie tantôt la permanence, tantôt l'accroissement, tantôt la diminution. La causalité au sens qu'elle revêt dans la science de la nature exige, en quatrième lieu, une détermination quantitative des causes comme des effets. La causalité psychique de Wundt ne travaille exclusivement qu'avec des « grandeurs axiologiques qualitatives », c'est-à-dire des valeurs qui ne peuvent être hiérarchisées qu'en rapport à leurs propriétés qualitatives – en quoi on laisse jusqu'à maintenant de côté la question de savoir si de telles différences qualitatives seraient possibles sans une médiation par des déterminations quantitatives. Enfin et principalement, la causalité doit toujours sans exception signifier la légalité. La causalité psychique de Wundt n'est pas une causalité sans exception, mais ou bien elle surgit ou bien elle ne surgit pas. Pour le dire vite, elle ne possède pas un seul critère de la véritable causalité. Voilà pourquoi on pense ici à quelque chose d'analogue à ce que Kant appelle « Idée » ou « principe régulateur » – reste que, en tout cas, il manque à ce concept toute la rigueur logique sans laquelle on ne peut pas en faire un quelconque usage scientifique. Pour finir, on y trouve, en arrière plan, des présupposés métaphysiques inadmissibles dans la fondation d'une psychologie empirique. Ce qui est le plus fort à propos de cette causalité psychique, c'est que Wundt lui-même n'en fait, dans sa psychologie, que très peu usage, car, suivant un bon instinct scientifique, il se limite la plupart du temps à l'« analyse » et à la « synthèse ». Ainsi son travail scientifique demeure-t-il, pour nous, utile, sans que nous risquions par là de nous perdre dans ses présupposés métaphysiques.

270 | II. THEODOR LIPPS[1]

§ 5. *Le point de vue originaire de Lipps.*

Wundt se réfère à Lipps, et il est vrai à sa première œuvre synthétique, les *Faits fondamentaux de la vie spirituelle [Grundtatsachen des Seelenlebens]* (1883), à propos de la thèse selon laquelle la psychologie et la science de la nature se distinguent, non pas relativement à l'objet, mais seulement relativement au point de vue de l'examen. Il est vrai que ceci

1. Theodor Lipps (1851-1914) a enseigné la psychologie à l'Université de Münich [N.d.T.].

n'est presque pas le cas pour l'œuvre de jeunesse de Lipps, car celle-ci, au contraire, soutient encore sans jamais l'interroger le dualisme : les sciences de l'expérience externe et de l'expérience interne, la science de la nature et la philosophie (dont la science fondamentale est la psychologie) sont des sciences qui sont non seulement complètement distinctes, mais complètement indépendantes et séparées, dans leur objet comme dans la manière dont elles procèdent (p. 7). « Il y a une séparation entre le physique et le psychique qui est telle qu'il n'y a aucun point de vue à partir duquel les processus d'un des deux côtés pourraient être observés en même temps que les processus de l'autre ». Comment peut-on exprimer plus explicitement qu'on soutient le dualisme ?

On peut en revanche trouver une formulation certaine du point de vue de Wundt dans l'article de 1901, « Processus psychiques et causalité psychique » [« Psychische Vorgänge und psychische Kausalität »] (*Zeitschrift für Psychologie*, XXV, p. 161 *sq.*). On y lit : « Ce qui est originairement psychique (donc subjectif), ce sont les contenus de conscience comme tels, c'est-à-dire les contenus de la conscience qui (ou pour autant qu'ils) sont immédiatement vécus comme "miens", comme m'appartenant, comme étant conditionnés par moi-même ». En revanche, ce qui est originairement physique, ce sont les contenus de conscience « qui (et pour autant qu'ils) sont effectifs d'une manière objective, c'est-à-dire qui se présentent immédiatement à moi, relativement à leur existence et à leur propriété, comme n'étant pas conditionnés par moi, comme indépendants de moi, comme étant "sans moi" – brièvement : comme étant "non-moi". Cette séparation du psychique et du physique est la séparation originaire, c'est-à-dire qu'elle est la séparation purement phénoménologique » – et elle est différente de la séparation réelle du contexte causal qui est posé au fondement de chaque côté (par la physique et par la psychologie), donc de la séparation réelle entre le contexte causal physique, d'un côté, et, de l'autre, le contexte causal psychique. On a donc là, comme auparavant, un dualisme double, à la fois phénoménal et réel. Cependant, le « contenu de la conscience » forme, dans les deux cas, le point de départ et l'expression « pour autant » indique la distinction qui relève en somme du point de vue de Wundt.
Néanmoins, | s'il y a précisément encore quelque chose sur quoi Lipps 271
s'accorde tout à fait avec Wundt, c'est qu'il ne s'agit pas simplement d'une distinction qui relève d'un point de vue, mais qu'il y a en fin de compte différents contenus de conscience, « qui » – et non pas simplement « pour autant » qu'ils – sont rapportés, et il est vrai d'une manière originaire et immédiate, au sujet, d'un côté, et, de l'autre, à l'objet.

§ 6. *Difficulté de ce point de vue.*

Nous autres, qui pensons différemment, trouvons tout ceci difficile. Ce qui est « immédiatement vécu », nous semble-t-il, ce ne sont que les contenus de conscience purement en eux-mêmes, mais pas « comme » dépendants de quelque chose d'autre et précisément de ce qui est immédiatement vécu. La dépendance ne peut ici signifier qu'un rapport causal – mais la causalité est-elle donc immédiatement vécue ? Voilà la question qu'il nous faut poser à Lipps comme à Wundt. Mais Lipps, du moins, n'est pas de cet avis. Sur ce point, il reconnaît du moins qu'un contexte légal sans lacune n'est pas donné ni ne peut être trouvé du côté physique comme du côté psychique, de sorte qu'il doit l'ajouter par la pensée, le construire. « Il est établi », dit-il, « et, à vrai dire, je le souligne, d'une manière inconditionnée et pour quiconque, que la psychologie ne peut en général pas se passer de cet ajout » (p. 163). Ce qui seulement pour lui est problématique – mais Lipps, après un plus long examen, répond par l'affirmative –, c'est de savoir si la psychologie elle aussi, doit, comme la science de la nature, nécessairement progresser jusqu'au point de poser, « à la place » du contenu de conscience qui lui est donné, quelque chose « d'absolument différent », un « monde réel en soi légal », « dont les contenus de conscience et leur liaison (immédiate) ne seraient que des signes ou symptômes ». Mais voilà qui n'est assurément pas établi « d'une manière inconditionnelle et pour quiconque ». Au contraire, dès lors qu'on reconnaît que le contexte causal n'est pas donné, mais qu'il est ajouté par la pensée, on dit aussitôt ainsi qu'on ne peut pas non plus s'abstenir de l'ajouter par la pensée. Il est vrai que la psychologie de Lipps ne peut pas s'abstenir de cet ajout par la pensée – parce que, dès le début, elle s'est donnée pour tâche de présenter le donné dans un « contexte légal sans lacune ». C'est même sur ce contexte légal qu'il faut assurément s'interroger. Cependant, là où Lipps voit les choses plus clairement que les autres, affirmant que tout contexte causal est seulement, en fin de compte, établi, « ajouté par la pensée », construit théoriquement, donc n'est jamais qu'hypothétique, y avait-il besoin de deux systèmes fondamentalement différents d'hypothèses, celles qui relèvent de la science de la nature et celles qui relèvent de la psychologie, ou bien un seul système, en définitive, ne suffisait-il pas ? N'est-ce pas en
272 définitive – selon Kant – | précisément la causalité, le contexte causal nécessairement unique dans son concept qui constitue la « nature » comme telle ? Celui qui exige un contexte n'exige-t-il pas en définitive ainsi déjà nécessairement une unité du contexte ? Et dès qu'on a accordé à la formation des hypothèses, aux présupposés qu'il faut ajouter par la pensée,

à la construction théorique une place si grande, comme l'exige Lipps pour la psychologie, ne devrait-il pas alors être également possible, en définitive, de construire d'une manière nécessaire *un* contexte causal tel que, en vertu de son concept c'est-à-dire de l'exigence cognitive correspondante, tout donné, qu'on le qualifie de « physique » ou de « psychique », y entre ?

Pour justifier la thèse selon laquelle il faut, à côté de la causalité physique, une causalité psychique spécifique, complètement séparée d'elle, Lipps ne donne absolument aucune autre raison que celle-ci. Si l'on confère toujours aux contenus de conscience qu'on qualifie de psychiques un substrat spécifique, l'« âme », il faut aussi, d'une manière conséquente, mettre au fondement des processus psychiques spécifiques et un contexte causal propre. Peut-être que, pour un « observateur extérieur », ce qui se produit en nous peut se présenter sous l'image de processus spatiaux et mécaniques; peut-être que les processus psychiques sont même effectivement identiques aux processus mécaniques du cerveau. Il n'en demeure pas moins que ceux-là ne sont pas, *pour nous*, identiques à ceux-ci, « pour la même raison que celle pour laquelle le substrat des phénomènes de la conscience, dans lequel ils se produisent, est pour nous, non pas le cerveau, mais la *psyché* ou l'âme. La raison est simplement celle-ci : à savoir que la psychologie est psychologie et non physiologie » (p. 164 *sq.*). Ce qui signifie : la raison est que Lipps a une fois pour toutes défini ainsi la psychologie. Cependant, nous ne pouvons précisément pas reconnaître la nécessité de cette définition de la psychologie. Si l'on pose la question du contexte causal, on se place ainsi déjà (il nous semble) du point de vue objectif, du point de vue de l'unité de l'expérience au sens kantien. Voilà ce qui nous contraint, partout où il est question de la causalité, à adopter sans réserve et sans retenue le point de vue du contexte unitaire que nous appelons « nature » et à en tirer toutes les conséquences.

Ce qui empêche Lipps de parvenir sur la même voie, c'est, semble-t-il, principalement le présupposé selon lequel le psychique comme tel est
soustrait à tout rapport spatial. Assurément, le psychique | englobe le 273
spatial comme le non-spatial, le temporel comme le non-temporel. Mais le non-spatial et le non-temporel ne sont pas sans rétro-rapport à ce qui est spatio-temporel – nous disons « spatio-temporel », parce que, comme Kant l'a de même clairement vu, le spatial se trouve dans un rapport absolument insuppressible au temporel et vice versa, et tous deux se distinguent en général relativement, non pas au matériel, mais seulement au type de rapport ou d'ordre. Lipps lui-même ne trouve dans le « *supra*-temporel » de la conscience aucun obstacle pour construire un contexte causal déterminé temporellement. Pourquoi donc le *supra*-spatial dans la conscience

empêcherait-il la construction d'un contexte non seulement temporel, mais spatio-temporel ? Le contexte causal spatio-temporel ne peut pas représenter les phénomènes de la conscience autrement que, il est vrai, relativement à leur rapport spatio-temporel. Voilà pourquoi le contexte causal spatio-temporel n'épuise en vérité pas la tâche d'objectivation du subjectif, car il y a encore d'autres objectivations : les objectivations pratique, esthétique et pour finir religieuse. En ce sens, nous refusons nous aussi la naturalisation de la psychologie – nous ne la refusons néanmoins pas comme absolument fausse, mais seulement comme vraie d'une manière unilatérale : elle n'est fausse que pour autant qu'une partie prétend être le tout.

§ 7. *Annonce d'un changement de point de vue dans* Fil directeur de la psychologie.

Il en va de même dans l'article de 1901. Cependant, Lipps a toujours davantage approfondi dans la poursuite incessante de son travail sa conception, et l'a ainsi, croyons-nous, rapprochée d'une manière considérable d'un monisme phénoménologique. Le *Fil directeur de la psychologie*, dans sa première édition (1903), qui cherche certes essentiellement à conserver le point de vue atteint dans l'article de 1901, montre pourtant déjà un tournant incomparablement décisif vers l'immédiat de la conscience. C'est précisément en cela que nous reconnaissons un rapprochement vers le monisme, sans il est vrai qu'il s'agisse ici d'une pleine coïncidence.

« La psychologie » – c'est ainsi qu'il commence ici – « est la théorie des contenus de conscience ou des vécus de conscience comme tels ». Ceux-ci sont, précisément comme tels, caractérisés par le fait qu'on les trouve toujours déjà là, c'est-à-dire par le « *rapport* (...), qu'on vit ou qu'on trouve en même temps toujours déjà avec tout contenu (qui est vécu), des contenus avec le *point central* de la vie de la conscience, appelé moi ». « Ce rapport au moi est propre à tous les contenus de conscience ou phénomènes de la
274 conscience comme tels – c'est une partie de ces phénomènes ». | Mais la conscience, elle, ne « fournit » rien, elle ne « fonctionne » pas, etc. Le « moi », toutefois, est identique, non pas simplement pour un moment du vécu, mais pour les différents moments d'un contexte propre au vécu, et il est vrai immédiatement en tant que donné d'une manière identique pour ces moments (p. 1-3). C'est par ces déterminations fondamentales que la psychologie est clairement séparée de la science de la nature : elle est la « science de l'expérience immédiate (Wundt) » (p. 5). Qu'elle ne le soit, pour Wundt, que d'une manière très conditionnelle, nous l'avons vu – mais,

pour Lipps, cette détermination, comme on le voit déjà, vaut en un sens plus sérieux.

Mais elle ne vaut, il est vrai, que pour le premier stade de l'examen. Car, ensuite, la psychologie a pour tâche l'ordonnance dans un contexte causal – de sorte que, par là, le point de vue de l'« expérience immédiate » est perdu. Il est désormais dit plus rigoureusement que dans l'article de 1901 que, dans les vécus de conscience, tels qu'ils sont toujours déjà trouvés d'une manière immédiate, absolument aucun rapport causal ne peut être reconnu. Ce rapport est donc complètement et uniquement une création de la pensée. Voilà qui correspond à nouveau absolument à notre conception – c'est le présupposé le plus essentiel pour poursuivre la clarification du problème, auquel on ne parvient toutefois pas encore ici.

§ 8. *Les deuxième et troisième éditions du* Fil conducteur de la psychologie.

Dans la deuxième édition du *Fil directeur* (1906), l'auteur abandonne toutefois complètement les suppositions fondamentales traditionnelles de la première édition – c'est aussi déjà le cas dans deux articles publiés auparavant, en 1905 : « Conscience et objets » [« Bewusstsein und Gegenstände »] (*Psychologische Untersuchungen*, I, 1) et « Contenu et objet – Psychologie et logique » [« Inhalt und Gegenstand – Psychologie und Logik »] (*Sitzungsbericht der Bayerischen Akademie der Wissenschaften*, 1905, cahier n° 4). Etant donné toutefois que les formulations de la deuxième édition sont à nouveau modifiées dans la troisième édition (1909), nous nous tiendrons principalement à celle-ci. Le nerf de la nouvelle position adoptée par Lipps se trouve dans le fait que la nécessité d'ajouter par la pensée le contexte réel n'est pas seulement exigée parce qu'elle est indispensable dans le but de l'explication, mais qu'elle est fondée d'une manière directe, à savoir par la distinction fondamentale entre le « contenu » et l'« objet », qui a été soulignée par toute une lignée de chercheurs (Brentano, Meinong et toute son école, et particulièrement Husserl).

Dans tous les vécus, le moi vivant est en même temps vécu. Celui-ci ne peut pas | être défini, il ne peut pas être décrit par comparaison avec autre 275
chose, et ne peut encore moins y être reconduit. Il est ce qui est absolument premier et dernier (*Fil directeur*, 3, p. 6). Mais on le vit précisément et il est vrai comme numériquement identique – identique (ceci est particulièrement souligné), non pas simplement dans chaque vécu momentané, mais aussi dans la succession des vécus d'un seul et même moi. Face à lui, il y a,

d'abord le contenu de conscience, que j'« *ai* » immédiatement dans ma conscience, mais ensuite l'objet, que je n'ai pas, mais que je « *vise* » seulement. La différence la plus importante entre les deux consiste dans le fait que les contenus sont du moins différents pour les différents « moi », alors que le monde des objets, en revanche, est *un*, sans être touché par la pluralité des contenus et des actes dirigés sur ceux-ci (p. 10). Néanmoins, le monde des objets est, dans tous ses éléments, tissé à partir du monde des contenus – il n'y a rien dans le monde extérieur visé par nous qui n'ait pas été, auparavant, dans nos images sensibles du monde. Originairement, le monde des objets coïncide même avec le monde des images dans toute sa teneur. Dans la deuxième édition, il est dit encore plus explicitement : « Pourtant, l'objet est *tiré* du contenu. Il s'y trouvait donc dès le début. (…) Ainsi est-ce dans les contenus de la sensation et dans les contenus sensibles de la perception que se trouvent implicitement des objets. Ceux-ci s'explicitent dans l'acte de la pensée. Cet acte consiste précisément dans une telle explicitation » (p. 8). Dans cet acte de la pensée, la conscience se dépasse elle-même – pour autant qu'elle n'est pas simplement âme, mais esprit. Et ainsi peut-on aussi formuler l'état de chose en question : « dans le contenu sensitif que moi, œil spirituel, j'ai – moi, l'œil spirituel, je vois c'est-à-dire je *pense* l'*objet* » (p. 9). Du coup, l'objet, bien qu'appartenant à un tout autre monde, n'est nullement différent dans sa « quiddité » du contenu. C'est seulement dans la poursuite de l'objectivation qu'il s'en éloigne toujours davantage. Etant donné que c'est la pensée qui, pour nous, crée les objets, les lois de la pensée sont précisément, comme telles, en même temps les lois des objets (3e éd., p. 11). Cependant, le rapport entre le contenu et l'objet est un « rapport symbolique ou une relation ». Le contenu *représente* l'objet. Ce représenter n'est rien d'autre que la relation absolument spécifique dans laquelle l'objet tient lieu de contenu. Il se peut aussi que ce qui, maintenant, est pour moi contenu, soit un objet le moment
276 d'après. La différence ne se trouve donc | pas en elle-même dans *ce qui* se trouve devant moi à titre de contenu ou d'objet, mais dans la fonction du moi. « Au moment où la conscience *s'op-pose* des objets – et non pas : *a en elle-même* des objets –, elle dépasse ce qui est en elle et, parvient dans cette mesure (!) au-delà d'elle-même, dans un monde qui la transcende elle-même. Et telle est sa fonction spécifique. La conscience (d'objet) est dans son essence la plus spécifique ce mouvement par lequel elle saute par-dessus son ombre » (p. 12). Nous avons déjà traité de la difficulté inhérente à ce mouvement par lequel elle se transcende elle-même dans un autre contexte (chap. IV, § 3). Ce qui, ici, nous intéresse, c'est seulement la reconnaissance claire que l'objectivation de toute espèce – de même que,

d'un autre côté, le fait d'« avoir » un contenu dans la conscience – repose seulement sur la différence de « fonction » de la conscience et, en tout cas du point de vue psychologique, n'existe que pour la conscience. (Le moi ou la conscience « fonctionne précisément d'une double manière », est-il dit au milieu de la p. 13.)

Le surgissement des contenus en moi et le surgissement, en face, des objets : voilà les deux pôles qui, dans leur contexte immédiatement vécu – qui, comme tel, n'est pas un contexte causal –, forment donc à tout le moins les objets les plus immédiats de la psychologie. Il y a encore pour Lipps, par delà ces deux pôles, une tâche ultérieure pour la psychologie : l'explication c'est-à-dire l'établissement d'un contexte causal (p. 43). Sur cette question, on a déjà dit plus haut ce qui est nécessaire.

§ 9. *Critique.*

Selon les déterminations énoncées, l'immédiat du vécu a manifestement une tout autre importance que dans les éditions antérieures. Certes, dans le développement de la psychologie de Lipps, l'« explication » prédomine toujours encore largement. Cependant, non pas en elle, mais dans la manière dont l'immédiat de la conscience y est pensé et présenté, nous voyons le gain le plus grand de cette psychologie – ce qui conserve une valeur psychologique élevée ne sait pas s'approprier les explications psychologiques qui, en vérité, ne pénètrent pas plus en profondeur dans la vie effective de la conscience et tombent complètement en dehors d'elle.

Outre cela, il n'est pas dit qu'il n'y ait pas aussi dans la manière dont l'immédiat de la conscience est décrit par Lipps encore beaucoup de difficultés. Le « contenu » est « dans » la conscience – mais j'« ai » seulement ce contenu, je ne le suis pas. Néanmoins, seul le fait que j'ai ce contenu est mon vécu de moi-même, ma « fonction » spécifique : le fait d'avoir, voilà seulement ce que *suis*. Cependant, même le contenu n'est-il pas déjà d'une certaine manière quelque chose d'extra-subjectif ? | Le 277
contenu se trouve certes dans un rapport plus étroit avec moi que l'objet que je ne fais que « viser », mais toujours à titre d'*altérité* en rapport avec moi, relativement auquel je ne suis pas moi-même ce contenu. D'un autre côté, je suis aussi celui qui « vise » l'objet, c'est-à-dire qui se l'op-pose par la pensée – et, à partir de son contenu, avec lequel il était originairement un ou bien « dans » lequel il « se trouvait » originairement, je suis celui qui d'abord le fait advenir ou, plus exactement, qui le crée en transformant ce contenu. Partant, ce n'est ni le contenu ni l'objet qui, en définitive,

devraient appartenir à la psychologie, mais seulement le fait d'avoir ce contenu, le fait de viser l'objet. Cependant, comment la psychologie devrait-elle décrire cela? Ces deux dimensions sont elles-mêmes, c'est-à-dire indépendamment du contenu qu'on a, de l'objet qui est visé, indépendamment de toute *détermination* – laquelle ne peut être mise en évidence que relativement à ce contenu et à cet objet –, complètement indescriptibles. On ne peut, comme telles, absolument rien en dire d'autre que, précisément, constater qu'elles existent. Que va donc faire la psychologie? Elle parlera du contenu et de l'objet et, pour ainsi dire, se contentera d'ajouter à chaque fois entre parenthèses à propos du contenu le fait qu'on l'« a », à propos de l'objet le fait qu'on le « vise », sans pouvoir en dire quoi que ce soit de plus. Néanmoins, toute identification et toute distinction des vécus de conscience, tout établissement d'une liaison entre eux et précisément d'un contexte immédiatement vécu, voilà ce qui est nécessairement établi relativement au contenu ou à l'objet – c'est-à-dire que la psychologie procèdera à peu de choses près comme notre méthodologie l'a établi.

Dès lors, ce qu'on a n'est pas le fait pour moi d'avoir – ce n'est pas moi. Ne faut-il pas en conclure qu'il s'agit donc déjà d'une objectivation, même s'il s'agit d'une étape parmi les plus inférieures? Mais toute objectivation ne doit-elle pas partir de ce qu'on a? L'objet ne doit-il pas dans l'étape la plus inférieure s'y trouver? Le contenu et l'objet ne doivent-ils pas, dans leur « quiddité » être absolument une seule et même chose? Aussi serait-ce seulement une distinction un peu plus significative dans la terminologie, si, par exemple, on parlait d'« objet de l'étape la plus inférieure » au lieu de « contenu », étant donné que Lipps reconnaît explicitement qu'il y a des étapes d'objectivation, de sorte que ce qui, à un stade de l'examen, est contenu, peut être objet à un autre. Lipps, en tout cas, pense déjà le « contenu » d'une manière tout autant déterminée que l'objet dans sa « quiddité » – il n'est jamais question de l'indétermination du contenu sensitif qui résulte de la loi du seuil. Néanmoins, il ne peut en tout cas, à cause de cette détermination, que relever de la pensée, être « visé ».
278 Déterminer, c'est déjà | viser – et donc objectiver. Cette conclusion, Lipps nous l'accordera avec difficulté. Pour lui, le sensible est déjà déterminé en lui-même, avant tout acte déterminant, avant toute pensée. Pour lui, il est absolument « donné » comme déterminé – voilà ce que signifie pour lui le fait d'« avoir » le contenu. Le préjugé du donné est quelque chose qu'il n'a pas, ici, admis davantage. Nous ne devons pas tenter de lui imposer notre conception, qui lui est opposée, ou bien de la lui faire reconnaître, à partir de ce qu'il écrit, comme une concession involontaire. Mais c'est ici que, en vérité, se séparent les convictions fondamentales : Lipps est depuis le début

et reste jusqu'à la fin, dans cette mesure, un empiriste. Rien n'existe dans l'entendement qui n'était pas d'abord dans les sens – tel est le vieux *schiboleth*[1] du sensualisme qu'il ne fait que traduire dans sa langue : « rien n'est dans l'*objet* (pensé) qui n'était pas d'abord dans le *contenu* (donné) ».

§ 10. *Lipps s'approche de notre position dans l'article « Contenu et objet ».*

Il y a toutefois *un* point où l'accord entre la position de Lipps et notre position apparaît précisément d'une manière surprenante. Des deux articles de 1905, le second, « Contenu et objet », présente à nos yeux un intérêt particulier, parce que, ici, l'auteur reconnaît qu'il existe une science spécifique « pour laquelle le donné immédiat n'est pas le signe ou le symbole d'un quelque chose qui lui serait transcendant – car cette science cherche, non pas ce qui est *derrière* celui-ci, mais ce qui se trouve *en* lui » (p. 561). Si cette science a désormais pour objet, non pas ce dont on peut faire objectivement l'expérience, mais l'expérience du moi ou les vécus du moi, elle est la psychologie – mais comprise d'une manière fondamentalement différente de ce que, habituellement, on (et même Lipps !) entend par l'expression de psychologie « empirique », c'est-à-dire d'une psychologie (constructive, qui explique d'une manière causale) de la *conscience individuelle*. Le moi individuel, qui ne peut pas être distingué comme tel sans une déterminité locale, n'appartient du coup pas, en général, à ce dont on peut faire l'expérience d'une manière immédiate, mais appartient complètement à l'expérience médiate (p. 565) ! La psychologie, à titre de science de l'expérience immédiate, ignore tout de la conscience individuelle et ne connaît que la conscience et les vécus de conscience – non pas d'« un » moi, mais « du » moi, du moi en général (p. 566). La psychologie de l'expérience immédiate connaît toutefois elle aussi des *légalités*, tout à fait différentes de celles des vécus individuels de la conscience et complètement indépendantes de celles-ci : les légalités logiques, éthiques, esthétiques (p. 601).

| Voilà qui ne correspond pas à notre conception, mais du moins s'en **279**
approche en plus d'un sens. Il n'y a qu'à partir des légalités objectives et à vrai dire, en définitive, précisément des légalités logiques, éthiques et esthétiques que l'immédiat de la conscience, selon notre thèse, peut

1. En faisant prononcer ce terme, les Israélites pouvaient reconnaître à leur mauvaise prononciation (*siboleth*) leurs ennemis éphraïmites (Jg 12, 6) [N.d.T.].

parvenir à la connaissance – de sorte que, en vérité, il n'y parvient pas à titre de conscience individuelle, mais de « conscience en général ». Cependant, ce n'est pas pour autant que la logique, l'éthique et l'esthétique *sont* la psychologie, ou bien doivent être fondées elles-mêmes par la psychologie, à titre de psychologie. Car, inversement, c'est d'abord à partir d'elles, par le rétro-mouvement qui mène de la loi à l'immédiat de la conscience objectivé en elle, que la psychologie – à savoir la psychologie générale fondatrice – peut être fondée. D'un autre côté, la reconstruction ne s'arrête pas à la conscience en général, mais elle doit ensuite, à partir de celle-ci, chercher aussi la voie qui mène à la conscience individuelle (l'individuation elle-même ne peut partir que du général). Mais la conscience individuelle, pour la conscience, ne constitue pas le point de départ, car elle est son but – et elle n'est pas son but ultime : le but ultime, il est vrai simplement idéel, serait plutôt (c'est aussi à cette idée que parvient précisément Lipps dans son article, p. 667) la conscience du monde ou « esprit » (*Geist*). Dans celui-ci toutefois, c'est tout autant l'opposition entre l'examen physique et l'examen psychologique que celle entre la psychologie empirique et la psychologie de la conscience en général qui (comme Lipps l'a en vérité développé) disparaissent. Le concept de substance psychique disparaît aussi, parce que sa substantialité se dissout complètement dans l'actualité (p. 667). La pure conscience serait une avec le monde des objets (p. 669). Par ailleurs, nous sommes tous deux tout aussi réservés relativement au problème de savoir si la psychologie de l'expérience immédiate ou la science de la pure conscience peut conduire à son étape la plus haute, jusqu'à la question portant sur ce but ultime. Elle deviendrait ainsi le fondement de toute science et, partant, en particulier aussi de la psychologie empirique. « Même celle-ci est pourtant précisément une science des faits de conscience, et c'est dans la conscience *individuelle* qu'on trouve la conscience *pure* ». Ici, il n'y assurément pas un plein accord avec notre position, mais une remarquable coïncidence. Et le fait que, malgré toutes les différences fondamentales de notre méthode, nous soyons précisément à nouveau si proches quant à ce but ultime, est corroboré par cette formulation juste.

III. EDMUND HUSSERL

§ 11. *Subjectivité et objectivité d'après les* Recherches logiques *de Husserl.*

| Le vigoureux développement, manifesté par Lipps dans sa conception du concept de psychologie et dans la méthode de celle-ci depuis l'article de 1905, est en lui-même certainement tout à fait interne et autonome. Mais il est aussi certainement en partie suscité par l'influence du combat d'Edmund Husserl contre l'empirisme et l'indication du nouveau type d'examen propre à la « phénoménologie » (*Recherches logiques*, I, 1900; II, 1901). Pour nous aussi, une discussion des thèses de ce chercheur est un devoir pressant. **280**

En ce qui concerne le premier point, il n'y a rien à dire d'autre, car, dès le début, je me suis trouvé là-dessus du même avis que Husserl (voir par exemple *Pédagogie sociale [Sozialpädagogik]*, 1898, § 5, et déjà ma dissertation de 1887, « Sur la fondation objective et subjective de la connaissance », *Philosophische Monatshefte*, XXIII, p. 257 *sq.* [1]). Ce qui était toutefois surprenant pour celui qui, avec Husserl, exigeait la fondation strictement objective de la logique de la connaissance objective en général, c'est qu'il résultait, à titre de poursuite des recherches logiques et à la place de la fondation objective seule exigée et promise dans la première partie, une fondation « phénoménologique » de la connaissance que, d'après nos concepts, il faudrait qualifier de psychologique et non de logique. C'est une fondation subjective, psychologique de la connaissance que nous cherchons aussi, mais celle-ci peut seulement suivre la fondation objective et non la précéder.

Husserl veut appeler son entreprise phénoménologie et non psychologie, parce qu'elle prétend donner une simple description et non une théorie. Cependant, description et théorie sont indissociablement liées – la description n'est pas moins objectivation que la théorie. Comment pourrait-on décrire le pur subjectif sans précisément par là l'objectiver? Mais comment est-il alors encore le subjectif?

Husserl lui-même effleure la difficulté (II, Introduction, § 3, p. 10 *sq.*). La réflexion secondaire sur le vécu psychique en fait il est vrai un « objet », mais en un sens nouveau, fondamentalement différent du sens habituel qu'on donne à ce mot. C'est « une orientation de pensée contraire à nos

1. Trad. fr. Thomas, *Néokantismes et théorie de la connaissance*, Paris, Vrin, 2000 [N.d.T.].

habitudes les plus fortes, se renforçant sans cesse depuis le début dans notre développement psychique. De là le penchant presque indéracinable qui consiste à retomber toujours à nouveau de l'attitude de pensée phénoménologique | dans l'attitude strictement objective, à attribuer des déterminations des objets se présentant tout d'abord dans les phénomènes aux phénomènes eux-mêmes, donc aux vécus psychiques factuels, et même à considérer les objets intentionnels en général comme des composantes phénoménologiques de leurs représentations[1] ». Les vécus subjectifs ne peuvent être directement qualifiés qu'au moyen de mots plurivoques comme sensation, perception, représentation, etc. En outre, il faut nécessairement avoir recours à des expressions qui qualifient, non pas ces actes eux-mêmes, mais les objets sur lesquels ils sont dirigés. « Ce n'est absolument pas possible de décrire les actes intentionnels sans recourir, en ce qui concerne la formulation, aux choses qui sont intentionnées » – en quoi nous ne trouvons que des indications très indirectes sur les actes eux-mêmes.

281

Voilà qui s'approche véritablement beaucoup de mes thèses. La différence essentielle, toutefois, se trouve dans le fait que Husserl, pourtant, n'y voit précisément pas du tout une difficulté particulière dans la tâche qu'est la description du psychique – ce qui en revanche est mon cas. D'après Husserl, la subjectivité est manifestement une deuxième objectivité de même nature que la première objectivité, que l'objectivité à laquelle on pense habituellement, et lui est coordonnée. Voilà toutefois ce que, précisément, je ne peux pas reconnaître comme vrai. Il y a l'objectivité et il y a, à titre d'envers, la subjectivité – mais ce n'est pas une deuxième objectivité, l'objectivité des actes de la conscience. La reconstruction de la subjectivité, précisément à titre d'image inversée, pour ainsi dire de négatif de l'objectivité, semble toutefois ne pouvoir avant tout consister, d'une manière effective, que dans le fait qu'on renvoie à l'objectivation accomplie et qu'on affirme qu'elle a précisément été accomplie, qu'elle a toujours dû s'accomplir dans une conscience – et il est vrai dans *une* conscience. On ne voit pas d'autre voie que cette voie indirecte pour « décrire » le subjectif, c'est-à-dire pour le reconstruire et, partant, pour le présenter à la réflexion en général. Il est néanmoins compréhensible qu'on ne s'en contente pas. L'apport de la psychologie semble, de cette manière, beaucoup trop misérable et dénué de signification.

1. E. Husserl, *Recherches logiques*, *op. cit.*, trad. fr., vol. II, p. 11 (la traduction est systématiquement modifiée) [N.d. T.].

Husserl, comme le montrent les propositions citées, considère comme moi que la réflexion sur le subjectif est dérivée face aux actes de la position d'objet qui sont premiers. Voilà qui s'approche considérablement de ma conception – par opposition à l'idée qui régnait auparavant et qui règne encore chez un grand nombre de psychologues, selon laquelle nous posséderions d'abord le subjectif et, partant, devrions pouvoir aussi le présenter, sans | rapport à l'objectif et même sans qu'une objectivation en **282**
général soit d'abord accomplie. Husserl, en revanche, se refuse toutefois – d'un point de vue conceptuel – à reconnaître cet acte secondaire, cette objectivation absolument non immédiate du subjectif comme telle, comme *totalement dépendante* de l'acte primaire de l'objectivation spécifique et originaire. Au contraire, selon lui, la réflexion sur le subjectif est seulement *rendue plus difficile* par une *habitude* enracinée consistant à n'accomplir simplement que les actes primaires objectivants, mais sans, par là, réfléchir aussi sur ces actes eux-mêmes. Les objectivations primaires, qui nous sont familières, s'introduisent pour ainsi dire dans les objectivations secondaires (celles des actes des objectivations primaires) et menacent de les falsifier. Il faut un effort particulier afin d'éviter de telles falsifications. Mais voilà ce qui est pourtant possible en soi, pense Husserl. Aussi doit-il être également possible de saisir le subjectif (ces actes) purement en lui-même. C'est ce que je n'ai jusqu'ici pas réussi. Husserl a-t-il réussi ? Voilà ce qu'on va examiner.

§ 12. *Différence essentielle entre ma conception et celle de Husserl.*

Je me trouve, au commencement, sur la même voie que Husserl lorsqu'il souligne l'*objectivité pure* de tout ce qui est « signifié », de tout contenu judicatif, et qu'il fonde manifestement cette objectivité dans l'*identité* (p. 43 *sq.*, 94-96 [1]) – et lorsque, par conséquent, il fait une critique qui anéantit la théorie sensualiste du concept dans sa totalité (la théorie de l'abstraction de Locke, la théorie de la représentation de Berkeley et Hume : deuxième Recherche) et la théorie de la copie et du signe (p. 396 *sq.* [2]). Même les différences apparentes entre nous relatives à la consciosité, au phénomène, aux actes de conscience, etc., reposent (comme il l'a été montré plus haut : chap. II, § 6, et chap. V, § 9), pour la plus grande partie, sur des malentendus ou de simples différences de terminologie.

1. *Ibid.*, p. 49, 107-108.
2. *Ibid.*, p. 187.

L'unique différence scientifique sérieuse entre nous concerne la question que nous avons déjà traitée précédemment en rapport à Lipps : la question de la relation entre le *contenu* « descriptif » et l'*objet* « intentionnel » – une distinction qui, pour Husserl, n'est à vrai dire rien de moins que le fondement de la théorie de la connaissance et de la psychologie scientifiques en général (p. 339).

Il y a indubitablement une différence radicale entre le fait d'« avoir » et
283 celui de « viser » – et cette différence se trouve dans un rapport étroit | avec la différence entre le vécu subjectif ou immédiat et l'objectif, lequel est toujours, pour nous, quelque chose de médiatement connu, et même plutôt d'abord un inconnu qu'il faut ensuite connaître. Cependant, pour nous, cette différence et cette opposition disparaissent ou plutôt s'approfondissent en différence et opposition entre deux directions du rapport, qui précisément en cela se correspondent et sont réciproques. Et il s'agit ici, non pas de rapports qui resteraient les mêmes une fois pour toutes, qui subsisteraient toujours, relativement à un support fixe, qui demeurerait toujours le même, le « phénomène », mais de rapports qui se poursuivent au sein d'une gradation étagée continue, d'un côté comme de l'autre, dans l'indéterminé et même, quant à la possibilité, dans l'infini, de sorte que ce qui, à un stade de l'examen, devient contenu ou phénomène (le subjectif), devient à l'étape suivante objet (l'objectif) – et il en va de même dans la direction inverse, où ce qui devient objet redevient contenu, de sorte que, tous deux, le contenu comme l'objet, c'est-à-dire ce que ces mots signifient, voilà qui n'est pas une fois pour toutes, mais advient à un stade qu'on a atteint de la connaissance, et cesse à nouveau d'être au stade ultérieur. Néanmoins, Husserl, comme pour ainsi dire tous ceux qui peuvent par ailleurs plus ou moins s'approcher de mes idées, semble méconnaître, d'un côté, ce caractère *processuel* de l'« être », au sens objectif et donc aussi subjectif, et, de l'autre côté, ce qui est par là déjà donné au fondement, à savoir la *coïncidence* pensée de ce qui doit être mis en rapport d'une manière double (objectivement comme subjectivement) dans le concept « phénomène ». Le fondement ultime de cette différence essentielle dans la conception fondamentale de ce qui est en question est bien celle-ci : ma psychologie – comme ma critique de la connaissance, de laquelle elle part et qui lui indique toujours sa direction – n'a jamais sous les yeux simplement une étape particulière déterminée, mais elle ouvre son regard sur le tout de la connaissance propre à l'homme, à l'humanité, dans la succession continue de son développement qui va de l'étape la plus inférieure qu'on peut reconstruire jusqu'à l'étape la plus haute qu'on a pu jusqu'ici atteindre ou viser. Apparaît alors ici d'une manière convaincante ce qui reste faci-

lement caché si l'on examine un vécu cognitif particulier : à savoir qu'il n'y a pas en général du subjectif et de l'objectif *en soi*, mais que, dans la poursuite du procès de l'objectivation et donc aussi de la subjectivation, le caractère du subjectif et de l'objectif se transmet d'étape en étape à d'autres membres et encore à d'autres membres, le subjectif devient objectif et l'objectif redevient subjectif. L'image exemplaire de | ce procès se trouve 284
dans le développement d'une équation ou, mieux, d'un système infini d'équations, qui conduisent, non pas à une solution définitive, mais à un calcul progressant à l'infini. Si l'on examine les solutions successives, c'est-à-dire partielles, mais progressant d'étape en étape, les grandeurs a, b, c, etc., d'un côté, et les grandeurs x, y, z, etc., de l'autre côté, dans toute la signification et la fonction qui précisément ne leur reviennent que dans l'équation et en vertu d'elle, ne sont certes pas simplement différentes à chaque étape atteinte, mais sont opposées les unes aux autres, puisque précisément celles-là signifient quelque chose de connu, considéré d'une manière déterminée et qui n'est donc plus à déterminer, alors que celles-ci signifient quelque chose d'inconnu et qui doit encore être à déterminer. Néanmoins, ce qui, à une étape du calcul, n'était pas encore déterminé devient déterminé à une étape suivante et collabore désormais pour déterminer d'autres grandeurs, qui ne sont précisément encore pas déterminées à cette étape et sont donc « inconnues ». A chaque étape du calcul, ce qui est connu n'a, comme ce qui est inconnu, précisément ce caractère (de connu ou d'inconnu) que pour ce calcul et il est vrai pour ce stade déterminé du calcul – et non pas indépendamment de celui-ci. Connu et inconnu ne sont ce qu'ils sont que dans ce rapport déterminé. C'est précisément pour cette raison que même ce qui n'est pas encore déterminé, ce qui doit d'abord être déterminé ne signifie jamais quelque chose qui serait complètement en dehors du calcul, quelque chose de transcendant qui en général lui ferait face, et auquel ne pourrait absolument pas revenir une quelconque valeur relevant du calcul. Car il est pensé comme déterminé en lui-même au moyen de l'ensemble des relations exprimées dans le calcul même – et au sens où il remplit nécessairement des *exigences* déterminées, des *relations exigées*. On peut même dire qu'il est, par ces exigences, déterminé dans le contexte du calcul, certes comme x (ou y, z, etc.) et non comme a (b, c, etc.). Ainsi disons-nous que, en général, dans la connaissance de toute espèce et de toute direction, l'« objet », même s'il n'est pas encore déterminé mais à déterminer, est précisément relativement à cette détermination qu'il *exige* une « fonction de la connaissance » et ne peut rien signifier en dehors du rapport à celle-ci, c'est-à-dire « en soi ». On ne peut assigner de sens à cet objet qu'à partir de la teneur positive de la connaissance et en rapport

déterminé à cette teneur. Du coup, on entend toutefois par « connaissance », non pas seulement l'étape particulière atteinte par le calcul, mais le tout du calcul dans lequel en général, selon cette présupposition, la connaissance
285 consiste et à l'intérieur duquel seulement toute étape | particulière trouve son sens toujours limité, provisoire. Si ce n'était pas le cas, on en arriverait au non-concept de « chose en soi » à titre d'objet *d'aucune* connaissance. De cette manière, la distinction conceptuelle radicale entre ce qui est connu et ce qui est à connaître (ou entre le « contenu » et l'« objet ») subsiste certes toujours pour notre conception, mais elle se *relativise* dans son application à la distinction entre ce qui est connu *à une étape déterminée de la connaissance* et ce qui est à connaître (contenu et objet).

Ce n'est toutefois plus par la même image de l'équation qu'on peut représenter l'envers de cet état de chose, qui nous importe principalement – à savoir le fait que le procès de la connaissance se poursuit d'une même manière des deux côtés, du côté de la subjectivation comme du côté de l'objectivation, à l'infini. Car ce n'est pas seulement la série x, y, z, etc., mais tout autant la série a, b, c, etc., qu'il faut penser comme n'étant pas close, mais comme ouverte non pas seulement d'un côté, mais des deux côtés. De même que, dans les solutions progressives de l'équation pensée (ou du système d'équations pensé), surgissent successivement toujours de nouvelles valeurs connues, comme $b = f_0(a)$, $c = f_1(a, b)$, $d = f_2(a, b, c)$, etc., la valeur a peut elle aussi se révéler à nouveau être une fonction d'éléments de détermination du type a, b, c, etc., qui ont déjà été posés. Il n'y a, dans cette série, rien qui soit absolument premier, mais ce qui est considéré comme complètement déterminé à une étape donnée se révèlera toujours à nouveau être, dans cet examen retournant aux étapes toujours plus primitives, ce qui doit être déterminé – c'est-à-dire que la voie de la subjectivation se poursuit comme celle de l'objectivation dans l'indéterminé, elle se poursuit, dans sa possibilité, à l'infini.

Voilà ce que j'entends par l'examen « *génétique* » de la connaissance par opposition à l'examen « *ontique* », ou bien l'examen « *dynamique* » par opposition à l'examen « *statique* » – par point de vue de la « *méthode* » par opposition au point de vue du « *résultat* » figé, ou bien par « *fieri* » par opposition à « *factum* ». C'est seulement conformément à cet examen génétique, donc jamais au sens d'une position « donnée », figée, que je comprends aussi (et qu'est en général seulement compréhensible) la coïncidence du subjectif et de l'objectif dans le phénomène et leur rapport réciproque, le rapport subjectif et le rapport objectif – tout ceci sera il est vrai immédiatement contesté et apparaîtra même absurde si l'on pense à partir d'une
286 position figée de la connaissance. | L'expression du rapport à l'objet

comme « intention » est précisément, pour ma conception, tout à fait convenable, car l'objet n'est en effet donné à aucune étape, mais toujours simplement « visé ». Cependant, pour cette conception, il n'y a plus de donation figée du « contenu » et donc pas de possibilité d'une « description » directe de celui-ci – une telle description n'étant que le concept corrélatif d'une telle donation figée. Mais surgit à sa place la « reconstruction » qui n'est que l'envers de la construction de l'objet et qui partage avec elle le caractère génétique ou méthodologique, donc aussi le sens de l'« intention » et certes de l'intention qui ne se remplit jamais.

§ 13. *Résultat de la comparaison.*

Il a déjà été souligné plus haut (p. 110), contre Husserl, que l'« objet », parce que *le rapport* qu'on entretient avec lui doit dans tous les cas être *conscient*, n'est absolument pas en dehors de la conscience, mais nous est nécessairement conscient d'une quelconque manière. Husserl lui-même dit qu'il est « présent d'une manière intentionnelle » (p. 352[1]; c'est l'« inexistence intentionnelle » de Brentano, p. 347[2]), ou parle de ce qui est « présenté » voire même de présentation définitive (p. 588, sur quoi il y aura encore un mot dire). Après ce qui vient d'être développé, la force contraignante de cet argument ne peut plus facilement être méconnue. L'objet n'est pas moins conscient s'il s'agit d'un *x* ou d'un *a*. Le caractère *x* de l'objet doit toutefois être souligné, parce qu'il est par là exclu qu'on puisse en parler comme d'un objet achevé et qu'il est clair qu'il ne peut jamais s'agir, au contraire, que d'étapes d'un procès infini d'objectivation. Il faut à vrai dire considérer l'objet, de ce point de vue, comme éloigné à la fois d'une manière finie et d'une manière infinie. Ce qui est éloigné d'une manière finie, c'est l'objet relatif, défini par des exigences limitées d'une manière déterminée ; ce qui est éloigné d'une manière infinie, c'est « l' » objet de « la » connaissance en général. Même ce concept – et précisément ce concept – ne peut pas être compris, à titre de pur concept méthodologique de la *théorie* de la connaissance, en dehors d'une relation à la connaissance – car il ne peut à vrai dire être pensé que dans un rapport général à la connaissance en général, alors que l'objet relatif ne peut être pensé que dans un rapport déterminé à une étape déterminée de la connaissance. En revanche, si l'on abandonne la progression infinie de la

1. *Ibid.*, p. 173.
2. *Ibid.*, p. 168.

connaissance, l'objet apparaît non seulement figé, mais aussi séparé en lui-même de la connaissance (χωριστός) – non seulement se tenant debout tout
287 seul, mais | se tenant debout à l'extérieur, de sorte qu'on ne peut jamais l'atteindre. Le fossé, une fois creusé, ne peut jamais être comblé – et c'est alors, du coup, surtout le cas pour l'autre côté : le « donné », le « subjectif » est nécessairement pensé d'une manière fixe et séparée. Si l'on fait abstraction de cette différence à vrai dire fondamentale, Husserl n'envisage pas la relation entre le contenu et l'objet, entre la présentation et la représentation d'une manière fondamentalement différente de moi. Il reconnaît du moins aussi (comme on l'a déjà indiqué), à titre de cas idéal, que l'intention de signification et le « remplissement » sont absolument un, de sorte que l'objet même est renfermé dans le « contenu phénoménologique[1] » (p. 549, 588-590). Nous ne dépassons cette position que dans le fait qu'un tel « remplissement » n'a pas lieu une fois, mais à nouveau à chaque étape – il n'y a jamais et il ne peut pas y avoir, de plus, un remplissement absolu. Nous reconnaissons toutefois que Husserl s'approche peut-être le plus de l'idéalisme lorsqu'il fait dépendre le contenu perceptif de la pensée, le « remplissement » de l'« intention », la présentation de la représentation, et qu'il *détermine* essentiellement le premier terme *par le second* – mais avec cette restriction : l'identification est « accomplie », mais elle n'est pas « visée » (p. 622). Il me semble pourtant, d'après d'autres formulations de Husserl, qu'elle est aussi « visée » – la distinction est peut-être celle qui se trouve entre la production synthétique de la connaissance et celle de la conscience analytique. Ce point ne peut nécessairement pas, comme de nombreux autres, être examiné – ce qui suit reviendra encore sur des questions ponctuelles posées par les *Recherches logiques*.

§ 14. *Le nouveau point de vue de Husserl.*

Husserl lui non plus ne fait pas partie des penseurs qui en restent à une position une fois qu'ils l'ont atteinte. Car le point de vue d'abord conquis lui sert seulement de point de départ dans l'effort de le dépasser, qui est sans relâche et dont la force est croissante. La dissertation programmatique *La Philosophie comme science rigoureuse* (*Logos*, I, p. 289 *sq.*, 1911[2]) permet du moins de reconnaître clairement la direction de ce nouvel effort. C'est

1. E. Husserl, *Recherches logiques*, 3, Recherche VI, trad. fr., p. 90, 99.
2. Trad. fr. M. de Launay, Paris, P.U.F., 1989.

avec une inflexible rigueur que, désormais, la présentation scientifique du psychique est séparée de toute objectivation au sens de la nature. Dans la sphère psychique, il n'y a aucune différence entre l'apparaître et l'être, le psychique n'est pas lui-même derechef un être qui apparaît au moyen de phénomènes y renvoyant. Ce n'est donc pas une deuxième nature, car il n'y a qu'une seule nature, *la nature* – et le psychique est phénomène et *non* nature (p. 312). | C'est pourquoi ce n'est pas une expérience qui nous 288 apprend ce qu'il est – à la manière dont nous « faisons l'expérience » du physique [p. 316]. Le psychique n'est pas l'objet d'une expérience, mais il est un « vécu », « aperçu dans la *réflexion* » [p. 312]. Il peut aussi, il est vrai, être identifié dans des souvenirs répétés et c'est dans cette mesure qu'on en « fait l'expérience » – souvenirs s'ordonnant en outre dans un contexte, une unité « monadique » [p. 312-313] de la conscience, « une unité *qui n'a rien à voir avec la nature, l'espace et le temps, la substantialité et la causalité* » [p. 313]. Son indice est « la ligne du "temps" immanent qui n'a ni commencement ni fin – un temps qu'aucun chronomètre ne peut mesurer » (p. 313).

Husserl reconnaît avant tout ici que, *originairement, c'est le temps qui est dans la conscience et non pas la conscience qui est dans le temps*. Et c'est avec la plus grande rigueur qu'il en tire la conséquence la plus vaste : à savoir qu'*en général l'existence* ne peut pas être connue sous un aspect purement psychique (p. 316). Il ne s'agit ici nullement d'une connaissance relevant de *matter of fact*, mais d'une pure « *relation of ideas* » [p. 316] – « *ideas* », mais nullement au sens de Hume, à titre d'opposé aux « impressions », car il s'agit du sens antique, véritable, de l'Idée comme οὐσία – de l'Idée comme connaissance de l'essence : déjà les *Recherches logiques* utilisaient le terme d'« idéation » [p. 315]. Ainsi Husserl abandonne-t-il ici également la désignation de la méthode propre à la psychologie comme « description ».

Il est remarquable que, par là, Husserl en arrive presque exactement au même point que celui – nous l'avons vu – atteint aussi par Lipps dans son dernier examen : à savoir l'exigence d'une psychologie qui s'élève au-dessus de tout point de vue d'une deuxième nature et, partant, aussi d'une deuxième expérience, au-dessus de tout ce qui est simplement factuel, et qui, du coup, n'est pas proprement théorie de l'existence – philosophie, c'est-à-dire logique, éthique, esthétique, donc théorie de l'être. Ce pas était il est vrai nécessaire afin de dépasser définitivement les mille et une erreurs de la psychologie régnante et les difficultés qu'elle s'est elle-même créées. Cependant, si l'on en reste à cette étape, on n'a pas encore par là, à vrai dire, atteint une voie assurément praticable pour la recherche psychologique.

Mais ce qu'on a atteint, c'est le platonisme, et certes le platonisme dans sa première phase, celle des essences *immobiles*. De même toutefois que Platon lui-même a ensuite surmonté celle-ci jusqu'à la conception plus profonde de la « *kinesis* » des Idées, de la connaissance entendue comme « limitation de l'illimité » et, partant, comme *procès éternel*, Lipps et
289 Husserl | devront nécessairement remettre leur monde d'essences figé dans le flux propre au mouvement, s'ils veulent parvenir à une véritable psychologie. Il n'y a que cette conception, la conception « génétique », qui procure une clarté définitive à la relation fondamentale du subjectif et de l'objectif et qui rende raison à toute l'étendue des problèmes emmêlés dans cette corrélation originaire.

Husserl, toutefois, dépasse en ce qui concerne cet ultime effort largement Lipps, étant donné du moins que l'objectivité, pour lui, tend à se dissoudre dans un procès d'objectivation. Mais c'est toujours, face à lui, le subjectif qui apparaît figé et absolu, d'une manière analogue aux Idées platoniciennes dans la première phase, « se tenant dans ce qu'il est » et, partant, pouvant être saisi d'un seul coup dans une « intuition » immédiate. Ainsi peut-il écrire (p. 318) : « Cependant, tout ce qui importe est qu'on voit et qu'on fasse sien ceci : de même qu'on peut, d'une manière immédiate, entendre un son, on peut, précisément d'une manière immédiate, intuitionner une essence et, dans cet acte d'intuitionner, produire un jugement ». On peut toutefois ici se contenter de prendre littéralement Husserl aux mots : ce que j'entends d'une manière immédiate est-il donc un son? Ce n'est assurément pas le cas pour le nouveau-né. Mais ce n'est pas non plus le cas pour moi-même, lorsque, dans le moment où pour ainsi dire je nais à nouveau, je m'abandonne « immédiatement » à ce qui est vécu, au-delà de toute réflexion. Husserl dit pourtant lui-même : c'est seulement dans la réflexion, dans la répétition renouvelée (le souvenir) que s'identifie le contenu vécu – comment serait-il toutefois un « son » s'il n'était pas identifié ? Comment l'« essence » (οὐσία) pourrait-elle être ce qui n'est pas posé comme identique, ce qui n'est pas défini, c'est-à-dire, comme dit Platon, ce qui n'est pas d'abord délimité à partir de l'« illimité » ? L'immédiat qui est vécu n'est pas aussi immédiatement connu ou même seulement pensé avec le vécu – s'il était connu ou du moins pensé, il serait l'« essence », par exemple le « son », c'est-à-dire pleinement l'essence « phénomène de la chose », et ce que Husserl déclare par ailleurs être des essences immédiatement intuitionnées. On n'entend pas (ou on ne voit pas, on ne touche pas, on ne déguste pas, on ne flaire pas) des *abstractions* – mais le *concret* qu'on « vit » ne peut, il est vrai, être connu que par des abstractions qui en vérité ne l'épuisent jamais,

donc toujours d'une manière approximative et jamais définitive, d'une manière médiate et jamais immédiate. Les « essences » que sont le « son », « le vécu de la chose », etc., sont des abstractions, des séparations à partir des complexes originaires non séparés et, partant, des objectivations de *différentes* étapes. Le vécu originaire est, vis-à-vis à celles-ci, d'abord un *problème* qu'il faut déterminer c'est-à-dire « reconstruire » par leur moyen toujours plus précisément, mais sans jamais arriver à la fin. | Dans les **290**
Recherches logiques, Husserl lui-même est déjà allé jusqu'à remplacer le fait, pour le contenu, d'être présent (ce que Lipps appelle le fait d'« avoir » le contenu) par un *acte de présenter*. Si l'on examine d'une manière exacte ce sens d'acte de la connaissance – de toute espèce de connaissance, présentation comme représentation – et qu'on le prend pleinement au sérieux, la « description » devient nécessairement « reconstruction ». Voilà qui ne vaut toutefois pas simplement pour le concret ultime, pour le vécu originaire, car les « essences » les plus pures ne peuvent pas non plus rester davantage figées – leur « intuition » devient au contraire le fait de voir, d'inventer par la pensée, de créer, parce qu'il est plus l'expression d'un procès qui se poursuit qu'un résultat définitif. Le concept d'« origine » reçoit ainsi son sens précis, qui n'est plus contestable. Il signifie le fait de puiser dans un fondement inépuisable, dans des « profondeurs », qu'il faut mesurer sans la sonde de l'abstraction, non pas de la « *psyché* », mais du *logos* de la *psyché*, dont déjà Héraclite savait parler. Ainsi, pour Platon, l'« intuition » immédiate des Idées s'est changée en procès d'une « fondation » qui ne s'arrête pas au fondement qu'on vient de poser, mais reconnaît, comme sa tâche, qu'il lui faut toujours continuer à poser pour tout fondement à nouveau un fondement plus profond.

C'est au procès infini de l'« idéation » que correspond ensuite nécessairement, et à vrai dire à titre de renversement pur, un procès tout aussi peu fini de la reconstruction de ce qui « apparaît » originairement c'est-à-dire du subjectif. Car, ce qui apparaît dans le phénomène est certes une Idée, mais l'Idée n'est pas pour autant le phénomène. Voilà qui devrait être compréhensible, mais, par cette auto-compréhension, c'est tout le sens de la connaissance du subjectif à titre de pur phénomène qui en vérité se transforme. Ce subjectif ne peut pas être connu dans l'idéation, mais il est vrai à partir d'elle, par son moyen, sur son fondement – c'est-à-dire : il ne peut pas être construit, mais reconstruit.

IV. Wilhelm Dilthey

§ 15. *La psychologie « descriptive et analytique » de Dilthey.*

C'est un point de vue d'une certaine façon semblable à celui de Husserl dans sa dernière phase, certes sans la même acuité d'analyse et la même rigueur dans le développement, qu'avait déjà auparavant atteint Wilhelm Dilthey dans la dissertation *Idées pour une psychologie descriptive et analytique* (*Sitzungsbericht der Akademie der Wissenschaften zu Berlin*,
291 Berlin, 1894, LIII). Lui aussi sépare complètement | la psychologie de toute science qui explique de manière causale, donc constructive, hypothétique. La tentative d'une psychologie de ce type lui semble avoir définitivement échouée. Ou bien on fait alors directement de la psychologie une science de la nature (physiologie), ou bien, dans le pire des cas, on met à côté de l'authentique science de la nature un envers inauthentique de la science de la nature – comme, et c'est par exemple le cas de Wundt, quand on est contraint d'admettre, en établissant une causalité psychique spécifique, le principe fondamental de la science explicative, la « *causa aequat effectum* ». Par conséquent, il ne reste à la psychologie que la voie de la description et de l'analyse. C'est précisément cette voie qui seule est en vérité appropriée à sa tâche. Car sa tâche est de présenter ce qui est immédiatement vécu, tout l'état de chose non tronqué de la vie spirituelle (p. 13 *sq.*), dans son contexte immédiatement donné, qui n'est pas d'abord à construire. Le contexte est ici ce qui est premier, à partir de quoi seul le particulier peut être « compris » (non pas « expliqué »). La pensée psychologique articule et distingue à partir du contexte donné (p. 36). L'analyse logique ne sert qu'à rétablir le contexte originaire. De ce côté, la présentation du contexte apparaît comme la tâche spécifique qui ne peut toutefois être accomplie que par l'analyse (p. 36). Voilà qui n'introduit nulle contradiction absolue par rapport à la thèse initiale : le contexte se trouve en lui-même au fondement, mais le « construire à nouveau » (p. 34) est d'abord la tâche de la psychologie, et c'est à cela que sert l'analyse qui reste effectivement toujours rapportée à ce contexte se trouvant au fondement (p. 37). Car même « le fait de distinguer et de séparer met en évidence des rapports et collabore donc à la liaison » (p. 39). On pense certes avec ce contexte immédiat, non pas seulement à la succession de vécus de l'individu, mais aussi au contexte interindividuel et toutefois, en définitive, aux « grandes formes » de la culture humaine dans lesquelles « la volonté constante et uniforme s'objective » (p. 52). D'une manière explicite, les configurations culturelles de toutes les espèces sont reconnues comme des « objectivations » de la même espèce que celles de la connaissance du monde, et elles

deviennent le problème de la psychologie. Elles forment, d'une manière analogue aux objectivations de la connaissance du monde, un objet éminent de l'analyse psychologique, laquelle est dirigée sur les éléments et liaisons du vouloir comme aussi de la perception, de la représentation et de la pensée.

| Mais c'est au mieux d'une manière occasionnelle qu'est effleurée **292**
l'idée selon laquelle l'immédiat de la vie psychique, bien qu'immédiatement vécu, n'est pas pour autant aussi immédiatement connu, mais doit précisément d'abord être porté jusqu'à la connaissance. D'une manière largement prédominante, il semble au contraire que la vie spirituelle se trouve au grand jour et n'attend que le psychologue, lequel pour ainsi dire en fait une transcription. La psychologie « raconte ce qu'elle trouve » – comme il est dit à cet égard d'une manière très significative (p. 84). Ainsi, Dilthey ne voit pas non plus dans les configurations culturelles typiques – l'économie, le droit, la religion, l'art, la science – les fondements, les points de départ de la reconstruction des vécus subjectifs, celles-ci doivent elles-mêmes trouver dans la psychologie leur *fondation* – de même qu'il prétend fonder en particulier aussi la théorie de la connaissance du point de vue de la psychologie, et non pas la psychologie du point de vue de la théorie de la connaissance (ou de la critique de la connaissance). Ce qui est lié à la méconnaissance de la fondation autonome, exempte de toute psychologie et purement objective, de la science de la nature de toute espèce, c'est aussi le fait qu'il sous-estime d'une façon manifeste le sens méthodologique et la valeur de l'examen physiologique de la connexion causale du psychique, et qu'il prétend introduire, d'une manière intenable, des explications de type téléologique là où seul l'examen causal est à sa place.

CHAPITRE XII

EXAMEN CRITIQUE D'AUTRES THÉORIES : MÜNSTERBERG, BERGSON

V. HUGO MÜNSTERBERG[1]

§ 1. *Fondement de la psychologie de Münsterberg.*

Certaines analogies avec l'idée directrice de Dilthey apparaissent dans l'ouvrage de H. Münsterberg, *Grundzügen der Psychologie*, Band I. *Allgemeiner Teil : Die Prinzipien der Psychologie* [J.-A. Barth, Leipzig, 1900] [Caractéristiques fondamentales de la psychologie, vol. I. Partie générale : Les principes de la psychologie] – ouvrage qui, toutefois, se rapproche beaucoup plus de l'ensemble de notre conception. Certes, sa disposition fondamentale des problèmes philosophiques est fort différente de la notre. Il part de l'opposition, en quelque sorte fichtéenne, entre le moi qui est source du jugement de valeur, qui « prend position », et le non-moi en tant qu'objet qui se trouve là » (*vorgefundenem Objekt*), en tant que « contrepoint » de l'activité finalisée du moi. | Ce n'est pas seulement le 293
« physique » qui relève de ce second aspect, mais aussi le « psychique » : celui-ci devient donc pour Münsterberg, assez paradoxalement, l'« objectif ». Il reconnaît bien à titre de tâche spécifique la réinstauration du lien

1. Hugo Münsterberg (1863-1916), d'abord professeur de psychologie à l'Université de Fribourg, part aux Etats-Unis en 1892 où il devient chercheur au *Psychological laboratory* de l'Université d'Harvard et président de l'*American Psychological Association* à partir de 1898 [N.d.T.].

immédiat des vécus de l'âme mais, en vertu de son interprétation différente, d'emblée téléologique, du concept de moi, cette tâche ne relève pas de la psychologie mais des « sciences normatives » – la logique, l'éthique, l'esthétique – et, dans un sens plus large, des sciences de l'esprit, en particulier des sciences historiques.

Il s'agit là, pour le moins, d'une modification de la façon ordinaire de parler qui n'est nullement nécessaire. La représentation n'est pas moins subjective que l'aspiration – par ailleurs, l'aspiration, tout autant que la représentation, est soumise à l'objectivation. L'immédiatement vécu est aussi peu téléologique qu'« objectif », au sens de Münsterberg, c'est-à-dire aussi peu téléologique que non-téléologique, mais il contient, dans une unité indivise, le fondement subjectif de la double objectivation, de l'objectivation en direction de l'étant (pris dans son sens simplement théorique; l'être « qui se trouve là » de Münsterberg) et de l'objectivation en direction de ce qui doit être. Séparer « ce qui se trouve simplement là » de toute imprégnation téléologique, c'est déjà s'éloigner de l'immédiateté du vécu. Ainsi, la psychologie de Münsterberg n'accède absolument pas au subjectif ultime, à ce qu'il est par ailleurs convenu d'appeler dans le langage ordinaire le « psychique ». Par conséquent, ce qui apparaît immédiatement chez lui comme une inconséquence, c'est lorsque, parfois, il se rapproche de l'autre conception – celle de la tâche d'une reconstruction de l'immédiat. Ainsi (p. 62), ces deux groupes de sciences élaborent finalement *une seule* donnée – comme il le reconnaît ici, cette opposition dernière du téléologique et du non-téléologique est déjà « issue d'un contenu vital unique et indivisible » (p. 63), et cette séparation conceptuelle ne fait pas réellement éclater ce contenu, mais, bien au contraire, elle l'approfondit et l'enrichit (p. 64). L'« expérience pure », immédiate, contient en revanche dans une unité indivise ce que le concept doit, certes, diviser. Il souligne aussi occasionnellement (p. 51, l. 11) le fait que cette « effectivité originaire » de l'empirique pur n'est pas « donnée », au sens où elle serait de part en part connue, mais elle est recherchée – cela ne donne lieu, toutefois, à aucun examen supplémentaire.

Ainsi, la tâche que nous imposons à la psychologie garde en tout cas sa consistance – mais la psychologie de Münsterberg omet de poser cette
294 tâche pour elle-même, | d'où ce résultat surprenant : tout le côté actif de la vie de l'âme disparaît proprement de cette psychologie. Il recourt à un détour artificiel pour lui ménager encore une place. Il est pourtant contraint de reconnaître que (p. 107) le vouloir *supra*-individuel (= le devoir), même s'il est conceptuellement séparé du sujet individuel (l. 9; ce qui signifie cependant qu'il est séparé de ce qui est « psychologiquement » présent,

l. 17), réside pourtant dans le vouloir comme aspiration individuelle (l. 12). L'« acte » et l'« objet » sont donc, *en un sens tout à fait semblables, à la fois supra-individuels et individuels* – le rapport entre ce qui est dû et ce qui est voulu correspond exactement au rapport entre le physique et le psychique (l. 9). Par conséquent, il faudrait évidemment mettre au compte du « psychique » ce qui est individuellement voulu, tout autant que ce qui est individuellement représenté, mais aussi ce qui est *supra*-individuellement voulu ou pensé, dans la mesure où, compris comme « aspiration », il « réside » dans l'individuel – du moins est-ce cette tendance qu'il faudrait mettre au compte du psychique –, étant donné que, par ailleurs, l'individuel est pour Münsterberg le psychique.

Pour quelle raison Münsterberg abandonne-t-il pourtant complètement la psychologie reconstructive (dont il a connaissance, p. 29) ? Parce qu'elle veut être descriptive et que la description qui appartient principiellement à la psychologie reconstructive ne peut être séparée de l'explication (p. 30) ! Le lien immédiat du vécu, dont l'exposition, comme il le reconnaît pourtant, constitue une tâche scientifique, ne peut pas en général être décrit, car il peut simplement être « compris » (p. 30), « compris par sympathie, ressenti, vécu » (p. 31) : la description présuppose l'objectivation, décrire signifie déterminer, et déterminer c'est déjà objectiver (p. 31) – ce que j'avais soutenu moi-même et presque dans les mêmes termes, dans mon *Introduction* (§ 13, en particulier p. 92). La difficulté se résout selon moi avec le concept de reconstruction comme description indirecte, fondée sur le détour par l'objet. Nous verrons cependant plus bas que Münsterberg lui-même a précisément emprunté cette voie.

§ 2. *Le concept de psychique en tant que « non identifiable ».*

Après avoir entièrement séparé le psychique du subjectif, compris comme le téléologique, il ne peut plus le déterminer que comme l'opposé du physique. Par rapport à ce dernier, il le détermine dans un sens tout à fait semblable à celui que nous avons exposé avec une extension plus générale : comme contrepartie des objectivations de toute direction et de toute étape, téléologiques ou non. Le psychique | n'est pas pour lui, comme nous **295**
l'avons vu, le subjectif – il ne doit pas être caractérisé par son appartenance au moi « reliant » (= prenant position), car au moi s'opposent de la même façon le psychique et le physique, en tant qu'ils sont tous deux l'objectif servant de simple « contrepoint » à ce moi (prenant position). Cependant, ce n'est pas non plus la relation au moi « qui se trouve simplement là » qui peut définir le psychique, car se trouver là pour un moi, c'est-à-dire être objet

d'expérience, cela caractérise aussi le physique (p. 71). Le psychique est toutefois ce qui se trouve là pour *un seul* sujet (p. 72). Partant, Münsterberg semble tout d'abord emprunter entièrement la voie initiée par Schuppe (voir *Archiv für systematische Philosophie*, III, p. 108 *sq.*, et VI, 219 *sq.*) : pour ce dernier, le psychique est ce qui est donné à une conscience individuelle, le physique ce qui est donné à une « conscience en général ». Münsterberg distingue plus précisément le physique du psychique : le physique n'est pas *ce qui est trouvé là* en commun par une pluralité de sujets le trouvant là, mais ce qui *vaut* en commun pour une pluralité actuelle de sujets – ce qui vaut étant conçu comme *ce qui peut être trouvé là*, indépendamment de toute actualité ; il est ce qui peut être trouvé là pour une conscience en général, mais non pas, pour cette raison précisément, pour un sujet singulier (p. 74). Il est ce qui se retrouve et peut être *identifié* dans une pluralité d'expériences (p. 83). L'identification se réalise à titre de lien causal et constitue ainsi la *phusis*, la nature. Le psychique, en tant qu'il est le non identifiable, devient « le reste qui demeure, lorsque ce qui est identifiable dans différentes expériences, et donc ce qui est pris dans le lien causal, est mis en valeur et extrait » (p. 88). Le psychique s'identifie au non objectivable : « l'objectivation voit sa tâche accomplie lorsqu'elle conduit à la physique et laisse de côté le psychique, à titre de reste imprévisible » – reste qui ne semble tout d'abord ne susciter aucun intérêt spécifique. Cependant, même s'il tombe tout d'abord en dehors du lien de l'objectif en général, le psychique se laisse toutefois réintroduire médiatement dans ce lien par le moyen suivant : on le pose dans une relation logique aux processus physiques causalement liés (selon la représentation du parallélisme). Toutefois, il est alors entièrement « ancré dans le physique » (p. 89) : le côté psychique du lien psychophysique reste cependant celui qui nous est le plus abordable et le plus familier, de sorte que, du moins tant que les liens avec le
296 côté physique restent inconnus, | le côté psychique peut et doit intervenir à sa place, en guise d'*ersatz* (p. 90). Cependant, une fois que le concept de psychique est assuré, il doit aussi devenir, indépendamment de sa valeur d'*ersatz* pour le physique, l'objet spécifique d'une théorie scientifique, il doit être décrit, ordonné, simplifié, expliqué, bref il doit être l'objet d'une recherche dans toutes les directions (p. 91, 92), autrement dit, il doit être aussi l'objet d'une psychologie guidée par la seule « recherche de la vérité » (p. 92).

§ 3. *Les points d'accord entre la théorie de Münsterberg et la mienne.*

Si l'on fait abstraction de la conception radicalement univoque de la relation du psychique au seul physique, en tant qu'il en est la contrepartie, en lieu et place d'une conception qui le rapporte à l'objectivation de toute espèce et de toute direction, la thèse de Münsterberg est manifestement proche de la mienne, plus proche sans doute que celles de tous les autres psychologues. L'accord se décline en une longue série de déterminations particulières, où l'on peut reconnaître presque tous les points fondamentaux décisifs et spécifiques de mon *Introduction*. Je rassemble ici les points d'accord les plus importants dans une vue récapitulative.

1) Le sujet psychologique ou le moi est simplement et exclusivement caractérisé par la relation invariable du « pur *se trouver là* » (p. 204) ; celui-ci désigne « l'appartenance simplement formelle de l'objet au sujet » et la conscience se trouvant là devient un simple « centre logique de relation ». Toute la diversité et toute la variabilité de la conscience ne concernent en revanche que le seul contenu de conscience – le sujet est seulement le présupposé absolu de son existence (p. 205) et sa fonction reste celle de se trouver là, « ou, comme on l'a aussi appelée, fonction de la *consciosité* » (p. 206 ; c'est ainsi que je l'avais nommée).

2) Partant, aucune force motrice, aucune *causalité psychique*, ne doivent être attribuées au moi se trouvant là (p. 208). Le moi s'oppose totalement à son contenu et est sans influence sur lui. « Le monde mécanique et le monde psychologique, tels qu'ils s'offrent au sujet se trouvant là, ne doivent donc pas simplement contenir en eux-mêmes les contenus (matériels), mais aussi les formes des contenus possibles, les relations » (p. 208). Aussi les catégories ne doivent-elles pas être imputées à la conscience psychologique – la « synthèse du divers » n'est pas non plus une fonction du sujet psychologique (p. 209).

| 3) Par conséquent, considéré pour lui-même, le sujet ne représente ni 297
une unité causale, ni une unité téléologique, ni même une *unité temporelle* – le sujet psychologique d'aujourd'hui et celui d'hier ne sont pas les mêmes, comme si le premier avait survécu, mais ils ne sont pas non plus différents – la question de la permanence temporelle n'a ici en général aucun sens, car le sujet *ne peut jamais devenir objet et ne peut jamais être actif* (p. 211).

4) La consciosité ne connaît *aucune différence de degré* (*cf.* aussi Lipps, *Zeitschrift für Psychologie*, XXV, p. 184, et mon *Introduction*, p. 19 *sq.*). De même, il n'existe aucune extension, étroite ou large, de la *conscience*,

mais seulement une délimitation et un élargissement du *contenu de conscience* (p. 213-215).

5) Tout comme moi, Münsterberg refuse, aussi résolument qu'un petit nombre d'autres psychologues, d'utiliser des *opérateurs inconscients et cependant psychiques* de la conscience. C'est aussi l'hypothèse de « dispositions » inconscientes (voir sur ce point ma critique de Lipps dans les *Göttingische gelehrte Anzeigen*, 1885, pp. 197, 205 *sq.*, 209, 211 *sq.* [1]) qui élargit d'une façon injustifiée le concept de psychique au-delà des processus de conscience : où doit-on dans cette hypothèse poser la limite ? La lune et les étoiles devraient aussi bien être psychiques : ne suscitent-elles pas l'impression lumineuse dans la conscience ? (p. 223). « Caractériser l'événement inconscient de psychique, tant que nous laissons en suspens la question de savoir s'il est matériel ou non, semble par conséquent inadmissible. Les dispositions inconscientes de la représentation, également, ne relèvent pour nous de l'âme que parce qu'elles ne sont absolument pas, tout d'abord, pensées de façon corporelle. Nous les constituons alors à partir de l'apparition des *représentations reproduites*. Mais les *représentations perceptives nouvellement produites* n'exigent-elles pas dès lors, de la même façon, une disposition préalable ? » Si l'excitation, ou plutôt l'ébranlement cérébral, doit suffire aux dernières, une telle excitation est également présupposée comme condition des représentations reproduites. Les dispositions se réduisent dès lors aux structures moléculaires du cerveau, et l'hypothèse de dispositions psychiques inconscientes devient inutile (p. 223) : elle devient un « luxe méthodologique » (p. 224). Par ailleurs, avec l'hypothèse de telles dispositions, on ne se débarrasse pas du matérialisme : elle n'est elle-même que l'expression d'un matérialisme honteux. « Il est injustifié de transporter dans le contenu de conscience le principe de conservation de la matière qui vaut pour la matière de la science de la nature » (p. 224).

298 | Au fond, on forge la fiction d'un « corps de la représentation non perçu, mais qui dure en tant que possibilité de perceptions » (p. 225). Bref, « l'inconscient psychique, qui est un étant mais qui ne parvient pas à la conscience, ne peut plus trouver aucun repaire où se cacher. C'est une formation impossible qui veut réunir des moments conceptuels inconciliables (...). Chaque psychique réel doit dont être contenu dans le système que forment *le contenu de conscience* et *la conscience*, et, puisque nous

1. Il s'agit de la recension des *Grundtatsachen des Seelenlebens* [Faits fondamentaux de la vie de l'âme] de Th. Lipps, Bonn, 1883 [N.d.T.].

avions reconnu que la conscience se trouvant là doit être conçue sans variation possible ni déplacement fonctionnel, tout événement psychique doit se produire dans le contenu de conscience. *Par conséquent, la psychologie n'est que la théorie du contenu de conscience* ».

§ 4. *Rapport du psychique au temps, à l'espace et à la possibilité de la mesure.*

La seule chose qui semble s'écarter ici de mes positions est le langage des *processus* de conscience. Cela éveille le soupçon selon lequel Münsterberg concevrait la conscience, dès le début et fondamentalement, comme *insérée dans le temps*. Cependant, le chapitre suivant (chap. 7) nous apprend qu'il s'accorde totalement avec mes positions en ce qui concerne le rapport du contenu de conscience tant au temps (chap. 6) qu'à l'espace (chap. 7). Il parvient au résultat suivant : « du côté psychique, en premier lieu, on attribue à nos représentations (cela ne vaut plus pour les sensations) une figure spatiale et temporelle, ainsi que la qualité, et, en second lieu, c'est aussi sous les autopositions objectivées que doit être présent un facteur spatial et temporel, à titre de *sentiment directionnel* temporel et spatial » (p. 244). Que la représentation elle-même ne possède aucune extension spatiale ne constitue pas une objection ; si nos représentations ont un contenu spatial et temporel, elles ne doivent pas pour autant elles-mêmes être ordonnées dans l'espace et le temps. On dit avec raison que la succession des représentations ne produit aucune représentation de la succession – mais l'inverse vaut tout autant : la représentation du successif ne contient nullement nécessairement un successif, une durée temporelle ou une suite de représentations (p. 247 ; voir mon *Introduction*, p. 36). Nos représentations contiennent des déterminations figuratives temporelles, mais, en tant que faits de conscience psychologiques, elles jouissent aussi peu elles-mêmes d'une plus ou moins longue longévité qu'elles | sont 299
carrées ou étoilées, elles se succèdent aussi peu dans le temps qu'elles s'emboîtent spatialement les unes dans les autres ou s'étagent les unes sur les autres. Il semble qu'on puisse découvrir ici un préjugé sous-jacent de la philosophie en général, qui touche aussi la philosophie critique : « les rapports temporels de la vie de l'esprit n'ont droit à aucun autre traitement que celui qui vaut pour les rapports spatiaux – les problèmes se développent d'une façon absolument parallèle » (p. 247). On peut certes parler de l'ordre temporel et de la durée de processus psychiques, bien qu'il ne s'agisse plus alors des purs contenus psychologiques pris en eux-mêmes, mais toujours et encore des processus physiologiques – toute mesure tem-

porelle du psychique est, en dernière instance, la mesure de la durée du processus corporel qui accompagne le processus psychique. C'est précisément dans le même sens qu'il faut déterminer la position spatiale des processus psychologiques – à chaque événement revient alors exactement une place déterminée dans l'espace physique unique comme dans le temps physique unique. « Bref, dans la mesure où les représentations sont reconnues comme non spatiales, elles sont aussi reconnues comme non temporelles. En un sens entièrement différent, elles ne sont pas simplement dans le temps mais aussi dans l'espace » (p. 248) – cette thèse est justifiée en détail par la suite. La clarté de cette présentation est bien digne de tous les éloges. Mais lorsque Münsterberg croit ainsi rectifier un « préjugé de la philosophie, même critique », j'ai tout de même le devoir de lui rappeler, en toute modestie, que parmi les thèses que je développe en propre dans mon *Introduction à la psychologie selon la méthode critique*, se trouve précisément celle qui est exposée ici et que je devais alors (en 1888), à raison, sentir comme entièrement étrangère et opposée à l'ensemble de la psychologie de cette époque (voir *Introduction*, § 7, en particulier p. 35-42, et plus loin, § 10, n° 3-5, p. 64-72; voir aussi « Zu den Vorfragen der Psychologie » [« Sur les questions préalables de la psychologie »], dans *Philosophische Monatshefte*, vol. 29, 1893, p. 599 *sq.*).

Nous nous rencontrons tout autant en ce qui concerne la prise de position sur la question importante de la possibilité de mesurer le psychique (chap. 8). Le psychique est absolument dépourvu de quantité – les objets psychiques ne sont jamais divisibles, mesurables, déterminables quantitativement (p. 263). Un psychique n'est jamais le multiple ou la fraction d'un autre, même s'il est reconnu comme « fini » dans des cercles psychologiques toujours plus larges. « Les grammes sont contenus dans les kilogrammes, mais une faible sensation de pression n'est jamais contenue dans une forte : les deux sensations sont des sensations simples, entièrement
300 différentes » (p. 264). Cette thèse trouve un fondement général | (p. 269) : « Si la détermination spatiale et temporelle est d'emblée exclue, et si *aucun objet n'est identique pour seulement deux actes du sujet*, il est évidemment impossible de décrire le psychique par un dénombrement d'unités, par analogie avec la mesure des corps » (p. 269). Partant, *la mathématique en général est inapplicable au psychique* (p. 280). On ne doit pas transposer à la psychologie l'idéal de la physique mathématique, qui « est principiellement l'idéal unique de la science de la nature ». On peut dire plus simplement encore : mesurer, c'est identifier, identifier, c'est objectiver. En revanche, le psychique, en tant qu'il est le subjectif, n'est pas identifiable. Donc il n'est pas comme tel mesurable. On trouve en substance ce raison-

nement, équivalent à celui de Münsterberg, dans mon *Introduction* (p. 82 *sq.*, voir en outre les développements dirigés contre Lipps dans les *Göttingische gelehrte Anzeigen*, 1885, p. 199 *sq.*, et ceux dirigés contre Stumpf dans la même revue, 1886, p. 149 *sq.*, 154, 173 et 1891, p. 782[1]; ainsi que l'*Allgemeine psychologie* in *Leitsätzen*[2] [La Psychologie générale dans ses lignes directrices], § 14). Ajoutons aussi qu'il faut, tout aussi peu que la quantité, attribuer la *qualité* ou *l'intensité* au contenu de conscience comme tel. De même que la sensation de diverses grandeurs extensives n'est pas une sensation diversement étendue, de même la sensation de diverses qualités ou intensités n'est pas une sensation qualitativement ou intensivement diverse (*Allgemeine Psychologie* in *Leitsätzen*, § 15). Cette simple considération évacue d'un coup les multiples confusions et errements conceptuels où s'embourbe la psychologie contemporaine.

§ 5. *La « description indirecte » du psychique.*

Il résulte immédiatement de tous ces développements que, pour Münsterberg aussi bien que pour moi, une « description » du psychique, s'il y en a une, ne peut pas avoir le même sens que dans le domaine physique. Münsterberg impose certes à la psychologie la tâche de décrire les objets psychiques, c'est-à-dire de fixer leurs parties constituantes et leurs relations (= analyse et synthèse, p. 298), sans remarquer tout d'abord ici la difficulté. Mais il effleure la difficulté lorsqu'il se rappelle que la description n'est pas une simple connaissance, mais une *communication* – mais comment le psychique pourrait-il être communicable, lui qui doit signifier ce qui relève de l'expérience d'*un seul* sujet (p. 301 *sq.*) ? Le psychique est ce qui est « nécessairement immédiat », une description *directe* du psychique est donc impossible | (p. 303). Cependant, une description médiate 301
reste possible. Par exemple, je ne peux certes communiquer à personne ma sensation de couleur et personne ne peut me communiquer la sienne – mais, dès qu'il y a une raison pour présupposer que l'autre voit, sous des conditions essentiellement semblables, le même objet physique que moi, je

1. Il s'agit des recensions par Natorp des volumes 1 et 2 de la *Tonpsychologie* [Psychologie du son] de C. Stumpf, Leipzig, 1883 (vol. 1) et 1890 (vol. 2), dans les *Göttingische gelehrte Anzeigen* (1886, p. 145-173 et 1891, p. 781-807). Carl Stumpf (1848-1936), professeur de psychologie à l'Université de Berlin de 1894 à 1921, fonda en 1898 *Beiträge zur Akustik und Musikwissenschaft* [N.d.T.].

2. Marbourg, 1904, 2e ed. augmentée, 1910 [N.d.T.].

peux, moyennant cette référence à l'objet physique, c'est-à-dire identique pour nous deux, lui indiquer aussi l'objet psychique (la sensation de couleur) dans sa conscience propre, qui correspond à ma conscience propre. La description du psychique a donc nécessairement besoin du *détour par le physique*.

Ce procédé de « description indirecte » ne concerne tout d'abord que le contenu de la *perception*. Münsterberg en tire la conclusion suivante : l'élément du perceptible, la *sensation*, doit donc nécessairement constituer le point de départ de la description psychologique. Le concept de sensation en tant qu'ultime élément du psychique provient exclusivement de cette exigence *logique*. Cela ne veut pas dire pour autant que la sensation, conçue comme étant cet élément ultime, *se trouverait là*, ou qu'elle serait l'outil d'une conception génétique, comme si les éléments étaient tout d'abord là pour eux-mêmes, avant que ne se constitue la représentation totale par leur rassemblement successif, telle une « étoffe à partir des fils » (p. 313). La sensation comme élément ne revendique aucune existence indépendante. Les objets psychiques qui ne sont pas des représentations ne sont certes pas, eux non plus, effectivement composés de sensations, mais ils ne sont descriptibles scientifiquement que dans la mesure où on les conçoit comme tels. La psychologie scientifique doit tout du moins « considérer comme son idéal propre la compréhension du contenu total de la conscience comme une combinaison d'éléments qui, dans la représentation perceptive », sont rapportés au monde physique et peuvent être parfaitement fixés par ce moyen (p. 309). Il y a bien quelque chose de juste qui est aperçu ici : la nécessité de reconduire le sentiment et l'aspiration à la représentation. Toutefois, il est impossible de porter à la connaissance la spécificité de ces figures de la conscience en empruntant cette voie. Selon nous, la difficulté est résolue si l'on connaît une objectivation propre à la tendance : c'est-à-dire l'objectivation dans le monde spécifique de la pratique. De même que l'élément sensible de la représentation est descriptible grâce à la référence au monde de la connaissance théorique, de même, par le rapport à ce monde de la pratique, l'élément subjectif de l'aspiration devient susceptible d'une description « indirecte ».

302 | Abstraction faite de cette différence, toutefois essentielle, qui est liée à la différence dans nos façons de concevoir la disposition fondamentale des problèmes philosophiques et qui en découle nécessairement, la méthode de la « description indirecte » correspond entièrement, du moins dans son principe, à notre méthode de « reconstruction ». Cependant, le détour justificatif par le problème de la communicabilité est complètement inutile – il suffit de dire que le psychique est le non-identifiable. S'il n'est pas

identifiable, ce n'est pas simplement parce qu'il doit être donné à des sujets différents, mais parce qu'il doit être donné identiquement à un seul et même sujet à différents moments du vécu – moments qui sont conçus comme séparés. Identifier, c'est donc déjà objectiver – avec chaque identification un objet est posé. Par conséquent, la « description » du psychique serait une identification de ce qui n'est pas à identifier, une détermination de ce qui n'est pas à déterminer. Cette description, entendue comme directe, est en elle-même contradictoire – elle ne devient compréhensible et possible que dans la mesure où elle est indirecte, qu'à titre de « reconstruction », c'est-à-dire de retour de la construction précédente de l'objet à la *dunamis* de cette construction.

§ 6. *L'explication indirecte ; abandon de la causalité psychique.*

Cependant, cette fondation confère tout d'abord au procédé de reconstruction la généralité sans laquelle il ne pourrait prétendre devenir *le* procédé de la psychologie. La rétroréférence au lien physique n'est que l'une des formes d'application du procédé général. Münsterberg vient de la psychologie expérimentale – sa fondation méthodologique de la psychologie est par conséquent taillée sur mesure pour cette unique forme de psychologie. Cela apparaît particulièrement dans sa volonté d'assigner comme tâche à la psychologie, au-delà de la description, l'« explication » du psychique. Naturellement, cette explication ne peut, en vertu de ses présupposés, qu'être physiologique, étant donné que, en dernière instance, seul le physique peut être conçu directement comme se tenant dans un lien causal avec le physique. Cette thèse n'exige nulle fondation empirique, dit-il avec raison, car elle est suffisamment fondée par les présuppositions logiques de la science de la nature, par cette hypothèse fondamentale « selon laquelle la position de l'entendement élabore l'objet physique à partir de l'effectivité donnée » (c'est-à-dire « psychique », p. 412). Cependant, la voie à suivre pour rendre compréhensible le lien du psychique consiste en ceci : | « tout psychique est à coordonner au 303
physique de telle sorte que, tout du moins théoriquement, le contenu total de la conscience puisse être prédéterminé par le calcul de processus mécaniques » (p. 415).

On nous propose donc une *explication indirecte*, comme on nous proposait avant une description indirecte ! La description concernait avant tout la représentation dans sa coordination univoque à l'objet qu'elle « vise ». Si les besoins de la description étaient ainsi satisfaits, il n'en va pas de même pour l'explication. En effet, le lien causal exige des *existences* non pas simplement fixées dans leur contenu, mais doublement déterminées, localement et temporellement. Par cette description, l'existence n'était pas encore fixée. Münsterberg affirme avec la plus grande fermeté : l'explication vise le singulier (c'est-à-dire le *factum*), la description vise le général. C'est sans doute contestable, mais cela jette une vive lumière sur le fait qu'avec la description ce n'était pas du tout une position factuelle qui était visée, mais simplement la reconstitution intellectuelle de l'*état de conscience* immédiat – qui n'est pas en lui-même à déterminer temporellement – et, en définitive, de la pleine concrétion du *vécu*. C'est aussi pourquoi nous préférons ne pas parler de « description », car la description, dont le complément est l'explication, devrait au moins consister dans l'indication d'un état de fait à expliquer. Nous constatons néanmoins désormais que Münsterberg n'a pas du tout pensé à cela – et à juste titre, car une telle description tomberait évidemment tout entière dans la direction de l'objectivation : elle vise l'objectivation et relève entièrement d'elle, tandis que le but de la psychologie doit être le subjectif en dehors de toute objectivation.

Cependant, il en résulte nécessairement que l'on réserve l'« explication » purement et simplement à la *science de la nature*, et certes à *toute* la science de la nature : toute la science de la nature tend d'une manière générale à présenter dans un lien unitaire – nécessairement unitaire –, sous des lois, ce qui est simplement donné, empirique. Or ce donné est en tant que tel psychique, il est *le* psychique. La référence plus proche du vécu à la physiologie établit aussi de fait la référence, simplement plus lointaine mais non moins nécessaire, à la totalité de la science de la nature, étant donné que la physiologie repose sur la totalité de la science de la nature, mécanique y compris, et ne fait que boucler le cercle de l'« explication », c'est-à-dire de l'objectivation (théorique) du subjectif. Au lieu de cette fondation simple, englobant en même temps la totalité, Münsterberg nous propose une fondation artificielle et merveilleuse, moyennant une considé-
304 ration spéciale : | les processus cérébraux doivent constituer le nécessaire fondement de référence pour l'explication du psychique car ils ne peuvent jamais devenir des objets pour nous ! Ils sont pourtant très certainement des objets pour nous. Jusqu'à une date très récente, aucun homme, à partir d'une autopsie, n'a pu faire un rapport sur le pôle nord et le pôle sud de la terre : leur existence n'en était pas moins établie véritablement « objectivement » – de même, mes processus cérébraux sont, pour moi, établis objectivement. Cependant, nous n'avons nullement besoin de cette fondation qu'on tente d'établir en suivant cette voie malheureuse. La « nature » entière – y compris la lune et les étoiles (voir *supra*, p. 297) – est l'objecti-

vation du contenu de conscience. Cette objectivation est pour une part physique : les objectivations de la physique résultent de la partie de mes expériences qui sont directement susceptibles d'une identification avec les expériences d'un autre. Il demeure certes toujours un reste d'individualité qui n'est pas directement identifiable aux expériences de l'autre. Mais le fondement logique du traitement scientifique de ce reste demeure le même : la causalité physique. Cependant, les processus physiques doivent désormais se spécifier en direction de l'expérience particulière d'individus différents. Pour cette spécification, l'expérience commune elle-même, ou plus exactement la science, trouve très rapidement un fondement physique dans l'appareil nerveux central. Les objectivations de la physique doivent donc être complétées par celles qui sont produites par la physiologie du système nerveux central. Je ne vois pas quelle nécessité il y aurait à exiger ici une fondation supplémentaire – fondation pour laquelle on se servirait de l'argument négatif selon lequel les processus de mon cerveau sont les seuls, parmi tous ceux qui se produisent dans la nature, qui ne peuvent être « objectifs » pour moi-même, cet argument étant, par ailleurs, incorrect.

Les autres développements de l'idée directrice de Münsterberg présentent une série de nouveaux arguments qui viennent renforcer notre conception fondamentale. Je n'aborde ici que brièvement la critique de l'idée de « croissance de l'énergie psychique », défendue par Wundt, et de sa théorie de l'aperception, ainsi que la critique portant sur la forme traditionnelle de la psychologie associative – cette dernière partant uniquement des fonctions sensorielles. Münsterberg oppose à cette forme une « théorie de l'acte » qui tient compte tout autant des processus moteurs que des processus sensoriels. Par ce moyen, il croit pouvoir mieux expliquer les phénomènes traditionnellement interprétés grâce au concept confus d'aperception. J'adopte ici entièrement le parti de Münsterberg – mais seule compte l'application de ce point de vue, et Münsterberg, jusqu'à présent, | ne nous en fournit malheureusement aucune. Toutefois, étant **305**
donné que nous avons attribué la totalité de cette tâche à la science de la nature, cette question tombe en dehors du champ de notre intérêt actuel.

VI. Henri Bergson

§ 7. *Les « données immédiates » de Bergson – sa critique de la psychophysique.*

Tout comme Lipps, Husserl, Münsterberg et moi aboutissons à des résultats, non pas certes identiques mais en tout cas très proches, concernant la tâche de la psychologie, bien que nous partions de présuppositions dernières très différentes et que nous soyons motivés par des intérêts scientifiques non moins différents, nous rencontrons aussi sur des points essentiels, d'une façon sans doute encore plus surprenante, un chercheur dont la philosophie est guidée par la tendance la plus éloignée de nous, la tendance mystique, et qui adopte, ou prétend adopter, une position entièrement révolutionnaire face à la philosophie telle qu'elle a été pratiquée jusqu'à maintenant : Henri Bergson.

Déjà dans sa thèse de doctorat (Paris, 1889), Bergson oriente sa recherche sur les « données immédiates de la conscience ». Ces données sont opposées, de la façon la plus stricte, à ce que la science en fait. Bergson semble donc tomber d'emblée dans un *dualisme* extrême – dualisme qui contient sans doute déjà la tendance à son propre dépassement, car les œuvres suivantes se dirigent ouvertement vers un *monisme* très décidé.

Concernant tout d'abord le problème de la *psychophysique*, dont la critique pertinente amorce la recherche, il lui apparaît clairement que la psychologie a jusqu'à présent totalement méconnu le subjectif dans sa spécificité et l'a déplacé dans l'objectif. En prenant comme point de départ la séparation, prétendument kantienne et presqu'universellement admise jusqu'ici, de l'interne (du psychique) en tant que *temporel* et de l'externe (du physique) en tant que *spatial*, il conteste à juste titre l'importation de concepts de facture manifestement spatiale dans la saisie du psychique, et, en premier lieu, *la détermination quantitative de la sensation* dans la psychophysique de Fechner. La différence sensible n'est précisément pas une grandeur. Ce qui est donné, ce sont les sensations *E* et *E'*, mais non la grandeur de l'intervalle (*E' – E*). La saisie de cette grandeur est une
306 importation sans fondement interne, une *petitio principii*. | Il remarque en outre que c'est d'une façon tout aussi peu justifiée que l'on transfère au psychique *la conception du temps* qui relève de la physique. Le « temps » de la science de la nature est tout autre chose que la « durée » que nous vivons en nous-mêmes. Le premier n'est pas simplement mesuré par l'espace : il est aussi conçu par analogie avec lui et n'est en somme que sa quatrième dimension, tandis que la durée n'a rien de commun avec l'espace. Cependant, toute *conception quantitative*, à commencer par le nombre, repose selon Bergson sur la représentation spatiale. Toute la représentation du temps comme « succession » est nombrable, donc spatiale. Par conséquent, il faut exclure de la représentation pure du psychique toute hypothèse d'une *série* (d'une succession) *des états de conscience*, en tant qu'elle est une extériorisation fausse de l'intériorité pure, un simple reflet dans ce temps objectif – c'est-à-dire spatialisé – par lequel nous déterminons les

processus externes. La « durée » vraie, vécue, ne connaît aucune séparation, mais elle une interpénétration de ses moments, une *solidarité* indissoluble, une « organisation », une corrélation systématique comme celle des notes d'une mélodie. Il n'y a là ni avant ni après (ce ne sont à nouveau que des reproductions de représentations spatiales), donc aucun « ordre de la succession », mais chaque moment représente le tout. De même, la durée, à la différence de l'espace, ne présente aucune homogénéité (équivalence et donc interchangeabilité des moments), mais une hétérogénéité systématique, une *multiplicité indistincte* illimitée. Ce n'est pas la distinction, mais l'absolue continuité du passage qui est l'essence de la durée, c'est-à-dire du psychique. Le cours de la vie de l'âme conduit au paradoxe d'un « *procès sans extension* ». Bergson est naturellement tout à fait conscient qu'il n'y en a aucun *concept* – en excluant toute possibilité d'une identification, l'hétérogénéité « radicale » exclut manifestement par là même toute possibilité d'une saisie conceptuelle en général. En réalité, chaque identification objective déjà ce qui est originairement subjectif. Toute expression en général isole et fixe ce qui en soi ne peut absolument pas l'être. Le subjectif pur devient par conséquent *l'inexprimable* absolu. Toute caractérisation, même celle qui semble la plus juste – la résolution de la *statique* | qui réside **307**
en toute fixation conceptuelle en une *dynamique* pure – ne peut dans le meilleur des cas que revendiquer une valeur d'image.

§ 8. *Analogie avec ma conception du psychique comme « immédiat ».*

Nous nous voyons déjà presque immédiatement acculés à cette conséquence : le subjectif ultime est *en soi* (« *en tant que* tel », isolé de toute extériorité, objectivité) absolument indescriptible. Mais sans doute est-il au moins susceptible d'une description *indirecte*. Bergson ne cesse de le décrire, mais, il est vrai, presque uniquement par la *négation* des prédicats de l'objectif, donc, en réalité, par *l'annulation* de la production conceptuelle qui accomplit l'objectivation – production qui se réalise dans la science, conformément aux catégories fondamentales de l'« entendement ». Cependant, ce qui est décrit simplement négativement vaut pour lui comme le *positif* originaire et véritable, tandis que les prédicats de l'objectif sont proprement des négations. En effet, « *omnis determinatio est negatio* ». Qu'est-ce qui pourrait prétendre à une valeur d'effectivité plus originaire et plus positive que le vécu immédiat ? Toute objectivation est, en revanche, un éloignement par rapport à l'immédiateté du vécu ! Toutefois, ce qui est effectivement médiat est l'immédiat pour le concept, pour la connaissance scientifique. Ce qui est effectivement immédiat, le

« vécu », ne se laisse en revanche porter au concept que médiatement, grâce au détour par l'objectif. Donc toutes les « extériorisations » de l'intérieur étaient nécessaires. Aussi n'est-il pas exact de dire que l'extériorisation falsifie irrémédiablement le vécu intérieur. En vérité, elle veut le porter lui-même au concept, même si elle ne le présente toujours, pour ainsi dire, que par extraits. L'« entendement », précisément, procède « discursivement », il progresse pas à pas. Il exige des repos, des « stations » de la pensée pour pouvoir, précisément, progresser. Il ne s'agit donc pas véritablement de repos, mais de points de passage. L'entendement doit diviser ce qui, certes, est indivis et indivisible et doit le rester. La division sert justement à la connaissance du *lien*, elle ne sépare qu'à l'intérieur du lien, de sorte qu'elle le présuppose. Son intention dernière n'est pas la séparation, mais la connaissance du lien.

L'*identification* est le premier instrument de l'intellect : ce n'est pas pour autant le seul. Le procès part de l'identification et progresse vers la *continuité*, via la *différenciation*. Par conséquent, l'objectivation est, certes tout d'abord, identification, donc en même temps séparation, dans la
308 mesure où l'identification est la dissolution | du lien. Mais cette dissolution non seulement présuppose l'originarité du lien lui-même, mais n'a pas en général d'autre but que son rétablissement final. Donc, le but idéal de la connaissance objectivante – l'objectif pur – coïnciderait entièrement quant au contenu (mais non dans la forme, c'est-à-dire le mode de déterminité de la conscience) avec son point de départ idéal (en fait, seulement idéal, absolument insaisissable en lui-même) – le subjectif pur. Tout le *travail* de la connaissance, néanmoins, se trouve entre ces deux limites idéales et est aussi éloigné de l'une que de l'autre. Cependant, c'est dans la pénible lutte de ce travail que réside finalement la vie véritable de la conscience humaine, de la connaissance humaine comme de l'agir humain, de la figuration imaginative humaine, de la religion humaine. Le mysticisme, qui rejette l'effort de ce travail, qui veut saisir au vol le but ou (ce qui revient finalement au même) demeurer dans le commencement, manque en réalité la vie la plus authentique, la plus humaine – vie qui ne serait pas délicieuse sans effort et travail. Le mysticisme finit comme toujours en quiétisme.

§ 9. *Le rejet par Bergson du mécanisme.*

Même si un tel mysticisme, ennemi du travail, nous reste étranger, même si nous ne succombons pas à son charme, nous n'en reconnaissons pas moins que les analyses de notre mystique contiennent aussi des indications exactes sur l'état réel des choses. Ainsi a-t-il dans une large mesure raison lorsqu'il aborde le deuxième point principal de son texte fondamental : le rejet du mécanisme universel, d'avantage en tant que métaphysique que comme simple méthode de recherche. Il s'agit d'une conséquence qui résulte avec une nécessité absolue des présupposés que nous avons rencontrés jusqu'à présent : le mécanisme repose sur la présupposition fondamentale de la conservation d'un *facteur identique* et cette présupposition est sans nul doute contenu dans le concept de *causalité* – une telle conservation, cependant, est ouvertement exclue du domaine du psychique, d'après le concept de ce dernier établi auparavant.

Certes, Bergson, malgré toute sa finesse, commet une erreur doublement remarquable. Pour lui, la teneur de la causalité se réduit à la proposition : « mêmes causes, mêmes effets ». Aussi peut-il croire qu'il faut exclure la causalité du monde intérieur pour la simple raison que deux situations semblables ne se produisent jamais en lui. La causalité, au contraire, a toujours signifié aussi : « à des causes différentes, | effets 309
différents ». Aucun physicien qui réfléchit un tant soit peu n'a jamais pu croire que pourraient exister dans la nature deux cas absolument semblables se produisant dans un lieu et à un instant quelconques. Le cas de l'égalité a toujours voulu être entendu dans un sens idéal, hypothétique. C'est dans notre calcul que nous avons besoin de partir du cas idéal de l'égalité : un plus et un moins ne sont en effet déterminables qu'en référence à un point zéro quelconque – autrement dit, le zéro représente le cas idéal de l'égalité, par exemple l'équilibre. Cependant, il reste exact que dans la présupposition de la causalité est contenue celle de la substantialité, que l'on cherche par exemple à déterminer comme énergie. Autrement dit, la méthode de la causalité contient en elle-même celle de la substantialité, ou encore, la causalité signifie, ainsi que le remarque Bergson, « *une approximation asymptotique de l'identité*[1] ». Mais, précisément, la causalité n'est que cette approximation asymptotique et jamais l'affirmation fixe de l'identité. Il est manifeste que Bergson n'a pas clairement compris que les *catégories* signifient de simples *méthodes* d'un *procès* qui progresse à l'infini et non des positions fixes. La conservation de l'énergie n'a de sens que si nous présupposons un système clos : c'est-à-dire que *nous avons besoin* d'une certaine clôture pour pouvoir en général amorcer un calcul. Mais cette clôture n'est donc rien de plus que celle du calcul, que le calcul dépassera par la suite. L'« identité » est nécessaire pour *introduire* au

1. *Essai sur les données immédiates de la conscience*, Paris, P.U.F., 1927 (1re éd), 1988 (3e éd.), p. 156 [N.d.T.].

calcul, mais nous nous ménageons sans cesse le droit de passer de cette position à une autre, dès que cela s'avère possible et nécessaire. Cela se reproduit toujours, sans qu'il existe en soi de fin – comme Bergson le reconnaît lui-même dans le principe lorsqu'il emploie l'expression (kantienne !) d'« approximation asymptotique ».

Il nous répondrait sans doute que la science, dans la totalité de sa progression comme en chacune de ses étapes singulières, procède « cinématographiquement », c'est-à-dire tend – certes en vain – à conceptualiser le rapport dynamique, le mouvement, par l'établissement de séries successives d'images en repos, statiques. Nous l'entendrons cependant apporter la réponse lui-même : la *méthode infinitésimale* fournit le moyen pour maîtriser conceptuellement la continuité – non pas, il est vrai, sans le détour par la discrétion. La causalité est identité, mais elle est tout autant différenciation et, en dernière instance, elle est continuité – de même, en
310 général, toute identification et toute différenciation | ont finalement pour but la continuité et trouvent en elle leur sens propre respectif. D'après cette analyse, l'erreur de Bergson peut être, d'une manière particulièrement claire, stigmatisée ainsi : dans sa conception du procès scientifique, il s'en tient à l'étape de l'identité et, en tout cas, à celle de la différenciation, mais il ne va précisément pas jusqu'à la continuité. Sinon, il aurait dû juger la méthode de la science, prise en tant que tout, exactement appropriée à ce qu'elle doit traiter : le « phénomène », c'est-à-dire, en définitive, le vécu immédiat, même si, en tant que traitement, c'est-à-dire en tant que *méthode*, chemin, elle demeure certes toujours distincte autant du matériau qu'elle a finalement à traiter que du *but* idéal (en réalité, jamais atteint) de son travail. Comme nous l'avons dit, elle reste constamment, en tant que travail, dans l'intervalle entre le commencement idéal et la fin idéale du parcours – lesquels sont tous deux situés à une distance infinie et coïncident par ailleurs dans ce lointain infini. Cependant, c'est aussi la psychologie qui prétend finalement être une science : par conséquent, elle ne peut se situer elle-même, tout du moins dans son commencement, que sur le terrain du travail, mais elle ne peut prétendre investir ce point de départ idéal ou ce point final idéal – ce qui, d'après ce qu'on vient de dire, revient au même – et rester en eux. Il ne faut donc distinguer la *voie* de l'objectivation et celle de la subjectivation que selon la *direction*. Cependant, dans la mesure où elles sont opposées l'une à l'autre en tant que direction, elles doivent en même temps coïncider au sein précisément de cette opposition. Concernant cette caractéristique à double face, et cependant également unitaire, de la connaissance – en réalité, entièrement dans le sens de Bergson, la caractérisation de la connaissance comme « science » et comme « conscience » –,

nous pouvons certainement lui emprunter nombre de ses thèses. Et même presque tout ce qu'il établit va dans le sens d'une telle caractérisation, même s'il n'a jamais clairement compris la signification de sa découverte.

Concernant tout d'abord le rejet du mécanisme, il est tout à fait exact que toute présupposition d'éléments psychiques permanents – présupposition qui est au fondement de la psychologie constructive d'Herbart sous une forme particulièrement instructive et, sous des formes beaucoup plus pauvres, de la psychologie associationniste ordinaire et de la psychologie de la disposition de Lipps – signifie une objectivation du psychique qui doit manquer entièrement le subjectif en tant que subjectif. D'une façon pertinente, | Bergson montre que les éléments psychiques semblables, dans **311**
leur contenu et numériquement, que cette théorie présuppose, d'une façon générale, n'existent pas et ne peuvent exister, car la simple durée suffit à faire varier continûment le contenu psychique. Si nous symbolisons une suite de vécus, prétendument semblables dans leur contenu, par la série A0, A1, A2…, les termes singuliers de cette série, même si l'on fait abstraction de toute autre variation, seront par essence différents les uns des autres du seul fait que A0 perdure dans A1 et demeure en quelque sorte contenu en lui, que A0 et A1 perdurent dans A2, etc. Cependant, une question extraordinairement proche apparaît ici : n'en va-t-il pas d'une certaine façon de même pour ce qui est physique ? Dans le domaine physique, existe-t-il réellement cette permanence absolue dans une position identique ? Doit-elle exister ? Ici aussi, toute présupposition d'éléments qui persistent invariablement repose en définitive sur une abstraction qui ne peut jamais prétendre être l'expression totale et adéquate de l'effectivité. L'effectivité contient toujours des facteurs irrationnels dont aucune présentation rationnelle ne peut venir à bout. Cependant, la présentation rationnelle exige nécessairement l'égalité. Elle l'exige *pour introduire au calcul*, et, dans chaque calcul, les grandeurs posées au départ doivent certes être maintenues comme invariables, mais rien n'interdit ensuite – mieux, la progression de la connaissance l'exige à chaque pas – de dépasser à chaque fois de tels points de départ et d'en poser d'autres, en vue de nouveaux calculs. Bergson est cependant absolument dans le vrai lorsqu'il affirme que cette méthode dans son ensemble est celle de l'objectivation et qu'elle n'est donc plus applicable lorsque la question porte sur le subjectif comme tel et non plus sur son objectivation. La psychologie de l'association et l'ensemble de la psychologie constructive n'étaient donc pas en elles-mêmes des pratiques erronées : elles manquaient simplement de clarté sur ce qu'elles faisaient.

§ 10. *Le problème de la liberté.*

Toutes ces considérations culminent chez Bergson dans leur application au problème de la *liberté* – application dont il en fait le résultat. Les deux partis en conflit, le déterminisme et l'indéterminisme, se fourvoient tous deux, car ils examinent d'emblée la question du point de vue de la causalité mécanique. Le déterminisme triomphe alors tout naturellement, étant donné qu'il met effectivement en œuvre le mécanisme. Cependant, d'une manière générale, toute considération qui se place sous le point de vue de la causalité transforme déjà le psychique en physique. On
312 conçoit | la suite des vécus de l'âme par analogie avec une courbe et on demande si le parcours à venir est ou non déterminé par la loi de la courbe, calculée à partir des fragments présents de cette courbe. Mais, partant, on a déjà transposé le lien réellement « dynamique » des vécus dans une conception « statique », pour laquelle le mécanisme peut revendiquer une pleine validité. La véritable causalité, ou, plus exactement, l'action, ne doit pas être identité mais création, étant donné que chaque « cause » (si on peut encore utiliser ce terme ici) n'a son « effet » qu'une fois et jamais plusieurs fois. La véritable action est *progression*, non répétition – et nous ne connaissons cette signification de l'action que dans la conscience. L'action ne connaît pas la détermination, elle n'a rien de commun avec l'identité de la loi. D'une manière générale, on ne doit pas définir la liberté – ce serait en faire une chose, de sorte qu'elle tomberait inévitablement dans le domaine du mécanisme.

Ces considérations sont d'autant plus exactes que la causalité mécanique, puisqu'elle ne vaut et ne prétend valoir, à chaque fois, qu'à titre de point de départ du calcul, laisse toujours dans l'indétermination un domaine infini, et, par conséquent, laisse constamment ouvert le champ où la volonté atteint, pour sa part, la détermination. Toutefois, la détermination « libre » (libre par rapport au mécanisme) du vouloir n'est pas pour autant sans loi. Mais elle ne se produit pas selon les lois de la causalité mécanique – car elle se produit selon la loi pratique du devoir-être, selon la loi de la finalité. L'opposition qui structure le problème de la liberté n'est pas celle de la loi et de l'absence de loi, mais celle de la légalité étrangère du mécanisme face à l'autolégislation de la fin. Ce qui est commun au mécanisme et à la liberté, c'est donc le concept de loi, c'est-à-dire de l'accord systématique. Cet accord n'est pas simplement celui de l'être, mais aussi celui du devoir, de la *direction vers un but* – cette *unité directionnelle* étant plus originaire que l'unité de la détermination ponctuelle. Ce qui disparaît dans la loi finale, c'est précisément le rapport *fixe*, *clos*, au point de l'événement, donc disparaissent aussi la suite de ces points, c'est-à-dire l'ordre temporel, et, partant, la *limitation* à cet ordre. Du point de vue de la loi finale, il n'est donc pas question de *factualité*, qu'elle soit générale ou singulière. Mais par le terme de « loi », Bergson entend uniquement les déterminations générales des *faits*.

§ 11. Matière et mémoire. *La perception et la représentation, et leur rapport à l'activité.*

Le premier livre de Bergson | est restée l'œuvre fondatrice – mais, dès 313
l'œuvre suivante (*Matière et mémoire*, 1896[1]), apparaît un changement d'orientation intellectuelle en ce que le dualisme du physique et du psychique n'est plus le dernier mot : Bergson se décide de plus en plus en faveur d'un *monisme* dont la coloration est certes fortement métaphysique. Ce livre a pour nous une importance particulière, car il contient la véritable *psychologie* de Bergson, même si elle se réduit à un petit nombre de points essentiels.

Ce ne sont pas les processus nerveux qui peuvent produire en nous l'image du monde extérieur, car ils appartiennent eux-mêmes à cette image – on a déjà présupposé ce qu'ils doivent tout d'abord produire quand on présuppose ces processus eux-mêmes. L'appareil nerveux ne produit des effets que dans la mesure où, comme tout autre corps, il reçoit et restitue des actions motrices. Il est un centre d'action et rien de plus – surtout pas une fabrique de représentations [p. 14]. Certes, le surgissement des impressions sensibles (*perceptions*) dépend du fonctionnement de cet appareil, un peu comme les images d'un kaléidoscope varient quand on le tourne [p. 20], mais non pas comme s'il produisait ces images (c'est-à-dire les phénomènes purs). Cette production n'est ni donnée, ni intelligible de quelque manière que ce soit. L'univers est-il en nous ou hors de nous, voilà une question dépourvue de sens, car il n'y a d'intérieur et d'extérieur que dans les images : de la totalité des images, il n'y a aucun sens à dire qu'elle est extérieure ou intérieure. On ne pourrait pas non plus expliquer l'intérieur par l'extérieur, ou l'inverse. On doit revenir au terrain commun que chaque théorie doit reconnaître, à savoir : les images des choses nous sont données et s'ordonnent toutefois selon deux systèmes différents, le système de la « science », où chaque image (chose), référée simplement à soi-même,

1. Nous indiquons en italiques et entre [...] les références dans l'édition des P.U.F. (1982) [N.d.T.].

possède une valeur absolue, et le système de la « conscience », où chaque image se réfère à *une* image centrale, notre corps propre, et varie en fonction de ses variations. C'est ce double ordonnancement qui doit être expliqué et non l'être-donné des images en général. Si l'on entreprend de l'expliquer, on est nécessairement conduit, en partant de l'objet ou du sujet, à introduire à un endroit quelconque le *deus ex machina* qui doit produire le redoublement soit de l'objet dans la représentation soit de la représentation dans l'objet [p. 23]. L'erreur commune aux deux théories réside dans la présupposition fausse selon laquelle la perception (c'est-à-dire, ce qui
314 dépend immédiatement du processus nerveux) | est une forme quelconque de connaissance. Cependant, le résultat du processus nerveux concerne simplement et exclusivement l'action. Le cerveau est un simple centre de communication pour la distribution des mouvements, un lieu de conversion des mouvements reçus en mouvements produits. Son apport est essentiellement sélectif, il consiste à choisir, en fonction des exigences de la vie. [La perception] consiste dans le « discernement », dans lequel cependant l'esprit s'annonce déjà (p. 26, [p. 35]). Au lieu de cela, après avoir suivi les processus de mouvement jusqu'aux centres cérébraux, on les congédie alors brusquement et l'on fait surgir à leur place la représentation, comme une chose absolument nouvelle. On pousse celle-ci hors de l'espace sans pour autant se passer réellement de lui. On conserve du moins son fantôme en le dépouillant simplement des qualités sensibles. Mais on ne peut plus dès lors expliquer comment va renaître la spatialité évanouie du représenté et d'où proviendront les qualités sensibles [p. 37]. Ce qui a besoin d'une explication, ce n'est pas comment l'image *naît* dans la perception, mais comment elle *se limite*, puisqu'elle devrait, en droit, être la perception du tout et qu'elle se réduit en fait à ce qui nous intéresse dans notre action [p. 38]. L'explication requise dérive précisément du présupposé selon lequel le processus nerveux en général ne sert immédiatement qu'à l'action : il rejette hors de la représentation tout ce qui n'est pas nécessaire dans l'intérêt de l'action. Le point de vue naïf est donc tout à fait juste : dans la simple perception, nous pénétrons nous-mêmes dans l'objet, l'objet est saisi en lui-même et non « en nous ». La perception originaire, pure, est absolument impersonnelle (sans rapport particulier ou exclusif au moi individuel). Elle est donc d'emblée objective et n'est pas tout d'abord projetée de l'intérieur vers l'extérieur. L'explication de nos perceptions ne doit pas aller du centre (du subjectif) à la périphérie (à l'objectif), mais de la périphérie au centre. Certes, cette perception purement objective ne se présente jamais à nous : elle est toujours entremêlée d'une manière indissoluble avec les moments de la représentation. La distinction entre perception

et représentation n'est pas de degré mais d'essence : la représentation n'a immédiatement et en elle-même aucun rapport à l'*action*. La perception est le vécu total de l'effectif, non une construction ou une reconstruction de cet effectif. En elle, | la distinction du subjectif et de l'objectif disparaît – mais, **315**
en même temps, la saisie en elle de l'effectif se limite exactement à la « relation » à l'action exigée dans l'instant. L'« effectif » (l'actuel) est littéralement l'*agissant* – il est aussi le présent et cette seconde signification du terme (l'« actuel ») est à chaque fois justifiée par sa relation à l'action. En revanche, le représenté est le passé, c'est-à-dire *ce qui n'agit plus*. C'est seulement dans la mesure où elle participe de la représentation que la perception contient également le moment du « subjectif », et c'est seulement dans la mesure où l'on pourrait exclure totalement cette participation que la perception aurait ce caractère d'effectivité absolue.

§ 12. *Mémoire et souvenir.*

D'après ces présupposés, les faits de la mémoire – que Bergson prend tout d'abord comme but de sa recherche – sont représentés avec une grande simplicité. Le système nerveux, comme tout autre corps, ne conserve les actions passées que sous la forme de dispositifs moteurs. En revanche, le ressouvenir dépend de processus cérébraux quant à son actualisation mais nullement quant à son existence en général. La « mémoire » comme simple rappel d'événements passés peut être représentée par l'activité cérébrale car elle est la fonction spécifique de l'appareil nerveux. Néanmoins, cette fonction est purement motrice. En revanche l'acte de remémoration présent dans le « souvenir » est purement psychique et n'est absolument pas représentable par des processus cérébraux. Une lésion cérébrale ne détruit pas les souvenirs (la possibilité du souvenir) mais uniquement les conditions de son actualisation. Ce sont donc exclusivement les dispositions motrices qui dépendent des processus cérébraux.

La séparation stricte entre la perception et la représentation et la relation exclusive de la perception à l'activité conduisent toutefois à une construction délicate, et artificielle dans le détail, de l'ensemble du processus psychique. La *conscience* doit être exclusivement le caractère du vécu actuel, donc de l'activité (remarquons toutefois que Bergson a par la suite abandonné cette présupposition). La *représentation* est donc *en elle-même inconsciente*. L'hypothèse de représentations inconscientes ne semble pas à Bergson plus difficile que celle d'une matière non perçue : nous croyons en effet tous à une existence en dehors de la conscience ; pourquoi n'en

316 serait-il pas de même | dans le premier cas ? Bergson donne l'explication suivante du rapport :

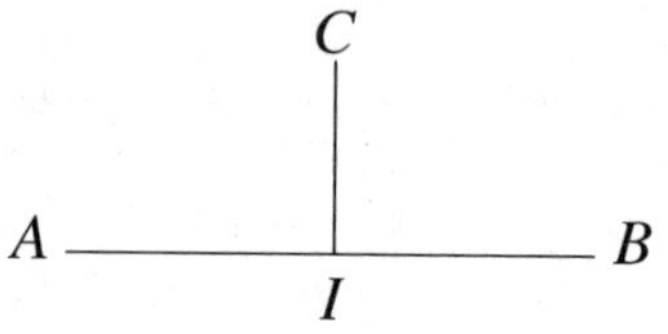

La ligne *AB* représente les moments de ce qui existent simultanément dans l'espace, *IC* les moments du souvenir, selon la distance temporelle par rapport au moment vécu. Le point d'intersection *I* représente alors ce qui seul est actuellement conscient. Pourtant, nous ne doutons pas de la réalité simultanée de toute la ligne *AB*, tandis que nous ne voulons admettre comme effectif dans la ligne *IC* que le point *I*. C'est pour cette raison que, même si nous n'en sommes conscients que d'une infime partie, l'espace nous semble toujours actuellement donné, tandis que le passé n'est plus là. Pourquoi ? Parce que la ligne *AB* nous intéresse, alors que ce qui est en dehors d'elle ne nous intéresse que si cela la coupe. La connexion dans l'espace nous apparaît comme nécessaire. Nous hypostasions cette nécessité lorsque nous attribuons l'existence à l'objet hors de notre conscience. En revanche, les souvenirs nous semblent contingents, sans ordre – raison pour laquelle nous ne leur accordons aucune effectivité. Cependant, considérés en eux-mêmes, les souvenirs sont si connectés qu'ils revendiquent le même droit à l'*existence*. Ce n'est pas à bon droit que l'on demande : où existent-ils donc ? Ils n'existent certes pas dans l'espace, le substrat de notre activité. Mais l'espace lui-même n'existe proprement qu'à chaque intersection temporelle. Il ne persiste précisément pas en lui-même, mais nous lui attribuons l'existence continuée qui est, en fait, propre à nos états psychiques. Néanmoins, on reconnaît la persistance du passé du fait que, précisément, nous conférons à l'espace l'existence continuée ! N'est-ce pas toutefois une contradiction que ce qui a cessé d'être est pourtant ? Réponse : cela n'a pas cessé d'être, cela a seulement cessé d'être utile. Ce n'est pas le présent qui « est » avant toute chose. Au fond, rien n'« est » moins que lui. Il ne pourrait exister dans un point indivisible. Mais le présent effectivement vécu contient toujours un morceau de passé – donc un souvenir. En pratique, nous ne percevons que du passé, dont le présent est la simple limite idéale. Il est donc tout à fait conséquent d'attribuer au
317 seul passé en général l'existence pleine et entière. | La vie consciente actuelle repose cependant toujours sur la coopération des deux moments.

§ 13. *Conséquence moniste.*

Bergson en vient désormais à la conséquence suivante, et c'est cette direction de l'examen qui nous intéresse tout particulièrement : *l'opposition dualiste stricte de la conscience et de la matière n'est pas fondée* – c'est précisément l'application la plus rigoureuse de la séparation qui conduit de la manière la plus évidente à la réunification (p. 200, [p. 201]). La division du monde entre l'unité (inétendue) de l'esprit et la pluralité (étendue) du matériel, entre l'hétérogénéité immédiate des qualités pures et l'homogénéité calculable du quantitatif, *n'est effectivement pas soutenable*. Aucune des deux parties ne pourrait créer l'autre, mais aucune n'existe sans l'autre et les deux s'interpénètrent en revanche complètement. La perception spatiale n'est pas réellement discontinue pour la simple raison que nous devons la diviser dans des buts pratiques. Ce que nous nommons communément un « fait » est loin d'être le réel ultime tel qu'il se présenterait à une *intuition immédiate*, mais une adaptation spéciale de cette intuition aux intérêts de la praxis et de la vie sociale. L'intuition pure, externe comme interne, donnerait au contraire à connaître une *continuité* indivise. C'est précisément parce qu'on a fractionné artificiellement *l'intuition originaire* qu'on se voit contraint d'établir artificiellement un lien surajouté entre les termes séparés les uns des autres. L'empirisme sent, d'une façon indéterminée, la superficialité de cette liaison surajoutée et s'en tient par conséquent aux points de rapport en négligeant les relations. Son erreur n'est pas d'accorder trop de valeur à l'expérience, mais de remplacer l'expérience véritable par une expérience désarticulée, dénaturée. La métaphysique dogmatique part tout autant de la fausse présupposition de la discontinuité de l'apparaître originaire et s'efforce de la vaincre par une synthèse qui doit cependant sembler arbitraire. La philosophie critique découvre aisément l'arbitraire de cette synthèse qui vient après coup et en arrive à la triste reconnaissance de la relativité de notre connaissance, à l'inaccessibilité d'un ultime fondement des choses. Mais cette prétendue impuissance de la raison spéculative n'est au fond que celle de | l'entende- 318
ment qui s'est mis au service des nécessités de la vie corporelle. Libère-t-on la connaissance de son asservissement à la praxis, on retrouvera l'intuition dans sa pureté originaire et, partant, le contact avec le réel (p. 203, [p. 205]). Ce contact réside au moins dans le point certes inétendu de la perception pure. Il s'agit donc seulement, comme à partir d'un élément infiniment petit donné d'une courbe réelle, de rétablir par *intégration* la forme de la courbe tout entière. Les points sont fixes, mais non pas pour autant *le mouvement* d'un point à un autre. En fait, les points n'ont de réalité que dans la ligne. En

vérité, le continuum est au fondement. Seule *la continuité mouvante*[1] est donnée (p. 219, [p. 221]). Ce qui est aussi scientifiquement fondé, ce n'est pas une division définitive mais la continuité universelle. *Par conséquent, la science et la conscience sont, au fond, d'accord*; il est simplement présupposé que l'on envisage la conscience dans ses donnéités immédiates et la science dans ses aspirations les plus lointaines (p. 219, [p. 221]). Entre les deux se trouve l'univers matériel discontinu. Mais ce dernier est une simple supposition pour les nécessités de l'action. La « vie » produit la division avec le dualisme du besoin et des moyens de satisfaction.

Naturellement, Bergson n'a pas pu entièrement négliger le fait que la science se trouve, de tous les côtés, contrainte de reconnaître la continuité systématique et originaire : la discontinuité du monde des atomes se résout dans les ligne de force de Faraday ou dans d'autres constructions qui font apparaître une continuité systématique et une interpénétration réciproque (p. 223, [p. 225]). C'est avant tout *la méthode infinitésimale* qui surmonte effectivement toutes les univocités de la discrétion – ce que Bergson souligne lui-même, non pas ici, mais dans l'ouvrage suivant. Partant, ce sont aussi la sensation et le mouvement qui se rapprochent l'un de l'autre et, en outre, la quantité et la qualité : la quantité ne fait que « scander » [p. 230] la qualité. Par conséquent, les apparentes hétérogénéités de la sensation elle-même se réduisent à un lien homogène qui s'exprime précisément dans la qualité. Le temps et l'espace, tout d'abord strictement séparés par Bergson, s'unifient à nouveau désormais comme deux facteurs d'un
319 « travail » commun de l'esprit | « qui spécule sur son essence » (p. 246, [p. 247]). Tout compte fait, ce sont l'esprit et le corps qui, de tous les points de vue, se rapprochent l'un de l'autre, comme des rails tout d'abord perpendiculaires l'un à l'autre qui, par une déviation insensible, viennent finalement coïncider.

§ 14. *La critique de V. Delbos.*

Voilà, sous une forme très condensée, ce qui, dans ce livre d'un contenu très riche, constitue le mouvement de pensée qui nous importe avant tout ici. Cependant, que ce n'est pas un simple parti pris en faveur de mes propres positions qui m'a conduit à reconnaître dans cette théorie certaines analogies avec l'idée fondamentale de psychologie reconstructive, je veux en donner la preuve la plus objective en exposant la pénétrante analyse

1. En français dans le texte [N.d.T.].

qu'un critique, qui ne connaît manifestement pas mes thèses, a consacrée à cette œuvre : Victor Delbos (*Revue de Métaphysique et de Morale*, [1897,] vol. V, p. 353 *sq.*). Il caractérise la démarche de Bergson ainsi : la philosophie n'est (pour Bergson) qu'un « *retour* conscient et réfléchi *aux données* de l'intuitions » (p. 354[1]). Les images ne se distinguent plus des choses ni les choses des images. Les deux coïncident entre elles, non parce que les choses sont en nous, mais parce que les images elles-mêmes sont les choses. La question n'est pas pour Bergson la manière dont s'objectivent des perceptions d'emblée subjectives, mais la manière dont la perception d'emblée *objective* devient *subjective* – et, certes, il ne s'agit pas d'établir un rapport simplement logique entre l'objectif et le subjectif, mais de *saisir* en quelque sorte *sur le fait* le passage de l'un à l'autre.

C'est ici que le point de vue de Bergson se rapproche dans une large mesure du mien : comme lui, je veux atteindre la subjectivité par un mouvement de retour à partir de l'objectivité, en tant qu'elle est ce qui précède scientifiquement. Je veux la subjectivation de l'objectif au lieu de l'objectivation du subjectif. Cependant, je comprends ce retour au sens d'une relation logique entre les deux. « Saisir sur le fait » est manifestement impossible, puisque (selon Bergson lui-même) ce n'est pas la subjectivité pure, mais bien l'objectivité qui, pour la science, est le préalablement donné, l'immédiat.

Est entièrement pertinente la façon dont Delbos caractérise la méthode dont se sert Bergson : il s'agit d'une « *utilisation de l'analyse contre elle-même* » (p. 373) qui consiste non pas à chercher des éléments ultimes qui devraient, par multiplication et recomposition, restituer la réalité, mais à
| reconduire à l'unité originairement indivise et indivisible, précédant les **320**
déterminations particularisantes qui la morcelle. Toutefois, celle-ci ne se laisse pas saisir d'un coup dans une « intuition intellectuelle », comme l'ont voulu nombre de métaphysiciens, mais uniquement « *retrouver*[2] », par ce procédé semblable à l'intégration mathématique que Bergson lui-même a décrit (dans un passage [de *Matière et Mémoire*] que nous avons mentionné plus haut, p. 204 [p. 206]). Cette description coïncide exactement – est-il besoin de le dire ? – avec ma méthode de « reconstruction ». Il reste une seule différence essentielle : pour Bergson, la psychologie reconstructive est d'emblée une métaphysique – autrement dit, elle prétend découvrir

1. Les soulignements sont de Natorp, ainsi que dans les autres citations de l'article de Delbos [N.d.T.].

2. En français dans le texte [N.d.T.].

l'ultime réalité des choses. Cependant, cette opinion n'est manifestement pas à maintenir, car (nous nous en sommes persuadés) Bergson doit bien lui-même reconnaître que l'effectivité pure, telle que nous la pensons, reste *infiniment en deçà comme au-delà de notre expérience*, de sorte que la connaissance que nous pouvons atteindre doit toujours rester infiniment éloignée de la coïncidence – certes requise dans son idée – de l'objectif pur et du subjectif pur.

Aussi ne pouvons-nous que souscrire au point principal de la critique de Delbos : il n'était pas finalement nécessaire de résoudre le monde en morceaux pour s'apercevoir après coup de sa cohésion. En particulier, c'est sans nécessité que Bergson s'oppose à *l'intellectualisme* – comme si ce dernier était condamné à tout morceler. Il a, au contraire, constamment aspiré à la continuité, et il n'a vu dans l'analyse et la distinction que l'étape préalable à la synthèse. Enfin, sommes-nous simplement en possession de cette connaissance immédiate, intuitive, dont parle Bergson ? Il n'y a aucune science, du moins immédiatement, de l'immédiat de la conscience. Cet immédiat ne trouve jamais immédiatement par lui-même son expression adéquate, mais il repose entièrement sur l'expérience objective (p. 386). Il réside lui-même en deçà ou au-dessous de ce qui est scientifiquement connaissable, entre le « rêve » de la mémoire et le « jeu » de l'action (p. 386 *sq.*). Ce que l'on peut énoncer de lui est cependant toujours justiciable de la pensée. Au fond, Bergson lui-même projette au dehors de tout sujet singulier une conscience impersonnelle pénétrée de pensée. Par
321 ce résultat, sa philosophie s'achève | en même temps qu'elle se contredit (p. 388). Elle affirme que *l'expérience n'est subjective que parce que nous l'avons faite telle*, qu'en son fond elle est objective, qu'elle doit se révéler vraie dès qu'elle est complète, que la *science* n'est pas autre chose que *l'expérience* « *totale*[1] ». Tout cela renforce (contre l'intention première) l'affirmation de *l'immanence de la pensée* – c'est-à-dire du véritable intellectualisme (p. 389).

En souscrivant entièrement à ce jugement, je trouve pourtant qu'il ne renverse en rien l'idée centrale du retour de l'objectivité de la « science » à la subjectivité de la « conscience » – de la subjectivation de l'objectif en lieu et place de l'objectivation du subjectif – à titre, précisément, de *méthode* et non de *métaphysique*.

1. En français dans le texte [N.d.T.].

§ 15. *L'« Introduction à la métaphysique ». L'impuissance du concept.*

Cependant, une telle critique, malgré sa pertinence, n'a pas fait dévier Bergson de sa route. Au contraire, sa doctrine prend la forme, d'une façon presque obstinée, d'une métaphysique et non, par exemple, d'une méthodologie de la psychologie, comme en témoigne déjà le titre de l'œuvre suivante. Il s'agit d'une exposition très courte et, en même temps, très éclairée et très transparente de sa doctrine fondamentale, demeurée substantiellement identique : « Introduction à la métaphysique » (*Revue de Métaphysique et de Morale*, vol. XII, 1903, p. 1 *sq.*)[1].

S'opposent ici de façon abrupte : d'une part, l'intuition absolue, simplement immédiate, en tant que mouvement de « se transporter », de « *s'insérer* »[2] dans l'objet pris dans son unicité et par conséquent dans son caractère inexprimable, ou, mieux, en tant qu'être-un absolu et originaire avec l'objet, et, d'autre part, l'analyse relativisante qui, dans son progrès à l'infini, comme dans une traduction infinie, n'atteint jamais l'original – tout comme mille points de vue sur une ville ne peuvent remplacer son être-en-soi-même. Nous connaissons intuitivement au moins une chose : nous-mêmes. Certes, tout ce que nous distinguons en nous-mêmes à titre de perception, souvenir, etc., nous le distinguons par là même déjà de nous-mêmes. Or, dans le vécu immédiat, tout est originairement un – une totale interpénétration, une unité intensive, mais aucune séparation. Cependant, il ne s'agit finalement en tout cela que de descriptions par images. Aucune image et aucun concept ne peuvent jamais tout à fait saisir ce qui est au-delà de toute reproduction imagée et de tout concevoir surajouté. Des comparaisons, le plus possible changeantes, nous retiennent au moins dans le concret | et dirigent la conscience vers le point où doit surgir l'intuition (p. 7, **322**
[p. 186]). Des concepts comme l'unité, la multiplicité, etc., ne sont que des généralisations falsificatrices. Prendre au sérieux la métaphysique, c'est comprendre qu'elle doit *transcender le concept* pour en arriver à l'intuition (p. 8, [p. 188]).

Bergson sent cependant lui-même le caractère absolument non réalisable de cette exigence. Il explique immédiatement que le concept est indispensable à la métaphysique, car celle-ci ne peut se passer de son lien avec la *science*. Ce qui signifie, sous une forme encore plus remarquable, qu'elle doit se libérer des concepts *rigides* et en produire de nouveaux : des

1. Nous indiquons en italiques et entre [...] la pagination de *La pensée et le mouvant*, P.U.F., Paris, 1938 (1re éd.) [N.d.T.].

2. En français dans le texte [N.d.T.].

concepts *souples*, *mobiles*, presque *fluides*, prêts à se mouler sur la forme fuyante de l'intuition (p. 9, [p. 188]). Certes, la *psychologie* ne peut procéder que par analyse. Elle substitue à l'unité continue de la conscience une série d'éléments, qui n'en sont pas pourtant des parties composantes, mais de grossières esquisses qui peuvent servir à faire renaître l'intuition. Celui qui a vu Paris peut se servir d'une série d'esquisses partielles pour faire renaître en lui, jusqu'à un certain point, l'intuition originelle, mais personne ne peut acquérir l'intuition vivante grâce à cette série. Ce serait vouloir connaître l'*Iliade* à partir des lettres qui la composent. L'idée d'une telle « *reconstitution* »[1] est absurde (p. 12, [p. 194]), que l'on parte des fragments pour reconstruire le tout (comme l'empirisme) ou du « fil[2] » (comme le rationalisme). L'analyse, certes, ne découvre que des fragments, telle est sa fonction, tel est tout son concept. Mais Mill, Taine, par exemple, ne veulent pas rester psychologues : ils demandent l'intuition à l'analyse, qui en est la négation même (p. 12, [p. 193]). Ainsi, le moi lui-même devient pour eux un fantôme, comme le deviendrait l'*Iliade* si l'on pensait simplement à la composition des lettres (p. 13, [p. 194]). Les rationalistes obtiennent dans leurs « formes », à la place des ombres du moi (des états de conscience), quelque chose d'encore moins réel : le simple lieu des ombres, le vide où elles se meuvent. Un véritable empiriste doit chercher à s'approcher d'aussi près que possible de l'original. Mais il n'y parvient pas par des concepts généraux qui, tels des vêtements de confection, vont aussi
323 bien à Pierre qu'à Paul, mais par des *concepts singuliers* – qui, | certes, peuvent à peine encore s'appeler des concepts (p. 15, [p. 197]). On ne parvient pas non plus au but par aucun mélange de concepts généraux préalablement donnés. Par exemple, la personnalité est certainement une « unité » comme une « multiplicité ». Mais voilà ce qui importerait ici : quelle unité ? Quelle multiplicité ? Et, surtout, quelle est la réalité supérieure qui se soumet les deux ? Ce que l'on ne comprend qu'à partir de l'intuition. Un cône se rétrécit en un point et s'élargit en un cercle indéfiniment grandissant. Mais ni le point, ni le cercle, ni la juxtaposition des deux ne me donnent la moindre idée d'un cône. Il en est ainsi du zéro, vers lequel s'achemine l'empirisme quand il pousse l'analyse jusqu'aux éléments ultimes, et de l'infini, dans lequel le rationalisme résout la conscience, lorsqu'il fait abstraction de toute distinction et n'en retient que le *lieu*.

1. En français dans le texte [N.d.T.].
2. Il s'agit du « fil destiné à relier les états entre eux », p. 193 [N.d.T.].

§ 16. *L'inversion de la science et l'intégration.*

La comparaison exprime avec tant d'évidence la pensée de Bergson que la réponse se trouve là, toute proche. Le véritable concept scientifique n'est pas le *concept de chose*, mais celui *de loi*. Il est certain que ni le point, ni le cercle, ni une simple juxtaposition extérieure des deux ne définissent le cône. Mais la loi selon laquelle le point s'étend en cercle comprend – et cela, dans une stricte continuité conceptuelle – la totalité, non pas seulement des points singuliers, indivisibles et des lignes ou des surfaces d'intersections, mais des relations infinies, pour lesquelles les points, les lignes et les surfaces d'intersections sont des termes. « Avec des points de vue, dit Bergson, surtout opposés, on ne fera jamais une chose » – mais celui qui a la chose peut aisément déduire la vue particulière qui doit se profiler sous tel ou tel point de vue, et il connaît alors en même temps comment ces vues particulières se distinguent toutes les unes des autres et, en outre, comment elles s'unifient pourtant à nouveau. Voilà qui est tout à fait exact – mais cette chose, on ne l'« a » que dans la *loi de production* de l'objet.

La racine ultime de cette singulière séparation du concept et de la connaissance est, comme on le voit, l'erreur fondamentale selon laquelle *les concepts devraient être en tant que tels absolument fixes et immobiles*, tandis que l'effectif, le vécu, le concret serait l'infiniment variable (p. 19, [p. 202]). La série des positions successives, même infinie, ne donne | pas le **324**
mouvement. Ce qui est mû n'est jamais en un point. Le passage par le point n'a rien de commun avec le repos. Si l'on part des points, le passage devient un mystère insondable – pour la simple raison, toutefois, que l'on s'est imaginé que le repos serait plus clair (p. 20, [p. 204]). Il faut, au contraire, partir du mouvement. Le repos ne fait plus alors aucune difficulté, car il devient la simple *limite* conçue du mouvement – laquelle limite n'a aucunement besoin d'exister effectivement. Seuls de tels repos, *posés dans la pensée*, par lesquels nous jalonnons pour ainsi dire la route du devenir, sont les *concepts finis* (p. 21, [p. 205]).

Mais l'entendement doit suivre *la marche inverse* (p. 27, [p. 213], proposition VI) : il doit « *retourner toutes ses catégories* », ou plutôt les *refonder*[1] totalement. Il aboutira ainsi à des concepts fluides, capables de suivre la réalité dans toutes ses sinuosités et d'adopter le mouvement même de la vie intérieure des choses. La *philosophie* est *cette inversion de la*

1. En français dans le texte [N.d.T.].

direction habituelle du travail de la pensée. Certes, elle n'a jamais encore été pratiquée d'une manière méthodique. Mais ce qui a été fait de plus grand dans les sciences, nous le devons à l'application partielle de ce procédé. *L'analyse infinitésimale* en est l'exemple éminent (proposition VII). Elle remplace le fini, le «*factum*» (le *tout fait*[1]) par le devenir, le *fieri* (le *se faisant*[2], p. 28, [p. 214]), pour saisir le *mouvement*, non plus du dehors, dans son *résultat* étalé, mais du dedans, dans sa *tendance à changer*, pour adopter la continuité mobile du dessin des choses. Il est vrai qu'elle s'en tient au dessin, n'étant que la science des grandeurs. Mais la *quantité* est toujours de la *qualité à l'état naissant*[3], elle n'est que son *cas limite*. La métaphysique doit donc seulement adopter l'idée génératrice de la mathématique infinitésimale pour saisir la qualité et, partant, la réalité en général (p. 28, [p. 215]). *Elle doit réaliser une différenciation et une intégration qualitatives*. Certes, elle ne peut se passer de points d'arrêt, à titre de points d'appui solides, car c'est seulement ainsi que l'on atteint la rigueur et la précision des concepts. Cependant, on ne doit pas prendre l'appareil logique de la science pour la science elle-même. Est seulement relative la connaissance symbolique par concepts préexistants qui va du fixe au mouvant, mais non pas la connaissance intuitive qui prend pied à l'intérieur
325 du mouvant et adopte la vie même des choses. | *La science et la métaphysique* se rejoignent donc dans l'intuition. En même temps que la métaphysique se constitue en science positive, c'est-à-dire *progressive* et indéfiniment perfectible, elle éclaire les sciences positives sur leur véritable portée, souvent très supérieure à ce qu'elles imaginent (proposition VIII).

C'est bien ce que la philosophie a toujours voulu, mais elle empruntait une voie erronée lorsqu'elle commençait inexorablement par réduire la variation à l'invariable. Aussi transformait-elle l'action en une contemplation affaiblie, la durée en une image trompeuse et mobile de l'éternité immobile, l'âme en une chute de l'Idée. Telle est l'erreur fondamentale de la philosophie ancienne, de Platon à Plotin. La science moderne date (avec Galilée) de la reconnaissance du mouvement comme réalité indépendante. Mais le mouvement est à nouveau comme figé et coagulé, sous les rayons de l'entendement, en concepts fixes (p. 30, [p. 218]). Cependant, la philosophie moderne, du moins est-ce sa tendance, s'est efforcée de hausser l'« âme » (mobile) au-dessus de l'« idée » (rigide), en totale opposition avec

1. En français dans le texte [N.d.T.].
2. En français dans le texte [N.d.T.].
3. En français dans le texte [N.d.T.].

la pensée antique (p. 31, [p. 219]). Elle en reste encore au procédé de la fixation – bien qu'elle ne cherche plus la permanence dans les *choses*, mais dans les *relations*. Il n'est pas étonnant que Kant en soit venu à la conclusion selon laquelle notre science est toute relative et notre métaphysique toute artificielle. Sa critique est entièrement pertinente pour une science et une philosophie dans le style des Anciens : une science qui n'est rien d'autre qu'une espèce de *mathématique universelle* et une philosophie qui n'est qu'une transformation du platonisme (p. 33, [p. 222]). Cette mathématique universelle est ce que devient le monde des Idées quand on suppose que *les Idées signifient des relations ou des lois, et non des choses*. Kant avait donc tout à fait raison d'affirmer que toute expérience possible « pour nous » devait s'insérer nécessairement dans les cadres rigides et déjà constitués de notre entendement, si notre entendement doit organiser lui-même la nature et y retrouver par conséquent en elle son image propre. La *Critique de la raison pure* aboutit à établir que le platonisme, illégitime si les Idées sont des choses, devient légitime si les Idées sont des relations, et que l'Idée, une fois ramenée ainsi du ciel sur la terre, est bien, comme Platon l'avait voulu, le fond commun | de la pensée et de la nature. Mais toute la *Critique de la* **326** *raison pure* repose ainsi sur le postulat que notre entendement est incapable d'autre chose que de platoniser, c'est-à-dire de couler toute « expérience possible » dans des formes préexistantes. Néanmoins, cette présupposition ne vaut plus pour la science et la métaphysique modernes dans leur totalité. Elles ne sont plus prisonnières de la thèse et de l'antithèse entre lesquelles Kant nous plaçait, mais elles rassemblent la thèse et l'antithèse dans *un seul* courant de la pensée et elles les comprennent comme le résultat d'une analyse *a posteriori* issue du fondement unitaire de *l'intuition* – intuition qui ne prétend pas présenter une *généralisation* de l'expérience, mais son *intégration* (*l'expérience intégrale*[1], p. 36, [p. 227]).

§ 17. *Critique. Statique et dynamique*.

Notre réponse ne laisse aucune place au doute. Dans la représentation qu'il se fait de la science et de la philosophie, Bergson en est resté à un demi-platonisme, au *platonisme de la première période*. Au début, Platon a certes conçu ses Idées comme fixes, immobiles – c'était la part d'héritage de l'Eléatisme. Néanmoins, il leur a redonné le mouvement – il a reconnu leur *corrélativité* comme originaire et leur séparation et opposition fixes

1. En français dans le texte [N.d.T.].

comme secondaires. Partant, il a redonné vie, âme, puissance et divinité aux choses. Il est vrai que la science et la philosophie antiques – y compris la science et la philosophie platoniciennes – n'ont pas appliqué cette vue libératrice. Avec la victoire d'Aristote sur Platon, était assurée pour des siècles la domination de l'univers extérieur clos et, conjointement, de l'univers clos des concepts. Mais la science et la philosophie des Temps Modernes sont, dès le début, retournées à Platon, et elles ont pour la première fois véritablement porté son idée directrice à sa vérité. Elles ne se sont pas contentées de transformer les choses fixes en relations tout aussi fixes : précisément, le passage des choses aux relations *signifiait* en même temps pour elles le passage de la rigidité du finitisme au flux illimité de corrélations infinies et, partant, mouvantes – comme cela apparaît très clairement et sous de multiples aspects chez le fondateur du calcul infinitésimal : Leibniz. Kant s'inscrit lui aussi dans ce mouvement, même si cela peut facilement échapper à un point de vue superficiel. Sa caractérisation
327 de l'expérience comme | procès infini, « asymptotique », comme compénétration de la généralisation et de la spécification au sein de la continuité, est en tout point différente de l'image grotesque de cette pâte que l'on sort du pétrin pour l'introduire dans des moules à gâteaux fixes. Et si la constitution rigide et scolaire des tables du jugement et des catégories retenait encore apparemment quelque chose de la fixité antique des concepts « finis », Hegel déjà, avec une rectitude sans faille, déployait *la pensée en un procès infini*, en se fondant sur les trois étapes *kantiennes* de la thèse, de l'antithèse et de la synthèse[1]. Hermann Cohen, pour sa part, après avoir établi le lien entre Kant, le platonisme compris dans sa radicalité et, conjointement à ce platonisme[2], l'interprétation non moins radicale de la méthode infinitésimale à partir du principe de continuité[3], a imposé à l'idée directrice de la critique une modification telle que tout reproche de fixation dans des concepts rigides est devenu totalement impertinent. Ce qui a été accompli alors est précisément le tournant qu'exige Bergson du « *tout fait*[4] » au

1. Natorp songe moins ici au développement trinitaire de chacune des espèces de catégories qu'à la note finale de l'introduction à la *Critique de la faculté de juger* [N.d.T.].

2. H. Cohen, « La théorie platonicienne des Idées et la mathématique », Marbourg, 1878, trad. fr. M. de Launay et C. Prompsy, *Néokantismes et théorie de la connaissance*, Paris, Vrin, 2000 [N.d. T.].

3. H. Cohen, *Le Principe de la méthode infinitésimale. Un chapitre pour la fondation de la critique de la connaissance*, Berlin, 1883, trad. fr. M. de Launay, Paris, Vrin, 1998 [N.d.T.].

4. En français dans le texte [N.d.T.].

« *se faisant*[1] » ou, comme j'ai coutume de dire, du *factum* au *fieri*. Il n'en reste pas moins que tout cela est *pensée*, *intellect* – et la philosophie n'en vient jamais à « faire violence[2] » à l'intellect, comme Bergson est obligé de le dire, utilisant l'une des expressions *supra*-intuitives et hyperboliques dans lesquelles lui et ses lecteurs se complaisent.

Selon le point de vue que nous venons d'exposer, la méthode infinitésimale n'est plus une singularité contingente, mais le symbole typique du *procédé général de la science moderne*. Cependant, c'est seulement sur le fondement de la science que la reconstruction de l'« immédiat » devient une tâche clairement saisissable. Cette reconstruction n'est pas toutefois une *métaphysique*, au sens d'une unification absolue, ou plus exactement d'un *être*-un absolu avec l'« effectivité », mais elle signifie simplement le *procédé inverse* de celui de chaque science objectivante. Ce qui signifie : compléter la « différenciation » par l'« intégration », reconduire la « statique » des concepts à la « dynamique » qui constitue le véritable sens du *concept lui-même*. C'est ainsi et seulement ainsi, c'est également seulement dans cette *délimitation*, que la psychologie atteint quelque chose de la « vie », de l'« âme » et de la « puissance » (*dunamis*) – et aussi de la « divinité », comme Platon l'avait déjà affirmé, précisément comme la conséquence du progrès décisif accompli dans le *Sophiste*[3] : le progrès de la statique des concepts à la dynamique des concepts.

§ 18. *Résultat*.

Cela semble certes séduisant : | nous libérer de l'effort sans fin de 328
l'intellection et revenir à la pure immédiateté de l'intuition. L'analyse ne peut conduire qu'à des points intellectuels fixes car, dit Bergson, « tel est son concept ». On pourrait lui répondre par un exact renversement de la mélodie : l'intuition nous *placerait* à nouveau au sein du flux vivant du mouvement, « car telle est sa définition » – mais *avons*-nous cette prodigieuse faculté d'intuition ? *Avons*-nous donc, comme préalablement donné sous une forme finie (*tout fait*[4]), l'effectif originaire et absolu ? Suffit-il en réalité, pour être en sa possession, de donner simplement congé *à la pensée* ? Nous l'abandonnerions alors certainement ! L'*ont*-ils, ceux qui omettent de penser ? L'avions-nous enfants – ou dans un pressentiment

1. En français dans le texte [N.d.T.].
2. « Introduction à la métaphysique », p. 213.
3. Platon, *Sophiste*, 249 a-b [N.d.T.].
4. En français dans le texte [N.d.T.].

originaire avant toute pensée humaine? Et si tel était le cas, à quoi cette vision pourrait-elle bien nous servir? Le paradis est perdu et ne peut-être retrouvé. Ou bien serait-il suffisant de s'abstenir de penser pour le retrouver? Est-ce là la voie que suit Bergson lui-même? Non. Il emprunte la voie de l'analyse et de la synthèse, et absolument aucune autre. Il mentionne certes souvent la *difficulté* à épouser ne serait-ce que la réalité de la vie propre de la conscience. Cependant, il ne s'agit pas là d'une simple difficulté mais d'un faux problème, d'un problème qui est en lui même incompréhensible et dont la solution est radicalement *impossible*. Vivre notre vécu, cela ne peut pas constituer un problème. *Que* nous vivons, c'est un présupposé qui est par lui-même compréhensible. Mais *présenter* ce vécu *conceptuellement*, voilà la difficulté. C'est à celle-ci que Bergson s'affronte depuis le début – et c'est ici que nous reconnaissons son mérite. Il ne fait que renforcer par là notre thèse : l'immédiat *n'est pas* connu d'une manière immédiate. Dans le cas contraire, tout l'effort prodigieux et sans cesse renouvelé de la pensée serait gaspillé en vain. Il confirme aussi la thèse selon laquelle l'immédiat de la conscience ne peut être connu que dans le retour des analyses de l'entendement scientifique à ce qui doit être originairement donné, préalablement à toute analyse : sans ce mouvement de retour, cette reconstruction du lien que l'analyse commence par abolir ou, du moins, à dissiper et ce rétablissement des parties constituantes (que l'analyse résout) dans la corrélation originairement systématique, cet immédiat resterait absolument hors d'atteinte pour la connaissance. Dans
329 l'Idée ultime, | le but infiniment lointain de la connaissance, tout devient âme, l'âme devient tout – l'effectivité devient vécu, le vécu devient effectivité. Telle doit être la victoire sur le platonisme. Mais il s'agit plutôt d'une conséquence du platonisme lui-même, qui culmine dans l'idée d'âme du monde et, finalement, dans celle de la divinité comme vivant total. Cependant, il s'agit là de l'Idée, au sens exact de « tâche infinie » : elle conserve donc toute sa valeur, non parce qu'elle est *elle-même* expérience, mais seulement ce qui fournit la *mesure de la direction de l'expérience*.

On a souligné le trait religieux chez Bergson, quand bien même il en fait lui-même peu de cas. S'il y a une religion ici, c'est celle du mysticisme, et, de plus, sous sa forme la plus douteuse : celle du mépris de l'action au profit de la contemplation oisive. Cependant, il n'est manifestement pas sur ce point en accord avec lui-même. Il existe suffisamment de passages où apparaît au contraire sa sympathie pour l'action et où, en particulier, il défend chaudement le travail de la science. De plus, son idée fondamentale de « dynamique », du flux éternellement vivant comme essence de la *psyché*, s'oppose diamétralement à toute forme de quiétisme (qui, d'un point de vue théorique, s'achève toujours non pas seulement dans le platonisme, mais dans l'Eléatisme). Quoi qu'il en soit, lorsque nous avons totalement reconnu cette immédiateté absolue de l'interpénétration à titre d'exigence, à titre de but infiniment lointain, nous échoit encore l'éternel effort vers la divinité.

INDEX[1]

1. L'index est établi par Natorp – la pagination est celle de l'édition allemande.

TABLE DES MATIÈRES

Imprimerie de la Manutention à Mayenne (France) – Avril 2008 – N° 112-08
Dépôt légal : 2e trimestre 2008

IMPRIM'VERT
Votre imprimeur agit pour l'environnement